# 낫고싶어요
안이숙 저

요단출판사

# 서 문

나는 책을 여러 권 썼다. 「죽으면 죽으리라」, 「죽으면 살리라」, 「당신은 죽어요, 그런데 안죽어요」, 「그럴 수도 있지」 네 권을 한국어로 쓰고 또 일본어로는 「만일 그렇게 아니 하실지라도」, 「사랑 제일 조건」을 썼다. 10년을 걸려서 영어로 쓴 *If I Perish* (「죽으면 죽으리라」)는 십개 국어로 번역이 되어 온 세계의 많은 사람들이 읽을 수 있게 되었다. 나는 하나님이 이 일을 하셨음을 절실히 느끼고 안다. 그런데 이제 얼마 남지 않은 인생의 길목에 서고 보니 새삼스레 '사랑'이라는 것에 대해서 더 깊이 생각되어지고 깨달아지며 분명해지는 것을 느낀다.

나는 철이 들기 전부터 하나님을 사랑했다. 그분의 성경 말씀이 재미있었고 그분이 혹 섭섭하실까 조심스러웠고 그분이 나를 보아주시는 것이 흥이 났으며 그분을 기쁘시게 하려면 어떻게 해야 할까를 생각했다. 그분이 내 편이 되어 나를 도우시는 것이 분명해 담대해지고 용기가 났다. 강력한 배짱이 있어서 귀신을 잡으러 다녔고 또 높은 사람이나 권력 쓰는 집안 어른들이 싫었지만 무섭거나 겁나지는 않았다. 그러나 병든 사람이나 가난한 사람, 겨울에 부들부들 떨고 먹지 못하는 사람을 보았을 때, 내가 아무리 그들을 도우려 해도 도울 힘이 없다는 것을 알았기에 세상이 그렇게도 싫고 사는 것이 두려웠다. 왜 세상엔 내 힘으로는 도움이 안되는 사람들이 그렇게 많은가? 또 강퍅하고 포악하고 악한 사람들을 보면 우물에라도 뛰어들어가 죽고만 싶었다. 왜 세상에는 그렇게도 도리에 벗어나 무례하고 경우 없고 인색한 사람들이 많은가! 세상이 너무도 고약스러워 싫고 역증이 났다. 그래서 나는 속히, 하루라도 아니 한 시간이라도 빨리 세상에서 없어지고만 싶었다. 사실 나는 우리집에 사는 사람들이 다 싫었다. 내 마음에 드는 사람은 어머니 한 분과 언니들뿐이었다. 집안 사람들의 사는 모습과 말하는 것과 행동하는 것이 내게 너무 큰 부담이 되었기 때문에 나는 살아있다는 것에 대해 심한 공포증마저 가지게 되었다. 그래서 나는 동네 아이들을 모아놓고 노는 것이 좋았고 더욱이 가난한 집 애들을 업어주고 먹여주는 것이 재미있었다.

나는 어릴 때부터 하늘을 올려다보는 습관이 있었다. 궁창에 떠 있는 구름을 바라보는 데 관심이 있어서 종일 지켜보며 공상에 빠지기도 했다. 구름이 변하는 광경을 바라보면서 구름을 타고 오신다는 예수님이 구름 사이로 보이는 것 같은 착각이 들기도 했다. 또 언젠가는 구름을 타고 올라간다는 교회 어른들의 이야기를 강력하게 믿고 있었으므로 당장이라도 올라갈 것 같은 환상에 빠지기도 했다.

나는 요즘 내가 살아온 길을 더 자주 돌아보고 생각하게 된다.

일생 동안 성경을 매일 아침 정독하면서, 새벽마다 성경을 빠짐없이 암송하면서, 또 밤마다 어떤 일이 있어도 성경을 꼬박꼬박 베껴가면서, 길고 긴 세월을 사는 동안에 겪어온 온갖 일들을 생각해 볼 때 내 머리와 가슴에 분명하게 깨달아지며 가득하게 밀려오는 것이 있다. 그것은 '아! 하나님은 이런 분이시구나!' 하는 감격의 물결이다. 그러나 한편 나같이 무식하고 지혜가 없고 무능한 자가 과연 내 속에 벅차게 깨달아지는 이 감동을 제대로 그려낼 수 있을 것인가 조심스럽게 생각하다 보면 나는 어느새 근심 속에 빠져 버리고 만다. 그러나 비록 졸고이긴 하나 이번에 내놓는 「낫고 싶어요」를 나의 겨레에게 드리고 싶다. 내 겨레, 내 동포에게 읽혀졌으면 하는 것이 나의 바람이다. 내 동포들 가운데서도 성경을 모르는 분, 성경에 대한 지식이 짧아서 방황하는 분, 성경을 읽어도 깨닫지 못하는 분, 성경을 읽기 싫어하는 분, 성경을 읽었지만 의심이 많아 못 믿는 사람, 성경에 대해서 알고 싶어하는 사람, 성경을 읽고 있는 사람, 성경에 대해서 증거하기를 원하는 사람, 성경을 사랑하고 증거하며 사는 사람들에게 특별히 더 이 책을 드리고 싶다.

오래고 오랜 세월 살을 맞대고 살아온 그들에게 나는 무한한 친밀감과 애정을 느낀다. 이 사랑스러운 동족이 함께 행복한 삶을 살고 또 영원히 살 곳에 함께 가기를 원하는 마음은 나이가 들어갈수록 더욱 절실해진다.

나는 동족에게 '행복하라!'고 말하고 싶다.

영원한 삶 그리고 행복으로 가는 그 길은 내가 이미 알았고, 지금껏 살아온 길이다. 그렇기 때문에 그 길이 참된 길임을 말할 수 있다. 나는 이 길을 보여주고 싶은 마음 때문에 이 글을 썼다.

내 겨레, 내 동포들이 이 글을 읽기만 하는 것이 아니라 실천하여 성령의 열매를 맺으며 행복한 삶을 누릴 수 있기를 기도하리라!

안 이 숙

## 차례 • 1

서문 • 5

## 나의 경험

1. 나의 경험 • 17
2. 담대하기만 했던 신앙 • 19
3. 통곡 • 26
4. 또다른 통곡 • 33
5. 통곡하는 전화 • 37
6. 때 늦은 사랑 • 45
7. 안 자라는 교회 • 54
8. 임 부인의 질문 • 58
9. 부르짖는 특권 • 71

2 • 차례

10. 유명해지고 싶어요 • 75
11. 누구신가? • 77

## 신약 이야기

12. 그분이 누구이기에 • 83
13. 죄많은 여인과 생수 • 86
14. 부스러기 은혜 • 97
15. 모리배 삭개오 • 102
16. 참혹한 인생이었건만 • 111
17. 외아들과 과부 • 121
18. 보지 못하는 고통 • 129

19. 송장을 일어나게 한 눈물과 소리 • 134
20. 예수님의 제자들과 앉은뱅이 • 136
21. 할 수 없는 여인 • 143

## 구약 이야기

22. 어떤 시어미와 며느리 • 153
23. 없어지지 않는 식량단지 • 166
24. 꿈 꾸는 소년 • 174
25. 애기 목사님과 선생님 • 193
26. 주워온 아이 • 200

## 4 • 차례

27. 데라와 그 아들 이야기 • 213
28. 성경에서 말씀하신 약속을 볼 수 있다 • 216
29. 하늘과 땅에서 유명한 왕 • 220
30. 왕족 포로 • 227
31. 두려운 일을 모르는 사람들의 말로 • 233
32. 내게 좋은 대로 택한 결과 • 239
33. 민족을 구원한 고아 왕후 • 245
34. 영광을 바꾼 자 • 248
35. 기생 라합 이야기 • 256
36. 들은 소문과 기적 • 261

*37.* 놀라운 소문을 통해 얻은 신앙 • 269
*38.* 문둥이 군대장관 • 278
*39.* 불가능할 때의 가능성 • 285
*40.* 변심, 거역자의 표본 • 297
*41.* 편지를 읽으시는 하나님 • 300
*42.* 아들을 주세요 • 304
*43.* 죽으면 죽으리라 • 309
*44.* 결단성 없는 왕의 말로 • 320
*45.* 애국자 신앙가의 이야기 • 325
*46.* 노예의 아들 여호수아 • 336

맺는 말 • 347

# 나의 경험

## 1. 나의 경험

나는 어릴 때부터 감기에 잘 걸렸는데 그 감기는 심해져 꼭 폐렴으로까지 번졌다. 폐렴이 되면 어머니는 내 가슴에 겨자를 발라주었다. 그것이 너무 아파 안 바르려고 발버둥을 치면 몇 사람이 손과 발을 붙잡고 그 맵고 아픈 겨자를 가슴에 발랐다. 얼마나 아픈지 기절을 하기도 했었다.

그런데 자라면서 감기에 걸리면 더욱 심해져 기어이 폐렴이 되기에 늘 목을 싸매고 살았다. 어른이 된 후에도 그 증세는 계속되어 그 고충은 이루 말할 수 없었다.

언젠가 나는 심한 감기 후에 몹시 중한 폐렴에 걸렸다. 약을 먹어도 폐는 칼로 베는 듯이 아팠고 기침이라도 하면 가슴에 불이 나는 것 같았다. 의사도 약도 아무 효과가 없었다. 김 목사는 출타중이고 나 혼자 누워서 앓고 있는데 밤이 되면 증세가 더 심해져서 나는 불안과 두려움에 떨고 있었다.

그러다 기도중에 문득 예수님이 나사로를 살리신 사건을 생각하게 되었다. 동시에 내 폐렴증을 나사로의 죽음과 비길 수 있을 것 같았다. 인간의 능력으로 고칠 가망이 없어 보였기 때문이었다.

그때는 이미 새벽 2시를 지나 3시가 다 되었다. 나는 자리에서 일어나 꿇어앉아 주님 앞에서 슬피 울었다. 그런 다음 죽으면 죽으리라!는 결단의 자세로 주님께 부르짖었다.

"아버지, 하나님 아버지! 내 폐가 이렇게 아파요. 너무 아파요. 못 견디겠어요. 폐를 고쳐주세요. 아버지 이 아픈 것 좀 보세요. 정말 너무너무 아파요. 아버지, 하늘에 계신 내 아버지, 결사적으로 믿고 순종하는 것만이 좋은 저예요. 내 죄를 보시지 마세요. 내 죄를 보시면 어떻게 됩니까. 다 용서를 빌었는데요. 아버지! 하나님 아버지! 나사로의 송장 같은 제 폐를 고쳐주세요! 제발 고쳐주세요. 보세요. 이렇게 아파요. 죽게 해주세요. 죽으면 아프지 않으니까요. 날 데려가세요. 예수님! 예수님!"

죽음을 동반한 듯이 소리소리 지르며 울어댔다.

너무 힘들고 너무 아프고 맥이 다 빠져 나도 모르게 쓰러져 잠이 들었다. 아침이 되어 자리에서 눈을 떠보니 날이 훤하게 밝아있었다. 자리에서 일어나려하자 온몸이 가벼웠다. 아픔은 사라지고 머리는 상쾌하고 온몸이 물 속에 떠있는 것처럼 편안했다. 마음속으로 찬송이 흘러넘쳤다. 너무 기뻐 주님께 감사의 기도를 드렸다. 나사로의 송장과 같던 내 폐렴을 고쳐주심을.

그 이후에는 감기가 들어도 깊이 들지 않았고 폐렴으로 번지지도 않았다. 눈물과 큰소리로 부르짖는 기도로 영원히 폐렴이 없어진 것이다.

## 2. 담대하기만 했던 신앙

고역이 끊이지 않는 시험장 같은 인생길을 오르고 올라 예까지 이르고 보니 지나간 먼 일들이 어제인듯 가깝게만 느껴진다. 거의가 감사뿐이건마는 무언가 내 속을 쿡쿡 찌르며 올라오는 후회가 있다. 그 후회는 한번 꼬투리를 잡으면 계속 꼬리를 물고 일어나 내 속을 가득 채워버린다. 그럴 때면 나는 벌떡 일어나 다른 일을 하든지 해서 그 거북스러움을 덮어버리려 하지만 그 후회는 기어이 나를 고민에까지 몰아넣고야 만다.

그 후회란 무엇인가? 그것은 내가 받은 가르침과 그 가르침 속에서 살면서 겪은 갖가지 실패에 대한 기억이다.

나는 아주 어려서부터 하나님이 좋았다. 교회에 가면 하나님이 거기 앉아 계신 것 같아 맨 앞에 앉아, 한마디도 알아들을 수 없는 설교가 아무리 길고 지루하게 계속되더라도, 몸을 움직이지 않은 채 앉아 있었다. 그것은 하나님이 나를 지켜보신다는 의식이 강하게 나를 주장하였기 때문이다. 나는 하나님이 너무 좋아서 하나님이란 말만 들어도 마음에 평안이 오고 기뻐지고 흥분이 되었다. 그래서 나는 하나님의 말씀, 예수님의 이야기, 예수를 잘 믿는 사람들의 이야기 등에 정신이 팔려서 노는 날이나 명절에도, 화투판이나 윷놀이하는 데는 섞여본 일이 없었다. 노름하는 일에는 도무지 취미가 없어서 알려고 하지도 않았던 것이다. 그 대신 교회 종소리만 나면 여름에 폭우가 쏟아지든지 한겨울에 눈발이 날리든지 상관없이 교회로 달려가 맨 앞자리에 앉아 있는 것이 내 취미였고 내가 하는 일이었다. 그런데 참 이상하게도 사람들은 그런 내 모습을 더 좋아하는 것 같았다. 특히 아버지는 언제나 집안 식구들에게 "애만은 소홀히 하지 말아라. 애가 하는 일은 어른도 못하는 일이야."하며 나를 치켜세워 주곤 하셨다. 그런데 나는 몸집도 작은 데다가 약하였고 신경 또한 예민했기 때문에 우리 어머니나 나를 아는 사람들은 내가 속히 죽을 것이라고 생각하였다. 그러나 나는 무사히 자라갔다.

나는 어머니로부터 성경을 배우기 시작했다. 내가 집을 떠나 평양에 있는 여학교에 다닐 때 어머니도 나와 함께 평양으로 오셔서 성경학교에 다니면서 열심히 성경을 배우셨다. 어머니의 가르침은 언제나 나를 놀라게 했고 그를 더욱 존경하게 만들었다. 그런데 그 가르침은 나에게 한 '조건'을 강하게 기억하게 했다. 그것은 아무리 우리가 세상에서 열심히 하나님을 섬긴다 하더라도 천국에 가는 것은 죽어 봐야 안다는 논리였다. 나는 큰 충격을 받았다.

'이렇게 천국에 가는 길이 확실성이 없어서야……, 그러다가 만일 천국에 들어가지 못하는 일이 생기면 어떻게 되는 건가? 그 얼마나 불쌍하고 처참하고 어이없는 일일까?'

그러나 성경이 그렇게 설명하고 있다면 어머니에게 질문을 하고 토론을 해도 아무 소용이 없다는 것을 알았기 때문에 나는 아무말도 하지 않았다.

'그렇지만 만일에 그것이 진실이라면 믿는다는 일도 확실치 못하고 자신 없는 일이 아니겠는가.'

이런 생각에 나는 마음이 어두워지고 맥이 풀렸다.

'내가 가지고 있는 이 한 생명을 어떻게 살아야 가치 있는 것인가'

아무리 생각해 보아도 역시 예수님을 위해 죽는 것이 가장 만족을 줄 것 같았다. 왜냐하면 예수님은 세상에 죄인을 구원하기 위해 오셨으니 그 아름답고 놀라운 사랑에 감사하는 값으로 예수님을 위해 내 생명을 바쳐 죽는 것이 아름답고도 영원히 기쁜 일로 여겨졌기 때문이다. 천국에 들어가는 것은 죽어 봐야 안다 하더라도 그렇게 훌륭하신 하나님의 아들의 죽음을 생각해 볼 때 우선 그 십자가의 황홀한 사랑을 깨달았다는 뜻에서라도 내 생명을 예수님께 드리는 것이 마땅하다고 생각되었다. '하여튼 한번은 죽어야 하는 인생이 아닌가! 한 번밖에 살 수 없는 이 생명을 어떻게 함부로 아무데나 바칠 수 있겠는가!' 이 생각이 항상 내 머리를 채우고 있었다.

핍박이 일어나자, 내가 꿈꾸던 기회가 이제야 왔다는 생각이 들었다. '자! 죽자. 기회는 왔다. 죽을 때 비겁하게 죽어서는 안된다. 기수와 같이 앞장서서 십자가를 높이 들고 예수님의 이름을 굳게 잡고 모든 사람들이 보고, 듣고, 알도록 하나님의 말씀을 담대하고 용감하게 선언하자. 그분을 위해서 나는 굴하지 않고 죽어야 한다. 그리고 죽은 후에 요행히 천국에 들어가면 너무 감격스러운 감사가 될 것이고 만일에 들어가지 못한다 하더라도 하여튼 예수님을 위해서 죽었다는 사실에 나는 만족할 수 있으리라!'

그리하여 나는 일본의 침략과 망동의 잔인함을 경고하라는 하나님의 분명한 사명을 맡아 일본으로 건너갔다. 폐병으로 피를 토하면서도 죽으면 죽으리라는 결단으로 떠났던 것이다. 그 소명을 마치고 나는 죄수의 몸으로 평양에 이송되었다. 평양 경찰서에서 1년 동안 조사를 받은 후 3,000장의 조서를 꾸미고 나서 평양 형무소로 다시 넘겨졌다. 만 5년 동안 한 감방에 구치되었던 나는 1년에 한두 차례씩 법정에 불려나가 취조와 판결을 받으며 사형을 기다리는 처지가 된 것이다.

나는 법정에서든 감옥에서든 빨리 용감하게 죽어야겠다는 다짐을 굳게 했고 그것이 내 기도의 가장 중요한 제목이기도 했다. 빨리 죽고, 담대히 죽어, 죽어도 후회함이 없는 바른 죽음, 그것이 나의 목적이었던 것이다. 그래서 그렇게도 무서워하는 경찰서장,

형무소장, 재판장에게 불리어 갈 때에도 '이번이다. 용감하게 빨리 죽자' 하고 담대히 나아갈 수 있었다.

감옥의 그 무서운 추위 속에서 기갈을 견디는 일은 이미 사는 것이 아니었다. 그것은 문자 그대로 지옥이었다. 그처럼 괴롭고 견디기 어려울 때 나는 스스로에게 말하곤 했다.

'너는 죽은 거야, 죽은 사람이란 말이야. 죽은 사람은 추운 것, 배고픈 것조차 생각할 자격이 없는 거야. 다 잃어버린 거야. 다 없어진 거야. 단지 이 육체는 땅속에서 흙이 되고, 내 영혼은 작정하신 대로 되는 거야. 그것뿐이야.'

그런데도 나는 죽지 않고 살아있었다. 아무리 죽은 몸이라고 선언해도 추운 것은 그대로 춥고, 배고픈 것은 그대로 배고팠고, 아니꼽고 치사스러운 감옥생활은 달라지는 것이 없었다.

나는 스스로 훈련해온 습관대로 하루 세 번씩 비밀리에 하나님께 예배를 드렸다. 또한 100장 정도의 성경말씀을 매일 세 번씩 외웠고, 작은 소리로 또는 그저 숨소리만으로 세 번씩 찬송을 부르는 일도 거르지 않았다. 그런데 문득문득 내 마음속에는 가장 어려운 투쟁이 일어나곤 했다. 그것은 '내가 이렇게 죽도록 애쓰고 있지만 만약 죽어서 천국에 갈 수 없다면, 아! 그때 나는 어떻게 될까' 하는 생각이었다. 굳게 닫힌 천국문 앞에서 망연자실 서있을 내 모습이 떠오르는데……. 사실 나는 성경을 통달하도록 쓰고 읽고 했기 때문에 줄줄 외울 정도였지만 그 의문만은 사라지지 않고 있었던 것이다. 예를 들어, 요한복음 3:16-17, "하나님이 세상을 이처럼 사랑하사 독생자를 주셨으니 이는 저를 믿는 자마다 멸망치 않고 영생을 얻게 하려 하심이니라. 세상을 심판하려 하심이 아니요 저로 말미암아 세상이 구원을 받게 하려 하심이라." 요한복음 10:27, "내 양은 내 음성을 들으며 나는 저희를 알며 저희는 나를 따르느니라 내가 저희에게 영생을 주노니 영원히 멸망치 아니할 터이요 또 저희를 내 손에서 빼앗을 자가 없느니라 나와 아버지는 하나이니라." 요한복음 1:12, "영접하는 자 곧 그 이름을 믿는 자

들에게는 하나님의 자녀가 되는 권세를 주셨으니." 요한복음 5:
24, "내가 진실로 진실로 너희에게 이르노니 내 말을 듣고 또 나
보내신 이를 믿는 자는 영생을 얻었고 심판에 이르지 아니하나니
사망에서 생명으로 옮겼느니라." 요한복음 6:47, "진실로 전실로
너희에게 이르노니 믿는 자는 영생을 가졌나니" 등등 하여 성경을
입으로 줄줄 외면서도 누구든지, 그야말로 누구든지, 어떤 형편에
있든지, 무슨 일을 했든지 예수님을 믿으면 구원을 얻는다는 그 말
씀을 외고 외면서도 '죽어 보아야 알지' 하는 생각이 이 모든 말씀
을 믿지 못하도록 나를 삼켜 비참하고 어리석게 만들었던 것이다.

그래서 나는 마음을 강하게 먹고 기어이 전도를 하지 않았다.
하나님께서 택한 사람은 어떤 일이 있어도 구원해 주시고, 택하지
않은 사람은 아무리 애를 써도 구원함이 없다고 한다면, 구태여 내
가 전도할 필요가 없기 때문이었다. 택함받은 사람은 어떠하든 간
에 천국에 갈 것이고, 택함받지 못한 사람은 아무리 애써도 소용이
없을 텐데 무엇 때문에 귀찮게 전도해야 한단 말인가!

나는 믿을 수 없을 만큼 담대했는데 스스로도 놀랄 정도였다.
왜냐하면 속히 그리고 장하게 죽는 것이 내 죽음의 목적이고 이상
이었기 때문이었다. 한번은 판사 가마다가 재판소로 나를 불러놓
고는 물었다.

"요즈음 기분이 어떤가?"

나는 생각도 없이 "요즈음 내 기분이 어떤가 물으시는 거예요?
그걸 아시려면 나와 교대를 해보면 알지 아니오?" 하며 퉁명스럽
게 대답해 버렸다. 그렇게 말하고도 나는 후회하지도 겁이 나지도
않았다.

한번은 이런 일도 있었다. 평양 형무소 소장이 주일날 내가 일
하지 않겠다고 한 것을 알고는 나를 호출하였다. 소장은 번쩍거리
는 관복에 금테 모자를 쓰고 번쩍이는 칼을 차고는 잔뜩 위엄을 갖
추고 서있었다. 그는 "일본 천황의 이름으로 너 안이숙에게 일요일
에도 대일본제국과 전쟁을 위해 일할 것을 명한다!"고 호령하며 책

상을 마구 두들겨댔다. 순간 나는 자리에서 벌떡 일어나 소장 옆에 차렷 자세로 서서는 큰소리로 "하늘과 땅과 그 가운데 만물을 만드시고 다스리시고 운행하시며 지배하시는 하나님이 엿새 동안 힘써 네 모든 일을 하고 칠일째는 쉬라고 하셨으니 이 높고 높으신 영광의 하나님의 종 안이숙은 하나님의 말씀을 거역할 수 없어 주일엔 일하지 않겠소!" 하고 책상을 두들겼다. 그때 나는 이미 죽을 각오가 되어있었기 때문에 그만큼 담대할 수 있었다.

또 한번은 여자 간수장이 있었는데 어찌나 교활하고 악한지 누구나 그 사람을 보면 뱀을 본듯 무서워하며 떨었다. 그런데 여자 간수들이 나를 "57번"이라 하지 않고 "1호실 선생님"으로 부르는 것을 발견하고는 나를 길들일 양으로 불러내었다. 처음에는 무서웠지만 그 앞에 섰을 때 나는 다른 사람이 돼 있었다. 나는 죽을 사람이었다. 그는 나에게 무엇이라고 말하면서, 건방지다며 욕설을 퍼부었다. 그때 나는 나도 모르게 유창한 일본말로 대답했다.

"여보, 이 무식한 간수장님, 당신은 내가 무슨 큰 죄나 저질러서 여기 온 줄 아시오? 내가 당신같이 무식하고 사리를 분별할 줄 모르는 사람에게 꼬박꼬박 절을 하면서 사형날을 기다리고 있는 이유를 모르겠소? 당신은 간수들이 나를 죄수 번호로 부르지 않고 "1호실 선생님"이라고 하니까 시기가 나서 나를 고문하려 하지만 당신이 죄인인 것은 이 감옥의 간수든지 죄수든지 다 알고 있는 사실이오. 당신이 밖에서 들여 오는 물건이나, 죄수들이 공장에서 만들어내는 물건들을 몰래 빼내다가 술과 떡으로 바꾸어 먹고 있는 것을 모르는 사람이 있는 줄 아시오? 이 감옥에 있는 사람치고 이 말을 안 하는 사람이 있는 줄 아시오? 내가 만일 재판소에서 간수와 죄수들을 부추겨 증언하게 하면 당신은 20년 이상 옥살이를 해야 한다는 걸 모르시오? 내가 마음만 먹으면 언제라도 할 수 있지만 당신 불쌍해서 참고 있는 줄이나 아시오."

독오른 뱀처럼 사악하게 호령하던 간수장은 갑자기 소금에 절인 배추같이 축 늘어졌다. 그리고는 부들부들 떠는 손으로 찻잔을 건

## 2. 담대하기만 했던 신앙

네주며 "드세요"라고 존대했다. 내 성격상 이렇게 남의 약점을 들어 짓눌러 버리는 일은 절대로 한 일이 없는데 그날은 몰상식하게도 그렇게 행동하고 말았다. 그 이유는 그 간수장이 악하고 도적질하는 죄수나 간수들은 옹호해 주고, 착한 간수와 죄수들은 학대하며 불공평하게 대했기 때문에 나는 그들을 대신해서 싸워 주고 싶은 심정 때문이었다. 또 한편으로는 속히 죽고자 하는 내 목적의 표현이기도 했다. 내가 이렇게 담대할 때마다 "누구든지 예수를 믿으면 구원을 얻는다"는 신앙이 확고했다면, 죽음을 내걸고 소리를 지르거나 책상을 치며 싸우는 대신 "예수님을 믿으세요. 그러면 구원을 얻어요. 하나님은 당신을 너무 사랑해서 자기 독생자를 세상에 보내주셨다구요. 내가 그 증인이예요. 믿으세요. 하나님을 믿고 그 아들을 영접하세요. 그러면 당신은 영원히 살아요."라고 외치고 또 외쳤을 것이다. 그랬더라면 법정이나 감옥에서, 경찰서 유치장에서 그 어떤 기적이 일어났을지도 모르는 일이고 내 6년 동안의 구치생활에서도 무슨 놀라운 일이 생기지 않았을까?

나는 가장 불행한 사람들에게 복음을 전했다. 16세의 소녀 사형수 화춘이, 만주에서 온 여자 사형수, 평양의 유명한 기생 선화 그 외에도 불행하고 불쌍하여 동정할 수밖에 없는 그런 사람들에게 복음을 전했다. 나는 그들이 기뻐하고 행복해지도록 기도하며 믿음을 키워주었다. 그들이 사망같이 불행한 처지에서 예수님을 믿고 천국에 대한 소망을 가지고 그날을 기다리면서 바른 생활을 하려고 노력하는 것을 보았을 때 내 행복도 절정에 달한 듯한 느낌이었다. 내가 만약 "죽어 봐야 안다"는 그 환상 같은 말에 붙잡히지 않고 구원에 대한 확고한 믿음이 있었다면 그 불쌍한 죄수들에게뿐 아니라 일본의 관리들에게도 전도할 수 있었을텐데……. 내 지혜를 다하고, 내게 있는 힘을 모두 바쳐 결사적으로 기도하고 성령의 능력을 받아 힘있게 전도했더라면 그 6년이란 세월이 얼마나 짧고 행복하고 기쁜 것이었을까! 이제 다시는 그런 기회가 주어질 수 없으니 후회로 내 마음은 아프기까지 하다.

## 3. 통곡

    요란스러운 전화벨 소리에 수화기를 들었으나 아무 소리도 들려오지 않았다. 잘못 걸린 전화겠거니 생각하고 수화기를 내려놓았다. 하던 일을 마저 끝내기 위해 뒤돌아 서려는데 전화벨이 다시 울렸다. 그러나 여전히 잠잠했다.
    "여보세요? 누구세요?"
    거듭 물었으나 대답이 없었다. 이상한 생각이 들었으나 그냥 수화기를 내려 놓을 수밖에 없었다. 그런데 수화기를 내려놓자마자 또 요란스럽게 벨이 울렸다. 한참을 받지 않고 있다가 계속 울려대는 벨소리에 다시 수화기를 들었다.
    "네, 여보세요. 누구를 찾으시죠?"
    "안…… 사모님이요."
    울음섞인 음성이었다.
    "전데요. 무슨 일이지요?"
    "저……."
    "어디서 전화하시는 거예요?"
    "워싱턴이예요."
    "어디 아프세요?"
    나의 말에 그녀는 다시 설움이 복받쳤는지 큰소리로 섧게 울었다. 그녀의 통곡 소리는 나의 마음을 아프게 했다. 수화기를 잡은 채 한참을 기다렸으나 울음 소리는 좀처럼 약해지지 않았다.
 "여보세요. 마음이 진정된 후에 다시 전화를 거세요. 제가 전화를 끊고 기다릴께요."
 "아니예요. 끊지 마세요. …… 죄송해요."
 "괜찮아요. 울고 싶을 때 실컷 울고 나면 개운해지죠. 염려마시고 실컷 우신 후에 다시 전화를 거세요. 제가 기다리고 있을 테니까요."
 "아니예요. 이제 됐어요. 말씀드……."
 그는 말을 잇지 못하고 계속 흐느끼기만 했다. 나는 또 수화기를 든 채 기다릴 수밖에 없었다.
 "어디 아프신가요?"
 "아니예요. 너무 앞이 캄캄해서요. ……이제 저는 죽을 수도 살 수도 없어요. 사모님."
 "마음이 아프시군요."
 "……세상에 어쩌면 이런 일이 있을까요."
 "네. 무슨 일인지 그만 우시고 이야기해 보세요."
 "네, 죄송해요. 사모님. 말씀드릴께요. 저는 하나님의 일을 하는 전도사였어요. 젊었을 때 한 남자를 만나 결혼을 하기도 전에 임신을 하게 되었어요. 그래서 부랴부랴 결혼을 했어요. 결혼 후 너무 행복했어요. 그런데 아들이 두 살 되던 해에 남편은 집을 나가버렸어요."
 여기까지 말을 한 그는 깊은 한숨을 내쉰 후 다시 말을 이어갔다.
 남편이 집을 나간 후 그는 고생을 무척 많이 했다. 전도사이기에 교회에서 처리해야 할 일도 많았고 또 몸도 피곤하여 아들에게 제대로 신경도 쓰지 못했다. 그의 살뜰한 보살핌이 없어서인지 아들은 공부에 재미를 붙이지 못했다. 아들은 낙제를 해가면서 겨우 고등학교를 마쳤다. 공부를 못 해 대학에는 갈 수 없고, 또 제대로 된 직장을 얻을 수도 없었다. 그가 받아 오는 적은 월급으로 아들과 함께 어렵게 생활해야 했다. 그러던 중에 아들은 화물선을 타게 되었다. 아들은 한번 배를 타면 두 달이나 석 달이 지나서야 돌아왔다. 그는 힘든 일을 하고도 며칠밖에 쉬지 못하는 아들이 가엾게 생각되었지만 한편으로는 대견했다.

그런데 한번은 돌아와야 할 날이 지났는 데도 아들은 돌아오지 않았다. 온갖 수단을 다 동원해 아들의 행방을 수소문해 보았지만 아무 소식도 듣지 못했다. 집에서 그냥 기다리는 방법밖에 없었다.

2년 정도 지난 어느날 아들에게서 편지가 왔는데 자신은 미국에 있으니 걱정하지 말라는 내용이었다. 배가 미국의 한 항구에 정박했을 때 도망쳐 나왔다는 것이었다. 배에서 도망친 아들은 말도 통하지 않고 길도 모르는 상황 속에서 난감했다. 그러다가 겨우 한인교회를 찾아갔다. 한 부인이 아들을 친절하게 대해 주며 자기 집에 데리고 가 음식도 먹여주었다. 그 부인의 주선으로 밤에 청소하는 직업을 얻었으나 말도 잘 못하고, 일도 서툴러서 적응을 잘 못했다. 그러던 중 미국 청년의 꾐에 빠져 마음이 상하고 불안해질 때마다 주사를 맞았는데 그게 마약주사였다. 아들이 불법 체류자라는 것을 안 미국 청년은 영어를 가르쳐 준다는 미끼로 사람을 아주 못쓰게 만들어 놓았다.

그런 생활을 계속하던 중 그는 한국 여자를 만나게 되었다. 그녀는 이태원 출신으로 미군을 따라 미국에 왔으나 그가 에이즈 환자로 판명된 후 그에게서 도망쳐 나와 제멋대로 살고 있었다. 그는 그녀를 보살펴주었다.

그는 아들이 미국에서 잘 살고 있겠거니 하고 자신의 일에 전념했다. 전도사 일을 열심히 하고 있던 중 아들이 결혼했다는 소식을 전해왔다. 그는 아들과 새 며느리가 보고 싶어 관광비자를 얻어 아들 내외를 만나러 왔다. 그는 마음 한구석으로 이제 미국에서 아들과 오손도손 살아보아야겠다는 생각을 하고 있었다.

그런데 이게 웬일인가! 미국에서 그를 기다리고 있는 것은 단란한 신혼부부가 아니라 마약중독자가 된 아들과 에이즈 환자인 며느리였다. 지저분하고 햇볕도 제대로 들지 않는 좁은 방에 누워 고통스러워하는 아들 내외를 보았을 때 그는 얼마나 놀랐던지 말도 제대로 할 수 없었다.

그는 또다시 울기 시작했다. 억장이 무너지는 듯한 울음소리에 나는 숨을 죽이고 가만히 있었다. 한참을 울고 난 후 그는 다시 말을 했다.

"사모님! 이럴 수가 있을까요?"

"그런데 저는 어떻게 아세요?"

"사모님은 저를 모르실 거예요. 그러나 저는 사모님에 관해 말씀도 들었고 직접 만나뵙고 인사드린 적도 있어요. 그래서 미국에 오면 꼭 찾아뵈려고 사모님의 주소와 전화번호를 적어왔어요."

"그런데 제가 어떻게 도울 수 있을까요?"

"저도 모르겠어요. 다만 사모님을 붙들고 울고만 싶어요. 울기만 해도 도움이 될 것 같아요."

"생활은 어떻게 하시나요?"

"에이즈 환자와 그 환자를 보살피는 사람에게 주는 정부 보조금으로 겨우 연명해 나가고 있어요. 죽으라는 법은 없는가 봐요."

"그럼요. 더욱이 자매님은 주님을 위해 오랫동안 봉사하신 분 아니세요."

"사모님! 말씀드리기 부끄럽지만 이제 와서 제 죄를 깨달았어요. 이 모든 일이 다 제 죄 때문이예요. 그래서 죄값을 받고 있는 거예요."

"죄 없는 사람이 세상에 어디 있겠어요. 단지 깨닫지 못하면 죄인이고 깨달아 회개하면 사함을 받는 것 아닙니까?"

"제가 남편에게 버림받은 것도 제 죄 때문이었고 아들 하나 바로 기르지 못한 죄도 말로 다 할 수 없을 거예요. 저는 죄를 짓고도 일이 다 잘되리라 믿어 왔어요. 그러나 그것은 저의 안일한 생각이었어요. 죄값이 이렇게 오는 것도 모르고……. 제가 지은 죄를 어떻게 말로 다 표현할 수 있을까요? 너무 부끄럽고 수치스러워서 말입니다. 세상에는 숨겼지만 하나님께는 숨길 수 없다는 것을 알고 있었어요. 숨긴 것은 드러나지 않을 것이 없다는 말씀을 대할 때마다 가슴이 뜨끔했는데 결국 이 지경이 되고 말았어요. 저는 어떻게 해야 할지……. 자살이라도 하고 싶은 심정이예요. 그러나 그것도 죄라는 생각에……."

"자살은 아무것도 해결하지 못해요."

"그렇지만 지금 형편이 너무나도 기가 막혀서 죽고 싶다는 생각뿐이예요. 지옥불에라도 뛰어들고 싶은 심정이예요. 사모님!"

"지옥불의 고통이 지금의 어려움과 비길 수 있다고 생각하시나요? 너무도 고통스러워 죽기를 바라도 죽을 수 없고 또 유황불이 활활 타오르고 있는 영원한 지옥과……."

"사모님, 저도 잘 알아요. 그렇지만 이 숨이 막히는 처지도 처지이지만 제가 지은 죄들의 고문은 더 견딜 수가 없어요."

"자매님! 전화에 대고 아무리 통곡한다 해도 소용이 없어요. 해결책은 단 한 가지밖에 없어요. 예수님께 그 심정을 말해 보세요. 예수님께 그 모든 죄를 고백하시고 울면서 애원해 보세요. 그렇게 하시면 기적이 일어날 거예요."

"기적이요?"

"네. 기적이요. 주님이 자매님의 죄를 다 용서해 주시고 평안을 주실 거예요."

"그런데 회개기도 할 만한 데가 없어요. 여기는 코에 코를 대고 사는 형편이거든요."

"한인 교회를 찾아가세요. 밤중에 교회에 가서 문들을 꼭꼭 잠그고 바닥에 엎드려서 그 동안 지은 모든 죄를 하나님께 낱낱이 고백하고 용서해 달라고 간곡히 애원해 보세요."

"꼭 그렇게 해야 하나요? 그래야 하나님이 들으시나요?"

"그렇게 해야만 하나님께서 들으신다는 것이 아니라 내가 그만큼 절실하고 결사적이라는 것을 보여드리는 것이지요. 죽으면 죽으리라는 각오로요. 성경에 보면 여리고 성으로 가는 길가에 앉아서 구걸하던 소경 이야기가 있죠. 예수님이 지나가실 때 소경이 큰소리로 '예수님, 나를 도와주세요' 하고 야단스럽게 부르짖은 일 아시죠? 예수님이 어떻게 하셨나요? 소경의 소원을 이루어 주셨어요. 귀신들린 어린 딸을 둔 가나안 여인이 자기 딸이 귀신들렸을 때 예수님을 따라다니면서 큰 소리로 도와 달라고 했죠? 예수님은 그 여인에게 '네 믿음이 크도다. 네 소원대로 되리라!' 하셨지요. 나는 질병이나 어려운 일이 생기면 하나님께 큰 소리로 간구해요. 그 결과 기적이 일어나는 것을 여러 번 보아왔어요. 자매님도 한번 해보세요. 간절한 마음으로 하나님의 도움을 구해보세요. 내 자신의 지혜나 방법으로가 아니고 성경에 기록되어 있는 말씀대로 하라는 거예요. 그렇게 하나님께 필사적으로 기도하면 하나님께서는 모두 들어주실 거예요. 전능하신 하나님이 무엇을 못 하시겠어요. 그분이 하고자 하신다면 세상에 안될 일이 뭐가 있겠어요. 당신의 죄도 마찬가지예요. 회개하고 하나님께 자백하세요. 그러면 하나님이 평안을 주실 거예요. 하나님께 용서받지 못할 죄는 없어요. 도둑질, 모리배, 간통죄 등 어떠한 죄든지 햇볕에 봄눈 녹듯 사라지게 되는 거예요. 마치 동이 서에서 먼 것같이 우리 죄는 멀리멀리 보이지 않게 없어지는 거예요. 그래서 예수님의 이름이 굉장한 것 아닙니까? 믿는 사람에게 고난은 축복의 전주곡과 같아요. 어렵고 심한 고통은 큰 기쁨, 더 큰 영광을 주시려는 거라고 저는 믿어요. 이것이 곧 성경이 우리에게 가르쳐 주고 있는 바가 아닙니까. '형제들아 시험을 만나거든 온전히 기뻐하라'는 말씀은 그러한 상황을 경험했던 사도의 간증이 아니겠어요. 그 고통을 이겨낼 수 있도록 기꺼이 도와주시고 또 기적을 보여주시지요. 사람들은 세상을 이길 수 없어요. 세상의 일은 사람의 힘으로나 지혜나 재간으로나 돈이나 명예나 그 어떠한 기술을 가지고도 이겨낼 수 없지요. 한 가지 참 비결! 무슨 일을 만나든 이겨낼 수 있는 비결! 그것은 모든 것을 하실 수 있는 하나님을 의뢰하여 그분께 필사적으로 부르짖으며 애원하는 것이라고 저는 믿어요. 그리고 그렇게 살아왔어요. 죄 많은 곳에 왜 은혜가 넘치는지 아세요? 그 죄를 회개하고자 하는 심령이 필사적인 기도로 나타나 하나님을 움직이게 하기 때문이 아닌가요? 자매님 힘내세요. 자매님의 이야기로 제 마음도 아프고 괴롭습니다. 저도 잊지 않고 기도로 돕겠어요."

"사모님. 정말 감사합니다. 진작 왜 그런 생각을 못 했는지 모르겠어요. 하나님 앞에 바로 서도록 남들에게는 여러 말로 일러주며 살아왔는데 말이에요."

"하루 종일 하나님을 의식하고 살지 않으면 일이 생길 때마다 당황하고 헤매게 마련이지요. 믿는다는 것은 무시로 무엇을 하든지, 어떠한 처지에 있든지 간에 늘 하나님을 의식하며 살아가는 것이고 그렇게 되면 절대로 다급한 일은 없을 거예요. 모든 것 다 보시는 하나님, 모든 것 다 아시는 하나님, 모든 것 다 하실 수 있는 하나님. 이 하나님이 내 생활의 주인이시고 왕이신데 무슨 어려운 일이 있겠어요."

"알고 있는 것만으로는 충분하지 않다는 말씀이시죠. 행함이 반드시 수반되는 삶을 살아야겠군요."

"그렇구 말구요. 아무리 많이 알고 있어도 실천하지 않으면 무슨 소용이 있겠어요? 행해야지요!"

"네, 사모님 말씀대로 해 보겠어요."

"됐어요. 이제 하나님 앞에서 통곡하세요. 몸과 마음을 찢는 통곡 말이예요."

## 4. 또다른 통곡

"사모님, 엉엉엉 ……."
"여보세요. 왜 우세요? 누구신지 말씀을 하세요."
"엉엉엉……."
"여보세요. 전화를 끊고 실컷 우신 후에 다시 전화를 거세요."
여인은 나의 말에도 계속 울기만 했다. 나는 수화기를 내려놓지 않고 그 여인이 울음을 그칠 때를 기다리기로 했다. 점점 잦아들고 있는 울음소리를 통해 나는 여인에게 기쁜 일이 있을 것이라는 추측을 할 수 있었다. 왜냐하면 슬픔에 젖은 울음소리가 아니라 기쁨으로 들뜬 울음소리였기 때문이다.
"사모님!"
"네."
"제가 누군지 아세요? 아마 모르실 거예요."
"누군지……. 그런데 어디서 전화거시는 거죠?"
"여긴 일본 오오사까예요."
"그런데, 왜 우시는 거죠? 통곡을 하시던데?"
"사모님, 그건 슬픔의 눈물이 아니라 찬양의 울음이었어요."
"저런!"
"너무 너무 기뻐 찬송을 하려니, 할 줄 아는 찬송이 있어야지요. 마음에서 기쁨이 솟아올라 찬송 대신에 마구 통곡한 거예요."

"참, 감사하군요. 그렇게 좋은 일이 무엇이죠?"

"좋은 일이예요. 너무 기뻐, 몸뚱이가 터져나갈 것 같아요. 사모님!"

"그것 참 기쁘군요. 얼마나 좋을까요!"

"아! 참 너무 감사해요."

"믿는 사람들에게 그런 기쁜 일이 있다는 것은 참 복된 일이지요. 무슨 일인지 말씀해 보세요."

"사모님, 저는 서울에서 살아요. 일본엔 남편의 병을 치료하기 위해 와 있는 중이구요. 그런데 기억하실지 모르겠어요. 몇 해 전에 사모님이 서울에 오셨을 때에, 제가 반도 호텔로 찾아간 일이 있었어요. 간염에 걸린 친구와 함께 만나뵙고 인사드렸었죠. 그때 사모님이 친구와 저를 보고 '이런 멋쟁이들이 왜 질병과 씨름을 하느냐!'고 말씀하셨어요. 그래서 저희들이 기도를 간청하니까 사모님께선 펄쩍 뛰시면서 '없는 것을 달라고 하는 사람들은 뭔가 잘못된 사람들인데 배운 사람들이 그런 무식한 말을 할 수 있소? 나는 신유의 은사를 받지 못했소. 나는 복음을 전하는 아주 초라한 전도자일 뿐이오. 나는 정말 낮고 작은 사람이오. 그렇게 흔한 방언 한 마디 못 하고 권능 있는 행동도 못 하는 그야말로 부스러기 전도자요. 교회에 일생 동안 다녔으면서도 집사도 못 해 본 소자 중의 소자인데 그걸 봐서도 모르겠소?' 하셨어요. 그런 뒤 이렇게 말씀하셨죠. '왜 배운 사람들이 의사에게 가지 않소? 또 의사가 못 고치면 신유의 은사를 받은 권사님이나 목사님들이 한국엔 많으니까 그분들께 갈 것이지, 나 같은 소인에겐 무엇하러 왔소. 나에게 온 것은 잘못이오. 나는 아프면 하나님께 기도하면서 의사에게 치료받고 그래도 낫지 않으면 먹지도 마시지도 않고, 말도 안 하고 누가 와도 인사도 안 한 채, 방에 들어가 꿇어 앉아 성경을 읽고 죽을 힘을 다해 아픈 곳에 손을 대고 큰소리로, '하나님 아버지! 여기가 쑤시고 아파요. 고쳐주세요.' 외칩니다. 그러면 아픈 곳이 깨끗이 낫지요.' 하신 것 기억하세요?"

"글쎄, 잘 기억은 안 나지만 나는 누구나 아픈 사람을 보면 그런 말을 하기 때문에 아마 당신들에게도 그랬을 거요."

"그런데, 사모님. 저와 같이 갔던 그 친구는 간염이 간암으로 악화되어 삼 년 후에 세상을 떠났어요. 그런데 얼마 전에 제 남편도 위암이라는 통보를 받았어요. 유명하다는 의사는 다 찾아다녔는데도 남편의 병세는 악화되었죠. 남편은 고통에 차서 갖은 악을 다 쓰며 아파했어요. 그런데도 제가 은사집회에 가자고 하면 저 때문에 위암이 생겼고, 저 때문에 계속 위암이 번진다고 마구 화를 내며 가지 않는 거예요. 저에 대한 남편의 원망은 그 도를 지나쳐 핍박까지 하게 되었어요. 저는 그 핍박이 너무 심해 남편 앞에서 죽고 싶은 마음까지 생길 정도였어요. 그때 마침 일본에 좋은 의사가 있다고 하기에 건너왔죠. 그런데 기적이 일어났어요. 이곳에서 치료받던 중, 어느 주일날 저만이라도 예배를 드리려고 교회에 갔어요. 마침 그 교회에서 수양회를 갔다온 후라 사람들이 웅성대고 있었어요. 그래서 그들이 갔던 수양관의 위치를 알아 가지고 기차를 타고 고텐바라는 수양관으로 찾아갔지요. 수양관은 초목이 우거진 곳에 있었어요. 사모님, 제가 그곳에 방을 얻어서 혼자 방 속에 틀어박혀서 무엇을 했는지 아세요?"

"뭘 했죠?"

"사모님이 몇 해 전에 제 친구에게 일러주신 말씀 기억하세요? 아마 잊으셨을 거예요. 저는 잊지 않고 말씀하신 대로 했어요."

"어떻게?"

"먹지도 마시지도 않고 말도 안 하고 누구와 인사도 않고 방에 틀어박혀서 마구 소리소리 질렀어요. '하나님, 저 때문에 제 남편이 위암에 걸렸대요. 저 때문에 암이 자꾸 더 자란대요. 아버지! 남편의 그 암, 저 때문에 생기고 자라는 그 암을 없애주세요.' 같은 말을 죽어라 소리지르며 기도했더니, 목이 쉬고, 가슴이 뛰고, 온몸에 기운이 다 빠져서 더 이상 기도할 수가 없었어요. 기도를 마치고 남편이 있는 호텔로 돌아왔는데 사모님, 엉엉……."

나는 그 여인이 다시 말을 하기를 기다리며 잠잠히 기다렸다.
"그런데, 사모님. 제 남편의 위암이 없어졌어요. 깨끗이요! 글쎄, 제 남편이 뭐라는지 아세요? 예수님이 자기 병을 고쳐주셨대요. 아! 엉엉엉……."
여인은 한참을 운 후에 들뜬 목소리로 다시 말을 이었다.
"어떻게 감사하지 않을 수 있겠어요! 그렇게 아프던 위가 거뜬해지고 배가 고파서 카레라이스를 한 그릇이나 먹고 물을 다섯 컵이나 마셨는데, 기분이 날아갈 것 같대요. 그리고 '아! 그 좋으신 예수님을 왜 그렇게 구박했을까!' 하면서 우는 거예요. 사모님! 이렇게 기쁜 일이 세상에 또 있을까요? 천국에 들어가면 아마 이렇게 기쁘겠지요? 제가 사모님같이 찬송을 자작곡해서 부를 수 있다면, 통곡 대신에 아름다운 곡조로 하나님을 찬송했을 거예요. 그런데 제게는 그런 은사가 없어요. 그래서 대성통곡하면서 하나님 보좌에 감사제사를 드리고, 또 사모님어 가르쳐주신 대로 해서 은혜를 받았으니까 사모님께 감사의 전화를 하는 거예요. 제 남편은 이제부터 교회에 다니겠다는군요. 십일조도 드리고, 전도도 하고, 성경 공부하고 기도도 하겠다는군요. 사모님! 너무 너무 좋아요. 온 세상이 천국이 된 것 같아요."
"그런데 어떻게 저희 집 전화번호를 알았죠?"
"요단 출판사에서 알려주었어요."
"정말 축하드려요."
"사모님, 제 남편과 함께 미국에 가면 꼭 찾아뵙겠어요."
기쁜 통곡의 전화!
나는 너무 기뻐 큰소리로 하나님을 찬양했다.

## 5. 통곡하는 전화

"여보세요? 울기만 하면 어떻게 해요. 우선 말씀을 하세요. 그리고 나서 울든지 말든지 해야 할 것 아니예요? 그만 우세요."

전화를 받은 나는 상대방이 울음 그치기만을 기다렸다. 그러나 그는 계속 울었다. 통곡이었다. 나는 불안하고 슬퍼지기까지 했다. 그는 말을 하려다가 울고 또 울었다. 수화기를 든 채 계속 울었다.

'무엇 때문일까? 무슨 일일까? 울음 소리로는 분명 젊은 여자인데, 어떤 일로 전화하고선 이렇게 울기만 하는 것일까?'

나는 초조하고 불안했지만 수화기를 내려놓을 수 없었다. 기다리기만 했다. 얼마나 울었을까. 그는 조금 가라앉은 듯한 목소리로 말을 시작했으나 두마디도 못하고 또 엉엉 울었다.

"여보세요. 그러면 전화를 끊고 실컷 울고 나서 다시 전화하세요. 말을 할 수 있을 때 다시 전화하시라는 말씀이예요."

그는 이 말을 잘 듣지 못한 모양이었다. 우는 소리에 내 말이 안 들린 것이다. 내가 먼저 전화를 끊어야겠다고 생각한 나는 다시 말했다.

"여보세요. 미안하지만 내가 먼저 전화를 끊을께요. 섭섭해 하지 마세요. 일단 전화를 끊고 기다릴 테니까 이야기할 수 있을 때 다시 전화하세요. 아시겠어요? 전화 끊을께요."

나는 수화기를 내려놓았다. 다시 전화가 오리라고 생각했지만 날이 저물고 그날이 다 가도록 전화는 다시 걸려오지 않았다. 나는 그를 생각하며, 그를 도와주시라고 주님께 기도했다. 이 일밖에 무엇을 할 수 있을 것인가.

그리고는 이러구러 얼마가 지나 그를 거의 잊어버렸을 때였다. 전화가 왔다.

"사모님, 언젠가 전화를 걸고 울기만 했던 사람이예요. 저는 선희라고 해요."

"저런! 그래요? 반가워요. 그렇지 않아도 몹시 궁금했는데 어떻게 된 일이예요?"

"너무 기가 막히는 일이어서요. 그리고 도저히 해결할 수도 없는 앞이 캄캄한 일이라 사모님께 전화를 드렸던 거예요. 전화를 하기 위해 사모님이 쓰신 책을 보고 서점에 물어서 전화번화를 알았어요. 사모님께 전화를 하고 사모님 목소리를 듣자 그만 울음이 터져나와 그치려고 했지만 어찌할 수 없었어요. 정말 실례가 되었어요. 용서해주세요. 사모님."

"괜찮아요. 그렇게 어려운 일이었나 보죠?"

"네. 세상에 어쩌면 이런 일이 있을 수 있을까요, 사모님."

"또 울지는 마세요. 이야기한 뒤 울든지 웃든지 하시구요. 그런데 거기가 어디예요?"

"뉴욕 주예요. 뉴욕 시외에서 거는 거예요."

"그렇다면 장거리 전화였는데 그렇게 울고만 있었어요?"

"죄송해요. 저는 원래 울보예요. 아이 때부터 잘 울어서 별명이 울보였어요."

"그래요? 그렇지만 이젠 울지 마세요. 그리고 이야기해 보세요."

"제가 어렸을 때 어머니는 위암으로 세상을 떠나셨어요. 그 후 저는 언니와 같이 새어머니 밑에서 자랐어요. 그 새어머니는 교육도 받고 교회 봉사도 잘 하는 집사였다가 권사도 하신 분인데 우리에게는 너무 혹독하게 대했어요. 그러자 언니는 어머니같이 저를 감싸주고 보호해 주었어요. 너무 좋은 언니였어요. 저보다 세 살이

## 5. 통곡하는 전화  39

더 많았어요. 제게 어머니는 없었어도, 언니가 엄마처럼 위로와 사랑으로 저를 키웠어요. 저는 특별한 어려움 없이 자랐어요. 언니도 저 없으면 못 사는 형편이었구요. 우리는 고등학교를 졸업하고 대학에 가려 했지만 새어머니의 완강한 반대로 못 갔어요."

그는 더이상 울지 않았다. 계속 이야기할 뿐이었다.

"우리는 직장생활을 시작했어요. 저는 직장에서 만난 사람과 연애하다가 곧 결혼을 했어요. 언니는 직장에 다니면서도 대학 못 간 대신 컴퓨터 공부에다 여러 가지 취미생활도 했어요. 언니는 돈도 잘 벌었어요. 차도 사고 아파트도 사고 또 미용기술도 배우고 댄스도 배워 너무 멋진 여성이 되었어요. 그와는 반대로 저는 일찍 결혼했고 애기를 낳았어요. 다음 해에는 쌍둥이를 낳아서 그야말로 형편없이 쩔쩔매는 생활을 하느라 제 몸을 돌볼 겨를도 없었어요. 무리한 생활에 지칠 대로 지쳐서 살았어요. 그런데 하루는 남편이 미국에 출장을 갔어요. 회사 일로 잠깐 갔다 오겠다고 했는데, 거기서 친구를 만나 아주 눌러앉아 살면서 회사를 다니고 있다는 거예요. 그래서 저도 아이들을 데리고 미국에 가야 할 형편이었어요. 미국으로 가기 위한 수속 준비 기간이 몇 해나 걸렸어요."

그의 말이 빨라지고 격해져 있었다.

"그러던 어느날 언니가 미국으로 연구차 간다고 했어요. 잠깐 갔다 오리라고 했던 언니는 돌아오지 않았어요. 남편은 영주권을 얻는 중이라 한국에 나올 수 없다는 거예요. 남편도 그립고 언니도 보고 싶어서 관광 비자로 미국에 왔어요. 아이들은 새어머니께 맡기구요. 선생님, 아니, 사모님, 그런데 와서 보니까 이게 웬일입니까. 언니와 남편은 부부가 되어 살림을 하고 있었어요. 언니는 임신까지 했구요. 그렇게 저를 아끼고 사랑해 주던 남편은 아주 변해 버렸고 그렇게도 나를 사랑으로 길러준 언니는 나와 상대도 하지 않는 원수가 되어 있었어요. 세상에 이런 일이 있을 수 있어요? 제 남편은 저를 따라서 교회에 잘 다녔던 사람이예요. 언니는 말할 것도 없이, 열심히 믿노라고 주일학교 교사로 일했었구요. 사모님,

저는 어떻게 해야 할까요? 온 세상 남편들은 다 변해도 제 남편만은 결코 변하지 않으리라 자신했는데 말예요. 또 언니도 나라면 어떤 희생이라도 감수했던 어머니 같은 사람이었는데 말예요."

그는 격한 감정이 더해갔지만 울지는 않았다. 봇물 터지듯 계속 말을 이었다.

"사모님, 하나님이 정말 계신가요? 예수를 믿으면 정말 행복한 가요? 저는 한창 자라는 아이 넷을 데리고 살아가기 힘든 나날을, 남편에게만 가면 해결될 것이라 기대하며 보냈어요. 그날만 바라면서 이 울보가 울지도 못하고 견디며 기다렸는데 이게 웬 날벼락 같은 일인가요? 태산같이 믿고 참고 기다렸던 남편을, 내게 없어서는 안 되는 단 하나뿐인 언니에게 빼앗겼다니……. 두 사람은 아주 당당하다는 듯이 저에게 도리어 물러나라고 해요. 사모님, 이를 어떻게 하면 좋겠어요?"

"잘 알겠어요. 얼마나 마음이 아프고 앞이 캄캄했는지 알겠어요. 저도 같이 울며 통곡하고 싶어요."

그는 내가 그의 마음을 이해한 것을 느낀 것 같았다.

"고마워요. 사모님."

그의 목소리는 울음이 섞여 떨렸다.

"그런데 자매님, 내가 말해주기를 원하세요?"

"그럼요. 어떻게 해야 할지 저는 너무 막막해요. 말씀해 주세요, 사모님."

"자매님은 하나님을 믿으세요?"

"그럼요."

"하나님이 누구시며, 어떤 분이라고 믿으시죠?"

"전지전능하시고 사랑의 하나님이세요."

"잘 아시네요. 그 전지전능하시고 사랑 그 자체이신 하나님이 우리에게 무엇이라고 하셨는지 아세요?"

"머리가 복잡하고 마음이 아프고 상해서 뭐가 뭔지 전혀 생각이 나질 않아요."

"물론 그럴 거예요. 그것이 정상일 거예요."
"어떻게 할까요, 사모님?"
"자매님이 믿으시는 그 하나님을 그대로 믿으시고 그대로 대접해 드리세요."
"대접을요?"
"그래요, 믿으니까 믿는 대로 행동하세요. 전지전능하신 사랑의 하나님을 믿고 의지하세요. 그리고 기다리세요. 그 하나님은 당신의 아버지시잖아요. 또 모든 것을 보시고 아시고 해결해 주시는 분이잖아요. 믿으세요?"
"모르겠어요. 저는 몸과 마음이 온통 상하고 찢긴 것 같아요."
"그렇겠지요."
"사모님, 죽고 싶어요. 나이아가라 폭포가 여기서 멀지 않다고 제 남편이 그랬는데 거기 가서 투신하면 어떨까요?"
"아이들은 어떻게 하구요?"
"지금은 아이들 생각조차 하고 싶지 않아요. 우선 나만 죽어 없어지면 그만이라 생각돼요."
"살인죄는 지옥에 갈 텐데 지옥은 이보다 쉬울 것 같은가요?"
"아무리 지옥이 무서운 곳이라 해도 이렇게 힘들고 아플 수 있을까요?"
"활활 타오르는 불꽃에 싸여서 피할 수도 나올 수도 죽을 수조차 없는 곳이 지옥인데 마음이 그 정도로 아픈 것과 비교할 수 있겠어요?"
"그것은 마음이 아프다는 말이지 전신이 불붙는 것과 어떻게 비교가 되겠어요? 아무튼 자살하면 하나님을 배반하는 일이기 때문에 더 무섭고 더 혹독한 일을 당해요. 자살하려는 생각은 하지 마시고 내 말 잘 들으세요."
"네."
"죄라는 것은 결코 행복을 만들 수 없어요. 죄 가운데 있는 그 사람들이 행복해 보이는 것 같지만 두고 보세요. 그들이 얼마나 불행한가 보게 될 거예요. 도리어 불쌍히 여기세요. 죄 가운데 산다는 것은 불안과 공포 속에서 사는 것이에요. 예수님을 믿지만 원수를 사랑하는 일은 고통스러운 일이지요. 그렇지만 해보세요. 그 결과가 어떻게 이루어지는지 기대해 보세요. 하나님은 전지전능하신 분이라구요."

"제 남편과 언니가 사고라도 나서 일생 병신으로 지냈으면 후련할 것 같아요."

"그 사람들이 병신 되면 고생과 불행이 누구에게 오는지 아세요?"

"자기들이 지은 죄값이니 저들이 당하겠지요."

"그렇지 않아요. 남편이 만일 그렇게 된다면 아이들은 일생 짐이 돼요. 또 언니까지 자매님이 돌보아야 하구요."

"그렇기도 하겠네요."

"그들을 위해 열심히 기도하세요. 하나님의 지혜에 맡기세요. 큰 불행을 큰 행복으로 바꾸시는 하나님의 지혜를 보고 경험하는 계기가 되세요. 이런 아픔들이 옛이야기가 되도록 하나님께서 해주실 거예요. 우리는 상상도 못 하겠지요. 하나님께 맡기고 죄 짓지 마세요. 만일 자매님이 죄를 지으면 그 사람들보다 더 불행해질 거예요. 그때는 어떻게 하겠어요? 믿는 사람은 그런 어려운 일이 있을 때 하나님께 맡겨놓고 기다려요. 하나님께 의지하면 그가 도와주시지만 자기의 이해와 감정으로 원수를 갚든지 수단을 쓰면 하나님께서는 손을 떼신답니다. '너 재간이 많구나. 네 생각대로 해보아라' 하구요. 그렇게 되면 참으로 불행해진답니다. 이 기회에 잘 공부한 것으로 여기세요."

"공부요?"

"사람은 믿을 수 없다는 것을 말이에요."

"그게 뭔데요?"

"믿는다는 일은 의지하고 바라고 소원한다는 것인데, 믿을 분은 오직 하나님뿐이며 사람은 그저 사랑하는 것이지요."

"잘 모르겠어요."

"사람을 믿지 말라는 데도 모르겠어요?"
"네."
"남편도 언니도 자식도 친구도 이웃도 믿는 것이 아니라 다만 사랑한다는 뜻이예요. 그리고 믿을 분은 오직 하나님 한 분이라는 뜻이예요."
"네, 알겠어요. 그러나 어렵겠군요."
"어려우니까 해야 해요. 혼자 하려면 불행해 보이거나 어려워 보이지만, 해야 해요. 할 수 있어요."
"자신 없어요."
"기도하세요."
"기도가 잘 안 나와요."
"나에게 말하듯 그리고 나에게 울듯이 하나님께 하면 돼요. 그것이 기도예요."
"하나님께 어떻게 그럴 수 있어요?"
"하나님께 좋은 말만 하는 것이 기도인 줄 아세요? 말하지 않아도 나쁜 형편을 하나님은 다 아세요."
"그래도……."
"그래도? 그래도 하나님은 그 마음까지 아세요."
"사모님, 그럼 저는 아이들을 데리고 어떻게 살까요?"
"그것 말예요? 그 큰 문제를 하나님께 내어놓고 의논하라는 거예요. 내게 백마디 말을 한다 해도 나는 능력도 지혜도 그분과 비교조차 할 수 없어요. 주님께 맡기세요. 주님만이 하실 수 있어요. 그 누구도 못 해요."
"마음이 너무 아프고 복잡하기만 해서 뭐가 뭔지 모르겠어요."
"그것도 주님께 솔직히 이야기하세요. 차근차근하게 또 감정이 격해질 때는 통곡하며 소리쳐 보세요. 그러면 상상하지도 못 할 일이 일어날 거예요. 우리는 몰라요. 기도했던 사람만 볼 수 있고 알 수 있고 받을 수 있어요."
"한 번도 그렇게 해보지 않았어요."

"그러니까 이런 일이 생긴 것 아니겠어요? 지금 자매님은 가장 불행하다고 할 수 있지만 두고 보세요. 이런 일이 상상할 수도 없게 해결될 거니까요. 부르짖는 기도, 통곡하는 기도는 하나님께 축복을 받는 문이라는 사실을 아실 거예요. 그때가 언제인지 몰라요. 하나님의 지혜에 따라 빠를 수도 있고 자매님의 믿음에 따라 일이 잘 될 수도 있고 느릴 수도 있어요. 한눈 팔지 말고 정신을 바짝 차리고 머리를 식히고 마음을 가다듬은 다음 주님을 대해 보세요. 울어도 되고 부르짖어도 되고 속삭여도 돼요."

"그렇게 해도 된단 말이죠?"

"되고 말고요. 우리가 아무리 점잖은 체 하지만 주님 앞에서는 숨길 수 없어요. 우리를 너무 잘 아시는 하나님이시니까요. 자매님의 안타까운 형편을 그대로 주님께 갖다놓아요. 이 일은 굉장한 일이예요. 이 사실을 하나님께 말씀드릴 때 하나님은 기뻐하세요. 하나님이 기뻐하시면 얼마나 좋은지 아세요? 이 세상이 마치 장난감 같다구요. 난 알아요. 그렇기 때문에 자매에게 권하는 거예요."

"그런데 제가 한국을 떠나기 전에 사모님께 전화를 하려고 했어요. 왜 그랬는지 모르겠어요. 계속 그런 마음이 있었어요."

"잘 했어요. 나도 자매님을 위해 기도 할께요. '죽으면 죽으리라' 하고 하나님께 매달려 봅시다."

"감사합니다. 사모님."

"할 자신이 있죠?"

"그 길밖에 제게 무엇이 있을까요? 하겠어요. 주님께 매달리겠어요."

"그럼 됐어요."

## 6. 때 늦은 사랑

나는 보통 때처럼 늘 식사를 하는 시쥴러 식당(채소가 가장 많고 과일과 모든 것을 마음대로 먹을 수 있는 식당)에 가서 식사를 하고 있었다. 거의 정오를 전후 해 식사하는 것이 습관화되었는데 이날은 편지를 쓰다 보니 오후 2시가 다 되어서야 식사를 하게 되었다. 시장했기에 한참 맛있게 먹다가 식당 안을 둘러보았더니 이미 점심시간이 지나서인지 사람들이 드문드문 앉아 식사를 하고 있었다. 내 자리에서 멀지 않은 곳에 동양 남자 둘이 마주앉아 식사를 하고 있는 것이 눈에 띄었다. 동양인이 거의 없다시피한 이 식당에서 그들을 보니 자연 눈길이 그들에게 가게 되었다. 그들도 내가 동양인이라서인지 나를 쳐다보는 눈길이 잦았다. 나는 그들이 자주 보는 것을 느꼈기 때문에 될 수 있는 대로 그 쪽으로 시선이 가지 않도록 열심히 식사만 했다. 신선한 생채소를 잔뜩 먹은 후에 삶은 채소와 구운 닭다리를 먹으려고 가져다 놓고, 우연히 그 동양 남자들 쪽을 보게 되었다. 그랬더니 그들도 나를 유심히 보고 있는 것이었다. 나는 마음속으로 '어느 교회에서 말씀 전할 때에 내 얘기를 들었던 사람인가 보다.' 하고 어디서나 흔히 있던 일이기에 별 주의 없이 식사를 계속했다. 삶은 채소와 구운 닭다리를 실컷 먹고 난 후 과일과 단 음식을 가져와 먹으려 하는데 그 동양인들이 내게로 오는 것이었다.

내게 다가온 그 동양인들은 겸손하게 인사를 한 후 물었다.
"안이숙 사모님이시지요?"
그들을 쳐다보았으나 모르는 사람들이었다.
"우리들은 장로교 목사입니다. 사모님께선 저희를 기억 못 하시 겠지만 저희는 사모님을 너무 잘 알고 있습니다."
"감사합니다. 그래 식사는 잘하셨습니까?"
"네, 참 잘했습니다. 저는 최 ○○ 목사입니다."
"저는 김 ○○ 목사입니다."
"만나서 반갑습니다. 두 목사님들!"
그렇게 몇 마디 오고 간 후 최 목사는 약속이 있다며 먼저 가고 김 목사만 남아서 내 앞에 앉았다.
"목사님은 바쁘지 않으세요?"
"네, 괜찮습니다. 어서 식사 계속하세요, 사모님!"
그는 커피를 더 달라고 청해 커피를 마시고, 나는 과일과 후식을 먹으면서 이야기를 계속하게 되었다.
"사모님, 저를 기억 못 하시겠습니까?"
그 말을 듣고 자세히 보았으나 기억이 나지 않았다.
"하기야 사모님을 처음 뵈었을 때는 청년이었는데 지금은 장년이 되어 얼굴도 모습도 변해 버렸을 테니 어떻게 기억하시겠습니까! 무리한 질문이지요."
"그래요? 언제 어디서 목사님을 뵈었길래요?"
"사모님, 캐나다 토론토에 맨 처음 오셨을 때가 언제인지 기억하십니까?"
"거의 이십 년이나 된 것 같군요. 처음으로 한국인 교회에 간 때 말입니다. 그때 캐나다인 교회에 갔다가 한국인 교회가 있다는 말을 듣고 찾아가 봉사한 기억이 납니다."
"그랬습니다. 그때는 한국인이 얼마 없었지요. 그렇지만 처음으로 교회를 세웠습니다."
"그때에 목사님께서 단상에 서셨나요?"

"아닙니다. 그때 저는 교인이었습니다."

"사실은 그곳 목회를 하셨던 목사님도 얼른 기억나지 않는데 한 번 인사만 한 교인을 어떻게 기억하겠어요. 어림도 없지요. 저를 용서하세요. 그 점이 항상 마음에 걸려왔지만 어쩔 수 없더군요."

"그럼요, 당연한 일이지요. 어떻게 그 많은 사람들을 한 번 인사했다고 일일이 기억하시겠어요. 절대 불가능하죠."

그리고 나서 그는 그의 이야기를 시작했다.

"저는 사실 사모님을 만나 이야기를 해야만 마음이 평안해질 것 같아 사모님을 만나려고 굉장히 애를 많이 썼습니다. 첫 방문 이후에 사모님이 토론토에 오실 때마다 뵙고 싶었지만 이미 교인들도 많아지고 집회도 커진 고로 인사 한번 못 드리고 먼 발치에서 보기만 했습니다. 또 꼭 사모님을 만나야 되는 것도 아니었으니까요. 그러나 지금은 다릅니다. 꼭 만나서 이 가슴에 뭉치고 뭉친 이야기를 쏟아놓아야 할 지경에 이르렀습니다."

이렇게 말한 그의 얼굴에는 이미 심각하고 어두운 그늘이 드리워져 있었다. 나는 열심히 먹던 과일, 후식들을 옆으로 밀어놓고 그와 얼굴을 마주볼 수 있게 앉았다.

"사모님! 저는 악한 놈입니다."

그의 눈엔 눈물이 가득했다. 나는 통한의 빛이 역력한 그의 말투와 슬픔에 젖은 얼굴을 바라보았다. 애잔한 아픔이 나를 휘감았다.

"사모님, 제가 어떻게 감히 목사라는 직분을 가지고 살아가고 있는지 정말 수수께끼 같습니다. 어떻게 감히! 어떻게 말입니까?"

그는 '휴' 하고 긴 한숨을 쉬고는 말을 한참 동안 끊고 식탁만 보고 있었다. 나는 할 말을 몰라 기다리고 있을 수밖에 없었다.

"사모님, 식사가 다 끝난 후에 제가 이야기를 꺼냈어야 했는데, 아직 식사도 끝나기 전에, 참 미안합니다."

"아니예요. 매일 똑같은 것을 먹는데요. 괜찮아요."

"죄송합니다."

그리고 난 뒤 그는 말을 계속했다.

"사모님, 사모님은 제 아내를 잘 아실 겁니다. 혀가 좀 짧아서 말이 똑똑지 않고 더듬는 듯이 하는 부인을 토론토에서 만나신 적이 있으시지요? 제 아내가 거의 한 시간이나 사모님을 붙잡고 울면서 이야기했으니 사모님께서도 기억하실 겁니다."

그러고 보니 내 머리에 금방 그 부인의 모습이 떠올랐다. 또 그 부인이 왜 그렇게 울었고 또 나도 왜 울었는지가 생생하게 떠올라 그 목사님을 바라보는 내 마음은 복잡하기만 했다.

"기억하시는군요. 그렇지요, 기억 못 하실리가 없겠지요. 반벙어리, 그이가 끈질기게 그 바쁘신 분을 한 시간이나 붙잡고 울어댔을 테니까요."

그렇게 말하는 그분의 어조는 미움이나 멸시가 아니라 회고와 동정의 여운이 어린 것이어서 도리어 내 마음을 순하게 해주었다. 그의 이야기는 이러했다.

그들은 시골에서 자랐다. 희순이는 외동딸이었고 부모가 열심히 벌어 좋은 집에 살고 있었다. 태어날 때부터 혀가 짧았는지 반벙어리같이 말을 하며 자랐지만, 그 집에 단 하나밖에 없는 딸이었기 때문에 무척 사랑받으며 부러운 것 없이 자랐다. 동훈이는 고등학교를 졸업했으나 대학에 진학할 경제력이 없어 집에서 하는 일 없이 세월만 보내고 있었다. 동훈이 아버지는 재주도 능력도 없고 또 성격도 고약해 무슨 일을 하든지, 어디에서든지 불화를 일으켜 일을 얻지 못해 어머니가 새벽부터 밤까지 갖은 잔일을 해서 생계를 유지하는 형편이었다. 게다가 동훈이의 누나 역시 시집도 못 간 채 어머니를 도와 가계를 유지하고 있었다. 그러한 상황에 있던 동훈이의 생각에 희순이는 비록 반벙어리이지만 고등학교도 나왔고 부잣집 외동딸이니까 희순이와 결혼하면 대학은 못간다 해도 희순이의 부모가 죽으면 모든 재산은 희순이의 것이 될 것이 분명했다. 결국 동훈이는 희순이를 꼬시어 사랑을 하고 결혼을 했다. 그래서 그들 사이에 쌍둥이 딸도 태어났다.

얼마 동안은 그런대로 무난한 결혼생활을 했다. 그러나 그곳에도 이민 바람이 거세게 불어와 동훈이는 이민을 가야겠다고 마음 먹기 시작했다. 그리하여 이민을 가자고 희순이를 못살게 굴어 집안은 불화가 가득했다. 동훈이는 날마다 빈둥대며 같은 말만 되풀이했다.

"나는 외국에 가야 성공할 사람이야. 우리 나라에서는 나한테 일자리도 없을 뿐더러 이곳에서는 일하기도 싫어."

보다 못한 희순이의 부모가 집을 팔아 자기들은 전세집을 얻어 살면서 이민수속을 하게 하였고, 모든 남은 돈은 딸과 사위에게 주어 아무쪼록 딸이 잘되기만을 바랐다.

희순이의 부모는 훌륭한 기독교 신자들이었다. 그래서 희순이는 주일학교 시절부터 믿음으로 살려는 습관에 젖어 있었지만 동훈이는 장가들기 위해 희순이를 따라 교회에 갔을 뿐이므로 신앙에 대해서는 별 관심이 없었다. 한번은 희순의 아버지가 동훈을 불렀다.

"이 사람아, 요즘 세상은 남녀 할 것 없이 대학 가기를 소원하는데 자네는 그런 생각이 없는 건가?"

"있다 해도 너무 늦지 않았습니까? 이제 대학에 간다고 하는 것은 내게 불가능하고, 생각도 할 수 없습니다."

"그런 것은 나도 잘 아는 바일세. 그렇지만 대학엔 못 가더라도 신학교엔 갈 수 있지 않나? 더욱이 외국에서 살려면 그래도 창조주 하나님을 잘 알아야 살 수 있을 것 아닌가? 신학을 공부하면 대학에서 공부한 것보다 나을 거야!"

동훈이는 대학에 못 간 것에 크게 열등감을 가졌던 터라 신학교라도 가면 체면이 설 것 같아 신학교에 입학했다. 이민수속이 쉬운 일이 아니라서 신학교를 졸업하고 나서야 이민허가가 나왔다.

사실 신학교를 나오기는 했지만 동훈이의 마음은 여전히 얼음장 같이 차고 진리를 맛보지 못한 사람 같았다. 시험도 간신히 퇴학이나 면할 정도로만 보았고 신학공부도 등한시하였다.

이민허가가 나오자 동훈은 바로 캐나다로 이민을 왔다. 쌍둥이 딸과 희순을 데리고 토론토로 온 것이다.

　겨울이 길고 겨우내 눈이 쌓이는 토론토에서 동훈이는 추위를 핑계로 일을 하려 하지 않았고 여름이 되면 일자리가 없다고 놀기만 했다. 결국 희순이 부모가 준 돈을 다 까먹었다. 어쩔 수 없이 희순이가 중국집 식당에서 채소를 다듬고 고기를 썰고 해서 버는 돈으로 간신히 연명을 했다. 그런 중에서도 쌍둥이 딸들은 나라에서 학비를 면제받으며 잘 배워 국민학교에서부터 중·고등학교는 물론 대학까지 좋은 성적으로 다녔다. 동훈이는 일을 안 하는 것이 습관이 되어, 먹고 놀면서 불평만 했다. 더욱이 그렇게 곱게 자라서 동훈이 때문에 사랑하는 부모를 떠나 외국, 추운 땅에 와서 죽을 힘을 다해 밥벌이하는 희순이에게 "벙어리, 벙어리" 하며 무시하고 온갖 모욕을 주기도 하며, 심지어 발로 차고 때리는 일까지 자행했다. 희순이에게 남편은 완전히 공포의 대상이었고 딸들은 그런 아버지를 극히 미워하여 엄마를 도우려 갖은 애를 썼다.

　그러던 어느날 엄마 희순이는 감기가 너무 심해 일을 나가지 못하고 자리에 누워버렸다. 그러나 남편은 동정은커녕 코웃음을 치며 빈정거렸다.

　"감기가 밥을 먹여 주냐? 밥 먹기 싫으면 계속 감기나 앓으며 누워있어라!"

　이 말에 희순이는 너무 화가 치밀어 올랐다.

　"언제…… 내……내가 자……자리에 누……누운 적 있었소? 이런 때……만이라도 당……당신이 일……좀 하면 안……되……되는 거요?"

　"이 벙어리가 미쳤나? 이제 벙어리 말소리는 듣기만 해도 진저리난다. 차라리 죽어버려라!"

　희순이의 가슴에는 못이 박혔다. 희순이는 왈칵 울음을 터뜨렸다. 오기가 난 그녀는 자리에서 벌떡 일어나 일을 하러 밖으로 나갔다. 그리고 영원히 돌아오지 않았다. 길을 건너다 차에 치어 숨진 것이다. 두 딸은 엄마를 끌어안고 대성통곡을 했지만 그녀를 다시 돌아오게 할 수는 없었다. 동훈이는 쇼크를 받았지만 이젠 어떻게 할 도리가 없었다.

　딸들은 각각 직장을 얻어 집을 나가 살았다. 동훈이는 모든 것을 다 잃어버렸다. 아내도 딸들도 또 희순이의 부모가 준 돈도 없었다. 하늘이 핑핑 도는 것같이 어지럽고 캄캄했다. 그는 더 이상 울음도 안 나오고 진정도 안되고 살기도 싫었다. 그렇다고 죽을 수도 없었다. 왜냐하면 죽음이 그를 불도가니로 끌어들이는 것같이 무서웠기 때문이었다. 그는 세상 사는 것에 대해, 죽음에 대해 모두 공포를 느꼈다.

　딸들은 집을 나가 산 뒤 전화 한 번 안 하고 어디 있다는 기별조차 안 했다. 딸들은 불쌍한 엄마를 그렇게 괴롭힌 포악한 아빠를 악마라고 생각하는 것 같았다. 이젠 그에게 친구도, 이웃도 없어졌다. 다만 갈 곳이 있다면 그것은 교회뿐이었다.

　주일이 되었다. 그는 교회에 가려고 옷을 챙겨 입었다. 손에 만져본 지 오래 된 성경책과 찬송가를 이구석 저구석 찾다가 그 책들과 같이 있는 책 두 권을 보았다.

　'죽으면 죽으리라'

　'죽으면 살리라'

　그는 교회에 가려고 시계를 보니 아직 교회 문이 열리기 세 시간 전이었다. 그는 그대로 앉아 '죽으면 죽으리라'를 이리저리 뒤적거렸다. '소녀 사형수'라는 제목에 눈이 끌려 읽기 시작했다. 그 내용으로 인해 마음에 뜨거운 감동이 일었다. 이어서 다음 사형수 이야기인 '만주 여자 사형수'의 이야기를 읽었다. 또다시 큰 감동이 흘러넘쳤다. 계속해서 그 다음 이야기들을 차례차례 읽어나갔다. '죽으면 죽으리라'를 모두 읽고 나서 '죽으면 살리라'도 읽어나갔다. 시간 가는 줄 모르고 밤이 지나 다음날 아침이 되도록 그는 책만 읽었다.

　그는 가슴속에 뜨거운 불이 타오르고 있음을 느꼈다. 다 읽은 후에 그는 책에 머리를 대고 울고 또 울며 대성통곡을 했다.

"아! 희순, 내 아내! 내 사랑하는 아내! 아내여! 아내여! 내가 왜……! 당신 대신에 내가 죽었어야 했는데……, 내가 죽일 놈이지! 희순이, 내 아내!"

그는 울부짖으며 일생 처음으로 예수님을 불렀다.

"예수님! 예수님! 아! 하나님이신 예수님! 이 죽을 죄인을 살려 두시지 마시고 속히 지옥으로 떨어뜨려 주소서. 예수님! 오, 아버지 하나님! 이런 죄인……. 세상에 하나밖에 없는 가장 무서운 죄인……. 이 죄인……! 지옥 귀신 같은 이 죄인……!"

그는 울고 또 울었으며 먹지도 않고 마시지도 않고 계속 울기만 했다. 주일에 동훈이의 모습이 보이지 않아 교회에서 동훈을 찾아와 보니 그의 몰골은 거의 죽은 사람 같았다. 사람들은 음식을 사오고 목사님은 위로해 주는 등 심방 온 모든 신자들이 한마음으로 동훈이를 위해 애를 썼다. 신자들은 동훈이가 아내를 너무 사랑했기에 미쳐버린 것으로 알았다. 여하튼 동훈은 그 뒤 달라졌다. 딴 사람이 된 것이다. 그는 가장 천한 일을 골라 하였다. 열심으로 일하고 열심으로 교회에 출석했다.

마침 교단에서 교회를 세우는데 목회자가 없어서 동훈이가 그 교회를 맡게 되었다. 신학교를 졸업한 덕분에 목회자가 되긴 했지만 아는 것은 아무것도 없었다. 그래서 요즘은 열심히 성경과 주석책을 읽으며 교인들을 가르치는 중이라고 말했다. LA에는 세미나가 있어 왔는데 그렇게 만나기를 원했던 나를 이처럼 만날 수 있었던 것은 주님의 은혜라고 했다.

"목사님, 제가 한마디 할까요?"

"네, 사모님. 말씀해 주십시요."

"그렇게 못된 동훈이란 당신이 어떻게 이렇듯이 의젓하고 훌륭한 목사님이 될 수 있었는지 아세요?"

"은혜지요. 그저 은혜입니다."

"네, 그렇습니다. 목사님의 그 눈물과 기운이 진하여 쓰러질 정도의 그 부르짖음이 하나님께 올라갔기 때문입니다. 죽어 썩어가던 송장 나사로가 살아 걸어나온 그 기적이 목사님에게 임한 거라고 저는 보아요. 하나님이신 예수님께서 행하신 기적 가운데 가장 큰 기적은 나사로를 다시 살리신 일이 아닐까요? 절대 불가능한 일, 도저히 있을 수 없는 일을 이루신 예수님의 권능이 드러난 사건이라고 저는 생각합니다. 그 기적을 행하실 때 예수님은 다른 많은 기적을 행하실 때와는 다르셨습니다. 예수님께서 눈물을 흘리시고 외치셨다는 것이 특이한 일이었습니다. 성경은 물론 역사 이야기지요. 그렇지만 동시에 우리가 해야 할 바가 무엇인지 보여주고 깨닫게 해 주고, 권면해 주고, 경고해 주는 생활의 지시판이 아닙니까? 저는 하나님께서 성경을 통해 보여주신 것이 무엇인지 알았으면 그대로 살아가야 한다고 생각해요. 목사님이 그것을 의식하셨든지 못 하셨든지 목사님의 통곡과 주님을 향한 부르짖음은 목사님을 송장 같은 생활에서 일깨워준 것으로 저는 보아요."

"네, 그런 것 같습니다. 저는 완전히 딴 사람이 되었으니까요. 그전엔 더럽고, 야비하고, 냄새만 나는 송장 같은 인간이었습니다. 그것이 어찌 하나님이 자기 형상대로 지으신 인간일 수 있겠습니까! 저는 이제 새 피조물이 되었어요. 사모님! 이렇게 된 저를 제 아내에게 한 번만 보여주었으면 좋겠어요! 그것이 제 아쉬움이고 그 아쉬움은 천국에 갈 때까지 계속될 것입니다."

그의 의젓하고 진실하고 참된 모습을 적어 보면서 정말 하나님은 그때와 같이 지금도 일하시는 분이시구나! 하는 생각이 든다. 예수님의 얼굴에 흘러내리는 눈물과 그의 외침 소리와 송장 나사로가 온몸이 베로 동인 채로 터벅터벅 걸어나오는 광경이 보이는 것 같다.

## 7. 안 자라는 교회

내가 아는 목사 중에 한 분은 여러 해 동안 갖은 애를 다 써 목회를 하여도 교회가 도무지 자랄 줄을 모르고 계속 소수의 신자만 왔다갔다 하는 것이었다. 그 목사는 혈기 있는 장정이고 신앙도 확고하고 또 부르심을 받은 증거도 분명하고 인격으로나 지식으로도 목사의 자격에서 흠을 찾아낼 수 없는 분이었다. 그런데 부부가 합심하고, 자라나는 자녀들과도 믿음으로 하나되어 전심으로 봉사하고 전도해도 교회는 여전히 제자리걸음을 하기만 했다.

마침 나는 차 안에서 그와 차분히 이야기할 좋은 기회를 얻을 수 있었다. 그의 간증과 신앙 태도로 봐서 그처럼 진지하고 열정적인 자의 목회가 바람직하지 못하다는 일이 나에겐 도저히 이해가 되지 않았다. 그래서 나는 그의 감동 어린 간증을 다 들은 후 "목사님은 제가 제 의견을 말씀드려도 섭섭해 하시거나 화를 내시지 않으시겠어요?" 하고 물었다.

그러자 그 목사는 "사모님이 무슨 말씀을 해주시든지 고맙지요. 무슨 말씀이든지 듣기를 참 원합니다"고 답하였다.

나는 나의 의견을 말하였다.

"목사님은 교회 성장을 위해서 결사적으로 기도를 해 보신 일이 있으신가요?"

"네, 금식도 여러 번 하고 새벽마다 교회에 나가 꼭 기도를 드럽니다."

"물론 그러시겠지요. 그런데 제 말은 기도를 하실 때 정말 죽으면 죽으리라는 각오를 가지고 큰소리로 기도하신 적이 있느냐는 말입니다."

그는 내 말을 이해 못 했는지 잠시 생각하고 나서

"그렇게 큰소리로 기도할 필요가 있을까요, 사모님?"

"아! 그렇다면 늘 그저 소곤소곤 기도하셨다는 말씀이지요?"

"네, 그렇습니다."

"그것 참 좋아요. 예수님께서 친히 말씀하신 바니까요. 골방에 들어가 문을 꼭 닫고 은밀한 데 계신 주님께 은밀히 기도하라고 하셨으니까요. 우리는 그런 기도를 계속해야 된다고 생각합니다. 그런데 목사님, 우리 힘으로나 지혜로나 우리가 가지고 있는 무엇으로도 안되는 불가능한 일이 우리에게 있을 때가 있지 않습니까?"

"그럼요. 지금 제 처지가 그렇습니다."

"네, 그래요. 아무리 애쓰고, 아무리 원하고, 아무리 기도해도, 웬일인지 해결할 수 없는 일이 우리들에게 있다는 것은 누구나 다 마찬가지인 것 같아요."

그리고 나는 내 폐렴이 고쳐진 경험을 이야기하고 또 가계 문제를 해결한 경험을 그에게 낱낱이 말한 뒤에 주님이 나사로를 살리신 이야기를 했다.

"주님이 송장이 되어 썩어가고 있던 나사로를 살리셨는데, 그것은 정말 불가능한 일이지 않았어요? 그런데 주님께서 여러 번 죽은 사람을 살리셨지만 죽은 사람 때문에 우신 일도, 큰소리를 지르신 일도 없지 않았어요? 그렇지만 이때만은 '나사로야! 나오라' 고 큰 소리로 부르셨지요. 예수님도 불가능한 일을 하실 때에는 큰소리를 지르셨구나! 하고 저는 깨달았어요. 성경 속에 다른 예도 또 있어요. 여리고 성밖의 소경이 큰소리로 주님을 불러댔지요. 제자들과 모든 사람들이 듣기 싫다고 조용하라고 했어도 그냥 그대로 고함을 질렀지요. 그 소리를 들으시고는 예수님께서 소경 앞에 다가 오셔서 말씀하셨어요.
'네가 무엇을 원하느냐?'
'보기를 원합니다'
'보라!'
그 소경이 보았어요. 또 이방 여인이 그 딸의 귀신들린 것을 고치려 예수님을 쫓아가며 소리소리 질러 도와 달라고 했을 때, 제자들이 그 여인을 쫓아보내라고 강권하여 예수님도 그 여인에게 꺼리는 말씀으로 거절하셨지요. 그러나 그 여인은 '부스러기 은혜라도 주십시요!' 라고 애원하였지요. 그러자 '네 믿음이 너를 구원했다' 하시니 그 여인의 소원은 이루어져 딸에게서 귀신이 나갔어요. 그러니 목사님도 부스러기 은혜라도 달라고 외쳐 기도해 보세요. 그것은 하나님이 귀가 먹으셔서 못 들으실까봐가 아니라 내 상태가 얼마나 긴급하고 결사적인지를 주님께 보이는 자세가 아니겠어요? 저는 제게 불가능한 상황이 닥쳐오면 필사적인 마음 상태로 주님께 호소하는 것이 바람직하다고 생각되어 울면서 온 힘을 다해 큰소리로 부르짖는 기도를 하지요. 이렇게 해서 지금까지 한 번도 이루지 못한 것 없이 모두 다 해결되었지요. 한번 그런 기도를 해 보시지 않겠어요?"

"네, 꼭 하겠습니다. 사모님! 감사합니다."

"그러나 목사님, 하나님은 요술쟁이가 아니예요. 절대로 주님은 요술은 안하시는 것을 아셔야 해요."

"그건 무슨 말씀이신가요."

"보세요. 하나님은 질서의 하나님이예요. '배가 고파요' 라고 기도했다고 내 앞에 밥을 당장 생기게 하셔서 먹게 하시는 분이 아니란 말이예요. '배가 고파요' 라고 기도하면, 나가서 할 수 있는 일을 주시고 열심히 일해서 쌀을 사다가 밥을 지어 먹게 하신다는 말이예요. 마찬가지로 '사과 먹고 싶어요' 한다고 사과가 눈앞에 굴러오는 것이 아니고 사과나무를 심도록 해주시고 가꾸도록 해주시며 몇 년이 지난 후에 봄에 꽃이 피고 여름에 열매가 열리고 자라가을에 익어 먹을 수 있도록 하시는 분이라는 거예요. 아이가 자라 어른이 되고, 기술을 배우고 익혀야 기술자가 되고, 믿음으로 거듭 나서 자라가 남에게 영향을 주고 평화와 자유를 가져오듯이 모든 것은 금방 이루어지는 것이 아니고 때로 시간이 걸려요. 그것이 하나님의 법칙이기에 하나님께 요술을 하라고 아무리 기도해도 소용이 없다는 말이에요"

"그러면 어떻게 기도하는 것이 좋겠습니까?"

"목사님 경우에는 신자가 늘지 않아 교회가 성장하지 않으니까 우선 열심으로 전도하시고 심방하시며 기도하기를 주일마다 한 사람씩만 보내달라고 하세요. 열 사람 전도하고 심방해서 한 사람씩 보내 달라고 기도하시되 결사적으로 기도해 보세요."

그런 대화가 있은 후에 나는 목사의 소식이 궁금해 알아보았더니 그 목사는 정말로 결사적인 태도를 가지고 새벽마다 교회 안이 들썩거리도록 큰소리로 기도한다는 것이다. 몇 달 동안은 그렇게 해도 교회가 변함이 없었지만 열심으로 전도와 심방을 하며 계속 애썼더니 주일이 되면 한 사람, 한 가정씩 새로운 사람이 교회로 찾아온다는 것이었다. 계속해서 한 사람, 한 가정씩 신자가 늘어나고 교회가 자라는 것에 그 목사는 매우 기뻐했다.

## 8. 임 부인의 질문

"기어이 찾아왔습니다. 사모님!"
일전에 전화를 걸어왔길래 기다리고 있던 임 부인이 인사를 하면서 들어왔다.
"정말 저를 만나기 위해서 서울서 오신 거란 말씀이세요?"
전화를 통해 듣긴 했지만 한 번 더 나는 그렇게 물어보았다.
"네, 그럼요? 얼마나 원했는데요. 그런데 소원이 이루어져서 너무 흥분이 되었어요. 선생님, 아니 사모님 얼굴을 뵈니 꿈만 같아요. 사실 사모님 꿈을 꾼 일도 있었어요."
"그래 꿈에 보신 것과 같습니까?"
"네 거의 비슷해요. 왜냐하면 책에서 선생님 사진을 여러 장 보았거든요. 그리구 강단에서 설교하실 때도 멀리서나마 뵈었으니까요."
"얼마 전에도 제가 북가주 우리 김 목사 있는 데 가 있었는데 저를 보러 오신 분이 있었어요. 여기서 기다리다 못 해서 북가주 팔노알토스까지 찾아오셨더라구요. 그런데 이번에는 제가 집에 있기를 잘했네요."
우리는 그런 이야기를 하면서 가까워졌다. 임 부인은 교양있는 태도와 자세를 지닌 분이었다.
"바쁘신데 너무 방해가 될까 봐 제가 할 말을 생각하면서 공책에 써 가지고 왔어요. 공연히 쓸데없는 말을 하거나 시간을 보내지 않도록 말입니다."

그러면서 그는 조그만한 공책을 핸드백에서 꺼내어 내게 보여 주었다. 나는 그의 면밀한 태도와 또 그의 문제가 심각하다는 것을 동시에 느끼면서 그에게 사랑과 친밀감을 느꼈다.

"상당히 면밀하시고 생각을 깊이 하시는 분이시군요."

나는 일어나 오렌지 쥬스를 대접한 후에 그와 마주 앉아 이야기를 하기로 했다.

"자, 그러면 이처럼 멀리 찾아오신 손님의 말씀을 듣기로 하지요. 말씀해 보세요. 저는 무식하지만 이야기하시는 중에 서로 도움이 되는 수가 있지 않겠어요?"

"사모님, 예수를 믿으면 분명히 행복해집니까?"

그는 나를 바로 바라보면서 이렇게 말했다.

"예."

나도 그를 바로 쳐다보면서 대답을 했다.

"그게 정말인가요, 사모님?"

"정말입니다."

"그래요. 선생님 책을 읽으니까 선생님은 참 행복해 보이세요. 그리고 선생님은 정말 예수님을 믿으시는 분이시구요. 그런데 저는 왜 안되지요?"

"뭐가 안되는데요?"

"저는 칠 년 전에 선생님이 쓰신 「죽으면 죽으리라」는 책을 읽고 예수님을 믿기로 작정을 했어요. 그 책은 저의 대학 교수님이 보내주신 건데 그 교수님이 저를 무척 사랑해 주셨거든요. 제게 크리스마스 선물로 보내신 책이었어요. 서울서 제가 전화를 드렸을 때도 말씀드렸지만 그 책을 몇 번이나 읽었는지 모르겠어요. 더욱이 그런 일을 겪으신 분이 살아있다는 것에 너무도 실감이 나고 읽으면 읽을수록 그 일들이 막 살아나 마치 연기를 펼치고 있듯이 저를 흥분시켰어요. 어떤 때는 막 울기도 하고, 어떤 때는 가슴이 벅차 오르고 정말로 그 책 속에서 누군가가 말을 하고 연기를 하는 것만 같았어요. 그래서 그렇게 고집을 하던 제 고집이 다 없어지고 불교를 헌신짝같이 집어 던져 버렸거든요. 그리고 친구를 따라 교회에 나갔습니다. 그때부터 제게 다가오는 핍박은 안팎으로 너무도 저를 비참하게 만드는 것이었어요. 왜냐하면 저의 본가와 시댁이 모두 대대로 내려오는 불교와 유교 집안이고 저는 본가에서는 맏딸이요, 시댁에서 맏며느리였으니까요. 더구나 저는 불공드려서 얻은 아이라고 어릴 때부터 여간 불교 신앙으로 교훈, 훈련시킨 것이 아니어서 그 신앙 관습이 제 몸과 머리에 박히고 젖어 있었거든요. 저는 중이 되기를 원했었고 또 집에서도 그럴 것으로들 알고 있었습니다. 그런데 대학에서 생물학을 공부하면서 웬일인지 신앙에 대한 정열이 식어가고 세상에 대한 지식욕이 늘어가면서 중이 될 욕망을 버리게 되었던 겁니다. 그렇지만 불교 신앙이 철저한 집에 시집을 오고 보니 다시 불교 신앙생활을 자연히 열성으로 하게 되었지요."

"남편은 어떠신가요? 불교 신앙말입니다."

"글쎄요. 그분은 물론 불교 신앙자이지요. 아무리 바빠도 불교 행사에 빠지는 일이 없으니까요. 또 그는 맏아들이고 효성이 있는 분이라서 충직하게 잘 지키고 있어요. 그렇지만 제가 기독교로 돌아선 후에 더욱이 '죽으면 죽으리라'는 책을 탐독하는 것을 보고 자기도 때때로 읽어서 그런지 저를 과히 핍박하는 일은 적어졌어요."

"믿지는 않는가요? 예수님을!"

"못 믿지요. 효성이 지극한 그분은 부모님을 하늘같이 떠받들고 살기 때문에 부모님 외에는 아무것도 없는 사람이에요."

그 말을 하고 그는 눈을 반짝이면서

"사실은 제가 보기에 그 사람은 신앙에 열렬한 것은 아닌 것 같아요. 그저 부모님이 하도 열성이시니까 부모님을 기쁘시게 하기 위해서 행사에 충실한 것 같기도 합니다. 사실 지금 세상이 어떤 세상입니까? 사람들의 지식이 날로 발달하고 교육이 고도로 실천되고 있는데 신앙에 관한 문제도 거의 상식이 되어가지 않습니까? 선생님, 불교에서 강조하는 것은 선행이고 결국 구원없는 종교이지만, 예수교는 그 구원의 진리가 역사로 증명되고 또 온 세계 민족들은 이 예수님이 누군지도 모르면서 크리스마스를 잔치와 명절로 지키고 부활절을 기쁜 날로 보내고 있지 않습니까? 그런데도 상식있는 사람들조차 그건 그저 그런건가 보다 하고 별로 주의하지 않는 것 같아요. 선생님."

"성경에서는 온 세계 민족이 다 하나님을 알게 되고 그 앞에 경배하게 된다고 했어요. 그뜻은 온 세계 만국 사람들이 모두 다 행복해진다는 말씀이 아니겠어요?"

"네, 선생님, 예수님을 믿으면 행복해지는 거지요? 그건 사실이 아닙니까?"

"네, 그래요, 사실이예요."

"전화로도 말씀드렸지만 저는 아직도 행복하지 못해서 고민입니다. 선생님."

"어떻게? 뭣 때문에 행복하지 않다고 고민하시죠?"

"선생님, 저는 믿은 지가 거의 칠 년이 되어갑니다. 제가 믿은 후부터는 절에 가는 것이 그렇게 싫고 중을 보기만 해도, 아니 중이라는 말만 들어도 싫증과 염증이 났습니다. 그리고 불교 행사가 일체 죄악같이 여겨져서 적극적으로 피하려고 했습니다. 그러니 시집은 물론 본가에서도 저를 가만 놔두겠습니까. 사사건건 나쁜 일은 모두 나 때문이라고, 집안에 되는 일이 없는 것이 모두 저 때문이라고 몰아 붙이고 냉대시하는 겁니다. 심지어 집안의 젊은이들까지도 저를 무슨 원수 보듯 하는 거예요. 이런 일들을 참고 견딘다는 것이 제게는 두렵고 아프고 견딜 수 없는 고민인 것입니다."

"남편도 그래요?"

"남편은 왜 부모님이 원하시는 대로 못하느냐? 왜 양가 부모님께 불효를 하느냐? 우선 부모님에게 순종해야 되는 것 아니냐하면서 저를 못마땅하게 여기고 시비거는 거지요. 남편만은 저를 미워하거나 무시하는 것이 아닌 걸로 믿기는 하지만 내 편이 되지 않고 중간에서 부모님편을 들어서 제가 마음이 상하는 겁니다."

"잘 알았어요."

"그런데 기독교에도 행사가 많지만 왜 그렇게 불교도들은 결사적인지 모르겠어요. 우리집 양가의 부모님들은 더욱더 그러신 것 같아요. 집안에 들어가면 큰 불상이 자리를 잡고 앉아있는데 언제나 불이 켜져있고, 아침 저녁으로 공궤하고, 불당에 모여 유하고, 드리는 것도 너무 많아요. 우리집 양가는 유별나게 특수한 신앙행동들을 하세요. 물론 그런 면에서 양가의 화목과 친밀은 그들에게 여간 행복감을 주는 게 아닌 것 같아요. 그런데 저만은 언제나 소외되어 있고 무시를 당하고 원망의 대상이 되어있는 겁니다."

"축하합니다. 자매님!"

그는 내 말에 눈을 껌뻑거리며 의아한 표정으로 나를 쳐다보았다.

"축하하신다구요? 어떻게……?"

"왜 그런 말을 하는가 이 말씀이시죠?"

"네, 그래요."

"자, 이제는 제가 말할 차례예요. 잘 들어 보세요."

그는 앉은 자리에서 긴장을 하듯이 바로 고쳐 앉고 나를 쳐다보았다.

"자매님, 어린 아이에게 어떤 부모가 집을 지으라고 맡기는 일이 있는가요?"

"물론 없지요."

"그럼요, 없어요. 어린애에게는 장난감이나 주고 놀라고 하지, 집을 지으라고 재료를 사서 맡기는 부모는 이 세상에 없습니다. 그러나 힘이 세고 지능이 왕성한 청년에게 장난감을 주면서 그것 가지고 놀고 있으라는 부모는 있을까요? 물론 없어요. 그렇죠?"

"네."

"자 보세요. 부모님은 어린애에게는 장난감이 필요하지만 다 자란 청년에게는 집을 지을 수 있는 힘과 능력이 있다는 것을 알고 계십니다. 그렇지요?"

"그렇죠."

"그런데 어린 아이가 커서 가정을 가지고 생활하려면 꼭 큰 집이 필요하기 때문에 부모님은 집을 지을 계획을 가지고 아이가 자라기를 기다리는 거예요. 제가 하는 말을 알아 들으시겠어요?"

"예, 말씀하세요, 선생님."

"그런데 그 부모님이 아이가 자란 후에 큰 집을 짓게 하려면 그 아이가 자라는 대로 자기들의 계획을 일러주고 가르쳐 주고 또 집 짓는 기술을 배우도록 인도해 주어야 그 아이가 성장한 후에 집을 지을 수 있겠지요?"

"그렇지요."

"그러면 그 아이가 우선 자라야 하지요. 몸과 힘이 자라고 크고 강해지고, 또 지혜도 자라고 또렷해지고……. 그렇지요?"

"네, 그래요."

"그 어린애가 자라서 크고 강하고 힘세고 모든 생각과 계획과 지혜가 구비될 만하면 그때 부모님은 집 지을 재료를 마련해 주겠지요. 그러면 자라고 큰 그 아들이 훌륭한 큰 집을 지어낼 것 아니겠어요? 그런가요? 아닌가요?"

"물론 그렇지요. 선생님."

"네, 그런 거예요. 예수님을 믿는다는 것은 아이가 태어난 것과 같은 거예요. 그런데 아이가 일곱 살 먹었다고 해서 지혜가 있고 계획성과 성취능력을 갖추어서 큰 일, 작은 일, 해야 할 일을 다 할 수 있는 것은 아니거든요. 그렇기 때문에 하나님 우리 아버지는 우리를 자라도록 키우시는데 큰 일을 맡기시려고 하는 사람에게는 청·장년이 되어서 무엇이나 다 할 수 있을 때까지 먹이고 입히고 가르치고 훈련을 시키시는 겁니다. 그래서 기간이 길고 어려운 것 같아요."
 그는 조심스럽게, 또 열심히 듣고 있었고 무엇인가를 얻고 깨달으려는 자세였다.
 "자매님, 어린 시절엔 어땠죠? 어린애 때에는 왜 그렇게 세월이 안가는지 어서 날이 빨리빨리 가고 나이들고 크고 더 알고 더 강해지기를 원했던 기억있어요? 큰 아이들이 부러워서 못 견디었던 적은요?"
 "그럼요. 막 크고 싶고, 큰 아이들 앞에선 웬지 비굴감을 가지고 그들을 부러워했었지요."
 "보세요. 그것이예요. 아이들은 상급생, 큰 사람이 부럽고, 시간이 안 가고 나이가 안 먹어서 안타까운 것같이…… 또 어려서 겨우 국민학생이나 유치원생 때에는 아무것도 할 수 없는 거예요. 그저 밥 먹고 학교에 가서 배우기만 하고 커가는 것 그것 뿐이지요. 그렇지만 오래오래 배우고 또 더 배우고 배우면서 알아지고 깨달아지고 훈련을 받아 큰 후에는 큰일 더 큰일을 척척 해낼 수 있게 되는 거라는 거예요. 아시겠어요?"
 "네, 그래서요!"
 "그리고 아이를 기르고 있는 부모는 그 아이가 자라면서 하는 짓을 보면 대개 '옳지! 이놈은 자라서 큰 인물이 될 것 같다.' 또 '이애는 틀렸어! 약하고 게으르고 어릴 때부터 핑계만 대고 진실성이 없으니 쓸모가 없는데!' 그럴 것 아니겠어요?"
 "네, 그래요."
 "그러면 쓸모없는 아이에게는 그냥 놀고 있게 안 해요. 공부해라, 목욕하고 씻어라, 정직해라, 이것 해라 저것 해라, 운동해라, 일찍 자라, 일찍 일어나라 하면서 쉴 새 없이 아이를 훈련시켜서 가르치고 키우는 거란 말입니다. 그 크는 기간 동안에 쓸모있는 아이는 고되고 바쁜 일들을 시키는 대로 계속할 테니까 얼마나 힘이 들겠습니까. 빈둥빈둥 놀고 먹기만 하고 할 일 없이 TV만 보고 있는 아이와 비교할 때 말입니다. 게으르고 제맘대로 살면서 자라는 아이는 아무 일도 못하고 도둑이나 사기쟁이나 거지나 쓸모없이 되는 것밖에 없을 것 아니겠어요?"

"네, 그럴 거예요."

"그러나 힘들고 어렵게 훈련을 받으며 자란 아이는 자라서 큰 후에는 맡겨지는 일마다 모두 척척 해낼 수 있다는 겁니다. 아시겠어요?"

"네, 그런데요?"

"자매님이 예수를 믿고 거의 칠 년이 되었어도 어려움만 있다는 것은 당신을 지으신 분이 보시고 '요것은 쓸모가 있다!'고 보시고 키우고 계시다는 겁니다. 그래서 어렵고 괴롬이 많은 것은 그만한 훈련과 연단이 주님 영광을 위해서 필요하다고 계획하신 때문이라는 거지요. 나는 그렇게 믿기 때문에 어려움이 많은 자매님을 축하한다는 것이예요. 정말 내가 보아도, 사실 나는 무식하고 사람의 맘을 한치도 모르지만 자매님은 쓸모가 있어 보여요. 제 어리석은 눈에도요."

그는 숨을 조용히 쉬고 나서 활짝 풀린 표정으로 말했다.

"그럴까요? 선생님! 말씀을 들으니 '설마!' 하기는 하면서도 맘속에 있던 얼음이 녹는 것 같아요. 쓸모가 있어서라구요! 그렇다면 얼마나 좋은 일이겠어요, 선생님!"

"잘 자라세요. 아무런 훈련이라도 다 맡아서 척척 넘겨 치우는 용단을 키우세요. 어떤 핍박이 와도, '와 봐라!' 어떤 무시와 냉전이 벌어져도, '보라!' 하고 언제나 전쟁터에 있는 심정으로 살피고 연구하고 이기는 길을 모색해야 해요. 그 이기는 길은 말씀, 하나님 말씀뿐이예요. 그래서 결사적으로 성경공부하고 또 시간을 내서 묵상하고 기도하고 간구하고 또 배우고 깨닫는 대로 생활을 말씀화해야 하는 거예요. 즉 말씀대로 살아서 생활이 말씀대로 되도록 노력하고, 습관이 되어야 한다는 거예요. 말씀없으면 전쟁터에서 무기도 폭탄도 없는 것과 같으니까요. 이 세상은 전쟁터라고 생각해야 할 겁니다."

"참 그런 것 같아요. 전쟁터 같아요."

"전쟁에 나가는데 맨주먹으로 가면 원수에게 늘 쫓기고 죽음을 당할 거 아니겠어요? 총도 있고 검도 있고 폭탄도 있어야 원수를 대항해서 싸울 때 자신이 있고 또 싸워서 이길 수도 있는 거지요. 마구 달려드는 원수를 대항해야 하는 우리 그리스도인들은 강인한 자세와 좌우에 날이 선 검과 같은 주님 말씀이 필요하고 최고의 무기 폭탄 같은 기도의 능력이 필요합니다. 그리고 군대장이신 예수님의 명령, 즉 말씀이 예수 믿는 사람의 일상생활에서 생활화되도록 애쓰며 자라며 기다리며 살아야 하는 것입니다."

"선생님은 그렇게 사셨지요. 또 그렇게 살고 계시지요?"

"글쎄요. 지금도 노력을 계속하는데, 젊었을 때 결사적으로 훈련을 받아서 이제는 습관이 돼 매우 쉬워진 것 같아요."

"습관이라고요?"

"네, 성경도 안 읽을 수 없이 읽어지고 외워지고 써지고, 기도도 옛날에는 산으로 교회로 금식을 하면서 훈련을 했는데 지금은 종일 기도가 생활이 되고 보니 그 외에는 자연히 감사와 찬송으로 채워지고 있는 셈이지요. 하나님이 믿는 자들에게는 모두 이런 행복을 누리기 원하고 원하셔서 그렇게 훈련을 시키시고 자라게 하시는 겁니다."

"그럴까요? 그렇다면 참 기쁘고 감사한 일이지요."

"왜 그런지 아세요."

"……"

"하나님은 우리를 지으신 아버지시기 때문이에요. 육신은 부모에게서 받았지만 근본은 하나님에게서 다 나온 거지요. 하나님이 보내셔서 세상에 나왔는데 예수님을 믿고 영접한 사람들은 예수님으로 인해서 다시 태어난 거지요. 즉 예수님의 자녀가 되어서 자라고 있는 것입니다. 그래서 믿는 사람에게 어려운 일이 있다는 것은 쓸모있다는 증거이고 또 그 어려움을 감당할 수 있는 것이기 때문에 주신 거예요. 다만 훈련을 받는 편에서 볼 때는 너무 심한 것 같지만 어려우면 어려울수록 그만큼 받는 이가 가치있다는 말입니다. 그만한 어려움이 있어야만 그만큼 크게 사용되어지기 때문이지요."

"그러면 세상에서 한가하고 평안한 것은 안 좋다는 뜻이겠네요?"

"안 좋다 뿐이겠어요. 위험 상태라는 뜻이지요. 더 심하게 말하면 가련하고 불쌍하다는 뜻도 되겠지요."

"그런데 왜 하나님께서는 어지간히 훈련을 시키셔서 한참 일할 수 있고 정열이 불탈 때 쓰시면 더 큰 일을 할 수 있을 텐데 하필이면 이렇게 늦게 부르셨을까요. 지금 저는 40이 넘었거든요. 늙으면 아무리 일을 하고 싶어도 못하는 거 아닙니까? 선생님!"

"젊었을 때, 즉 고되고 혹독한 훈련을 받고 또 받기 전에 큰 일을 맡기면 잘되면 교만해지기 쉽고, 잘 안되면 포기하고 물러가기 쉽기 때문이에요. 다윗 왕 보세요. 그가 왕으로 기름부음 받은 후에 얼마나 어렵고 무서운 훈련을 받았는지 한 나라 왕이 삼천 정병을 대동하고 다윗을 죽이려고 따라다닐 때 다윗의 그 형편이 어떠했겠습니까? 그렇게 혹독한 훈련을 받았어도 큰 죄를 짓고 살인을 하고 아들에게 쫓겨서, 명색이 왕이 맨발로 깊은 굴 속으로 머리에 재를 뒤집어 쓰고 숨어 있어야 하는 재앙을 겪지 않았습니까? 젊었을 때는 힘이 있고 결단력이 강해서 여간 단속이 되지 아니하면 넘어지기 쉬워요."

"그런데 선생님, 요셉은 30세 한창 젊었을 때 그 당시 강대국인 애굽의 재상이 되어서 모든 영화를 다 누렸는데요."

"요셉은 그 아버지 야곱이 굉장히 사랑했지요. 다른 아들들은 다 들에서 양을 치게 내보냈지만 요셉은 자기 곁을 떠나지 못하게 하고 밤이나 낮이나 가르친 말이 있었어요. 야곱은 단순한 목자의 신분이어서 무슨 기술이나 학식을 가르친 것이 아니었어요. 밤이나 낮이나, 오늘이나 내일이나 항상 요셉의 귀가 따갑도록 들려준 말은 하나님은 살아계시고 행한 대로 갚아주신다는 이야기였던 거예요. 속인 자에게 어떻게 속게 하시는가. 그것은 형 에서를 속인 야곱이 외삼촌에게 열 번이나 속은 이야기였지요. 또 조부 아브라함의 충직하고 진실한 믿음과 그 결과를 이야기해 주고, 하나님을 소홀히 하는 것이 얼마나 죄가 되는가를 그 아내의 이야기로 들려주었지요. 그리고 자기 아버지 이삭을 그 어머니가 90세에 낳은 이야기들, 전능하신 하나님을 믿는 자가 어떻게 도우심을 받았는가 하는 말을 되풀이해서 들려주었지요. 똑같은 말을 되풀이해서 들은 소년 요셉은 마치 그 모든 사실을 자기가 체험한 것처럼 하나님께 대한 신앙이 자리를 잡아 갔던 것입니다. 그래서 그는 큰 시험이 왔을 때 수치와 불행을 무릅쓰고 감옥에 들어가 죄수가 될지언정 결국 시험을 이기고 살아남은 것이었어요."

"그래서 모세는 80노인이 되어서야 하나님이 써 주신 것이군요. 선생님!"

"그래요. 그는 40세가 되도록 세상을 배웠고 40년 간은 양치는 목자로서 참고 견디는 훈련을 받았어요. 그 수많은 패역한 이스라엘 백성을 광야에서 40년 간 양육시키고 훈련시켜야 할 모세를 하나님은 너무도 잘 아셨거든요. 제맘에 생각할 때 틀렸다고 애굽인을 살인하는 모세에게 그 못된 백성을 맡겼다면 그 혈기와 결단성으로 참아낼 수 있었겠어요? 하루도 못 견디고 집어 내버리거나 모두 저주를 퍼부어 죽여버리기 십상이었겠죠. 그래서 참아라, 기다려라, 견뎌라 하는 훈련을 40년 간 시키신 거라구요."

"참지 못하는 사람은 그럼 틀린 것 아닐까요?"

"그렇지요. 참지 못하는 사람, 견디지 못하는 사람, 실망하는 사람, 기다리는 것을 못 참는 사람은 쓸모가 없는 것이고, 또 있다 하면 훈련을 톡톡히 받아야 하겠지요."

"선생님, 정말 참는 일은 어려워요."

"어렵다고 생각하면 세상일은 하나도 쉬운 거라곤 없는 것입니다. 쉬운 일은 누구나 다 할 수 있는 일 아닙니까? 그러니 쉬운 일을 한다는 것, 그것은 벌써 신용 점수에 들지도 않는 것이고 또 가치를 말할 것도 없는 거지요. 못할 일, 어려운 일, 할 수 없는 일을 위해서 훈련을 받는 거지요. 우리 힘으로나 지식으로나 아무튼 어떤 노력을 다 해 봐도 못하는 일이 생기거든요. 그래서 그런 때에 기도하고 그런 일에 하나님의 도움을 받게 하는 것인데 하나님이 개입하시면 그것은 다 곧 기적이 되는 거예요. 일이 척척 되어진단 말이죠. 그것을 우리는 기적이라고 하는데 이 기적은 믿는 사람에게는 꼭 있어야 해요. 없다는 것은 매우 애석한 일이고 또 위험하기도 해요. 믿는 사람에게는 매일매일 기적이 있고, 또 계속되어 살아간다는 것이 곧 이 기적의 계속이니 완전한 행복을 누리는 것이지요. 이 기적이 생활화되지 않으면 믿음의 길은 너무 곤하고 너무 험하고 너무 지루해요. 세상이 귀찮기만 하고 분함과 억울함과 외로움과 슬픔, 불만과 불평과 실망과 혼란으로 살아갈 길을 잃어버리게 되어요."

"왜 그럴까요, 선생님?"

"원수 마귀와 함께 살게 되었기 때문이지요."

"마귀가 믿는 사람에게도 그렇게 달라붙나요?"

"마귀는 하늘나라 보좌까지 들고 나는 악령이 아닙니까? 못 가는 데가 없고, 안 가는 데가 없어서 사람들의 마음과 생활을 좌지우지하는 영이지요. 그러니 교회만 다니고 예수님을 모시지 않은 사람의 빈 마음에도 마음대로 출입왕래할 수가 있는 거지요."

"교회에 아무리 열심히 다녀도 사단은 자유로이 들어온다는 말씀이지요, 선생님?"

"다니는 것과 모시는 일은 다르지요. 단지 속에 가득히 뭔가 들어 있으면 다른 것을 더 넣을 수가 없지요? 그와 같이 텅빈 마음을 예수님으로 꽉 채우면 마귀가 아무리 들어가려고 해도 자리가 없는 것 같단 말이지요. 예수님이 내 구원자시요, 내 죄를 다 없이 해 주었고 예수님이 내 왕이시고 생활의 주인이시고, 예수님은 내 기도를 들으시고 나를 도와주시며 내게 영생을 주셔서 지금 이 시간에 죽더라도 나는 천국에 간다 하는 확고한 신앙으로, 그 말씀대로 살아간다면 마귀가 얼씬도 못할 것 아니겠어요?"

"늘 들어온 말이지만, 이런 경험으로 살아오신 선생님 말씀이라 그런지 꼭 총으로 쏘는 것같이 확실한 감동을 받습니다."

"사실 저는 말을 잘 못하는데요, 그렇게 멀리서 사모하고 애를 써서 오셨으니 성령님께서 도와주신 것 같습니다. 참 고마워요. 이렇게 먼 길을 찾아오셔서 말이죠."

"제가 고맙지요. 이제 저는 정말 달라질 겁니다. 또 죽을 때까지 이 시간 정말 잊지 못할 거예요."

"나는 이제 오래 살아서 그 동안 되어진 일을 말로 증거도 했고 또 책에 기록도 했지만, 그 오랜 기간에 되어진 일을 다 표현할 수는 없었어요. 그렇지만 사건이라는 것은 누구에게나 거의 비슷비슷하게 닥쳐오고 경험하도록 되어있어요. 즉 말하자면 하늘에서 내려오는 교제는 거의 비슷하게 각 나라와 시대와 각 개인에게 분배되어 이루어지고 있다는 것인데 저는 역사를 통해서 그것을 알아냈어요. 옛날에 있던 일이 지금도 있고, 거기 있었던 일이 여기에도 있고, 그 사람이 경험하고 보고 훈련받은 그 교제가 오늘날 여기저기서 일어나는 것을 보지요. 그렇게 시행되고 경험되어진 일들이 역사를 조성하면서 지구는 돌고 또 돌고 있다고 저는 믿어요. 그러니까 앞으로 내가 못 한 더 큰 일들은 후대의 쓸모있는 사람들이 엄격한 훈련을 많이 받아 세상을 위해 큰 일들을 해주길 바라요."

"너무 과도한 부탁이십니다, 선생님!"

"그건 내 말이 아니고 당신과 내가 믿고 의지하고 사랑하고 봉사하는 예수님의 부탁이실 거예요."

## 9. 부르짖는 특권

어떤 수요기도회에 갔을 때 일어난 일이다. 그 당시 남편 김 목사는 몸이 약해져 교회의 허락을 받아 쉬고 있었는데 대신 LA에 있는 조그마한 우리 교파 교회를 돕고 있었다.

그 날은 수요일이라 밤에 기도회가 있어서 예배드리고 성경을 공부하고 밤 늦게 돌아오게 되어 있는 날이었다.

김 목사는 이미 교회에 가 있었기 때문에 나는 손수 운전을 하며 저녁길을 달려야 할 형편이었다. 사실 나는 눈이 약해서 밤이면 반대 방향에서 달려오는 자동차들의 불빛에 눈이 혼돈되어 앞을 볼 수 없게 될 때가 많았으므로 밤에 운전하는 일을 늘 주저하고 불안해 했었다. 그런데 그 날은 할 수 없어서 맘을 굳게 먹고 기도하는 맘으로 운전을 하여 교회에 갔다. 갈 때는 과히 어두워진 때가 아니라서 또 고속도로에 차도 이미 적어진 시간이라 무사히 도착할 수 있었다. 그러나 집회가 끝나고 집에 돌아가야 할 시간이 되자 걱정이 되었다. 차가 두 대가 되니 아무래도 내 차는 내가 운전을 하는 수밖에 없지 않나! 김 목사 차를 타고 가면 내 차를 교회에 두고 가야 하는데 집에서 가까운 데도 아니고 또 내 차를 놓아 두고 갈 수는 없는 일이었다. 염려하는 눈치를 본 남편은 "염려말고 나만 따라와요." 하면서 나를 안심시키려 했다. 고속도로를 두 번이나 바꾸는 길이었기 때문에 이 지역에 생소한 나는 그래도 겁이났다. 그러나 하는 수가 없었다.
 김 목사 차를 속히 따라 나왔지만 내가 머뭇거리는 바람에 다른 차들이 재빨리 가운데로 싹싹 끼어들었고 김목사 차는 내 눈에 보이지도 않았다. 밤길의 고속도로에 웬 차가 그렇게 많은지 내 약한 시력은 거리를 분간할 수 없으니 빨리 달릴 수도 없고 여하튼 따라가야만 했다. 고속도로를 바꾸는 지점에 오니 어느 쪽이 남으로 가는 길이고 어느 쪽이 북으로 가는 길인지, 표지판을 읽을 수 없어 희미한 내 눈은 소경이나 다름없었다. 바꾸어지는 길에 멈춰 섰다가 맞는가 싶어서 그대로 달렸다. 그러나 한참을 달려갔어도 눈앞에는 처음 보는 낯선 빌딩들뿐이었다.
 "아닌데?"
 아닌 것이 분명해서 돌아가려고 찾아 헤매다 들어간 길이 또 엉뚱한 길이었다. 달리고 달리다 보니 바다가 왼쪽으로 있고 또 바른 쪽은 아주 캄캄한 숲 같았다. 겁아 나서 주유소나 상점 같은 것이 있나 하고 찾아 보았지만 그런 것은 전혀 보이지 않았다. 휘발유도 거의 바닥이 나고 있었다. 등에서 땀이 흘렀다. 그렇다고 멈추어 설 수도 없는 일이었다. 이런 데서 차를 세웠다가 오고 가는 차 중에 혹시 악한 인간이 있다가 덤벼들지도 모르지 않나. 그저 나는 땀을 빼면서 달릴 수밖에 없었다. 그러나 그 길에는 아무것도 없었고 다만 잇따라서 차가 지나갈 뿐이었다. 나는 그때서야 성경에 이런 일이 있었는지 급하게 머리를 쓰며 생각해 보았다.
 '그래! 있다! 성경에 있다.'
 그것은 유다 왕 여호사밧의 이야기였다. 그는 참 좋은 훌륭한 왕이었는데 이웃의 아합이라는 악한 왕의 권면을 따라 아람 나라를 치러 전쟁터에 그 아합과 동행한 일이 있었다. 그 때에 아람 왕이 자기 군대에게 우선 아합 왕을 잡아 죽이라고 명령하였다. 그런데 아합은 못된 왕이라서 자기는 보통 군인같이 변장하고 여호사밧은 왕 차림 그대로 전쟁에서 싸우게 했다. 아람 군대는 왕의 옷 차림으로 나온 여호사밧이 아합 왕인 줄 알고 그를 죽이려고 밀려왔다. 여호사밧은 이럴 수도 저럴 수도 없는 다급한 찰나에 직면한 것이다. 앞뒤로 몰려드는 적군을 피할 길도 물리칠 길도 없는 여호사밧은 황급한 중에 크게 소리를 질렀다. 그가 평소에 항상 섬기고 의지하고 바라고 믿던 하나님께 소리를 지르며 부르짖은 것이다. 아람 군대는 웬일인지 모두 딴 길로 도망쳐 버리고 오히려 가장을 하고 숨어 싸우던 악한 왕 아합을 우연히 활로 쏘아 죽게 했다.

나는 그 사실이 머리에 떠오르자 운전대를 잡은 채 큰 소리로 부르짖었다.

"아버지! 길을 모르겠어요. 여기가 어디예요? 내가 어디 온 겁니까? 휘발유도 바닥이 났어요. 눈은 흐리고 앞은 안 보여요. 도둑이 우글거리는 것 같아요. 저기 또 차가 와요. 여기가 어딘데 내가 여기 있는 거예요? 무서워요. 무서워요. 아버지, 무서워요."

나는 소리를 지르고 또 지르고 질러댔다. 그리고 마구 달려갔다. 얼마나 갔는지 그 때에 비로소 환한 상점거리가 보였다. 나는 재빨리 그 빛이 환한 곳을 향해 길을 잡고 달려갔다. 상점은 모두 굳게 닫혀 있었고 주유소를 찾아 보았지만 그것 역시 문을 닫은 뒤였다. 휘발유 게이지를 보니 그야말로 빨간 줄에서 더 밑으로 내려가 있었다. 그때 나는 휘발유 게이지가 빨간 선에 그어있을 때에도 30마일은 더 갈 수 있다는 말이 문득 떠올랐다. '빨리만 달리지 않으면 이 밑바닥 선에 와 있는 휘발유로도 아직 20마일은 더 갈 수 있을 것 아니겠나?' 그런 생각이 들자 맘에 평안이 왔다. 나는 어떤 술집 간판 앞으로 다가가서 지도를 펴놓고 앞에 보이는 거리 이름을 지도에서 찾아보았다. 그래서 내가 어디 있으며 우리 집에서 얼마나 먼 데 있는가를 알 수가 있었다. 나는 그제야 갈 길을 찾은 것이 아닌가 싶었다. 왜냐하면 그 거리 이름이 우리집 가까이까지 갈 수 있는 길이었고 또 알려진 길이기 때문이었다. 나는 울렁울렁하는 가슴을 부둥켜 안고 운전대를 꽉 부여잡았다.

"감사합니다. 아버지!

내가 믿고 의지하고 사랑하는 하나님 아버지, 내 아버지!"

그렇게 말을 하고 노래를 지어 곡조를 만들어서 높은 소리로 또 애원하는 음정으로 부르며 달려갔다. 그렇게 달리다 보니 내 집에 가까이 온 것을 알 수 있었다.

나는 놀랬다, 무서웠다
뭔가 떨리고 가슴이 꽉 메이었다
캄캄한 밤길은 지옥 같았다
갈 수도 멈출 수도 없었다
나는 여호사밧같이 소리쳤다
나는 큰 소리로 여호사밧이 하늘에 소리 지르듯이 부르짖었다
아! 나는 지금도 그때 일을 생각하면
소름이 끼치고 몸이 흥분되어 열이 오른다
그러나 아! 그 얼마나 잊지 못할 일인가?
주님께 소리치며 부르짖는 일을
그 찰나에 생각해 냈다는 것이!
우리는 소리지를 특권이 있다
큰 소리로 부르짖으면 열리는 특권
나는 이 일을 누구에게나 가르쳐 주어야만 한다
특권!
어떠한 일이든 소리 지르며 부르짖을 수 있는 특권이
믿는 우리에게 없으면
어떻게 살까?
이 험하고 무섭고 어려운 세상을
"낫고 싶어요"
이 세상 모든 어려움에서.

## 10. 유명해지고 싶어요

어떤 철없는 자매님의 전화였다.
 "사모님! 어떻게 하면 유명해집니까? 사모님은 모든 것을 잘 아시지 않으세요. 저도 유명해지고 싶은데 꼭 좀 가르쳐 주세요."
 "무엇 때문에 유명해지고 싶지?"
 "유명하면 굉장하지 않아요? 누구나 다 존경해 주고 칭찬받으니 신나지 않나요? 사람이 세상에 났다가 한번 유명해지고 죽어야 할 것 아닙니까?"
 "당신 교회 다녀요?"
 "물론이지요. 교회를 다니기 때문에 사모님을 알게 된 것 아닙니까? 교회 다닌 지 3년이나 넘었는데. 우리집 사돈 할머니는 권사구, 그 댁 아버지는 장로님이신데요, 보통 가정이 아니랍니다."
 "예수님과는 어떠하시죠?"
 "교회 나간다는 것은 예수님 믿는다는 것 아닙니까?"
 "그래서 예수님을 믿으세요?"
 "글쎄요. 믿는 거 아닙니까? 교회 다니니까."
 "예수님이 누구시죠?"
 "하나님의 아들이시지요. 상식으로 다 아는 일인데요."
 "그분과 어떻게 상관이 되어 있나요?"
 "천국에 보내주신다고 알고 있어요. 죽으면!"

"예수님이 자매님 마음에 계신가요?"
"그게 뭔데요?"
"예수님은 하나님이 보내주신 하나님의 아들이시고 세상 사람들의 죄를 씻어주시기 위해서 사람으로 태어나셨지요? 그리고 우리 사람들의 죄를 자기가 짊어지시고, 우리가 죽어야 할 자리에서 죽어주시고, 우리 죄를 다 탕감해 주시고, 부활하셔서 그 오신 곳 하늘로 올라가셨지요? 제가 묻는 것은 바로 그 예수님이 우리의 구주가 되신 것을 깨닫고, 그 사랑 그 은혜가 너무 고마워서 예수를 마음속에 모시고, 지금까지는 내 마음대로 살아왔지만 이제부터는 예수님이 내 왕이시고 나를 주관하시는 분이 되어있느냐는 거예요."
"꼭 그래야만 되는 건가요?"
"그럼요. 그것이 예수님을 믿는 것이지요."
"그렇게 안 하면 틀렸다는 건가요?"
"그렇게 안 하면 예수님 믿는 것이 아니라는 거지요."
"그래도 교회에 다니는데요."
"그것은 교회에 다니는 것이고 믿는 것은 아니라는 거지요."
"저는 사실 정직하게 말하자면 유명해지고 싶은 마음 그것이 제일예요. 죽은 후에 갈 세계가 어떻게 되어 있는지 누가 아나요? 또 죽은 후에야 아무렇게나 되면 어때요? 저는 그런 일에 대해서는 신경을 안 쓰기로 했어요. 우선 살아있는 동안에 한번 유명해졌으면 좋겠어요."
"마음을 활짝 열고 예수님을 영접해 보세요. 하늘에서 천사들이 모두 찬양하며 기뻐할 거예요. 자매님, 이런 유명한 일이 세상에 어디 또 있겠어요? 하늘에서 유명해지니 말이예요."
"하늘에서요?"
"그래요."

## *11.* 누구신가?

하나님! 그분은 도대체 누구실까?

어떤 이는 격하고 무서운 이라고 생각하여 두려워하고 어떤 이는 그분을 싫어하며 멀어진다.

또 어떤 이는 '하나님이 계시니까 내가 살아있지' 하는 그 의식 하나로 올바르게 살려고 하고 그러한 삶을 자랑하기도 한다.

어떤 이는 하나님이야 있든지 없든지 알면 도리어 귀찮아지니까 모르는 것이 속 편하다고 한다.

또 어떤 사람은 마음이 약해서 하나님이 두렵고 무서워 하나님 소리만 해도 또 생각만 해도 겁을 집어먹기도 한다.

그러나 많은 사람들은 내가 옳게 살면 하나님은 내 편이시고 나를 도와주시고 축복하셔서 내게 유익이 되지만 내가 잘못하든지 옳지 않은 일을 하면 하나님은 벌을 주시고, 그러면 내 일생은 불행해지고 실패하는 것으로 믿고 살아가기도 한다.

이런 생각을 하는 사람들을 소위 그리스도인, 기독교 신앙을 가진 사람들 가운데에서도 많이 볼 수 있다.

성경을 평생 탐독하고 암송하고 베껴쓰면서, 그 말씀을 씹고 되새기고 맛을 보면서 그 말씀 안에서 또 그 말씀대로 살려고 노력하며 살다 보니, 하나님은 만물을 지으셔서 사랑하시고 다스리시고 붙드시고 인도하시는 하나님이시며 그분은 만물의 아버지요, 인간들의 아버지시요, 내 아버지이시라는 것을 깊이 깨닫게 되었다.

이 세상에는 여러 종류의 아버지가 있다. 무지몽매하여 자기 자신만 알고 자기의 욕심대로 사는 사람, 자기 외에는 어떤 것에 대해서도 의식도 감각도 없고 입장도 생각하지 않은 채 경우 없이 사는 그런 아버지가 있다. 자녀의 장래가 어떻게 되든지, 가정에 행복이 있든지 없든지 생각지 않고 사는 사람들이다. 그들은 사람의 형상은 가졌지만 성경말씀에 의하면 동물과 같은 존재다. 그러나 인간은 양심이 있어서 제 도리를 안다. 아들은 아버지를 사랑하고 순종하고 존경하며 아버지와 같이 사는 것을 감사하게 여길 줄 안다. 또 아버지가 되면 아들이 사랑스럽고 귀하게 여겨져서 아들이 잘되도록 소망을 가지고 가르치고 일러주며 뒷바라지 해준다. 그 자식이 잘되면 아버지는 세상을 다 얻은 것같이 기쁘고 행복하다. 그러나 만일 아들이 순종하지 않고 아버지를 무시하고 그 마음을 오해하여 일러주는 말마다 곡해하고, 심지어는 미워하며 떠나가면 그 아버지의 심정이 어떠하겠는가? 그래서 아버지는 아들이 잘못되어 가는 기색이 보이면 우선 이 아들을 바르게 고쳐주려고 온갖 방도를 모색해 가르치고 일깨워준다. 왜? 그는 그의 아버지이기 때문이다. 아버지가 아니면 그 아이의 장래를 염려하지도 않을 것이며, 행복하게 되거나 말거나 무관심할 것이다.

하나님!

그분은 인류를 낳으신 아버지이신 고로 인간들이 꼭 행복하여야만 기뻐하시는 분인데, 지구를 덮을 수 있을 만큼 많은 수의 인간이 살고 있지만 그 중에서 하나님 아버지의 진정한 마음을 아는 인간이 얼마나 있을까!

그러나 참 기이한 것은 자녀인 우리를 사랑하는 하나님 아버지의 마음을 아는 사람이 창세로부터 지금까지 계속 있어 왔다는 것이다. 대홍수의 물이 바다같이 넘쳐 흐르는 이 세상에 단물 한 줄기가 고요히 땅 속을 흘러내려 가듯이, 참으로 하나님을 알고 그를 사랑하며 하나님이 기뻐하시도록 산 사람들은 끊어진 일이 없다.

나는 내가 알고 경험하고 교통하며 함께 살아온 하나님이 어떤 분이신가를 기어이 글로 전하여 영원한 내 집으로 돌아갈 때 하나님의 사랑을 입은 자녀로서 도리를 다 했다는 기쁨을 가지고 갔으면 한다.

# 신약 이야기

## *12.* 그분이 누구이기에

　작은 마을 베들레헴에는 요 며칠 많은 사람들이 모여들어 북적대고 있다. 그들은 유대의 각 촌락에서 올라온 사람들로서 로마 황제의 명령으로 자기 본적지에 호적을 하러 온 것이었다. 베들레헴의 크고 작은 여관들은 몰려오는 손님들로 장사진을 이루고 있었다. 그들 중에는 왕의 후손인 요셉이라는 사람도 섞여 있었는데 옆에는 만삭된 여인이 함께 있었다. 해는 저물어 날씨는 점점 추워오고, 또 언제 출산을 할지 몰랐으므로 빈 방을 꼭 구해야만 했다. 그러나 아무리 동분서주해도 빈 방을 주겠다는 곳은 찾을 수 없었다. 방을 찾는 사람들이 너무 많고 숙박비 또한 턱없이 비싸서 결국은 냄새나는 마구간도 마다할 수 없게 되었다. 할 수 없이 그곳에 자리를 마련하니 얼마 안 되어 여인은 진통을 시작했다. 그리고 마침내 한 아기가 태어났다. 요셉은 아직 핏덩이인 아기를 제대로 씻기지도 못하고 보자기에 싸서 냄새나는 말구유에 뉘었다. 아기를 누일 만한 마땅한 곳이 없었던 것이다. 아! 그 누구기에 허드레 보자기에 싸여 고약한 냄새가 나는 그곳 마구간에 추워 떨며 누워 있는가!
　높고높은 하나님의 아들이 그렇게도 낮은 땅 천한 그곳에서 돌아보는 사람도 없이 태어나신 것인가! 아! 그는 누구신가? 그가 누구기에, 도대체 누구시기에 그렇게 천하고 낮은 곳에서 출발하셨는가! 거기에는 높은 사람도, 부자도, 명인도, 장군도 없었다. 또 친절한 사람도, 알아주는 사람도 없었다. 다만 부모와 말 못 하는 가축들만이 그를 바라보고 있었을 뿐이다. 왜 그렇게도 천하고, 불쌍하고, 가엾고, 형편없이 오셨는가! 왜 천지를 만드시고 붙드시고 다스리시는 살아계신 영원한 하나님께서 이처럼 말구유에 어린 아기로 오신 것인가! 그것은 무엇을 의미하는 것인가? 그것은 하나님께서 우리를 사랑하시는 아버지라는 것을 보여주시기 위해서이다.

만일 영광되시고 영원한 그 하나님이 인간의 언어로 친히 가르치시고 옳은 길로 인도하시기 위해 어떤 왕궁이나 명가에서 탄생을 하셨든지 또는 장군이나 고관의 집에 나셨더라면 그 탄생한 자리에는 모든 높고 돈 많고 권세 있는 사람들이 있었을 것이고 예수님은 그 사람들만의 예수님이 되셨을 것이다. 그러나 예수님은 낮아지고 더 낮아지셔서 가난하고 소외당한 사람들 가까이 찾아오신 것이다. 이처럼 세상에서 가치없이 사는 이들의 친구로 오신 예수님은 그들을 도우셔서 깨끗하고 가치있게 변화시키셨다. 세상이 버린 이들을 들어 하나님의 살아계신 증거로 사용하신 것이다. 그분은 권세 있고 부유한 이들에게보다 절망과 고달픔에 찌든 이들에게 오심으로 아버지의 사랑을 나타내셨다.

가난한 사람, 병이 들어 몸을 마음대로 움직일 수 없는 사람, 무식하고 형편없는 사람, 부끄럽고 염치없어서 얼굴을 들 수 없는 사람, 세상이 두려워 나가 섞일 수 없는 사람, 학대와 천대에 눌린 사람, 외롭고 슬픈 사람, 겁 많고 신경이 약한 사람, 재간이 없어 살길이 없는 사람, 빚 많고 갚을 길 없는 사람, 친구가 없어 말할 데 없는 사람, 향락으로 장래를 망친 사람, 마귀에게 붙잡혀 인생을 망친 사람, 미친 사람, 하나님을 모르고 불행에 빠진 사람, 권력에 눌려서 신음하는 사람, 불의에 마음이 아파 견디지 못하는 사람, 명예에 굶주린 사람, 사랑하는 사람을 잃고 앞이 캄캄한 사람, 자식들의 탈선으로 애통하는 사람, 술과 마약에 노예된 사람, 인생 경쟁에서 실패한 사람, 선악을 가리지 못해 불행에 빠진 사람, 한

번의 실수 때문에 후회 속에 사는 사람, 영양 부족으로 마음과 몸이 연약한 사람, 뭐가 뭔지 몰라서 방황하는 사람, 원하고 바라면서도 이룰 수 없는 사람, 자녀가 없어서 외로운 사람, 부러운 것이 많으나 채워지지 않는 사람, 범죄 때문에 도망다니며 숨어 사는 사람, 사랑이 그립고 위로가 그리운 사람, 뽐내고 싶은 사람, 게을러 일은 하지 않고 한숨만 쉬는 사람, 어디 가나 미움받고 따돌림받아 분해 못 견디는 사람, 미신에 빠져서 온 집안을 어지럽게 만든 사람, 거짓말하고 고치기 원해도 고치지 못하는 사람, 허세가 많고 신용이 없는 사람, 심술이 많아서 손가락질받는 사람, 말을 너무 함부로 해서 눈총받는 사람, 결심은 하나 의지가 약해 결실이 없는 사람, 미움이 많은 사람, 세상이 싫어 죽고 싶어 견디지 못하는 사람, 가문 전통에 매여서 심령이 썩는 사람, 배우자의 성격 결함으로 고통당하는 사람, 배신과 불신으로 우는 사람, 성격이 급하고 격해서 일이 안되는 사람.

하나님은 이런 사람을 유의하시고 찾아오셔서 돌보시며 도와주시는 분이다. 왜냐하면 그는 우리를 지으시고 다스리시는 아버지이시기 때문이다. 그분은 부자가 더 많이 갖게 되는 것보다 가난한 자가 그분의 도움으로 행복해지고 변화를 받아 빛이 되고 소금이 되기를 바라고 바라시는 분이다. 그분은 아버지이시고 그분만이 이 모든 문제와 형편, 우리들 자신까지도 고쳐주실 수 있고 바로잡아 주실 수 있다.

또 그분은 약속하신 것을 지키시고 이루시는 분이다. 그분은 약속을 기꺼이 성취하시고 또 기뻐하신다. 그분은 우리에게 큰 약속 하나를 주셨다. 그것은 누구든지 믿으면 구원해 주신다는 약속이다. 문자 그대로 누구든지, 어떠한 사람이든지 믿기만 하면 구원해 주마 하셨다. 미리 정한 사람만 아니라, 택한 사람만 천국 가는 것이 아니라 누구든지 믿기만 하면 구원을 얻는 것이다.

왜냐하면 그분은 우리들 인간 모두의 아버지이시기 때문이다.

## *13.* 죄많은 여인과 생수

사마리아 근처의 수가라는 마을에 한 여자가 살고 있었다. 그 여자는 다섯 번이나 이혼을 했고, 또 다른 여자의 남편과 동거하고 있었기 때문에 사람들은 그 여자를 아주 형편없는 더럽고 추한 여자로 취급했다. 물론 아는 체도 않고 마치 더러운 것이라도 보는 것처럼 구역질을 하곤 했다.

그러나 이 여인은 다섯 번씩이나 이혼하려고 계획한 것도 아니고, 또 현재 동거하고 있는 다른 여인의 남편을 유혹하여 함께 살려고 한 것도 아니었다. 단지 감정을 제어할 줄 몰랐고 무슨 일에든 참고 견디는 성격이 못 되었으며, 기분대로 쉽게 처리해 버리는 판단력이 흐린 여자였던 것 같다. 그래서 남자에게 친절하고 또 자기 눈에 좋아보이면 동거하기를 주저하지 않았으리라.

사람이 세상을 살아가노라면 좋은 일도 있고 궂은 일도 있고 기쁠 때보다는 상심될 때가 더 많은 법이다. 더구나 남자는 자기가 겨냥하는 것을 얻기 위해서는 자신의 재간을 총동원하여 친절을 베풀기도 하고 의젓하게 행동하기도 하지만 일단 취한 후에는 무심하고 거칠어지기 마련이다. 왜냐하면 그것이 보통 남자들의 본성이기 때문이다. 하나님은 남자를 만드실 때 흙을 재료로 쓰셨다. 그리고 사람을 지으실 때는 이미 주님이 창조하신 만물들이 땅과 바다와 공중에 존재해 있었다. 하나님이 그 모든 창조물들을 사람보다 먼저 만드신 것은 사람으로 하여금 그것들을 누리고 다스리게 하시며 또한 그들의 필요를 채우도록 하기 위해서였다. 즉 모든 만물을 준비하신 후에 비로소 사람을 만드신 것이다. 그렇다면 사람을 만드실 때 풍성한 만물 가운데 흙보다는 보석 같은 재료를 사용했더라면 더 좋지 않았을까 하는 생각도 해 볼 수 있지만 사실, 보석은 빛이 나고 아름답기는 해도 그 외 다른 일은 할 수 없다. 반면 흙은 밖에 무수히 많이 있는 것이고, 볼품도 없고 귀하지도 않으며 흔해빠진 것이지만 놀라운 일을 하는 속성을 가지고 있다. 또한 어떠한 씨든지 심으면 종류대로 싹이 나고 자라, 먹고 누리게 하는 작용을 하는 놀라운 힘을 가지고 있다. 그리고 생산성도 있지만 소멸성도 있고 정화하는 능력도 가지고 있다. 또 흙 속에는 보석을 만드는 원소도 있고 쇠와 구리, 금, 은, 석탄, 석유, 소금, 물이 있다.

사람은 동물과는 달라 먹고, 자고, 자식 낳고, 싸우고 그러다가 죽어버릴 수는 없다. 그러므로 흙처럼 창조력을 가지고 생각하며 연구하며 배우고 발전해야 한다. 왜냐하면 하나님 자신이 사람과 교제하며 화목하게 지내기 위해서 사람을 만드셨기 때문이다. 그래서 자신의 형상대로 사람을 만드신 것이다. 그리고 더 놀라운 것은 사람에게 자기의 혼을 불어넣어 주신 사실이다. 그래서 사람으로 하여금 흙으로 지음받은 육체를 가지고 무엇이나 할 수 있게 하셨고 영이신 하나님 자신의 영을 부어주심으로 영의 일을 환히 알 수 있어 하나님과 교제하고 화목할 수 있도록 하신 것이다. 쉽게 말하자면 남자는 거친 야생마이다. 그 본질인 흙을 볼 때 알 수 있듯이 남자는 거칠고 야생적이다. 그러나 흙이 갖는 유용성처럼 능력의 존재이기도 하다. 일단 하면 또 할 수 있는 것이 사람이요, 남자인 것이다.

사자나 호랑이는 힘이 세고 빠를지라도 판단하거나 연구할 수 없고 계발의 능력 또한 전혀 없다. 그래서 그것들은 창조된 지 수천 년이 지났어도 집 한 채 만들지 못하고 아무리 춥고 거센 겨울이 와도 버선 한 짝 만들어 신지 못한 채 굴속에 처박혀 사는 것이다. 그러나 인간은 다르다. 가진 기구라고는 다만 두 손과 두 발뿐인데 머리로 생각하고 마음에 소원을 두고 또 그 소원을 이루기 위해 힘쓴다. 따라서 의식주 생활에 필요한 기구를 제작하고 집을 짓고 옷을 만들고 나무를 심고 그 열매를 거두며 개간하는 것이다. 이러한 가운데 문명이 발달하고 국가가 형성되며 민족성이 조성되고 거기에 따라 더 좋게, 더 편리하게, 더 유용하게 사회, 가정, 개인의 복지를 강력하게 주장하는 것이다.

또한 남자는 감정보다 의지가 강하고 현실을 뛰어넘어 장래를 겨냥한다. 왜냐하면 인간은 육체뿐 아니라 영혼도 있어 육체는 죽더라도 영혼은 불멸하여 영생하기 때문이다. 그래서 남자의 소원은 늘어가고 지배욕은 왕성해진다. 그리고 더 높아지려고 하고 더 소유하고자 하며 치리하려고 한다. 이로 인해 독재가 나오는 것이다.

사실, 남자는 누구나 독재자다. 국가나 민족의 독재자일 뿐 아니라 가정에서도 마찬가지이며, 남자가 있는 곳이면 어디든지 독재가 존재한다. 남자가 집안에서 독재자가 아니면 그것은 비정상적이라고 할 수 있다. 그런데 그 독재자가 깊이 생각하고 더 좋은 방법을 모색하는 가운데 독재를 행사한다면 그 가정은 행복한 가정이 되지만 그렇지 않고 무지막지하게 가정을 독재한다면 비참한 가정이 된다. 악한 독재자가 왕위에 있으면 그 나라와 민족이 도탄에 빠지듯이 말이다.

우리는 역사를 통해, 나라와 민족을 다스리는 데 자신의 온 정열을 다 쏟았던 독재자도 찾아볼 수 있지만, 대부분의 독재자들은 야생 흙덩이여서 나라와 민족을 수치스럽게 만드는 경우가 허다하다. 마찬가지로 가정도 그런 것 같다. 한 가정은 어떠한 독재자 밑에 있느냐에 따라서 행복하기도 하고 불행하기도 하다. 좋은 독재자는 특제품에 속한다. 따라서 독재자가 거듭나고 새창조물이 된다면 가정은 달라진다. 모든 가정의 불행은 야생 독재자들의 행패로 시작된다.

하나님이 남자를 창조하신 목적은 하나님이 만든 모든 창조물을 누리고 다스리고 주관하는 데 있다. 말하자면 남자는 누리고 주관한다는 뜻이다. 즉 왕이라는 뜻이다. 그래서 남자는 어떠한 현실에서라도 높아지고자 하며 높임받기를 좋아한다. 이것이 곧 하나님께 받은 본성이요, 본질이며 실상이다. 물론 그렇지 않은 남자도 있지만 이런 남자는 특제품이 아닌 병신일 것이다.

반면에 여자는 그럼 무엇으로 만들어졌는가? 남자의 가슴 속에 묻혀있는 갈빗대로 창조되었다. 그래서 여자는 야생도 아니고, 흙이 하는 역할도 할 수 없다. 여자를 향한 창조주의 목적 또한 돕는 자였다. 다시 말하면 남자의 행복은 다스리는 데 있지만 여자의 행복은 돕는 데 있다는 뜻이다. 여자한테는 돕는 것이 사는 것이다. 그러므로 도울 때만 일이 잘 되고 도와야만 행복해진다. "돕는 자"라니까 기분 나쁘고 공평치 못한 것 같지만 참 신비롭고 확고한 것은, 여자는 돕는 가운데 기쁘고 행복하다는 것이다.

우리는 흔히 가정에서 여자가 남편을 돕고 가정을 알뜰히 꾸려 나갈 때, 그 가정에 질서가 잡히고 나무랄 것이 없는 행복한 가정이 되는 것을 본다. 즉 돕는 아내, 돕는 어머니가 그 가정을 화목하게 하는 구심점이 되기 때문이다. 돕지 않는 아내를 가진 가정은 돈이 아무리 많고 지위가 아무리 높아도 늘 탄식과 싸움과 이혼과 불행이 떠날 수 없을 것이다. 여자의 도움은 가정이나 사회 그리고 교회나 나라에서 보배가 될 뿐 아니라 여자 자신에게도 큰 만족감과 행복을 가져오는 법이다. 그 일을 위해서 하나님은 여자를 만드신 것이다.

사실 돕는다는 것은 사랑한다는 것이다. 다시 말해 돕는 여자가 남을 행복하게 하고 자신도 행복하다는 말인데 어떠한 일에서든지 사랑을 만들고 사랑을 베푸는 여자는 남을 행복하게 하고 자신도 행복해지는 것이다. 즉 하나님은 여자로 하여금 사랑을 만들어내게 하신 것이다. 그래서 이 수가 성에 사는 이혼쟁이 여인의 불행을 짐작할 수 있는 것이다.

이 여인의 불행은 남편에 대한 무지와 무식에 있었다. 남자가 야생인 것에 무지했고, 자기 본분에 대해서 무식했다. 혹 어떤 면에서 그러한 의식이 있었다 하더라도 그 여인은 본질적인 문제를 무시하고 감정대로 빨리 속단하고 처리하는 즉흥적인 삶을 살았을 것이다. 성경적으로, 인색한 사람은 자신이 해야 할 일을 덮어두고 상대방에게 본질상 없는 것을 강요하거나, 내 것은 안 주고 남의 것만 바라기 때문에 큰 소리가 나고 싸움이 나고 끝내는 더러 갈라지기도 한다. 감정에 인색한 사람은 남더러 사랑이 없다고 불평하지만 자신은 결코 남에게 사랑을 베풀지 않는다. 그리고 물질에도 마찬가지이다. 교회에 몇 차례 나와서 몇 푼의 헌금을 한 뒤, 왜 하나님은 약속하신 축복을 주지 않느냐, 왜 모든 것이 내 뜻대로 되지 않느냐 하는 등 불평하고 시비걸고 발악한다.

이러한 일은 어느 가정에서나, 더 나아가서 국가와 민족 가운데서도 있는 일이다. 이 수가 성의 여인은 과거에도 이렇게 돕는 일에 인색하고 무지해서 여러 번 소문이 나고 불운한 전과기록까지 가졌는데 현재에도 남의 가정을 파괴하는 실정에 있는 것이다. 그 여인에게는 친구도 이웃도 없었다. 남의 이목에는 아랑곳하지 않고 단지 자기의 감정만을 좇아 사는 여자였다. 이 점에서 볼 때 이 여인은 인간사회에서 매장당한 부정한 여인인 것이 분명했다. 이 모든 결과는 자기 자신의 행동으로 인한 것이었지만 여인도 사람인지라 자신에 대한 설움과 탄식은 다른 사람들에게 당하는 멸시와 천대보다 더 큰 괴로움이었다.

"내가 왜 이렇게 되어야 했단 말인가? 이렇게 되기를 원했던 적은 한 번도 없었는데……, 다만 어느 누구보다도 행복하기를 꿈꾸었는데, 왜 요모양 요꼴이 되었단 말인가?"

그 여인은 살아있으니까 먹고 마셔야 했다. 그런데 물을 길으러 우물가에 나가면 오고 가는 많은 여인들을 만나야 했기에 두려워 나갈 수 없었다. 그래서 아무도 나오지 않는 시간을 기다렸다가 우물물을 살짝 떠가려고 낮시간에 나갔다. 그런데 그 시간에 우물가 나무 밑에서 쉬고 있는 한 남자가 있었다. 바로 예수님이었던 것이다. 예수님은 하나님이시기에 사람들의 마음을 다 아시고, 주님의 창조물 중 최고의 창조물인 인간이 불행할 때 가장 마음 아파하신다. 그래서 이 동네에서 가장 불쌍한 이 여인을 찾아오시고 또한 도와주시려고 거기 앉아 여인이 나오기를 기다리고 계셨던 것이다.

이때 예수님은 제자들과 함께 예루살렘 유대 땅에서 갈릴리로 돌아가시는 길이었다. 그리고 제자들은 점심 먹을 것을 준비하기 위해 시내로 나갔는데, 왜냐하면 그 당시 유대 사람들은 이곳 사마리아 사람들을 잡혼자들의 자손이라 하여 업신여기고 상종하지 않았기 때문이다. 그런데 여자가 물동이를 이고 우물에 와 보니 자기 백성과는 상종하지 않는 유대 청년이 우물가에 앉아 있으므로 이상하게 생각할 수밖에 없었다. 그 여인의 이상히 여김을 보신 예수님께서는 "물을 좀 달라!" 하셨다. 그때 여인은 물동이를 내려 놓으면서 "내가 보니 당신은 유대 사람인데 유대 사람은 우리와 상종하지 아니하고 무시하는 것을 당신도 알 텐데 어떻게 사마리아 사람인 나에게 물을 달라고 하는 겁니까?" 하고 말했다.

이 말은 매섭고 반발적인 언사였다. 그러나 예수님은 이 여인의 말과 행동보다도 불행하고 비참한 가슴의 상처를 더 밝히 보셨기에 이것을 문제삼지 않으셨다. 이와 같이 예수님은 다른 사람들로부터 버림받아 몰래 물을 길을 수밖에 없는 그 가련한 처지를 불쌍히 보신 것이다. 사람들은 그 여인의 부정한 행동을 판단하고 멸시하였지만 하나님은 인간을 창조하신 고로 그 행동이야 어떠하든지 현재의 비참한 상태를 긍휼히 여기신다. 왜냐하면 하나님은 인간들의 아버지이시기 때문이다. 즉, 부모가 그 자식의 불행을 보고 안타까워하며 도와주려고 갖은 힘을 다 쓰는 것과 같을 것이다.

예수님은 말씀하셨다.

"내가 누구인지 모르기 때문에 그렇게 말하지만, 내가 누구인지 알면 내게 생수를 달라고 구할 것이다. 이 우물물은 마셔도 갈증나지만 내가 주는 생수는 속에서 샘이 되어 흘러넘치기 때문에 갈증이 없단다."

다시 말하면, 이 여자도 구원받고 거듭나 새사람이 되면 자기 본분이 무엇인지를 알게 되고 하나님의 자녀된 자로서 사랑을 나누는 가운데 다시는 불행이 없을 것이라는 말씀이었다.

그러나 그 여인은 그 뜻을 깨닫지 못하고 우선 남몰래 물을 길으러 나오는 것을 면하는 것이 가장 원하는 바였기 때문에 매우 기뻐하면서 말했다.

"그런가요. 그러면 그 물을 제게도 주세요. 이제 다시는 이 우물물을 길으러 나오지 않아도 될 테니까요. 꼭 주세요."

"그렇다면 네 남편을 이리로 데려오라."

"네? 남편이요? 저는 남편이 없는 걸요."

"네 말이 맞다. 네가 남편이 다섯이나 있었지만 지금 너와 살고 있는 남자는 네 남편이 아니다."

"아이구, 이게 웬일이야. 이보세요, 당신은 선지자가 아닌가요? 그렇죠? 그렇기에 내 과거를 모두 아시는 것 아닙니까? 아! 그러시군요. 선지자이시군요. 우리 조상들은 여기 이 산에서 하나님께 예배드렸는데 유대 사람들은 예루살렘에서 드린다지요?"

"이 산에서도 아니고 예루살렘에서도 아니다. 언제 어디서나 하나님께 예배드리고자 하는 자는 신령과 진정으로 예배드리느니라. 또한 하나님께서는 언제 어디서나 예배드리는 자를 기뻐 받으신다. 그리고 나는 그 예배를 받으시는 하나님의 아들이다."

여인은 너무 놀라 흥분된 상태로 물동이를 내던진 채 이집 저집 뛰어들어가 "메시야가 오셨다." 소리치며 사람들을 모아 예수님께로 데리고 왔다. 평소에는 그토록 그 여인을 냉대해 왔던 동네사람들이었지만 "메시야가 오셨다."는 말에 그녀를 따랐다. 그래서 예수님은 제자들과 함께 그 동네에 머물러 가르치시고 병든 자들을 치료해주셨다. 유대인들은 그들과 상종하지 않았는데, 예수님은 직접 찾아가신 것이다. 결국 그 동네 사람들은 온통 변화되었다.

　사람이 있는 곳이면 어디든지 죄가 있기 마련이다. 그리고 인간은 그 죄 때문에 불행해지지만 사람을 만드신 하나님은 아버지이신 고로 죄를 묵인할 수 없으시고, 죄 때문에 부르짖는 사람들을 돌아보시고 구하는 분이시다. 우리 인간은 누구나 실수투성이고 죄를 짓고 산다. 그럼에도 불구하고 인간들은 자기 실수와 죄는 가리면서 남의 실수와 죄는 선전하고 정죄한다. 그래서 실수가 많고 죄가 많은 사람들은 사회로부터 소외당하게 된다. 그렇지만 하나님은 우리 아버지이신 고로 비록 죄가 많고 허물이 많을지라도 불쌍히 여기시고 구원해주신다.

　내가 사랑하는 한 자매가 있었다. 그는 서울에서, 속된 말로 '색시'로 오랫동안 일하다가 미군 한 사람을 만나 결혼을 하고 미국에 왔다. 그리고 미국 중부에 있는 큰 미군부대에서 군인 가족으로 살고 있었다.

　어느날 내가 그 근처에 있는 미국인 교회에서 집회를 가졌는데 그 미군부대에 사는 한국인 여자들이 내가 왔다는 소문을 듣고 나를 초청해 주었다. 그 부대 안에 한국인 부인들이 모이는 조그마한 교회가 있기 때문이었다. 그리고 거기서 좀 떨어진 곳에 신학교가 하나 있었는데 그 학교에 다니던 나이 많은 전도사님이 그 모임을 이끌고 있었다. 그래서 나는 미국인 교회 집회가 끝난 후, 이분들이 간절히 요청해왔기 때문에 비행기표를 바꾸고 그곳에서 이틀간 또 집회를 했다. 그때 여러 자매님들이 예수님을 영접했다. 그런데 그중에서도 을녀라고 하는 자매는 유달리 눈물이 많았고 또 진리를 신속하게 잘 받아들였기 때문에 인상적이어서 기억에 남았다.

　이분은 40세에 가까운 분이었다. 그런데 내가 그곳에 있을 때 너무 바빴기 때문에 특별히 그녀와 대화할 시간이 없었다. 그래서 나는 그녀가 원하는 대로 내 주소와 전화번호를 가르쳐주고 그곳을 떠나야 했다.

그리고 나서 많은 세월이 지났다. 한번은 전화를 받았는데 전화를 한 사람이 말은 하지 않고 울기만 했다.

"여보세요? 누구세요! 누구신데 울기만 하세요? 울지만 말고 말씀을 해보세요."

그런데도 "네" 하고는 또 슬픈 울음소리만 들려오는 것이었다. 그러다 보니 나도 말이 부드러워지고 괜스레 눈물이 글썽거려 수화기를 든 채 한참을 기다렸다. 얼마 후에,

"사모님! 저, 올녀예요."

"올녀?"

"저…… 색시말입니다. 저, 색시 올녀요. 생각 안 나세요?"

아! 그제서야 머릿속에 또렷하게 기억되는 게 있었다.

"알지, 알고 말고 알다뿐인가. 그런데 어떻게 전화를 했어?"

"사모님! 아무리 울고 또 울어도 내 눈물은 마를 줄 몰라요."

"눈물은 아주 좋은 거야. 아픈 것을 씻어주고 시원하게 해주거든. 그리고 하나님은 눈물을 무시하지 않으시고 눈물을 씻어주는 분이시기 때문에 믿는 자가 눈물이 많으면 축복인 거야."

그 말이 위로가 되어서였는지 그녀는 또 울었다.

"올녀! 실컷 울어라."

그러면서 나도 눈물이 나서 울먹였다. 한참을 울고 나더니 올녀는 말하기 시작했다.

"사모님, 제 얘기를 들어주시겠어요?"

"물론, 들어주고 말고."

"저는 왜 색시가 되었을까요?"

"그게 무슨 말이야. 올녀는 이미 가정주부인데. 왜 그런 말을 하지?"

"제 남편이 내 이름이 말하기 힘들다고 저를 색시라고 불러요. 그래서 시집 식구들이나 아는 사람들이 모두 저를 색시라고 부르는 거예요. 그러니 제 이름이 색시가 돼버린 거예요. 그것을 설명할래도 영어가 부족하니 할 말이 없고 그러니 "색시" 하고 부르면

"예스" 하고 대답해야 해요. 이제는 제 이름이 완전히 색시가 되어 버렸어요. 부르는 사람들이야 아무 뜻도 없이 "색시, 색시" 하지만 그렇게 불리는 저는 이태원 시절이 생각나 가슴이 찢어지는 것같이 아파와요. 사모님! 이제는 하나님의 자녀가 되었는데도 아직 색시인가요?"

그녀의 얘기는 대충 그 정도였다. 그래서 나는 그 남편이 집에 있는 시간에 전화를 하기로 하고 일단은 전화를 끊었다.

그곳은 내가 사는 곳보다 두 시간이 빠른 곳이었다. 그래서 나는 저녁을 먹은 후 좀더 기다렸다가 그 집에 전화를 걸었다. 그리고 올녀의 남편 존을 바꿔달라고 했다. 그랬더니 이내 존이 수화기를 들었다.

"여보세요. 존 체일러 씨지요?"

"네, 그렇습니다."

"나는 로스엔젤레스에 있는 당신 아내 올녀의 양어머니인데요."

"뭐라구요? 우리 색시 양어머니라구요?"

"네, 몰랐지요? 올녀는 훌륭한 아버지도 있고, 또 나 같은 양어머니도 있다는 것 몰랐죠. 그런데 다른 게 아니고 당신 아내의 이름이 올녀라는 것 알지요?"

"네"

"그런데 왜 이름을 안 부르고 색시라고 하는 거요?"

"올녀라는 발음이 어려워요. 색시라고 부르는 게 쉽고 사랑스럽거든요."

"당신에게는 쉽고 사랑스러운지 모르겠지만 당신 아내에게는 '도둑놈'이라고 하는 것보다 더 상처가 된다는 것 아세요?"

"뭐가 그렇게 나빠서 그렇죠? 색시라는 말은 젊은 여자에게 하는 말이라 하던대요. 또 부르기에 예쁘고 사랑스럽지 않아요?"

"어쨌든 이제부터는 절대로 색시라고 부르지 마세요. 정녕 올녀라고 발음하기가 힘들면 내가 이름을 하나 지어 줄테니 '조이' 라고 부르세요. '조이' 말이예요. 알겠어요?"

"조이, 그것 참 좋은 이름이네요. 기쁨! 조이, 좋아요. 그렇게 부르지요."

"꿈에라도 색시라고 부르면 안돼요. 알았죠?"

"잘 알았어요. 조이가 부르기에 더 좋은데요. 왜 진작 그것을 몰랐지? 알았습니다."

그리고 나서 나는 을녀가 왜 색시라고 부르면 우는지에 대해 자세히 설명해 주었다.

그 후 오랜 시간이 지났다. 을녀, 아니 조이가 다니는 교회에서 나를 또 초청해왔기 때문에 나는 그곳에 가게 되었다. 그런데 예전과는 달리 한국에서 오신 목사님이 목회를 하고 있었고 미군부대에 사는 많은 한국인 아내들이 구원받아 거의 이백 명이나 출석하는 큰 교회가 되어 있었다. 알고 보니 조이의 헌신적인 전도는 온 교회가 인정할 만큼 알려져 있었다. 을녀는 나를 보고 너무 기뻐하며 반가워했는데 그 모습이 너무나 달라져 있었다. 그야말로 조이 같이 되어보였다. 색시였던 자기를 구원해주시고 성결케 해주시고 하나님의 딸로 받아주신 은혜가 너무 크고 감사해서 성경을 열심히 배우고 결사적으로 전도하고 봉사한다고 했다. 그래서 가정도 아주 행복하고 더욱이 미국인 시부모를 잘 모셨기 때문에 그분들이 모두 예수를 믿고 헌신된 신자들이 되었다고 했다. 색시였다는 게 무슨 상관이 있겠는가! 하나님이 죄를 없이 해주시는데, 감히 누가 정죄할 수 있겠는가! 더욱이 그들의 가정에 평화가 있고 복되고 풍성한데!

인간은 누구나 죄인이지만 예수님께 나오면 아무런 문제가 되지 않는다. 회개하는 자마다 죄를 씻음받기 때문이다. 단, 믿지 않는 것만이 하나님께 죄이며 그 죄는 씻음도 사함도 받을 수 없다.

## *14.* 부스러기 은혜

예수님이 두로와 시돈 지방에 가셨을 때였다. 예수님이 오셨다는 소문을 듣고 가나안 이방 여인이 예수님을 찾아왔다. 그는 소리를 지르며 도와달라고 애원했다. 그의 딸이 귀신들렸던 것이다.

여인은 결사적이었다. 목청을 다해 소리치며 예수님과 제자들을 따라오는 것이었다. 제자들은 이를 귀찮게 여겼다. 그래서 예수님께 그 여인을 멀리 물러가게 하시라고 말씀드렸다. 또 그 여인에게 잠잠하고 물러가라고 했다. 그러나 여인은 아랑곳하지 않고 더욱 더 소리치며 따라오는 것이었다.

당시 유대인들은 흔히 이방인들을 '개'라고 불렀다. 자기들은 아브라함의 자손이고 하나님이 택하신 백성이라며, 하나님을 모르는 사람들은 개 취급을 하고 무시했다. 예수님은 이 끈질긴 여인을 향해 말씀하셨다.

"나는 유대인들이 하나님을 떠나면 불행하므로 그들을 도와야 하오. 때문에 달리 어쩔 수 없소."

그러나 여전히 아랑곳하지 않고 여인은 예수님 앞에 꿇어 엎드려 애원했다. 그러나 예수님은 냉정하셨다.

"자녀가 먹고 있는 떡을 빼앗아 개에게 줄 수 있겠소?"

"옳습니다. 주님 말씀은 옳습니다. 그렇지만 주인 밥상을 지켜 보는 개도 그 부스러기가 떨어지면 먹을 수 있지 않습니까. 그런 부스러기라도 좋사오니 조금만 먹게 해주세요."

여인은 개 취급을 받았지만 비위상하지 않고 화도 내지 않았다. 다만 예수님이 하고자 하시면 모두 이루실 줄 확실히 믿었던 것이다. 예수님은 여인의 진지하고 끈질기고 겸손하고 확실한 믿음을 보시고 말씀하셨다.

"여인이여, 당신 믿음은 참 훌륭하오. 그 믿음대로 될 것이오."

예수님의 말씀이 떨어지자마자 귀신은 여인의 딸에게서 떠나갔다. 그 딸은 온전해졌고 그 여인은 말로 다 못 하는 기쁨을 누리게 되었다. 우리가 하나님 앞에서 겸손하고 또 간절한 기도가 있을 때 형편과 조건이 어떠하든지 간구하면 주님은 도우시고 고치시며 기쁘고 감사한 일로 바꾸신다. 이 사실을 우리는 마태복음 15장 22절부터 28절까지의 말씀을 통해 배울 수 있다.

그러나 문명이 발달된 현대에 무슨 그런 일들이 있을 수 있겠느냐는 태도로, 말씀을 무시하는 사람들에게는 하나의 우화 같은 이야기에 지나지 않을 것이다. 이 말씀이 기록된 것은 주님께서 우리에게 가르치시기 위한 계획이었다. 인간은 변하지 않는다. 예수님 당시 사람들이나 기계 문명이 발달한 지금 사람들이나 다를 바 없는 것이다. 그리고 귀신도 그러하다. 사람들 속에 들어가 흉악하게 만드는 것은 여전하다. 귀신을 쫓는 분은 오직 천지의 주재시요 만물의 주인이시요 다스리시는 하나님뿐이다. 귀신은 하나님 외에 그 어떤 것도 무서워하지 않는다. 마귀는 다른 어떠한 방법으로도 제어할 수 없다.

가나안 이방 여인같이 겸손하고 결사적인 끈질김과 간구함으로 주님께 도움을 청하자. 귀신은 더이상 우리를 괴롭힐 수 없게 될 것이다.

나는 어느 부인과 국제전화로 긴 시간 이야기한 적이 있다.
"거기 미국이죠? 안 사모님 좀 대주세요."
"제가 안 사모입니다."

"여기는 서울이예요. 안녕하세요? 어려운 일이 있어서…… 죄송하지만 저를 좀 도와주세요."

"저는 아무것도 도울 수 없지만 돕는 길을 가르쳐 줄 수는 있어요. 말씀하세요."

"저는 삼대독녀로 결혼 후 아들 둘, 딸 둘을 두고 있어요. 그런데 저는 당뇨병에 걸렸어요. 병을 얻은 지 칠 년이 넘었어요. 이제 죽을 날이 멀지 않았다는 선고를 받았어요."

"아이들이 아직 어린가요?"

"큰애가 아들인데 고등학교에 이제 들어갔고, 둘째 아들은 중학교에 다니구요. 셋째, 넷째는 딸인데 국민학교에 다니고 있어요. 사모님, 저는 죽으면 안돼요. 죽을 수 없어요. 제가 죽으면 이 아이들은 어떻게 되겠습니까. 죄송한 말씀이지만 남편은 착하지만 생활력이 전혀 없어요. 무슨 일을 하면 끝까지 가는 법이 없어요. 그리고 일의 결과를 생각하지도 못해요. 제가 죽으면 아이들이 제 아빠같이 되고 말 거예요."

"생활은 어떻게 하나요?"

"부모님이 세를 놓은 상점이 몇개 있는데 그것을 제게 주셨기 때문에 거기서 들어오는 수입으로 살고 있어요. 그래서 여간 알뜰하게 살림을 꾸리지 않으면 아이들 교육을 시킬 수 없어요."

"부모님은 나이 많으신가요?"

"두 분 다 당뇨병으로 얼마 전에 돌아가셨어요. 시부모님은 시골에 계시는데 형편없이 가난해요. 또 오랫동안 병환에 시달리셔서 아무것도 못 하세요. 이런 형편인데 제가 죽으면 어떻게 되겠어요. 죽을 수 없어요. 선생님, 어떻게 해야 될까요. 시누이가 하는 요양원에도 여러 차례 다녔는데 제 병이 너무 오래 된 탓인지 도움을 받지 못하고 있어요. 그런데 큰아들 녀석이 어디서 책을 얻어 읽고 와서는 자꾸 사모님께 전화 걸어서 의논하라고 졸라대서 이렇게 전화했어요."

"저는 아무것도 아닌 복음 전도자일 뿐이예요. 능력도 없고 물론 신유의 은사도 없어요. 그리고 방언 한마디도 못 하는 노인 신자예요. 제가 무엇을 할 수 있으리라고는 믿지 마세요. 저는 감기에 자주 걸리는데 그 감기 하나 물리치지 못하는 무능한 신자예요. 그러나 제가 믿는 성경에 기록된 한 말씀을 전해드릴 수는 있어요. 그것뿐이예요."

"사모님, 저는 죽기 싫어요. 죽지 못하겠어요. 제가 죽는다는 것은 우리집 모든 식구를 거지로 만드는 셈이 되는 거예요. 저는 죽지 못하겠어요. 그런데 의사는 제 생명이 얼마 남지 않았대요. 제가 아무리 조심하고 정신을 바짝 차린다 해도 저는 죽을 것 같아요. 기운이 매일 빠져버리는 것 같아요. 몸이 전과 같지 않고요. 죽을 날이 멀지 않았다는 생각이 자꾸 들어요. 정말 마음이 초조하고 캄캄하고 기가 막히는 거예요. 저를 좀 도와주세요, 사모님."

"자매님은 예수님을 믿으시는가요?"

"그럼요, 믿고 말고요. 믿지 않고 어떻게 살아갈 수 있겠어요."

"히스기야 왕에 대한 이야기 아세요?"

"뭔데요?"

"히스기야 왕이 병들었을 때 죽을 것이라고 선지자 이사야가 전했지요. 그는 왕에게 죽을 준비를 하라고 했지요. 그때 왕이 어떻게 했지요?"

"살려달라고 하나님께 애원했어요."

"그랬어요. 마찬가지로 자매님도 해보세요. 히스기야는 하늘을 향해 큰소리로 하나님께 살려달라고 통곡하며 매달렸지요? 또 가나안 여인이, 딸이 귀신들려 어떻게 할 도리가 없을 때 예수님을 따라가면서 큰 소리로 외치면서 애원했던 이야기도 아시지요?"

"네, 기도원에서 그 말씀을 들었어요."

"그런데 그렇게 해보셨어요?"

"기도원에서 신유의 은사를 받은 목사님이나 전도사님 그리고 권사님이 안수해 주었어요. 그리고 저도 기도를 했지만……."

"그런데 아무 도움을 못 받았다는 말씀인가요?"

"네, 제 병은 악화만 되어가고 있는 걸요."

"그런데 왜 저같이 무능한 노인에게 국제 전화까지 했지요?"

"너무 답답하고 앞이 캄캄해서 어떠한 도움이라도 받을까 하는 마음으로 했어요."

"그럼 제가 하라는 대로 해보실 마음은 있는가요?"

"물론이예요."

"자, 그러면 가족이 없을 때, 문을 잠그고 하나님 앞에 꿇어앉아 큰소리로 죽을 힘을 다해 부르짖어 보세요. '하나님, 살려주세요. 히스기야 왕의 생명을 15년이나 연장해 주신 것같이, 가나안 여인의 부르짖은 소리를 들으신 것같이 제게도 부스러기 은혜를 베풀어 주세요. 하나님 아버지, 제 기도를 들어주셔서 당뇨병을 고쳐주세요. 제 생명을 연장시켜 주세요.' 하고 소리를 치며 부르짖으세요. 기도원에 가서도 그렇게 하세요. 성경에 쓰여있는 대로 하면 주님이 들어 주시니까요. 아시겠어요?"

"네, 잘 알았어요."

"그렇게 할 마음이 있어요?"

"해야죠. 밑져야 본전인데요."

"그래요, 해보세요. 어차피 죽을 것 미리 죽는 것으로 알고 결사적으로 매달리세요."

"그래요. 될 것 같아요."

"됐어요. 벌써 힘을 얻으셨네요."

"죽어도 해보겠어요. 사모님."

"혼자서 해보시고 또 아이들과 남편과 함께 모여서 합심으로 찬송하시고 기도하세요. 히스기야 왕 이야기, 가나안 여인 이야기를 읽은 후 한목소리로 하나님께 부르짖으세요. 하나님은 살아 계셔요. 어제나 오늘이나 변치 않는 분이지요. 그때 일어난 일이 오늘도 얼마든지 일어날 수 있어요. 나도 위해서 기도하겠어요. 부스러기 은혜를 간구합시다."

"네, 꼭 하겠어요. 사모님, 감사합니다."

### *15.* 모리배 삭개오

여리고 성에 한 부자가 살고 있었다. 그는 키도 작고 볼품없이 생겼지만, 세리장으로 많은 부를 축적한 사람이었다. 그 성 사람들은 부자들을 부러워하고 그들에게 잘 보이기 위해 온갖 아첨을 다 하였지만, 동포들의 고혈을 짜 부를 쌓은 이 세리만큼은 몹시도 경멸하였다.

그 당시 여리고는 로마제국의 지배하에 있었다. 로마제국은 그 지방을 지배하고 또 효율적인 세금관리를 위해 세리라는 관직을 두었다. 그들은 로마의 관리로 유대인들에게서 세금을 거둬들이고 그것을 상납할 뿐 아니라 그 관직을 자신들의 부의 축적수단으로 이용하기도 했다. 그래서 사람들은 그들을 업신여기고 상대하기를 꺼려 했다. 사람들이 천하게 보기는 세리나 세리장이나 마찬가지였다. 삭개오라 하는 이 세리장은 돈도 많고 높은 지위에 있었지만 사람들에게 소외를 당해 외톨이가 되었다. 세리장 삭개오는 사람들이 왜 자신을 따돌리는지 이해할 수가 없었다. 자신은 부자고 또 별로 나쁜 짓도 하지 않는데, 왜 그런 대우를 받아야 하는지 알지 못했고 사람들이 야속하고 원망스럽기까지 했다. 대부분의 사람들은 자신들이 어려운 상황에 처하게 되면, 자신을 돌아보기보다는 환경을 탓하거나 남에게 그 책임을 돌린다. 자신의 삶에 책임감을 느껴, 정직하고 진실하게 살지 않고 되는 대로 마구 산 사람은 그 결과에 직면하게 되면 '왜 이런 일이 생겼을까?' 곰곰 생각하지 않고 마치 신이 자신을 불행하게 만든 것처럼 원망하고 탄식한다.

내가 아는 사람 중에도 이렇게 자신의 잘못을 인정하기보다는 남을 원망하는 사람이 있다. 그녀에게는 사람을 이간하는 나쁜 습성이 있었다. 그녀는 가는 곳마다 사람만 만나면 한 시간이고 두 시간이고 붙잡고 온갖 말로 이간질을 하였다. 처음 얼마 동안은 사람들이 그녀의 말을 믿고 흥분하고 서로 싸우고 반목하였으나 차차 그 여자의 성격을 알게 된 후부터는 그녀가 무슨 말을 해도 들은 척도 하지 않았으며 그녀를 이상한 동물 대하듯 하며 냉대했다. 그러나 그녀는 신경이 무딘지, 아니면 주위 사람들의 눈초리를 일부러 무시하는 것인지 이간질하는 습성을 버리지 않았다.

그러던 어느날 그녀는 성질이 괴팍하고 힘이 센 여자 앞에서 또 이간질을 하다가 도리어 그녀 자신이 봉변을 당했다. 그 힘이 센 여자는 그녀의 이야기를 듣다가 분을 못 참고 그녀에게 달려들어 크게 상처를 입혔다. 그 상처는 몇 번씩 터져 고름이 나곤 하면서 아물지 않았다. 그래서 그런지 완전히 아물었을 때에는 얼굴에 흉터를 남겨 놓았다. 그녀의 얼굴은 원래 예쁜 얼굴은 아니었지만 흉터로 인해 험상궂고 흉악한 얼굴이 되었다.

그녀는 그 후 마음속으로 어떻게 복수를 할까 궁리하며 시간을 보냈다. 또 만나는 사람마다 붙잡고 자신을 그렇게 만든 힘이 센 여자를 욕하고 비방했다. 그러나 그 여자가 그렇게 된 이유를 알고 있는 사람들은 그녀의 말에 동정을 표하지도, 역성을 들어주지도 않았다. 그녀는 흉칙한 얼굴과 패역한 입술로 인해 지금까지 결혼도 하지 못한 채 쓸쓸하고 외로운 생을 보내고 있다.

내 생각에는 로마제국의 앞잡이로 동족을 괴롭히던 세리나 세리장 삭개오도 이 여자와 같은 삶을 살았을 것 같다. 이 여자나 세리들처럼 자신들의 잘못은 인정하지 않고 다른 사람들만 원망하고 하나님을 멀리하고 살던 사람들은, 죽은 후 지옥에 가서도 자신들이 왜 그곳에 와야 했는지 깨닫지 못하고 자신이 처해 있는 환경이나 하나님을 원망할 것이다.

　사람들의 업신여김 속에 외롭게 살던 세리장 삭개오는 그 동안 세인들의 관심을 끌어오던 예수님이 여리고 성을 지나가신다는 소문을 들었다. 그는 예수님에 대해서 그 동안 많은 이야기를 들었다. 모든 병든 자의 병을 고쳐주시는 분, 죄인과 가난하고 천한 사람들을 감싸주시고 위로해주시는 분, 마귀를 눌러 이기시며 꼼짝 못 하고 도망치게 하시는 분, 주리고 목말라 하는 수많은 군중을 먹이시는 놀라운 분, 사람들이 마땅히 행해야 할 바를 가르쳐 주시는 분, 천사의 수종을 받는 하나님이 계시는 천국의 어떠함을 알려 주시고 보여주시는 분, 장차 이루어질 일, 즉 마지막 날의 징후들을 일러주시고 경고하시는 분, 왜 자신이 하늘에서 땅으로 내려오셨는가를 말씀해 주시는 하나님의 아들이시며 주님이신 예수님이 그곳을 지나가신다는 소문에 삭개오는 가슴이 뛰었다.

　'아! 예수님은 어떻게 생기셨을까? 하나님의 아들, 구원자, 메시야, 주님! 그분을 보고 싶다. 그분을 꼭 봐야 하는데…….'

　예수님을 꼭 뵈어야 하겠다는 마음의 열망이 강해질수록 마음 한 구석에서는 걱정이 생겨났다.

　'예수님을 한번 보고 싶어. 이 마음은 다른 사람도 똑같겠지? 그러면 많은 사람들이 모여들 텐데, 나는 키가 작아서 어쩌지. 사람들 틈새에 끼여서는 지나가시는 예수님을 볼 수 없을 거야.'

　온갖 생각이 다 들었다. 차라리 예수님 보기를 포기할까 하는 생각이 들었다. 근심에 싸여있던 삭개오에게 문득 좋은 생각이 떠올랐다.

　'그래. 내가 왜 그것을 몰랐지. 높은 데 올라가면 예수님을 볼 수 있지 않을까? 길가에 있는 뽕나무에 올라가야지. 그러면 키가 작은 나는 사람들과 상관없이 그 유명하신 예수님의 얼굴을 볼 수 있을 거야!'

　삭개오의 마음에는 기쁨이 솟아올랐다. 예수님을 볼 수 있다는 생각에 흥분이 된 삭개오는 예수님이 지나가실 길을 향해 급히 뛰어갔다. 그곳에는 벌써 소문을 듣고 많은 사람들이 모여들고 있었다. 삭개오는 급히 뛰어가서 나무 위로 올라갔다. 삭개오는 나무 위에서 먼 곳을 바라보며 예수님이 오시기를 기다렸다. 길에는 많은 사람들이 운집해 있었다. 시간이 한참 지난 후 멀리서 사람의 모습이 보였다. 예수님이 제자들과 무리들에게 둘러싸인 채 삭개오가 있는 곳으로 오고 계셨다. 군중들이 요동하기 시작했다. 모인 사람들의 들뜬 분위기에 상관없이, 삭개오는 숨을 죽이고 두근거리는 가슴을 누른 채 예수님의 모습만을 응시했다. 삭개오는 온 세상 사람들이 기다리던 메시야 예수님을 볼 수 있다는 감격 때문인지 극도의 흥분 상태가 되었다. 예수님은 천천히 걸어오고 계셨다. 삭개오는 나무 가까이 오신 예수님을 눈을 크게 뜨고 바라보았다. '아! 과연 하나님의 아들답구나!' 삭개오는 예수님의 모습에 너무도 놀라 무심결에 소리를 지를 뻔했다. 그때였다.

"삭개오야!"

나무 위를 쳐다보며 자신을 부르는 예수님의 목소리에 삭개오는 깜짝 놀랐다. 삭개오는 어리둥절해졌다. 예수님이 삭개오 자신의 이름을 부르시다니 꿈만 같았다.

"나무에서 속히 내려오너라. 내가 오늘 네 집에서 묵어야겠다."

삭개오는 예수님의 말씀에 나무에서 급히 미끄러져 내려왔다. 그는 기쁜 마음으로 즐거워하며 자신의 집에 유하겠다고 말씀하신 예수님 앞에 꿇어 엎드렸다. 그곳에 운집해 있던 사람들이 그 되어진 일을 보고 놀라 입을 다물지 못했다.

"어머나! 예수님이 하필이면 왜 저런 자의 집에서 유하실까?"

"저런! 세상에 저럴 수가······."

"이게 무슨 일이야. 어떻게 이런 일이 있을 수 있을까?"

사람들은 서로 수군거렸다. 사람들의 질시와 조롱 섞인 말을 뒤로 한 채 삭개오는 예수님을 자신의 집으로 안내했다. 외롭고 쓸쓸한 생활을 하던 삭개오는 이제 더 이상 외롭지 않았다. 그의 마음은 부자였다. 예수님의 말씀 한 마디로 그는 가장 낮은 곳에서 가장 높은 곳으로 올라간 것이다.
 집에 도착한 삭개오는 공손한 태도로 예수님께 말했다.
 "예수님, 제가 가지고 있는 재산 중 절반을 가난한 사람들에게 주겠습니다. 또 제가 만일 다른 사람에게서 무엇인가 빼앗은 적이 있었다면, 그것의 네 배를 갚겠습니다."
 예수님을 만난 삭개오는 그 동안의 자신의 모습을 돌아보며 예수님께 말씀드렸다. 그는 자신의 죄에 대한 회개의 표시로 재산의 절반을 가난하고 병든 자들에게 나누어주기를 원했다. 그의 말은 예수님의 마음을 기쁘게 했다. 예수님은 죄인이 회개하고 하나님께로 돌아오는 것을 기뻐하신다.
 "그래. 삭개오야, 너도 믿음의 조상 아브라함의 자손이다. 오늘 구원이 이 집에 이르렀다."
 예수님은 부드러운 음성으로 삭개오에게 말씀하셨다. 예수님은 말씀을 통해, 사람은 모두 하나님이 지으신 창조물이므로 하나님은 모든 사람의 아버지시라는 사실을 분명히 인지시키셨다.
 사람들은 다른 사람의 판단에 좌우되지 말고 오직 죄인을 찾으시고 돌아보시고 구원하시는 예수님만을 바라보아야 한다.
 돈 때문에 죄를 짓는 사람은 많다. 어쩌면 이 세상의 모든 죄는 돈과 연결되어 있는지도 모른다. 세상에 죄 없는 사람은 없다. 그들은 항상 죄의 구렁텅이에 빠져 허덕인다. 그 구렁텅이에서 빠져나올 수 있는 방법은 단 한 가지, 사람들을 사랑하시는 예수님을 붙잡는 것이다. 죄인들을 부르시는 예수님을 영접하여 내 마음속에 모셔들이고 그분께 순종해야 한다. 예수님을 마음속에 모셔들이는 일은 이 세상을 살아가면서 우리가 해야 할 일 중에서 가장 중요하고 제일 먼저 해야 할 일이다. 왜냐하면 세상은 험하고 또 우리는 내일 일도 모르고 살아가기 때문이다. 유혹과 시험은 앞뒤에서 나를 위협하고 우리가 걸려들기만 하면 굵고 무거운 죄의 사슬로 옭아맨다. 그곳에서 나올 방법은 없다. 그곳에서 헤매다 영원히 세상을 떠날 때는 그야말로 영원한 후회의 구렁텅이에 떨어져야만 하기 때문이다. 많은 사람들이 이 사실을 부인한다. 사람들은 육감이라는 것이 있어서 미래에 대해서 어렴풋이 느끼지만, 악령은 사람들에게 접근하여 유혹한다.

"아니야, 그런 것은 절대로 없어. 죽으면 그만이야. 있기는 뭐가 있어. 없다. 없어."

이렇게 사단 마귀는 사람들에게 접근해 속삭이지만, 사람들은 미래에 대해 뭔가 불안을 느껴 그것을 잊기 위해 오락이나 술을 가까이하곤 한다. 여하튼 사람들이 믿든지, 안 믿든지, 영혼은 분명히 육체 속에 있어서 육체는 죽어도 영혼은 죽지 않고 육체 속에서 빠져나와 가야 할 곳으로 가도록 창조되어 있는 것이다. 세상에서 축복받은 사람이면 이 진리를 발견할 것이고 세상에서 부귀영화를 누렸다 해도 이 진리를 도외시하는 자는 세상에서 가장 불쌍하고 비참한 사람이 아닐 수 없는 것이다. 삭개오에 대한 이야기는 누가복음 19장에 기록이 되어있다.

나는 어떤 집사님과 상담을 한 적이 있다. 그분은 고아원에서 자랐다고 했다. 고아 때부터 마음이 착하고 성실해서 원장과 선생님들에게 사랑을 극진히 받았고 고아들 사이에서도 정을 나누며 친형제, 자매처럼 깊은 인정 속에서 서로 돌보며 의지하면서 살았다고 한다. 그분은 우 집사라는 분이었다. 우 집사는 자기가 고아였던 만큼 자기와 함께 고생하며 부모없이 자란 고아들과 친동생, 친언니같이 지금도 서로 연락하며 살고 있다고 했다. 우 집사는 참으로 믿음이 독실하고 마음도 어질고 착해서 스물한 살에, 그 고아원을 도와주고 있는 장로님댁 아들과 결혼을 해서 아이들도 여럿 낳고, 온 가족이 신앙 안에서 살기 때문에 행복하다고 말했다. 그 고아원에는 아이들이 많지 않아서 그때에 같이 자라난 아이들의 이름을 우 집사는 모조리 기억하고 있었다. 그리고 어린 아이들에 대한 관심이 상당히 큰 것 같았다. 그 작은 고아원에서 유달리 친하게 지낸 인이라는 친구가 있었다. 그녀는 우 집사와 나이가 거의 비슷했고, 마음도 착하고 순해서 고아원생들과 싸우는 일이 거의 없었고, 얌전하게 생겨서 시집도 좋은 곳으로 갈 수 있을 것이라고 사람들 모두가 입을 모아 말했다. 그러던 어느날 우 집사의 국민학교 동창생이라는 사람이 찾아왔다. 만주에서 오랫동안 살다가 신부감을 찾으러 왔다는 것이었다. 그 사람은 몸집이 장대하고, 음성도 커 사람이 퍽 좋아보였다. 그래서 인이가 시집을 안 갔으므로 그 사람에게 인이를 소개했다.

"고아원에서 자랐다구요?"

그 남자는 고아원에서 자란 것이 꺼림칙한 눈치였다. 그러나 서로 만나 사귀어 보더니 말했다.

"순종적인데요. 좋아요. 고아원에서 자랐으면 어때요? 고아도 사람인데!"

그리고 결혼해서 인이를 아내로 맞아들였다. 인이의 남편 장씨는 서울을 두루 다니며 알아보더니, 만주로 가서 사는 것을 포기하고 만주에 계시는 홀어머니와 짐을 실어가지고 서울로 이사왔다. 그는 직장을 찾아 다녔지만, 적당한 직장을 찾지 못했다고 하면서 형사일을 시작했다. 형사를 해야만 돈도 벌고 살기도 쉽다고 말한 것과 그의 꾀와 수단이 보통이 아닌 것을 보아 만주에 살면서도 형사를 했던 것이 분명했다. 그 당시 부자들 가운데는 부정한 일을 해서 돈을 많이 번 사람이 꽤 있었다. 이런 사람들을 알아낸 그는 그들에게 접근한 후에 공갈협박해서 수백만원씩 뜯어냈다. 그는 곧 큰 집을 사고 하인을 부리며 풍족하고 편한 생활을 하면서 아들, 딸 낳아 인근 부잣집 아이들과 같이 학교에도 보냈다. 그리고 인이는 세상 향락에 빠져 방탕한 생활과 남편의 여자문제 등등으로 신앙에서 점점 멀어지고 있었다. 우 집사는 인이를 자기 친동생처럼 여기고 있어서 인이에 대한 모든 것이 자기 일 같기만 했다. 그래서 인이에게 매일 전화를 걸고 또 집에 찾아가서 같이 기도하고, 권면하고, 신앙 서적을 사다주면서 읽으라고 권했다. 그러나 인이는 세상 일로 마음이 꽉 차 있어서 신앙을 갖기가 어려운 것 같왔다. 바로 그 즈음에 우 집사가 어떻게 하면 좋겠느냐며 내게 의논하러 왔던 것이다. 그런 일이 있은 후에 세월이 흘러 내가 서울에 갔을 때에 우 집사를 다시 만나게 되었다. 우리가 다시 만났을 때 나는 장 서방과 인이에 대한 이야기를 물어보았다. 우 집사는 깜짝 놀라면서 말했다.

"사모님, 어떻게 그 장 서방과 인이를 기억하세요? 정말 놀랐어요. 저는 사모님이 그런 일은 벌써 다 잊어버리시고 내가 말을 하더라도 기억하실까 했는데, 아니 어떻게 이제까지 그 사람들에 관해 그렇게 물으실 만큼 기억을 하시는 거예요? 정말 놀랐어요."

"나는 기억해야 할 일은 결코 잊지 않아요. 10년이 지나고 20년이 지나도 한번 기억하면 언제든지 뚜렷하게 남아 있으니까요."

그래서 우 집사는 장씨와 인에 대한 이야기를 해주었다.

"장씨는……" 하면서 말끝을 흐린 우 집사는 슬픈 표정을 지었다. 장씨는 허수룩한 부자들에게 협박과 공갈을 해 돈을 마구 뜯어내서 허랑방탕한 생활을 했지만, 부자들 가운데는 교활하고 인색한 돈벌레들도 얼마든지 있었다. 결국 장씨는 한 수전노에게 걸려들어 재판을 받게 되었다. 그 일로 인해 과거의 모든 죄과가 드러나게 되어 감옥에 들어가게 되었다. 돈을 맘대로 만지면서 극도로 교만해진 장씨는 감방에서도 건방지게 굴다가 동료 죄수들에게 미움을 사 심하게 매를 맞고 몸에 큰 병이 들었다고 했다. 그것 때문에 거의 죽게 되었는 고로 죽기 전에 집으로 돌아오게 되었다. 그는 사경을 헤매면서 아내를 불렀다.

"여보, 난 어디로 가지?"

"어디로 가다니요."

"아니, 죽으면 말이야!"

인이는 그 말에 가슴이 두근거렸다.

"여보, 난 어디로 가느냐 말이오?"

인이는 대답할 말을 몰랐고 장서방의 목소리는 끝을 맺지 못하고 가늘게 사라졌다. 인이가 두려운 마음으로 남편을 보았다. 그의 큰 얼굴에는 생기가 전혀 없었다. 장씨는 눈은 뜬 채로 죽었다.

그녀는 남편을 장사지내고 나서도 그 무서운 얼굴과 눈빛을 잊을 수 없었다. 잠을 이루지 못하고, 잠이 들었다가도 남편 꿈을 꾸면 놀라서 밤새도록 겁에 질려 앉아 있곤 했었다. 죄를 많이 짓고 죽은 자의 최후는 비참했다. 죽은 후에 그의 갈 곳을 생각하면 더욱 더 몸서리쳐지도록 무섭고 그가 가엾게 생각되었다. 그러나 삭개오와 같이 예수님 만나보기를 고대하여 만나고 영접하여 모든 죄를 고백하면 하나님은 죄를 사해 주시고 새사람으로 재창조하시어 그분의 자녀가 되는 특권을 이 세상에서부터 영원까지 누리게 해주신다.

## *16.* 참혹한 인생이었건만

중풍병으로 무려 38년이나 누워 신음하며 지냈다면 그 얼마나 처참하고 참혹한 삶이었을까.
간혹, 독감에 걸려 일 주일 정도만 눕게 되더라도 괴롭고 지겨워서 아무리 아파도 훌훌 털고 일어나 나가게 된다. 또 아무리 일하기 싫고 게으른 사람도 자리에 일 년간 누워있으라고 하면 차라리 땅을 파는 힘든 일을 하는 것이 낫지 누워있는 것은 견딜 수 없는 일일 것이다.
그런데 요한복음 5장에 보면, 베데스다 못가에, 38년이나 된 병을 고치기 위해서 매일매일 바라고 기다리며 누워있는 중풍병자의 이야기가 있다.
그 베데스다 못가에는 별의별 병자들이 다 모여 앉고 누워있는데 모두 불치병자들이었다. 그 베데스다 못에 가끔 하늘에서 천사가 내려와 그 물을 동하게 할 때에 그 못에 제일 먼저 들어가는 병자는 어떠한 병이든지 다 낫는다고 했다. 그래서 모든 병자들은 천사를 기다리고 있었다. 그들은 천사가 물을 움직이면 결사적으로 저마다 못으로 뛰어들어가려고 벼르고 있었다. 그런데 이 중풍병자는 마음대로 움직일 수 없는 몸이어서, 막상 천사가 내려와서 물을 움직이는 데도 못물에 빨리 들어갈 수 없었다. 다른 병자들은 병이 나아서 하나씩 둘씩 다 가버리는데 이 중풍병자는 계속 누워

있어야만 했다. 남같이 걸을 수가 없었기 때문이다. 그런 환경에서 38년이라는 긴 세월이 흘렀으니 그의 마음은 얼마나 슬프고 괴롭고 분하고 원통하여 견딜 수 없었을까. 세월이 흐를수록 몸은 더 굳어지고 더 악화되어 가는 판인데! 그는 절망 상태에서 그렇게 매일매일 누워있어야만 했다.

한번은 예수님이 이곳을 찾아오셨다. 그날은 주일이었다. 예수님이 그곳에 오신 것은 거기 있는 불쌍하고 가련한 병자들을 고쳐주기 위해서였다. 예수님 눈에 제일 먼저 된 환자가 이 중풍병자였다. 그는 거기 있던 많은 병자 중에 가장 마음이 상한 자요, 가장 오랜 기간 고통중에서 소망이 없는 사람이었기 때문이다.

주님은 인간의 아버지이시며 가장 불쌍하고 가장 상심하고 가장 어려운 사람을 도우시기 원하시는 분이시기 때문에 중풍병자에게 다가가셨다. 모든 상태를 다 아시는 주님은 그 사람이 얼마나 오랜 기간 상심해 있었는가를 너무나 잘 아시는 고로 그 병자에게 "네가 낫고 싶으냐?"고 말씀하셨다. 이 병자는 이렇게 묻는 분이 너무 고마와서 한맺힌 안타까운 사정 이야기를 모두 털어놓았다. 그 병자는 그분이 예수님이신지도 몰랐다. 인자하시고 높은 인격을 갖춘 분이 그렇게 친절하게 대해주는 것에 감동되어 대번에 '주님'이라고 불렀다.

"주님, 저 못물이 동할 때 나를 도와서 저 물에 넣어주는 사람이 없습니다. 내가 이 움직이지 못하는 육체를 끌고 가려면 벌써 다른 사람들이 다 들어가 병이 낫는 겁니다. 그래서 제게는 전혀 가망이 없습니다. 이렇게 누워서 바라기만 하다가 죽을 것입니다."

이 말을 듣고 예수님은 그 불쌍하고 절망속에서 고통을 호소하는 38년이나 누워있던 중풍병자에게 말씀하셨다.

"네 자리를 걷어 가지고 걸어 가라."

그런데 이게 웬일인가?

38년간이나 누워만 있던 중풍병자가 벌떡 일어나 침상을 둘둘 말아 가지고 성큼성큼 걸어가는 것이 아닌가? 그는 자신에게 일어난 일에 얼마나 놀랐을 것인가? 옆에 있던 사람, 또 그를 보고 있던 사람들이 모두 놀라 환상을 보는가 했을 것이다. 예수님은 이렇게 오랫동안 병들어 절망속에서 마음이 상하고 오랜 고통중에 누워있던 중풍병자를 자유스럽게 걸어갈 수 있도록 고쳐주셨다. 예수님은 하나님이시기 때문에 주일날, 믿는 사람들이 모여서 예배드리는 곳에 찾아오신다. 영적으로 병든 사람들을 고쳐서 거듭나게 해 주시고 죽음에서 생명을 주신다.

그때도 그렇게 하신 것같이 지금도 그러하시다. 그래서 믿는 사람들이 주일날 영혼만 거듭나는 것이 아니라 육체의 병도 낫는 일이 얼마든지 있다. 나는 이 기사를 읽으면서 '옳지! 주일날은 예수님께서 우리 예배를 받으시며 우리 모임중에 오셔서 병을 고쳐주시는구나!' 하는 것을 강하게 느낀 적이 있었다. 그 후에 나는 어떠한 병이 나더라도 주일날이면 나았다. 또 나으리라는 것을 확신하면서 머리를 감고 목욕을 하고 깨끗한 옷을 입고 흰 봉투에 십일조를 정성껏 넣어 교회로 가서 전심으로 예배드리고 말씀에 은혜받고 중심으로 기도하고 나서 집으로 돌아올 때는 모든 병이 언제 아팠냐는 듯이 깨끗하게 되는 일을 누구이 경험해왔다.

간혹 주일날 다 나았던 병이, 조심하지 않아서 그런지, 또 아프게 되는 경우도 있었다. 특히 독감같은 경우에는 그런 일이 이따금씩 있었다. 그러나 대개는 앓던 병도 주일날이면 낫는 체험을 많이 했다.

내가 알고 있는 한 자매는 각종의 옷을 멋지게 만들어 유행시키는 패션디자이너이다. 본래부터 미술에 취미가 있어 그림도 잘 그렸지만 여자들의 옷과 스타일에 대한 관심이 발단이 되어 미국에 이민와서 옷을 보고 연구하면서 그 방면으로 성공한 은애라는 여성이었다. 그녀는 멋있고 예쁘고 상당히 세련된 옷을 연구하여 자기 자신이 먼저 입어 선보이면 곧 유행이 되었기 때문에 많은 의류업계에서 초청 제안을 받고 있었다. 그러나 작지만 실속있는 친구

회사에서 일하고 있는 독실한 신자이기도 하였다. 신제품이 나올 때마다 회사에서 그녀에게 수수료를 주기 때문에 월급도, 일하는 시간도 자유롭게 조정할 수 있다고 했다.

그런데 그녀는 과거에 어떤 남자와 결혼을 전제로 교제하고 있었는데 그 남자는 많은 여자들에게 인기가 있었고 성격도 진지하지 못했기 때문에 관계를 끊었다고 했다.

가장 큰 문제는 신앙의 문제였다. 오랫동안 기다리며 노력했는데도 여전히 그의 관심은 세상의 흥미거리로 가득했고 믿음은 너무도 흐리고 약해서 더 이상 지켜볼 수가 없었다.

"사람, 인간으로서 하나님 없는 그런 생활, 그것이 뭡니까? 잘 먹고 잘 입고 잘 돌아다니고 잘 쓰는 것이 전부라면 곧 피곤하게 될 것입니다. 권태기! 인간 권태기가 생길 것이 뻔하지 않아요? 사모님! 못 먹고 못 쓸 때는 잘 먹고 잘 입고 잘 살아보자는 목표 때문에 소망이 있는 것 같지만 결국 실컷 먹게 되고 잘 입고 잘 살게 되면 그것은 동물 생활이나 다름없지 않아요? 영적 존재인 우리가 어떻게 만족할 수 있겠어요. 으레 권태기가 와서 싸우고 미워하고 불행해질 것 아니겠어요? 인간은 한없이 고상하고 고귀하고 신성한 창조물인 고로 거룩하신 하나님을 모시고 그 앞에서 또 그 안에서 먹고 입고 살아야지 회개가 있고 용서가 있고 기쁨이 있고 또 감사가 있어서 끝없이 평안한 삶을 누릴 수 있지 않겠어요? 그런데 그 남자에게서는 그런 점을 찾을 수가 없었어요. 우리 부모님께서는 차차 그렇게 될 수도 있다고 나를 설득했지만 그의 성격이나 취미를 보면 실망을 하게 되요. 더욱이 그에게는 진지함을 찾아볼 수 없었어요. 공부도 잘했고 취미도 있었는데 대학 졸업장을 포기하고 나서도 후회나 미련은 전혀 없었어요."

그녀는 그에 대하여 이야기하기를 꺼려하면서도 지난날을 세세히 기억하고 있었고 또 말하고 싶어하기도 했다. 그녀의 말에 의하면 그와 헤어진 뒤 모든 것을 잊기 위해서 그녀는 이민을 오게 되었다. 아름답고 세련된 여성이었기 때문에 그녀를 좋아하던 많은 훌륭한 젊은이들도 있었는데 그녀는 신학을 공부하는 미남자를 만나서 결혼을 했다. 이 신학생은 본래 약혼자가 있었는데 미국으로 유학을 와서 은애를 만난 뒤에 약혼자가 있다는 것을 숨기고 그녀와 결혼을 한 것이다. 그의 약혼자는 부잣집 딸로 명문 대학을 나와 꽤 인기 있었던 여자로 그의 변심에 대해서는 크게 문제삼지 않았다.

은애는 신학생이면 목사가 될 것이라고 생각하고 크게 만족했었다. 그러나 과거의 남자를 잊기 위해 결혼을 서두른 것이 큰 실수였다. 시간을 두고 사귀어 서로를 잘 안 연후에 결혼을 해야 했는데 그 남자가 신실해 보였고 또 하나님의 종이 되려는 사람이었기 때문에 존경스러워 안심하고 믿고 결혼을 해버린 것이다. 그런데 같이 살다 보니 그의 마음속에는 신앙이 있는지 모르지만, 삶은 불신자와 거의 진배없었다.

너무 자기 중심적이고 인색하고 까다롭고 시기심이 강해서 누구나 심하게 판단하고 저주하는 욕도 잘하고 어떤 사람이든지 약점을 잡아내곤 했다. 운전을 할 때도 백인이 빨리 가면 "흰둥이 새끼" 흑인이 빨리 가면 "검둥이 새끼" 교회의 원로들도 "흰둥이"로 부르면서 신앙인으로서, 배운 사람으로서 할 수 없는 언사와 행동이 은애를 실망과 후회의 도가니로 떨어뜨렸다.

"신학생! 대학을 나오고 더 귀한 인물이 되기 위해서 수양하고 배운다는 신학생이 이럴 수가 있나!"

남편은 신학교를 졸업하자 그 교파에서 목사 안수를 받고 미국 교회에서 부목으로 일을 하게 되었다. 목사가 되었으면 자기 자신을 위해서 기도가 필요하고 또 교회와 양떼들을 위해서 기도하고 목사들을 위해서도 기도해야 할 터인데 이 사람은 거의 기도하는 일이 없었다. 어린 아이라도 잠자리에 들기 전과 아침에 일어나 기도하고 식사 때에도 감사하는 기도를 하는 것이 그리스도인인데 이 사람은 일절 기도가 없었다. 그가 유일하게 기도하는 경우는, 교회에서 또 다른 사람과 같이 식사할 때였는데 다른 사람들의 눈을 속이기 위해서였다.
 그는 시기심이 얼마나 심한지 남이 잘되는 것을 절대로 보지 못했다. 남이 잘되는 것을 보면 공연히 얼굴을 붉히고 무슨 흠집을 잡아내려 했다. 미국인들도 미워하고 한국인들도 업신여겼다.
 은애는 왜 결혼을 서둘렀는지 분통이 터질 지경이었다. 더욱이 자기의 월급은 얼마 되지 않는 것인데 얼마를 받는다는 말도 없이 받는 대로 한국에 있는 자기 집으로 부쳐버렸다.
 "우리는 미국에 사니까 살 수 있지만 우리 부모님은 돈이 필요해."라는 것이 그의 설명이었다. 또 은애는 본래 돈에 대해서 몹시 너그럽고 후한 편이어서 벌어오는 돈을 은행에 넣어두고 남편이 쓰는 데 대하여 신경을 쓰지 않았는데 알고 보니 무척 많은 돈을 자기 집으로 매번 아무 말도 없이 부치는 일을 하고 있었다.
 "웬 돈을 그렇게 많이 보내는 거예요?" 하고 물었더니
 "부모님은 집이 없어서 집을 사야 하기 때문이야."
 은애는 시부모님께 집을 사드린다고 생각해서 그런지 도리어 만족했었다. 그러나 나중에 알고 보니 시부모님은 그 돈으로 술 마시고 노름하느라고 다 써버리고 집은 살 생각도 않고 있었던 것이다. 또 은애 마음속에 상처가 되는 것은 자기가 버는 돈으로 은애 어머니의 생일 선물도 못하게 방해를 하고 욕설을 하며 돈을 모두 자기 집에만 보내라는 인색한 심사가 말할 수 없이 분하고 미웠다. 은애의 마음은 날이 갈수록 분해지기만 하고 결혼생활의 앞날은 캄캄하기만 했다.
 "저런 사람이 목사라구? 하나님의 사랑을 전하는? 사랑은 좁쌀만치도 없고 사랑이 무언지도 모르는 그가? 십자가의 사랑을 말하고 전한다구? 차라리 돌멩이가 사랑을 전한다고 하는 편이 낫지? 목사! 아! 무섭고 지긋지긋해!"
 그녀는 보기만 해도 무서워지는 남편을 피하기 위해서 회사에서 늦게까지 남아서 일만 죽어라 했기 때문에 월급은 많아지고 승진도 하고 존경과 사랑을 독차지했다. 사장도 매일 와서 은애를 귀여

위해주고 모든 백인 사원들은 은애를 존경하고 아끼고 사랑해 주었다. 나는 은애의 말을 오랫동안 잊지 않았다.

"사모님, 저는 돈만 벌기로 작정했어요. 내가 버는 것 가운데 십일조만 꼭꼭 따로 떼어 주님께 드리고 내 마음속에 있는 예수님을 사랑하는 정열을 가지고 살기로 했어요."

"그렇지만 기도해야지!"

"기도요? 사모님 그런 사람도 기도하면 변할 수 있을까요? 기도도 한계가 있지 않을까요? 그런 망측한 사람이, 더욱이 신학을 공부하면서 진리를 배웠다는 목사라는 사람이 말입니다. 그런 사람! 어림도 없을 거예요."

"그건 은애의 생각이고 하나님 생각은 우리 인간의 생각과 같지 않아요."

"그렇지만 그 사람은 인간이 아니예요. 사모님, 그 사람은 사람의 탈을 쓴 사탄이란 말이예요."

"저런! 그렇게 말하는 것을 주님께서 들으실 텐데. 은애! 주님의 마음이 섭섭하시겠어요."

"아! 주님 용서하세요. 그러나 그 말이 사실인 것을 어떻게 합니까, 주님."

은애는 곧 회개하는 표정이었지만 그의 생각은 소망이 없다는 태도였다.

이런 일이 있은 후에 8년이라는 긴 세월이 흘렀다. 여러 교회로 집회를 다니면서 목사님들을 만날 때마다 나는 은애 남편이 언제나 머리에 떠오르는 것을 어찌할 길이 없었다. 또 목사님들에 대한 시비와 비평이 들어올 때도 혹 은애 남편 같은 목사가 또 있는가 하기도 했다. 그렇게 은애와 그 남편에 대한 잊어버릴 수 없는 기억이 머리에 꽉 박혀있었다. 그런던 어느날 나는 뉴욕의 어느 한인교회에 초청받아 가게 되었다. 그리고 거기서 우연히 은애를 다시 만나게 되었다. 나는 그녀가 반가이 달려오는 것을 보고 은애인 것을 단번에 알아냈다.

"아! 은애 아니야?"
"아이구, 사모님 저를 기억하세요?"
"하고 말고, 내 머리에 한번 사진을 꽉 찍어놓으면 절대로 지워지지 않으니까. 내 머리는 그런 머리야."
"네. 그런 줄 물론 알지만 그렇게 많은 사람을 만나시는데요!"
"은애의 경우는 특별한 경우였어요."
"그렇군요."
그리고 나서 나는 은애를 조용한 방으로 데리고가 이야기했다.
"사모님, 꼭 드릴 말씀이 있어서 일부러 찾아온 거예요. 저는 뉴저지에 살고 있지 않아요? 그래도 오고 싶어서 신문을 보고는 곧장 달려온 거예요."
"그래? 그 목사 남편 이야기를 듣고 싶은데. 그 후 남편을 위해 기도했어요?"
"제가 그때 말씀드리지 않았어요? 사모님, 너무 심각한 형편이라서 기도도 못 하겠다구요."
"그래서 기도를 안 했다는 거요?"
"무어라 기도를 시작해야 할지 몰라서 '주님, 저 꼴 좀 보세요. 자세히 보세요. 저런 사람이 목사래요.'라고만 하고 말도 더 못했는데요."
"그런데 뭘 내게 보고하려는 거요?"
"그런데 사모님, 참 놀랐어요."
"뭐가?"
"그런데 그가 한번은 수영을 하러 갔다 왔는데, 자꾸 허리가 아프다고 하는 거예요. 그때부터 점점 아파서 누워버렸어요. 교회에서는 의사한테 가라고 야단을 쳤죠. 마침 교회에 의사 한 분이 있었는데 그분한테 갔었죠. 그분이 소개한 척추 전문의사에게 가서 진찰을 받았거든요. 그 의사의 진찰이 골수암이라는 거예요."
"저런!"
"그런데, 참 감사해요. 사모님!"

"감사?"

"왠지 아세요? 그는 회개했어요. 자리에 6년을 누워 있었어요. 입원도 했지만 만 6년을 꼬박 누워 살았답니다. 저는 돈을 벌어 가정 간호원을 두고 그를 돌보게 했어요. 그렇지만 골수암에 무슨 약이 있나요. 약이라는 약은 다 구해 먹어도 아픈 것은 낫지 않고 더욱 더 심해져 가는 거예요. 그는 거의 죽은 거나 다름 없었어요. 쑤시고 아프고 조금만 움직여도 큰 통증이 오는 거예요. 손, 발도 맘대로 움직이지 못하고 누워 죽어가던 그를 도저히 볼 수가 없었어요. 야윈 얼굴을 찌푸리며 통증과 싸우고 있는 남편을 보면 너무 애처롭고 마음이 아파 옆에 갈 수도 없었어요. 그런데 그가 요즘은 어떤지 아세요?"

"어떻지요?"

"회개를 하는 거예요. 그 눈에 눈물이 가득하고, 그렇게 아픈데도 얼굴이 점점 부드러워지는 거예요. 그는 '아버지! 죽어 마땅합니다. 이렇게 쑤시고 아픈 것 마땅합니다. 내 죄가 얼마나 주님을 아프시게 했는가를 이제 알았습니다. 아버지 마음을 이렇게 쑤시고 아프게 했습니다. 저를 용서하시기에는 제 죄가 너무도 크고 무겁습니다. 주님!' 하며 울면서 회개를 하는 거예요. 또, 어떤 때는 기도하면서 '악!' 비명을 지르기도 했는데 요즘은 비명을 지르지 않는 걸 보면 심한 통증이 없는 것 같아요. 그리고 평생 기도 안한 것을 채우기라도 하려는 듯 종일 누워서 기도만 해요. 더욱이 요즘은 뭐라고 기도하는지 아세요?"

"뭐라고 하지?"

"'38년 된 중풍병자가 그 죄값으로 38년이나 누워 있었던 것같이 저를 제 죄값으로 그렇게 오래 누워있게 마시고, 죽이시든지 아니면 일어나게 하시든지 해주소서. 만일 일어나게 하신다면 예수님께서 중풍병자에게 하신 말씀대로 다시 죄짓지 아니하고 충성스런 종 되겠습니다.'고 기도를 해요. 그의 얼굴 표정과 기도하는 소리를 들으면 점점 나아가는 것이 분명하고 또 남편이 정말 회개했으니까 주님께서 중풍병자도 일어나 걷게 하셨듯이 제 남편, 일어나게 해주실 것 아니겠어요?"
"암, 그렇고 말고. 꼭 그래야지."
"그래서 요즘은 제가 아주 기뻐졌어요. 목사라는 사람이 전혀 목사 직분과는 거리가 먼, 보통 믿는 사람만도 못한 행동들만 하는 것을 볼 때마다 사람으로 보이질 않아 저는 이를 악물고 일만 했어요. 그런데 요즘은 무언가 달라지고 있거든요.
"주님은 그분을 일으키실 것이고 또 그만큼 연단을 시키시고 훈련해 놓으셨으니까 이제 일어나서 목사가 되면 정말 목사 같은 목사, 훌륭한 목사가 될 거요. 감사하고 기도하며 기다리세요. 지금까지 정말 잘 참아오셨네요. 참 고마워요."
"친구들은 아무도 이런 일을 몰라요. 하나님과 저만 알고 안 사모님만 아는 일이예요."
예수님이 38년을 누웠다가 고침받은 병자에게 '다시는 죄를 짓지 말라.'고 경고하신 말씀을 보면 그 사람은 죄 때문에 38년 동안 누워있었던 것 같다. 그래서 은애 남편도 자기의 죄를 하나씩, 하나씩 깨닫기 시작해서 회개하게 된 것이었다.
질병은 죄를 지은 결과로 오는 것이 많다. 물론 그렇지 않은 경우도 얼마든지 있지만 38년 된 중풍병자가 죄 때문에 병든 것 같이 은애 남편도 죄 때문이라고 깨닫고 회개하고 낫고 있다는 것이었다. 세상 사람들의 죄도 다 무서운 것이지만 성직을 가진 자들의 조심없이 범하는 죄는 진실로 무서운 것이다. 세상에서 질병이나 불행이 없다면 그 형벌은 영원히 더할 수 없는 무서운 결과를 가져오게 된다. 조심, 중요하다. 무심하다는 것, 정말 무서운 일이다.

## 17. 외아들과 과부

유대 땅 나인 성에 한 과부가 살고 있었다. 그는 오래 전에 남편을 여의고 하나 있는 아들에게 모든 희망을 걸고 하루하루 근근이 살아가고 있었다. '아무리 슬프고 괴로운 일이 있어도 참아야 한다. 이 아이가 커서 훌륭한 사람이 될 수 있다면야 무엇을 못 하겠는가!' 생각하며 모든 희망을 아들에게 걸고 아무리 어려운 일이 생겨도 참고 견디며 살았다.

세월은 흘러 마침내 아들은 늠름한 청년이 되었다. 과부는 나이가 들어갈수록 몸에 힘이 없어지고 기질도 점점 나약해져 갔지만 아들이 제법 의지할 만하게 된 것을 생각하니 대견스럽고 한편 안심이 되기도 하였다.

그런데 이게 웬일인가! 여인의 유일한 희망이었던 외아들이 죽어버렸다. 불면 날아갈세라 만지면 터질세라 금지옥엽 귀하디귀하게 키운 아들의 죽음은 하늘이 무너지는 것 같은 충격이었다. 세상이 온통 캄캄해졌다. 여인은 너무도 원통하여 말도 나오지 않았다. 목놓아 울었지만 한번 죽은 아들은 다시 살아나지 않았다. 여인은 앞으로 아들 없이 살 일이 암담했다.

동네 사람들의 위로의 말도 아무 소용이 없었다. 온갖 말로 위로하였지만 아들을 잃은 과부의 마음은 찢어질 듯이 아프고 너무 울어 눈물도 나오지 않았다. 아들이 죽었다는 사실이 믿기지 않아

넋을 잃고 앉아 있는 여인을 불쌍하게 여긴 동네 사람들은 서로 협력하여 장사를 지내주기로 했다. 과부는 사람들의 부축을 받으며 아들의 시체를 멘 동네 청년들의 뒤를 따랐다.

그때 마침 예수님이 그 성으로 오고 계셨다. 예수님은 각 동리로 다니시며 가난한 사람들에게 하늘나라와 복음을 전하시고 각색 병든 사람들을 모두 고쳐 주시고 또 귀신 들린 사람들에게서 온갖 귀신을 다 쫓아주고 계셨다.

예수님은 우연히 나인 성에 가신 것이 아니다. 예수님은 사람이지만 또한 하나님이시기도 하였기 때문에 나인 성 안에서 일어난 슬픈 일을 이미 아시고 찾아오신 것이다. 예수님이 나인 성에 가까이 오셨을 때 장례행렬이 막 성에서 나오고 있었다. 예수님은 걸음을 멈추고 서서 절망에 빠진 얼굴로 사람들의 부축을 받으며 죽은 아들을 따라가는 과부를 쳐다보셨다. 단 하나밖에 없는 아들을 잃어버려 살 힘도 소망도 없는 과부를 보시는 예수님의 얼굴은 연민으로 가득 찼다. 예수님은 부드러운 음성으로 말씀하셨다.

"울지 마시오."

예수님의 인자한 목소리에 놀라 시름에 젖어있던 과부와 사람들이 발걸음을 멈추고 동그래진 눈으로 예수님을 쳐다보았다. 무리에게로 가까이 오신 예수님은 관에 손을 대시고 마치 살아 있는 사람에게 이야기하듯 말씀하셨다.

"청년아, 내가 네게 말하노니 일어나라!"

그때였다! 이제 무덤에 묻힐 수밖에 없던 죽었던 과부의 외아들이 눈을 번쩍 뜨고 벌떡 일어나 앉아 마치 자다가 깨어난 사람처럼 멀쩡하게 마구 이야기하는 것이었다. 아무리 보아도 죽었던 사람 같지 않았다. 과부와 거기에 있던 동네 사람들이 모두 놀라 입을 다물지 못했다. 과부의 애곡은 예수님으로 인해 환성으로 변하고 말았다.

"나의 하나님! 나의 구주, 나의 왕!"

사람들은 살아나서 말도 하고 걷기도 하는 청년의 모습을 보고 기쁨과 두려움 속에서 하나님께 영광을 돌렸다.

나인 성 과부의 아들을 살려내신 예수님은 또 다른 곳에서 죽은 지 사흘되어 무덤에 장사지낸 나사로를 살려, 집으로 돌아와 음식을 먹고 마르다와 마리아와 함께 다시 생활하게 하신 적도 있었다.

예수님이 절망에 빠진 과부의 아들과 마리아의 형제 나사로를 살리신 이야기는 그 사건을 목격한 사람들의 입을 타고 여러 곳으로 전해졌다. 이 일이 있은 지 거의 이천 년이 지난 지금도 이 사건은 인구에 회자되고 있다. 그것은 기적을 행하신 예수님이 지금도 살아계셔서 똑같은 일을 행하시기 때문이다. 예수님은 슬픈 자들을 돌보시고 도와주신다.

엘리야와 엘리사 같은 선지자나 베드로와 사도 바울이 죽은 사람을 다시 살아나게 한 사건이 성경에 기록되어 있다. 사람을 지으신 하나님이 그들과 함께하시어 죽은 자를 다시 살게 하신 것이다.

지금도 우리의 눈으로 보고 귀로 들어 알 수 있듯이 죽은 사람이 살아나는 일이 있다. 과거 일제시대 핍박이 한참이었을 때에는 하나님의 사람들이 기적을 수없이 행했다. 왜냐하면 하나님은 기적을 통해 당신의 종들에게 강력한 믿음을 심어주시려 했기 때문이다. 그 당시 사단은 악하게 일했다. 그러나 그럴수록 독실한 신자들은 하나님을 더 신실하게 믿고 의지하며 생활했다. 나와 함께 일본의 패망을 경고했던 박 장로는 죽은 아이를 다시 살린 적이 있었다. 그는 그 후 그 경험을 자주 이야기했다. 또 이기선 목사님도 죽은 사람을 다시 살린 적이 있었다. 이 기적들은 우리 인간의 생명이 하나님 손안에 있다는 것을 증명하는 것이다.

성령은 인간의 영혼이 깊은 죽음에 묻혀 있어도 살아나게 하실 수 있다. 교회는 죽었던 영혼이 살아나서 새사람이 되어 모이는 곳이다. 교회에는 거듭난 사람들이 대부분이다. 그러나 죽은 채로 있는 사람들도 많다. 그러나 그들도 말씀을 듣고 성령의 강한 역사로 인해 거듭나고 있다. 이러한 곳이 교회다.

거듭나지 않은 자는 영혼이 죽었기에 영에 대한 이야기를 알아듣거나 이해할 수 없다. 그러나 일단 거듭나 새사람이 되면 영에 대한 일에 환해지고 사람이 변화한다. 이렇게 되는 것을 다시 났다고 말한다. 즉 죽은 영혼이 살아났다는 뜻이다.

내가 외숙부와 함께 일본 경도에서 공부할 때의 일이다.

외숙부와 나는 일본인 교회에 다녔다. 왜냐하면 한국인 교회는 너무 거리가 멀고 교통이 불편했기 때문이다. 외숙부 친구 중에 정 선생이라는 분이 있었다. 외숙부보다 나이가 위였고 또 결혼한 분이었기 때문에 우리는 학생인 그를 정 선생이라 불렀다. 그는 주일만 되면 우리 방에 놀러왔다. 우리는 모여앉아 타국에서의 외로움도 달래고 음식도 만들어 먹었다. 그분에게는 불만이 하나 있었다. 그것은 우리가 주일이면 아침에 교회에 가기 때문에 오후 늦게나 우리 방에 놀러올 수 있다는 것이었다. 외숙부는 그를 교회로 인도하려고 무진 애를 썼지만 그는 교회 말만 하면 외면을 하고 듣지 않았다. 그래도 외숙부는 그를 주님께 인도하려고 시간도 내고 음식도 사주고 그에게 도움이 되는 일은 무엇이든지 하려고 했다. 그러나 그는 외숙부의 희생적인 노력에도 그는 요지부동이었다.

한번은 그가 크게 화를 낸 적이 있었다. 그날도 그는 우리 방에 놀러 왔었다. 음식을 먹고 이야기하다가 신앙에 대한 이야기가 나왔다. 그러자 그는 큰 소리로 나무라듯이 말했다.

"당신들은 일본에 무엇하러 왔소? 공부하러 온 것 아니오? 공부하러 왔으면 공부만 할 것이지 왜 쓸데없는 데 귀한 시간과 돈을 낭비하는 거요? 대학생이면 무엇이 옳은지 판단할 수 있어야지 이건 참으로 무식한 행동이 아니오?"

이렇게 화를 낸 후에도 그는 우리를 찾아왔다. 그러나 태도는 예전과 똑같았다. 그는 먹고 놀며 일본인들을 욕하고 저주하는 일이 끝나면 우리의 말은 한마디도 들으려 하지 않았다. 그는 그런 이야기는 시골 전도사들이나 하는 거라는 말로 우리의 입을 막았다. 그는 참 깨끗하게 생겼다. 또 좋은 집에서 자랐고 공부도 잘했으며 인품도 뛰어났다. 그렇지만 하나님을 반대할 때는 그 모습이 너무도 차가워서 세월이 흘러도 그 매서운 인상이 잊혀지지 않았다.

그러던 어느 주일날 우리가 교회에서 늦게 돌아와 보니 그가 와서 기다리고 있었다. 우리를 맞는 그의 얼굴이 어딘가 모르게 예전과는 달리 초조한 빛을 띠고 있었다. 그는 아내가 죽을 병에 걸렸다며 자기 집에서 온 편지를 외숙부에게 보여주었다. 그는 어찌할 바를 몰라 하며 외숙부에게 하소연했다.

"왜 하필이면 뇌 속에 병이 생기난 말입니다. 더욱이 아내는 이제 겨우 스무 살이 되었는데……. 그런 젊은 나이에 병이 걸리다니, 어허, 참 기가 막혀서……."

그는 지금까지 이렇게 실망된 태도를 보인 적이 없었다. 좌절에 빠진 그에게 의학을 공부하던 외숙부는 약을 구해주기로 약속하고 또 위로도 해주었다.

"정 선생, 사람은 건강할 때, 나는 결코 병에 걸리지 않을 거라는 자신감에, 병난 사람을 무슨 별다른 사람같이 생각하지만, 언제 어떻게 될지 누가 알겠소? 부인께서도 그 병을 아기 때부터 가지고 있었는지? 사람은 한평생 사는 동안 꿈에도 생각하지 못한 질병이나 사고를 당할 수 있소. 병도 병이지만 인간의 생명은 아무도 보장할 수 없는 것 아니오? 아무리 건강하다 해도 언제 어떻게 될지 누가 알겠소?"

"글쎄 말입니다."

다른 때 같으면, 그는 이런 이야기에 그 희고 맑은 얼굴을 찌푸리면서 듣기 싫다는 표정을 하고 반박했었을 텐데 그날은 영 태도가 달랐다. 외숙부의 말에 긍정을 표하는 그의 모습은 도리어 우리의 동정을 자아내기까지 했다. 그 후로 그는 주일이 아닌 데도 밤늦게 우리 방에 놀러왔다. 얼마 지난 후에 다급한 얼굴로 우리 방에 온 정 선생은 아내가 죽었다는 소식을 전해 주었다. 마음이 여리고 눈물이 많았던 나는 그 부인을 본 적도 없고 알지도 못했지만 너무도 가엾어서 그만 울음을 터뜨리고 말았다. 내가 슬피 울자 정 선생도 그만 울음을 터뜨리고 말았다.

정 선생 부인은 부모님 친구분의 외동딸로 너무도 예뻤다. 그래서 정 선생은 그녀를 아내로 맞아들일 때 너무도 행복하여 마치 온 세상이 다 자기 것이 된 듯했다. 결혼한 지 한 달도 못 되어 교육학을 공부하러 일본에 온 그는 거의 하루 건너 한 번씩 꼭 아내에게 편지를 써 보냈다. 그는 공부를 빨리 끝마치고 속히 아내를 만나기를 학수고대하고 있었는데 이제 영원히 만나지 못할 신세가 되어버린 것이다.

그 후부터 예수님에 대한 정 선생의 마음은 조금씩 풀리기 시작했다. 그 강퍅했던 태도는 없어지고 말이 조금씩 통하기 시작했다. 그러나 얼마 후 공부를 끝마친 그는 평양으로 돌아갔다. 우리는 귀국하는 그를 정거장까지 배웅했다. 그때 그는 외숙부의 손을 꽉 잡고 "정말 좋은 친구였소. 다시 없는……"이라며 말을 잇지 못했다. 정거장에서 헤어진 후 우리는 정 선생의 소식을 하나도 접할 수 없었다. 그와의 추억은 아련해졌고 가끔 생각이 나면 한국의 어느 하늘 아래서 잘 살고 있겠지 싶었다.

일본의 항복과 한국의 해방으로 인해 나는 육 년 동안의 감옥생활을 끝마치고 출옥하게 되었다. 출옥 당시 나는 몸이 무척 약해져 있었다. 그러나 공산주의자들이 통치하는 북쪽에서 살 수가 없어 삼팔선을 극적으로 넘어 서울로 왔다. 서울에 무사히 도착한 후 아무것도 못하고 몸조리를 하고 있었다.

어느날 윤 장로님이 낯선 신사분을 모시고 왔다. 윤 장로님의 인도를 받아서 내 방에 들어선 초로의 신사분은 몹시 놀란 표정이었다.

"아! 정말 미스 안이신가요?"

나 대신 윤 장로님이 대답했다.

"그럼요, 안이숙 선생님이시지요."

"아!"

그는 길게 한숨을 내쉰 후 다시 말을 이었다.
"안 선생님, 저를 모르시겠습니까?"
그의 말에 나는 그 얼굴을 뚫어지게 쳐다보았다. 그러나 아무리 보아도 낯이 익지 않았다.
"미안해요. 전혀 기억이 나지 않는군요. 누구신지요?"
"옛날 경도에서 안 선생님의 외숙부님과 늘 토론하고 맛있는 저녁을 함께 먹던 정 선생 기억하십니까?"
"어머나! 알고말고요. 그 정 선생님이시라구요?"
"그렇습니다. 많이 늙었지요?"
나는 내 눈을 의심했다. 그때 정거장에서의 이별 후 전혀 소식을 알 수 없었는데 다시 만나다니 꿈만 같았다.
"기억해 주시니 고맙습니다. 안 선생님께서 고초를 많이 겪으셨다는 이야기는 들었습니다."
젊었을 때의 깔끔한 모습은 사라지고 나이에 맞는 점잖은 모습의 신사가 된 그는 대학에서 강의를 맡아 하고 있다고 자신의 근황을 말했다. 이 이야기 저 이야기가 오고 간 후 그가 말했다.
"안 선생님, 부탁드릴 것이 있어서 오늘 이렇게 찾아뵌 것입니다. 다름이 아니라 저를 좀 도와주셨으면 감사하겠습니다."
"그게 무슨 말씀이세요?"
"숙명 여자 대학에서 지금 일본에서 교육을 받은 실력 있는 교수를 찾고 있습니다. 그 자리에 선생님이 오셨으면 합니다. 안 선생님 정도면 잘 하실 수 있을 것 같아 제가 학교 당국에 추천했습니다. 안 선생님이 서울에 오시길 무척 기다렸지요."
"제가 뭘 가르칠 수 있겠어요."
"음악을 가르칠 수 있지 않을까요? 피아노나 성악……."
"정 선생님, 저는 핍박 때문에 거의 십 년 간 피아노에 손도 대보지 못했고 노래 한번 제대로 불러보지 못했어요. 손도, 음성도, 머리도 다 죽은 상태예요."
"네, 그러면 문학은 할 수 있지 않습니까?"

"문학이요? 문학이라면 일본 문학밖에 몰라요. 한국 문학은 접해 본 적도 없는데 어떻게 가르쳐요."
 이런 저런 이야기를 하던 끝에 그가 환한 얼굴을 하며 말했다.
 "그런데 안 선생님, 선생님을 놀라게 할 소식이 있습니다."
 "뭔데요? 이야기해 보세요."
 "저는 이제 예수님 없이는 하루도 못 사는 사람이 되었습니다."
 그 말을 하고 그는 나를 유심히 쳐다보았다. 나는 무척 놀랐다.
 "정말! 아, 정말이세요?"
 "네, 그렇게 되었습니다."
 "아니 그때는……."
 "그렇지요. 그때는 말이 아니었지요. 그 당시에 제 영혼은 죽어 있었으니까요. 죽은 영혼이었지요. 아! 이렇게도 귀중한 복음이 왜 그리도 역정을 일으키는 횃덩어리였는지……. 외숙부이신 장 선생님은 참 훌륭하신 분이셨습니다. 나의 모욕적인 말에도 화도 내지 않고 그렇게 잘 참고 끝까지 나를 차버리지 않으셨으니……. 저는 학생 한 사람 한 사람에게 이 귀중한 복음을 어떻게 전할까 하는 생각에 항상 사로잡혀 있습니다."
 "어머나!"
 "하나님이 제게 참 훌륭한 아내를 새로 주셨습니다. 첫 아내는 장미처럼 세상을 살다가 갔습니다. 하나님은 그 후에 독실한 그리스도인 아내를 주셨습니다. 저는 아내에게 뒤떨어지지 않으려고 열심히 성경을 읽고 전도에도 온 힘을 기울였습니다."
 "아! 그렇군요."
 그래서 이렇게 온화하고 진실하고 친절한 모습을 가지고 있었구나 싶었다.
 죽은 영혼! 되살아난 영혼! 그는 너무도 달라져 있었다. 그는 복음을 믿고 예수님을 영접하고 새로 태어난 것이다.

## *18.* 보지 못하는 고통

한 거지가 여리고로 가는 길가에 앉아 오고 가는 사람들에게 구걸하고 있었다. 그는 눈이 멀어 아무것도 볼 수 없었다.
하나님이 지으신 이 아름다운 세상을 보지 못하고 살아야 한다는 것은 참으로 비참하고 고통스러운 일이다. 이 지구상에 살고 있는 사람들은 모두 그 나름대로 고통을 겪고 있다. 그렇지만 밝은 눈으로 사물을 볼 수 있다는 것은 하나님의 큰 축복이다.
소경은 길가에 앉아 따가운 햇볕과 거친 바람을 맞으며, 사람들에게 구걸을 하고 있었다. 그는 사람들이 던져주는 한 두 푼의 돈으로 목숨을 이어가고 있었으니 그 생활이 얼마나 비참했는가는 보지 않아도 상상할 수 있다. 또한 사람들은 그를 인간 이하로 취급하고 있는 형편이었다. 우리와 같은 감정과 본능과 욕구를 가진 인간인 그가 매일 어떤 느낌으로 살았을까? 그러던 어느날 이 길가에 사람들이 모여들었다. 삽시간에 수많은 사람들이 운집했다. 그들의 얼굴은 들떠 있었고 삼삼오오 짝을 지어 웅성댔다. 소경 거지는 큰 사건이 일어나리라는 것을 느낌으로 알 수 있었다.
"왜, 이렇게 웅성대는 거요? 무슨 일입니까?"
소경은 가까이 있는 사람들에게 물었다. 거지 소경의 말에 모두 그를 쳐다보았으나 사람들은 말 한마디 없이 고개를 돌려버렸다. 잠시 동안 침묵이 흘렀다. 그 침묵을 깨고 어떤 사람이 말했다.

"예수라는 분이 지나가시는 거요."

예수님이 지나가신다는 소리에 소경은 기쁨이 솟아올랐다. '아! 세상 사는 동안에 이런 기쁜 소식이 또 있을 수 있을까' 하는 생각에 마음이 밝아졌다. 그는 목청을 돋우고 죽을 힘을 다해 고함을 지르기 시작했다.

"다윗의 자손이신 예수님! 아! 하나님의 아들 예수님! 저를 도와주소서. 예수님, 저를 불쌍히 보시고 도와주소서."

소경은 예수님에 대한 소문을 너무 많이 들었기 때문에 예수님이 어떤 분이신가를 너무도 잘 알고 있었다. 그래서 그는 있는 힘을 다해 소리를 지르며 예수님을 불렀던 것이다.

"시끄러워, 조용하지 못해? 조용하란 말이야!"

그의 큰 목소리에 사람들이 화를 내며 말했다. 그러나 소경은 그들의 꾸짖고 말리는 소리에도 불구하고 계속 큰 소리로 주님을 불러댔다. 제자들과 수많은 군중에게 둘러싸여 걸어오시던 예수님이 마침내 소경이 있는 곳까지 오셨다. 그리고 제자에게 명하여 그를 데려오라 하셨다. 군중들의 떠드는 소리가 멈추고 시선이 예수님에게로 모아졌다. 소경이 예수님 제자의 인도를 받고 예수님께로 나아왔다. 인자하고 부드러운 예수님의 음성이 들렸다.

"내가 네게 무엇을 해주기를 바라느냐?"

"주님, 보기를 원합니다. 보게 해주세요, 주님!"

예수님은 연민 어린 눈빛으로 소경을 쳐다보았다. 예수님은 그의 답답하고 안타까운 마음을 다 알고 계시는 듯했다. 예수님은 측은하고 불쌍하기 짝이 없는 거지 소경에게 말씀하셨다.

"보아라! 네 믿음이 너를 구원하였느니라."

예수님의 말씀에 소경의 눈이 밝아졌다. 천지만물이 보이기 시작하고 사람들도, 예수님도 볼 수 있게 되었다. 그는 심장이 터질 듯한 환희로 숨이 막히는 것 같았다. 모여있던 무리들의 입에서 경탄의 소리가 흘러나왔다. 눈을 뜨게 된 거지와 사람들은 모두 한 목소리로 하나님께 영광을 돌리고 그분을 찬양했다.

주님은 도움을 구하는 자의 외침을 외면하지 않으신다. 그분은 도움을 받기 위해 결사적으로 부르짖으며 몸부림치는 자의 간구를 들어주시는 분이시다. 누가복음 18장에 기록되어 있는 이 소경의 이야기를 읽을 때마다 나는 항상 큰 감동을 받는다.

나는 주위 사람들의 핍박에도 불구하고 계속해서 주님을 부르며 애원하면 주님은 내게 오시어 나의 간구를 들어주시는 분이시라는 깨달음을 성경의 이 부분을 읽을 때마다 새롭고 강하게 느낀다.

나는 오래 전에 이와 비슷한 경험을 한 적이 있다. 나는 언제나 무언가를 보는 습관이 있다. 언제나 책을 보고, 집 안에 있는 가구를 보고, 마당을 보고, 마당에 있는 풀과 나무를 본다. 결코 눈을 쉬게 하지 않는다. 운전할 때도 길만 보는 것이 아니라 다른 차와 차 안에 있는 사람도 보려고 애쓰고, 길을 보면서도 하늘과 구름과 길 양면에 있는 나무, 집, 풀 등 무엇이나 자세하게 본다. 이 습관은 어릴 적부터 몸에 배어있었다. 다른 사람들은 무심히 넘기는 것도 너무 자세히 심각하게 보기에 후에 말을 하면 듣는 사람들이 다 놀랐다.

"난 그런 것 몰랐는데, 보지 못했는데, 그랬던가?"

나는 남들은 있었는지 없었는지도 모르는 일을 너무도 상세히 잘 알고 있었다.

내가 감옥에 갇혀있을 때였다. 그곳에서 나는 참 많이 울었다. 그래서 겨울만 되면 추운 날씨로 인해 눈물이 얼어붙어 눈언저리가 짓물렀다. 봄이 되면 고름이 흘러내리면서 눈이 흐려지곤 했다. 이런 일을 몇 년 경험하고 나니 눈은 말할 수 없이 침침해졌다. 그러다가 결국 네번째 고름이 흐르던 봄에는 앞을 전혀 볼 수 없게 되었다. 소경이 되어서 아무것도 보지 못하게 된 나는 다른 때보다도 더 평안했다. 고약스런 일본인 간수들의 얼굴이나 죄수들의 험악하고 비참한 모습을 보지 않아도 되었고 더러운 변소를 청소하지 않아도 되니 오히려 마음이 편안하였다. 또 소경이 된 원인을 생각하니 나는 자랑스럽기까지 했다. 그리고 출옥하여 미국에서 신학을 공부할 때에도 눈이 잘 보이지 않아 무척 고생했다. 영양가 높은 음식을 먹고, 따스한 곳에서 생활을 하여 감옥에 있을 때보다 눈이 많이 좋아지기는 했지만 영어 실력이 너무 없어서 공부할 때 늘상 사전을 찾아봐야 하는 나에게 그 작은 글자를 보는 일은 여간 큰 고역이 아니었다. 그래서 안경을 끼고 확대경으로 보았는데 시간도 시간이지만 그 고충은 이루 다 말할 수 없었다. 그러나 사전을 찾아 가며 공부하는 것보다 더 큰 부담은 미국교회에서의 간증집회였다. 어느날 나는, 여리고로 가는 길가에 앉아서 구걸하던 거지 소경이 했던 그대로 주님께 소리 높여 기도하기로 결심했다. 그날부터 나는 큰 소리로 기도할 수 있는 장소와 시간을 확보하기 위해서 고심했다. 집에서 기도하기로 작정한 나는 내 집뿐 아니라 이웃 집과 거리에도 사람이 없는 시간을 찾아낼 수 있었다. 나는 집에 있는 문이란 문은 모두 잠그고 침실로 들어가 무릎을 꿇었다.

"하나님, 지금부터 소리소리 지를 터인데, 누구도 오지 못하게 하시고 듣는 사람도 없도록 천사를 보내사 보초를 서게 하소서."

나는 이렇게 기도한 후 잠시 동안 가만히 있었다.

"하늘에 계신 아버지여!" 하고 큰 소리로 하나님을 부르니 눈물이 쏟아지고 목이 메이었다. 기침을 해서 메인 목을 정리하고 또다시 큰 소리로 부르짖었다.

"아버지! 눈이 아픕니다. 내 눈을 고쳐주세요. 잘 보이지 않아서 고통스럽습니다. 눈을 밝게 해주세요. 아버지! 눈을 밝게 해주세요. 성령님이여!"

나는 여리고로 가는 길가의 거지 소경같이 있는 힘을 다해 하나님께 부르짖었다.

"거지 소경을 볼 수 있게 하신 예수님, 제 눈도 잘 보이게 해주세요. 예수님, 오! 예수님! 저의 간구하는 소리를 들어주세요. 제 눈을 잘 보이게 해주세요. 예수님!"

나는 있는 힘을 다해 고함을 질렀다. 목이 잠기고 머리가 핑 돌고 맥이 탁 풀려서 더 이상 소리를 지를 수가 없었다. 나는 땅에 엎드려 엉엉 울었다. 내 눈은 길가의 거지 소경같이 즉각 낫지는 않았지만 점점 좋아졌다. 세월이 흐를수록 눈에 힘이 생기고 정기가 더해져 밝아지고 어지럽고 아픈 증세도 다 사라졌다. 눈물이 고이던 것도 깨끗이 없어지고 오랜 시간 책을 볼 수도 있었다.

기도로 하나님과 끊임없이 대화하는 사람은 복되고 두려움 없는 안정된 삶을 영위한다. 믿는 자는 큰 소리로 주님께 간구할 수 있는 특권을 가졌다. 하나님께 간절히 구하면 염려는 사라지고 문젯거리들은 실타래가 풀리듯 하나하나 해결될 것이다. 그래서 나는 어떠한 어려운 일이 생겨도 겁내지 않는다.

'하나님께 특별면담을 청하고 의논하면 될 것이다.' 라는 믿음이 나를 안심시켜 주기 때문이다. 예수님은 누구도 거들떠보지 않던 거지 소경의 눈을 뜨게 해주신 치유의 주님이다. 또한 예수님은 우리의 부르짖음을 결코 무시하지 않으시는 분이다.

## 19. 송장을 일어나게 한 눈물과 소리

 예루살렘에서 과히 멀지 않은 베다니라는 작은 동리에 삼 남매가 살고 있었다. 나사로라는 오빠와 마르다라는 언니와 신앙심 깊은 막내동생 마리아였다. 착한 오빠와 살림꾼인 언니 마르다 또 영적으로 깊은 신앙을 가진 마리아가 사는 이 집에 예수님은 여러 번 들르셔서 정성 어린 대접을 받으시고, 천국의 복음을 말씀하셨던 고로 이 집과 매우 가깝게 지내셨다. 오빠 나사로는 생활비 버는데 바빴는지 별로 집에 있지 않았고 마르다는 집안의 모든 일을 성실히 꾸려갔다. 마리아는 메시야이신 예수님이 자기 집에 오신 것이 너무도 영광스럽고 기뻐 일생 보물인 값 비싼 향유를 예수님 머리에 붓고 자기 머리카락으로 예수님의 발을 씻기기까지 했었다. 그런 연고로 예수님은 이들을 특별히 사랑하셨는데, 어느날 오빠인 나사로가 열이 나고 몹시 아프더니 그만 자리에 눕게 되었다. 마리아와 마르다는 곧 예수님께 소식을 보내 자기 오빠를 사랑하신 예수님이 오셔서 오빠의 병을 고쳐주시기를 청했다.
 그런데 예수님은 그 사랑하시는 나사로가 병이 들었다는 소식을 들으시고도 "그 병은 죽을 병이 아니다. 하나님의 영광을 위함이고 또 하나님의 아들이 영광을 받게 될 일이다." 하시며 베다니에 가지 않으셨다. 그러더니 이틀이 지난 후에야 제자들에게 베다니로 가자고 하시는 것이었다. 그때 베다니에는 예수님을 미워해서 잡아죽이려고 하는 사람들이 있었다. 그렇기에 제자들은 베다니로 가는 것을 위험하다고 꺼려했다. 그러나 예수님은 "우리 친구 나사로가 자고 있으니 가서 깨워야겠다"고 하시며 이미 나사로가 죽은 것까지 이야기하셨다. 예수님이 제자들과 함께 베다니에 도착할 즈음, 장사된 지 나흘이나 지난 나사로의 시체는 썩어가고 있었다.

예수님이 오신다는 기별을 듣고 마르다는 급히 달려가 예수님을 맞이하고는 이렇게 간청하였다.

"주님! 주님이 여기 계셨더라면 제 오라비가 죽지 않았을 것입니다. 그렇지만 지금이라도 주님은 무엇이라도 다 하신다는 것을 믿습니다."

"네 오라비가 다시 살아날 것이다. 나는 부활이요 생명이기 때문에 나를 믿는 자는 죽어도 살겠고 살아서 믿는 자는 영원히 죽지 않는다. 네가 그것을 믿느냐?"

"네, 주님. 주님은 구세주시요, 하나님의 독생자이십니다."

그리고 나서 마르다가 마리아를 주님께로 데려왔다. 마리아는 주님 앞에 엎드려 경배하며 주님이 계셨더라면 오라비가 죽지 아니 하였겠다며 슬피 울었다. 거기 있는 자들 모두 슬피우는 광경을 예수님은 보시고 죽음이라는 것이 얼마나 사람들을 슬프게 하는지에 대해 아셨다.

예수님의 눈에서도 눈물이 흘러내렸다. 예수님께서는 무덤 앞에 오셔서 무덤돌을 옮겨놓으라 하시더니 무덤돌이 옮겨지자 하늘을 우러러보시며 기도하기 시작하셨다. 그리고 큰소리로 말씀하셨다.

"나사로야! 나오라!"

그러자 죽은 지 나흘이 지난 나사로의 시체가 예수님의 소리를 듣고는 얼굴과 수족이 베와 수건으로 동여 매인 채 썩어 냄새 나는 몸으로 무덤에서 걸어나왔다. 그곳에 모인 모든 자들은 그 광경을 보자 놀랐고 예수님을 믿었으며 기쁨으로 성대한 잔치를 벌였다.

예수님의 사랑의 눈물! 큰 소리! 죽어서 썩어가던 송장이 일어나 걸어나오는 사랑의 역사!

## 20. 예수님의 제자들과 거지 앉은뱅이

　　예수님을 따라 다니던 제자들은 훌륭하지 못했다. 예수님이 그렇게 많은 기적들을 행하신 것을 매번 목격하고 경험하면서도, 그리고 그렇게 쉽게 가르치시는 말씀을 듣고 배우면서도 매번 인간의 약점을 수없이 드러내던 사람들이었다. 예수님을 위해서 죽을지언정 그분을 부인하는 일이 절대로 없다고 당당하게 맹세하고 장담했지만 예수님이 로마 병정들에게 잡히실 때에 제자들은 모두 예수님을 버리고 도망쳤고, 더욱이 예수님의 수제자로서 예수님과 친근했던 베드로는 세 번이나 예수님을 모른다고 부인하며 저주까지 했었다. 또한 예수님이 십자가에서 처참하게 죽으시고 장사되었을 때 그들은 모두 실망하고 옛 생활로 돌아갔던 것이다. 그런데 부활하신 예수님을 여러 번 만나고 난 후에는 연약하고 회의에 빠져있던 제자들이 모두 용감하고 능력있는 제자들로 변화되어 갔다. 또한 제자들은 예수님이 하신 일들을 그들도 할 수 있는 권능을 받아서 놀라운 일들을 행하는 제자들이 되었다.

　　하루는 베드로와 요한이 평소에 하는 습관대로 성전에 기도하러 갔다. 그런데 성전 문 밖에 한 거지가 있었는데 이 거지는 나면서부터 앉은뱅이였다. 그래서 일을 할 수 없는 몸이었기 때문에 40세가 되도록 거지 신세를 면치 못하는 불쌍하고 가련한 사람이었다. 그 거지는 베드로와 요한에게 손을 내밀면서 구걸을 했다. 베드로와 요한은 이 거지를 도와주고 싶었지만 돈이 없었다. 그러나 그냥 지나가기에는 너무나 거지가 불쌍했다. 베드로와 요한에게 거지를 도와줄 하나님의 말씀이 떠올랐다. 그것은 예수님의 능력이었다.

"예수님이 이 앉은뱅이 거지를 보셨더라면 어떻게 하셨을까?" 그런 생각이 번쩍 들 때 그들은 큰 능력의 힘을 느꼈다. 그래서 그들은 벌리고 있는 앉은뱅이의 손을 힘있게 붙잡고 일으키면서 큰 소리로 외쳤다.

"우리에겐 돈은 없지만 우리가 가진 것이 있는데 예수님의 이름이다. 예수님 이름으로 일어나 걸으라." 하고 힘있게 잡아 일으켰다. 그러자 나면서부터 앉은뱅이인 거지가 벌떡 일어나서 걷기 시작했다. 그리고 어찌 할 바를 모르고 성전 안을 이리 뛰고 저리 뛰고 기뻐하며 어쩔 줄을 몰라 했다. 성전에 있던 사람들도 모두 놀랐다. 그들의 입에서는 찬송이 흘러나왔다. 그리고 하나님께 경배하며 영광과 찬양을 드렸다. 이 일을 사람들이 듣고 수천 명이 모이게 되었다. 이 때, 겁쟁이였던 베드로는 계단에 올라서서, 설교했다.

"너희들이 하나님의 아들 예수님을 잡아 죽였지만 예수님은 부활하시고 지금 우리와 함께하시는 고로 이 앉은뱅이를 걷게 해주신 것이다."

베드로는 예수님의 부활하신 사실을 증거하게 되었다. 모든 사람들이 베드로가 한 말에 마음의 찔림을 받고 땅에 꿇어 엎드려 회개를 하였다. 남자만 오천이나 믿었던 것이다. 베드로는 겁쟁이의 모습을 벗어버리고 담대하고 진실한 권능의 종이 된 것이다. 왜냐하면 예수님이 수많은 고난을 받고 죽임을 당했지만 사흘 만에 부활하셔서 우리와 함께 계시겠다고 하신 그 말씀대로 되었기 때문이다. 그래서 베드로는 전혀 다른 사람이 된 것이다. 부활하신 예수님이 베드로와 함께 권능을 베푸셨으므로 앉은뱅이는 이제는 다시 앉은뱅이가 아니었다. 그렇게도 비참하게 40년 간을 걸어본 일이 없는, 나면서부터 앉은뱅이가 이제는 걷고 뛰고 정상적인 사람과 같이 되었으니 얼마나 기쁘고 좋았을까? 또 얼마나 감사하며 감격했을까? 그 앉은뱅이는 자신을 걷고 뛸 수 있는 새사람이 되게 해주신 부활하신 예수님을 마음껏 찬양했다. 예수님의 부활하신 증거를 듣고 보고 믿게 된 수천 명도 앉은뱅이가 누린 기쁨을 동일하게 맛보았을 것이다. 그들은 예수님의 부활하신 사실에 접하여 모두 예수님을 마음에 영접하고 새사람이 되었다. 얼마나 기쁘고 얼마나 좋았을까? 얼마나 기쁘고 좋았던지 자신들의 재산과 소유를 팔아 서로 필요를 따라 나누어 줄 뿐 아니라 물건을 서로 통용하고 또 가난한 사람들을 돕는 데 전적으로 힘쓰고 기쁨이 충만했다고 성경은 기록하고 있다. 그래서 주위의 더 많은 사람들이 예수님을 믿고, 새롭게 변화한 사람들이 날마다 더해 갔다고 했다. 이러한 사실은 사도행전 3장과 4장에 잘 나타나 있는데, 그 장들을 읽으면 더욱 더 은혜를 받을 것이다. 예수님이 살아계실 때에도 그분은 언제나 불쌍한 사람들, 병자들, 가난한 사람들, 간구하는 사람들, 사모하는 사람들에게 기적을 베푸셨던 것같이 제자들도 그런 사람들에게 똑같은 기적을 행했다. 그것은 하나님이 친히 우리의 아버지시라는 증거를 보여 주신 것이다.

    LA에는 TV방송국이 여러 개 있는데 그 중에 채널 40번은 하루 종일 그리고 일년 내내 복음을 전하는 기독교 방송국이다. 그 외에도 많은 방송국들이 가끔 기독교 방송을 하는 일이 많은데 더욱이 주일날은 대부분의 방송국들이 기독교 방송을 한다. 특별히 성탄절이나 추수감사절이나, 부활절에는 전적으로 기독교 방송을 내보낸다. 간혹 신앙의 놀라운 기적의 광경을 방송하는 일이 있는데 나는 TV에서 그런 광경을 여러 번 보았다. 특별히 신유의 능력을 받은 부흥사들이 앉은뱅이를 일어나게 하고, 벙어리를 말하게 하며, 눈먼 소경을 보게 하는 기적들을 나는 종종 보았다. 그런데 나는 참으로 잊지 못할 놀라운 기적을 보았는데 그것은 "두루뭉실이"가 사람이 되어진 일이었다. "두루뭉실이"라는 것은 아기가 태어나서 먹고 자라고 커가고 있지만 인간의 지각이 전혀 없어서 웃을 줄도 울 줄도 모르고 심지어 엄마도 못 알아보고 사람이 옆에 있거나 없거나 아무 의식도 지각도 없는 아이를 말하는 것이다. 그런 "식물인간" 아이가 기적적으로 웃고 말하게 되는 기적을 내가 보았다는 일이다.

  그 당시는 여자로서 세계적으로 유명한 부흥사인 캐더린 쿨만이 한창 유명한 기적의 집회를 전국적으로 행하던 때였다. LA에서 그분의 집회가 있을 때에, 시 안에 있는 호텔들이 거의 만원이 될 만큼 사람들이 몰려왔다. 미국 각지에서는 말할 것도 없고 구라파 각국에서도 벌떼같이 모여드는 사람들은 대부분이 현대 의술이나 약으로는 치유하기 어려운 질병을 고치려는 환자일 뿐 아니라 그들을 보호하기 위해 함께 오는 사람들과 그런 특별한 집회에 한번 참석해 보고 싶어서 오는 사람들이었다. 그 집회는 대형 집회장에서 있었다. 나도 한 번 참석한 일이 있었는데 그때의 그 집회 광경은 세상에서 경험할 수 없는 너무도 이상한 흥분과 감격을 심어주는 집회였다. 문이 열리기를 기다리고 서 있는 대중은 마치 벌떼같이 모여있고 무슨 일인지 주위의 사람들의 얼굴은 모두 감격과 환희와 흥분 일색이었다. 일단 문이 열려 실내에 들어가서 자리에 착석하기 전부터 들려오는 성가와 음악에 온 몸이 감동의 물결로 채워졌다. 집회가 시작되자, TV 화면에서 자주 볼 수 있는 유명한 목사님들, 음악인들이 순서 진행을 하는데 그야말로 감동이 흘러넘치고 성령이 충만한 광경 속에서 찬송과 기도와 설교가 계속되었다. 이날 부흥사요 또 집회의 중심인물인 캐더린 쿨만이 강단 뒤에서 손을 흔들며 입에는 함박꽃 같은 웃음을 띠면서 마치 춤추는 모양으로 나올 때 모든 사람들이 손뼉을 치며 환영의 뜻을 표하기도 했다. 눈이 부시게 화려하고 장식이 많은 흰 옷을 휘날리며 얼굴이 통통 부어 올라 여자인물로서 쿨만 씨는 볼품이 전혀 없었다. 더욱이 희고 지나치게 화려한 옷도 그에게는 도무지 조화될 수 없어 보였지만 그는 놀랍고 귀한 능력을 받은 하나님의 종임에는 틀림이 없는 분이었다. 그는 설교하는 것보다는 하나님, 즉 예수님이 살아계신다는 것과 성령님이 어떻게 우리에게 강하게 임재하시고 계신가를 분명하게 설명한 후에

"오늘 이 밤에 예수님이 성령으로 더불어 굉장한 일을 하실 것입니다. 기억하세요. 기적이 일어날 것인데 그 기적은 나 캐더린이 하는 것이 아니오. 나는 그 일어나는 기적과 아무 상관이 없으니까요. 꼭 기억하세요. 예수님, 오직 예수님 자신이 하신단 말입니다. 예수님께서 자기 자녀들의 고충과 어려움을 없애주시는 것입니다. 캐더린이 한다고 생각하면 그것은 망상이요, 오해요, 죄악입니다. 나는 여러분과 병자를 위해서 기도만 하는 것뿐이고 모든 일어나는 기적은 예수님, 오직 예수님만이 하시는 것입니다."

그는 강력하게 그 말을 하고 또 하고 말을 바꾸고 예를 들면서 다짐을 하고 또 한 후에 기도를 했다. 그 뒤를 따라서 유명한 남성 성악가 솔로가 힘있고 우렁차게 그러나 은은한 감동을 일으키는 찬송을 불렀다. 모든 사람들의 마음이 부풀어지고 웬일인지 울부짖는 격동의 물결이 온 회중 가운데 넘쳐흐르고 있었다. 그런데 여기 저기에서 사람들의 소리가 들렸다.

"들려요, 내게 들려요."

귀머거리의 귀가 뚫린 것이다. 어떤 사람은 눈이 보인다고 소리를 지른다. 어떤 사람은 들고 있던 물건을 집어 던지며 두 손을 높이 들고 울면서 감사하고 여기 저기서 난리가 난 것같이 집회장은 온통 감동과 놀라움과 충격과 흥분으로 채워지고 있었다.

나는 그 광경을 잊을 수가 없었다. 그래서 캐더런 쿨만의 집회가 어떤 것이라는 것을 자세히 보았고 또 잘 알고 있었다. 그런데 그의 집회에는 늘 갈 수가 없었다. 시간 문제도 문제지만 나는 병자들이 한 사람이라도 더 참석하게 하기 위해서라도 집회 참석을 사양할 수밖에 없었다. 왜냐하면 수많은 군중들, 더욱이 먼 곳에서 병자를 데리고 온 사람들이 입장을 못하고 문 밖에 있어야 하는 것

을 보았기 때문이었다.

　그런데 캐더린 쿨만은 몇 해 후에 또다시 로스앤젤레스에서 집회를 가지러 왔다. 그래서 TV를 틀어놓고 집회 광경을 보기로 하고 그날 밤 친구들 여럿이 모여 TV 앞에 앉아서 진행순서를 보게 되었다. TV집회를 보고 있는 우리에게도 감동은 크고 우리 마음과 눈은 집회에 쏠려가고 있었다. 그날 밤에 참으로 많은 병자들이 고침을 받았는데 잊을 수 없는 기적이 있었다. 그것은 "두루뭉실이"가 웃고 말을 하는 장면이었다.

　어떤 부인이 세 살 먹은 여자 아이를 안고 멀리서 이 집회에 찾아왔다. 그 아이는 이제 세 살이 되어 몸은 정상인데 한 번도 울거나 웃어 본 일이 없고 엄마도 모르고 아무것도 모르고 그저 먹여주는 대로 받아먹고 배설하고 몸만 자랐다고 한다. 백인 아기라 살결은 유난히 희었고 눈도 코도 너무나 예뻤다. 그렇지만 그 얼굴에는 아무 표정이 없고 지각도 감정도 아무것도 없는 아이인데 쿨만 부인이 기도한 후에 그 애가 히죽히죽 웃었다. 그래서 그 아이를 안고 강단 위로 올라오게 했다. TV 화면은 그 아기의 얼굴로 가득찼다. 부흥사 쿨만이 그 아이에게 다가가서 "마미 (엄마)"하니까 그 아기는 "마미"라고 했다. 모든 관중들이 박수를 치며 기뻐했다. 그 아기는 웃기면 웃었고 "마미" 하면 그대로 따라했다. 이런 일을 여러 번 반복한 후에 쿨만 목사는 "여러분, 이 두루뭉실이를 사람으로 만든 이가 누구지요?"라고 물으니까 온 회중은 "예수, 그리스도!"하고 화답했다 "예수님이 살아계십니까?" "살아계십니다." 모든 회중들은 음악가가 인도하는 대로 "할렐루야! 할렐루야!"하며 찬송을 우렁차게 불렀다. 그 후에 들은 말이지만 일본인 15명이 이날 밤 TV 앞에 앉아서 기적을 기다렸는데 그들의 질병이 모두 감쪽같이 치유되었다고 누군가가 내게 말해 주었다.

　살아계신 예수님은 제자 베드로와 요한을 통해서 성전 문에 앉아서 구걸하던 나면서부터 앉은뱅이를 일어나 걷고 뛰게 하신 것과 똑같이 지금도 신유의 특별한 은사를 믿는 종들에게 허락하시고 그 종들을 통해서 예수님이 살아계실 때에 하신 일과 똑같은 일을 지금 이 세대에서도 하시고 계신다는 이야기이다. 왜? 사람들은 다 하나님의 자녀들이기 때문에 하나님은 사람들의 아버지이신 고로 불쌍하고 아프고 어려운 사람들은 고쳐주시기를 원하시기 때문이다.

## 21. 할 수 없는 여인

오랫동안 불치병에 걸려 있던 그 여인은 항상 고통에 시달렸다. 남들이 좋다고 하는 약은 다 써보고 의사란 의사는 다 찾아다녀 보았지만 병을 고칠 수는 없었다. 더군다나 오랫동안 병마에 시달리고 또 치료하는 데 많은 돈을 집어 넣었기 때문에 여인은 알거지가 되어버렸다. 가지고 있던 돈과 돈이 될 만한 물건들은 모두 약값과 의사의 주머니에 들어가 버렸고 이제 그 여인에게 남은 것이라고는 가난과 고칠 수 없는 병뿐이었다.

그 여인은 누구의 보살핌도 받지 못했다. 가족도 없는데다가 병이 오랫동안 계속되자 가까웠던 친구나 이웃이 하나 둘 떠나버렸기 때문이다. 그 누구의 도움도 없는 상태에서 살길은 막막했고 병은 더욱 심해져 흐르는 피는 그칠 줄 몰랐다. 여인은 살고 싶지 않았다. 그렇다고 쉽게 죽어지지도 않았다. 생활고와 병고로 형편은 비참해져만 갔다.

그러던 어느날 여인은 놀라운 소문을 들었다. 여러 곳에서 많은 병자를 고치신 예수님이 회당장 야이로의 딸을 살리기 위해 그 지방을 지나가신다는 것이었다. 더군다나 그 사람은 하늘에서 내려왔다는 소문이 파다했다. 여인은 어둠 속에서 한 줄기 빛을 만난 듯 했다. '나도 그 예수라는 분에게서 고침을 받을 수 있지 않을까?' 여인은 이런 생각을 하면서 예수님이 지나가신다는 길로 달려갔다. 있는 힘을 다해 예수님이 계신 곳으로 뛰어가는 여인의 마음에는 작은 설레임이 파도처럼 물결쳤다. 그러나 막상 예수님이 계신 곳에 당도한 그녀를 사로잡은 것은 암담함이었다. 소문을 듣고 몰려든 사람들이 운집해 있었기 때문이었다. 자기의 힘으로는 그 군중을 뚫고 안으로 들어갈 수 없을 것만 같았다. 더구나 자신은 모든 사람이 꺼려 하는 병을 앓고 있지 않은가! 도저히 예수님을 만날 수 없을 것만 같았다. 그러나 그대로 집으로 돌아갈 수는 없는 일이었다. 병을 고칠 수 있는 마지막 기회일지도 모르는데 그냥 포기할 수는 없었다. 여인은 있는 힘을 다해 군중을 비집고 안으로 들어갔다.

아직 예수님은 지나가시지 않은 듯했다. 여인은 몰려든 군중들 틈에 끼어 지나가실 예수님을 학수고대했다. 드디어 멀리 예수님의 모습이 보였다. 차츰 희미하게만 보이던 예수님의 모습이 점점 더 선명해졌다. 예수님은 제자들과 무리에게 휩싸인 채 천천히 여인이 서있는 곳을 향해 오고 계셨다. 예수님의 모습이 가까워질수록 여인은 조바심이 났다. 많은 사람들 틈에 끼여 있는데다가 또 소리를 지를 만한 용기도 없었기 때문이었다. 문득 한 생각이 그 여인의 머리를 스치고 지나갔다.

'나 같은 것은 감히 예수님의 눈에 뜨일 수도 없고 또 소리를 지른다 해도 사람들의 웅성거림으로 인해 들으실 수도 없을 거야. 힘도 없는 내가 어떻게 병 고침을 받을 수 있을까? 그분의 옷을 만지기만 해도 내 병이 낫지 않을까?'

여인은 떨리는 가슴으로, 예수님이 가까이 오시기만을 기다렸다. 마침내 예수께서 여인이 서있는 바로 앞까지 오셨다. 여인은 힘을 다해 군중을 헤치고 나아가 예수님의 옷자락에 손을 댔다. 그러자 놀라운 일이 일어났다. 그토록 그 여인을 괴롭혔던 병이 나음을 받은 것이었다. 몸 속에서 힘이 솟아오르고 혈루증이 즉시 그쳤다.

아! 이것이 웬일인가. 여인은 기쁘다 못해 두렵기까지 했다. 두

러움과 기쁨에 도취되어 있는 여인의 귀에 예수님의 목소리가 들렸다.

"누가 나를 만졌느냐?"

예수님의 음성은 무척 부드럽고 인자했다. 그 음성을 들은 여인은 마음과 온몸이 떨리기까지 했다. 여인은 아무 말 없이 가만히 서있기만 했다. 사람들이 자신들은 예수님의 옷자락에 손을 대지 않았다고 하자 제자 중 베드로가 예수님께 말했다.

"주님, 무리가 주님을 둘러싸고 미는 것입니다. 이 많은 군중을 헤치고 누가 주님을 만지겠습니까?"

"아니다. 내 옷자락에 손을 댄 자가 있느니라. 내게서 능력이 나간 줄 안다."

예수님의 음성은 자애롭고 부드러웠으며 또 사랑이 흘러넘쳤다. 여인은 더 이상 사실을 숨길 수 없었다. 그래서 두려움에 온몸을 떨며 예수님께로 나와 그 앞에 엎드렸다.

"주님, 제가 손을 대었습니다."

예수님은 자기 앞에 엎드린 여자를 바라보셨다. 예수님은 여인의 처지가 너무도 가련해 위로해 주고 싶어 찾으신 것이었다. 예수님은 너무도 평온한 음성으로 여인을 불렀다.

"딸아!"

예수님의 부르심에 여인은 몸둘 바를 몰랐다.

"네 믿음이 너를 낫게 하였도다. 안심하고 평안히 가라."

예수님의 위로의 말씀은 여인에게 기쁨을 안겨주었다. 모든 병든 사람을 고치신 예수님은 여인의 병만을 고친 것이 아니라 여인을 위로해주시고 용기를 북돋워주신 것이다.

'안심하고 평안히 가라'는 예수님의 말씀은 그저 단순한 이별의 인사는 아니었을 것이다. 왜냐하면 그 여인은 병고로 인해 몸과 마음뿐만 아니라 생활수준까지도 밑바닥까지 내려갔으며 그 상태에서 평안할 수 없다는 것을 예수님은 알고 계셨을 것이기 때문이다. 예수님은 말뿐만이 아니라 실제로 여인의 살길을 마련해 주셨을 것이다.

　그 여인에 대한 기록을 성경의 다른 부분에서는 찾을 수 없어서 그 이후 여인의 생활을 알 수는 없다. 그렇지만 말과 혀로만 형제를 사랑하지 말고 행함과 진실함으로 사랑하라는 성경구절을 통해 여인의 평안이 말뿐 아니었을 것이라는 믿음을 가질 수 있다. 예수님은 분명 그 여인이 안심할 수 있으며 또 평안함을 느낄 수 있도록 해주셨을 것이다. 나의 삶을 통해서 그 당시 예수님이 그 여인을 군중 속에서 찾아낸 이유는 옷자락에 손을 댄 것을 책망하기 위한 것이 아니라, 병을 고쳐주고 살길을 열어주시기 위함이었다는 것을 확신할 수 있다. 나는 누가복음 8장에 실려있는 이 기사를 읽을 때마다 솟아오르는 기쁨을 누를 수 없어서 성경을 손에 잡은 채로 하나님을 찬송하며 경배한다. 언제나 변함이 없으신 하나님께서 오래 전에 그 여인을 고치시고 도와주신 것처럼 나의 삶 속에서도 역사하시어 똑같은 일을 행하셨기 때문이다. 그 여인이나 나처럼 하나님의 도우심을 체험한 사람은 누구나 다 마음속으로부터 우러나오는 기쁨과 감사로 그분을 소리 높여 찬양하고 그 앞에 엎드려 경배할 수밖에 없을 것이다.

　오래 전 일본이 우리나라를 침략했을 때, 나는 몇 년 동안 감옥생활을 한 적이 있었다. 그래도 처음 삼 년 동안은 사회에 있을 때와 마찬가지로 정상적인 생활을 할 수 있었다. 생각하는 일, 기억하는 일, 보고 느끼는 일, 감정과 의지 등 육체에 별 이상을 느끼지 못했다. 단지 신경이 극도로 예민한 가운데 생활했다. 악한 간수들과 죄수들의 모함과 음모, 악행으로 인해 신경을 곤두세우고 살았기 때문이다. 내가 그 상황에서 취할 수 있는 방법은 오직 기도로 성령의 도우심을 구하는 것뿐이었다. 이런 생활을 한 지 삼사 년이 지나자 신경은 칼날같이 날카로워지고 마음에 있던 소망은 그 빛을 잃어갔다. 나를 더욱 괴롭히는 것은, 몸의 기관이 허물어지고 있다는 느낌이었다.

## 21. 할 수 없는 여인

감옥은 항상 소란스러웠다. 마귀는 소란한 것을 좋아한다. 그는 평안한 것을 싫어하며 그것을 견디지 못한다. 마귀는 평안한 곳에 탄식과 싸움, 슬픔을 불어넣어 그 평안을 깨뜨려버린다. 마귀의 종이 되어버린 악한 간수와 죄수들은 언제나 마귀가 시키는 대로 감옥 안에 모략과 음모, 모함을 일으켰다. 그렇기 때문에 나는 항상 긴장해야 했다. 내가 안심을 하고 있으면 마귀의 화살이 바로 나에게 날아오기 때문이었다. 나뿐 아니라 감옥에 있는 그리스도인은 모두 마귀의 표적이었다. 열악한 환경 가운데 있는 그리스도인을 쓰러뜨리기 위해 마귀는 온갖 수단을 다 동원한다.

이런 환경 속에서 지낸 지 6년이 되었을 때 나는 거의 폐인이 되다시피 했다. 세상에서 쌓은 지식은 모두 허물어져 온데간데 없이 사라져버렸고 내 몸의 모든 기관은 망가져버렸다. 또 너무 오랫동안 말을 안 하다 보니 내 목에서는 소리가 제대로 나오지 않았다. 그래서 좋아하던 찬송도 부르지 못했는데 더욱 놀라운 것은 그 가사도 제대로 기억하지 못한다는 것이었다. 그러나 한 가지 다행스러운 것은 그 동안 열심을 내어 외웠던 백장에 가까운 성경구절은 정확하게 암송할 수 있었다는 것이다. 머릿속이 텅 빈 느낌이었다. 나는 사형집행일을 기다리며 주님께 기도했다.

"주님 제가 가진 것 모두 주님께 드렸습니다. 제가 그 동안 배웠던 모든 것이 머리에서 지워졌으니 배운 것을 다 주님께 드린 셈이지요. 배운 것뿐 아니라 주님이 주셨던 기억력, 의지, 지혜, 문학을 모두 다 주님께 드렸습니다. 이제 남은 것은 망가진 이 몸과 극도로 예민해진 신경 그리고 주님에 대한 믿음과 사랑뿐입니다. 비록 알맹이는 모두 빠져버린 빈 껍데기뿐인 저이지만 주님을 사랑하는 이 마음이 있기에 죽음도 두렵지 않습니다. 기쁜 마음으로 죽음을 맞겠습니다. 주님, 저는 지금의 제 모습에 만족합니다."

그러던 어느날 나는 주님의 음성을 들었다.

"네 원수가 한 길로 쳐들어왔으나 일곱 길로 도망하리라."

나는 주님의 말씀에 놀랐다. 나는 나와 말을 자주 주고받던 간수에게 부탁하여 종이를 얻었다. 그 종이에 주님이 주신 말씀을 깨끗하게 적었다. 그리고 그것을 간수에게 주며 말했다.

"이 종이를 잘 간직하고 계시다가 나를 찾아오는 사람에게 꼭 전해주세요. 그리고 여기에 적힌 말씀을 잊지 말고 꼭 기억하라고 전해주세요."

나는 간수에게 재삼재사 당부했다. 나는 주님이 나에게 하신 말씀은 무슨 뜻이었을까 곰곰이 생각해 보았다.

'일본이 우리 나라를 침략한 것은 우리 나라를 속국으로 만들고 또 한국의 기독교를 말살하려고 한 것이 아닌가. 그러나 한 길로 쳐들어온 그들은 일곱 길로 도망할 것이다. 일본이 허둥지둥 도망가면 우리는 풀려날 수 있을 것이다. 우리는 순교를 하는 것이 아니라 나라의 해방으로 인해 출옥하게 된다는 뜻이 아닐까?'

그러나 출옥이라는 사실은 나에게 기쁨보다는 두려움을 안겨주었다. 나는 순교의 특권을 누리기 위해 그 동안 그 모진 고생을 참아왔다. 그런데 그 소망이 일순간 사라지니 몸서리쳐질 만큼 공포와 두려움이 나를 엄습했던 것이다. 나는 사회로 돌아간다는 것이 무서웠다. 왜냐하면 나의 모습이 너무도 형편없었기 때문이다. 머리카락은 거의 다 빠져 듬성듬성 흉한 모습으로 나있고 이빨 또한 죄다 빠지거나 흔들거렸으며 시력도 떨어져 사물이 제대로 보이지도 않았다. 또 허리는 굽었으며 음성은 흡사 마귀할멈의 목소리처럼 변해 있었고 두 다리는 힘이 없어 부들부들 떨리기까지 하여 제대로 걷지도 못했다. 더군다나 몇 년 감옥살이를 하는 동안 나이는 쉬지 않고 먹어 노처녀가 되어버렸다. 이런 몰골의 내가 사회에 던져진다면 그 생활이 얼마나 비참하고 가련하겠나 싶었다. 그것은 인간이 처할 수 있는 가장 최악의 상태일 것이다.

나는 일제 식민지하에서 교육을 받았다. 그렇기 때문에 내가 배운 것은 일본어와 일본 역사, 일본식 사상이었다. 그렇지 않더라도 그 동안의 감옥생활로 사회에서 배웠던 것이 기억도 희미하게 내 뇌리에서 사라졌는데, 일본이 망하면 내가 배운 것은 더욱더 소용이 없지 않겠는가 생각하니 점점 더 암담해졌다.
"주님, 저는 이제 살 희망이 없습니다. 저는 알맹이 없는 텅 빈 껍데기입니다. 무엇으로 어떻게 살라는 것입니까? 주님, 일본의 패망은 제가 바라고 바라던 바였습니다. 물론 그것은 큰 기쁨이지만 저는 이제 세상에서 살 수 없는 존재가 되어버렸습니다. 저는 못 살아요. 주님, 살아갈 힘도 없고 방도도 없습니다. 더욱이 제 목숨은 이미 주님께 드린 것입니다. 제가 도로 찾아올 수도 또 받을 수도 없습니다. 저는 죽어야 합니다. 죽는 것이 바로 제 상급입니다. 주님, 제 모습을 보십시오. 눈을 크게 뜨고 제 이 몰골을 보세요. 얼마나 비참한 상태에 빠져있는지 자세히 보아주세요. 주님 제가 여자라는 것을 먼저 인식하시고 저를 보아주세요. 비록 노처녀지만 미혼의 여자로 말입니다. 이런 추한 모습으로 사는 여자가 세상 어디에 있겠습니까? 이곳이 감옥이니 이 추한 몰골로도 사는 것이지 사회에 이런 여자는 없습니다. 만약 사회에서 이런 모습으로 산다면 사람들의 구경거리가 될 뿐이며 그들의 뇌리에 가장 불행한 여인으로 기억될 것입니다. 주님, 주님은 그것을 원하십니까? 그래서 저를 택하여서 그런 모습으로 살도록 하실 것입니까? 물론 사단은 저의 이 모습을 보면서 승리의 나팔을 불겠지요. 저는 살 수 없습니다. 저에게 산다는 것은 최악의 저주입니다. 저는 살지 않을 겁니다. 일본인의 손에 죽지 못할 바에는 염병이라도 나서 옥사하게 해주세요. 아버지, 내 아버지!"
나는 주님 앞에 무릎 꿇고 부르짖었다. 이렇게 계속 주님께 부르짖던 어느날 나는 혈루증으로 고생하다 예수님을 만나 고침을 받았던 여인의 이야기가 생각났다. 예수님은 군중 속에 섞여있던 여인을 찾아내어 '안심하고 평안히 가라'고 말씀해 주셨다. 부정한 병으로 인해 이웃에게 버림받고 생활도 엉망이던 여인이 어떻게 평안을 누릴 수 있을까? 도저히 이해가 되지 않았다. 그러나 계속적인 묵상을 통해 나는 한 결론에 도달할 수 있었다.
'주님은 군중 속에서 두려움에 떨고 있던 여인을 찾아낸다. 그리고 그 여인을 바라보며 말씀하신다. "딸아 안심하라, 평안히 가라". 그 여인의 사정을 모두 아시는 예수님은 그 여인이 그 상태로는 평안할 수 없다는 것을 아셨을 것이다. 그런데도 예수님은 안심과 평안을 말씀하셨다. 옳지! 그래, 그것은 그 여인의 병만을 고치신 것이 아니라 살길도 있으니 걱정하지 말라는 말씀이다. 그래서 주님은 그 여인에게 평안히 가라고 말씀하신 것이었구나.'

이런 생각이 들자 죽어 있던 내 육체의 한 구석에서 한 줄기 빛이 솟아올랐다.

감옥에서 나온 후, 주님은 나에게 너무도 많은 은혜를 허락하셨다. 주님은 유능하고 잘생긴 공학도를 보내주셨다. 그는 지금까지 43년이란 긴 세월 동안 나의 동반자로, 바람을 막아주는 담장으로 나와 함께하였다. 그는 나를 위로해 주고 사랑해 주었을 뿐 아니라 나를 세워주고, 일본어 대신 영어를 가르쳐주고, 아름다운 목소리로 찬양을 할 수 있도록 지도도 해주었다. 또한 그는 잃어버린 나의 건강과 모습을 찾아주었으며 믿음에 바로 서도록 옆에서 조언과 기도를 아끼지 않았다.

수십 년이 지난 지금 그 옛날을 회상해 보니 참으로 꿈만 같은 시간들이었다. 출옥할 것이 두려워 주님께 죽게 해 달라고 부르짖던 때는 내가 이런 행복을 누릴 수 있으리라고는 전혀 생각지도 못했다. 나는 이렇게 아름다운 미래를 허락하신 주님이 고마워서 기회 있는 대로 그분을 말과 글로 증거한다. 한 길로 쳐들어온 원수를 일곱 길로 도망하게 하신 분은 항상 나를 안심시키고 평안케 해주셨다. 그분이 주신 평안 가운데서 나는 사람들에게 나의 주님을 자랑하여 그분을 영광되게 한다.

자신으로는 아무것도 할 수 없는 분이 계신가요? 예수님을 찾아오세요. 그분을 사랑하고 사모해 보세요. 안심과 평안이 여러분을 찾아온답니다. 예수님은 자기 힘으로는 아무것도 할 수 없는 사람을 위하여 하늘에서 내려오신 하나님입니다. 그분을 찾으세요.

# 구약 이야기

## 22. 어떤 시어미와 며느리

시어머니와 며느리의 아름다운 이야기가 성경에 있다.
롯과 나오미의 이야기이다. 구약시대의 그 빛나는 역사는 만대에 이어져 읽는 사람들의 가슴에 뭉클한 감동을 일으키고 그 감동은 눈물로 복받쳐 나오기도 한다. 이 세계에는 어느 나라나 민족을 막론하고 집집마다 시어머니가 있고 며느리가 있다. 시어머니가 없으면 남편되는 가장이 없고 며느리가 없으면 후손이 없다. 역사를 이어주는 가장은 시어머니가 땀맺힌 고생으로 가꾸고 기른 아들들이고, 며느리는 그렇게 길러 내어 준 시어머니의 아들을 받아서 다음 세대의 아들을 낳고 또 시어머니가 된다. 이렇게 역사는 이어지고 지구 위에 사람들은 다시 또 채워지게 된다. 그런데 웬일인지 동서는 물론 귀천이나 유색 무색을 막론하고 시어머니와 며느리 사이는 언제나 냉전의 관계였고 그들의 불행은 해결할 방법도 없이 인류 역사는 계속되어 왔다. 시어머니는 며느리가 못마땅하고 며느리는 시어머니가 꺼림이 되고 보기 싫다. 생각해보면 그것은 그럴 수밖에 없는 것 같기도 하다. 시어머니는 여하튼 세상을 오래 살면서 쓰고 달고 어렵고 고되고 좋고 기쁜 그 모든 일들을 경험하였으니 아는 것이 너무 많고 또 판단력도 가질만큼 가지고 있다. 그러나 며느리는 대개 감정 주장이 많고 포부는 크고 젊은 정력으로 부풀어 있다. 그것이 세상을 많이 겪어 온 시모의 눈에는 위험하게만 느껴지고 못마땅하게만 판단이 된다. 그래서 일러주기도 하지만 대개 그런 경우에는 미움이나 무시하는 감정으로 며느리를 대하기가 십상이다. 한편 며느리는 며느리대로 세월이 가면 세상도 변하는 것이라고 생각하고 또 시어머니보다 높은 교육을 받은 것을 자못 자랑으로 여기는 터라 자기의 배운 학식에 부합되지 않는 시어머니의 말은 모두 잔소리로밖에 듣지 않는다. 시어머니의 모든 말이 모두 무식에서 나오는 잔소리로밖에 들리지 않으니 이해가 없게 되고 그런 세대차이로 인해 화합은 거의 불가능한 것처럼 보인다. 그래서 시어머니는 며느리를 미워하고 며느리는 며느리대로 시어머니를 무시하고 경시하게 된다. 이러한 세상에 하나님은 시어머니와 며느리 사이가 어떻게 하여야 불평없이 화합하고 사랑하며 행복할 수 있는가를 보여주셨는데 그것이 바로 룻의 이야기이다.

나오미는 넉넉하고 부유한 집에서 이름있는 좋은 남편의 사랑을 받으며 아들도 둘이나 낳아 자랑스럽게 기르고 있었다. 그래서 동리 사람들은 모두 부러워했고 그 자신도 매우 행복하게 또 자신있게 살았다.

그러던 어느 해에 그가 사는 베들레헴에는 비가 오지 않아서 큰 흉년이 들게 되었다. 남편인 엘리멜렉은 가족들을 굶주리게 하는 것이 마음에 큰 짐이 되었고, 그렇게 고민하고 궁리하던 중에 이웃 모압이라는 나라에는 곡식이 흔하고 사람들이 배불리 잘 먹고 산다는 사실을 알게 되었다. 그래서 그는 아내 나오미와 상의한 끝에 두 아들을 데리고 그 곡식 많다는 외국 땅 모압에 옮겨 가 살기로 결정했다. 그들은 부모로서 한참 자라나는 아들들 말론과 기룐을 더 잘 먹이고 잘 키우고 싶었던 것이다. 그들 네 식구는 큰 포부와 소망과 기대를 가지고 이방나라 모압에 도착했다.

그들은 가지고 온 돈으로 집을 샀고, 맘껏 배불리 잘 먹으며 지낼 수 있었다. 그런데 얼마 지나지 않아서 생각지도 않은 불행이 그들을 찾아왔다. 그렇게 자신만만하고 큰 포부를 가지고 온 식구를 외국 땅에 거느리고 온 가장 엘리멜렉이 쓰러져 죽었던 것이다. 옛날 이방나라에는 염병이 특히 많았다. 염병에 걸리리라고는 생각지도 못한 한참 나이에 그만 외국 땅에서 모든 식구들을 남겨 놓고 죽고 만 것이다. 나오미는 아무 말도 할 수가 없었다. 그러나 그는 슬퍼하고 애통하기보다 이런 불행이 왜 오게 되었는가를 생각하게 되었다. 물론 남편 엘리멜렉의 주장에 자기는 그저 따르기만 한 것이라고 말할 수도 있었지만 남편이 이곳으로 오자고 했을 때의 자신의 태도에 대해서 깊이 생각해 보지 않을 수 없었다.

우선 모압이라는 나라는 하나님을 섬기지 않는 우상의 나라였고, 따라서 하나님을 무시하며 하나님의 백성을 도륙하기를 늘 꾀하는 나라였지 않은가. 그리고 이 나라에는 무서운 질병도 많았는데 단지 굶주린다는 이유로, 귀한 아들들을 마음껏 먹이면서 기르자고, 사실인즉은 오히려 남편의 마음을 부추겨 이곳에 오게 된 것이 아니었던가. 남편이 그런 생각을 가졌더라도 '여보, 우리들은 하나님의 백성이잖아요. 하나님의 백성인 우리가 하나님 없는 나라에 가서 어떻게 살겠어요. 비록 지금 이 땅엔 우리 인간의 죄값으로 비가 오지 않고 있지만 우리 모두 회개하고 기도하면 하나님이 비를 주실 거예요. 배고프더라도 하나님을 경배하며 이 땅에서 살아야지요. 하나님 없는 나라엔 가지 맙시다. 더구나 우리 귀중한 아들들이 하나님을 잘 섬기며 살도록 가르치고 그렇게 자라게 해야 하지 않아요.' 하고 말했더라면 남편 엘리멜렉이 사랑하는 아내의 의견을 무시하지 못했을 것 아닌가! 나오미는 이제 와서 자기 마음에 도사리고 있던 허영심과 탐심을 깨닫게 되었고 또 그 결과를 친히 당하고 보니 후회막심하기만 했다. 그러나 언제까지 후회 속에서만 살 수는 없었다. 그는 자기 민족의 과거를 생각했다. 우리 조상들을 도와 주시고 길러 주시고 가르쳐 주시며 살게 하신 하나님, 그 하나님에게 더 가까이 달려나가 그를 힘있게 붙들고 살자고 나오미는 다시 힘을 내었다.

그렇게 또 한 세월이 지나갔다. 나오미의 두 아들은 모압땅에서 학교도 다니며 그 나라 아이들이 모이는 곳에 늘 섞여 지냈기 때문에 친구도 모두 모압의 아이들일 수밖에 없었다. 그리고 그 아들들이 사랑하여 결혼한 젊은 여자들도 역시 모압 여성이었다.

그런데 아들이 결혼을 하고 얼마 되지 않았는데 그 나라 토질병에 걸렸는지 두 아들이 하나씩 하나씩 모두 죽어 버리고 말았다. 나오미는 당장에 그 캄캄한 고난 속에 빠져 들어갈 것만 같았다. 그러나 그는 정신을 바짝 차렸다. 하나님을 원망하고, 죽은 남편을 원망하고, 먼저 간 두 아들의 무심함을 통곡하며 절망에 빠질 수도 있었을 터이지만 나오미는 하나님을 모르는 나라 딸들인 며느리들의 눈이 있음을 잊어 버리지 않았다.

'전능하신 하나님의 백성인 나 나오미가 아닌가! 세상에 사는 사람들 누구나 죽기 마련이다. 빨리 죽으나 나중 죽으나 죽는 것은 일반이다. 하나님이 부르시는데 어떤 남편이 책임이 크다고 안 죽을 수 있으며, 젊은 아들이니까 나중에 죽겠다고 할 자가 어디있는가. 순서는 아무도 모르는 것이다. 먼저 갔다고 원망하고 통곡할 이유가 내게 어디 있는가. 모든 것은 하나님이 하시는 일이니 주님 하시는 일을 누가 시비할 수 있단 말인가. 나도 언젠가는 죽을 몸인데 살아있는 동안에 하나님 뜻에 거슬리는 일은 절대로 하지 말아야 한다. 다만 조심스럽게 살아서 죽는 그날 절대로 후회가 없어야 한다. 그래, 그래, 내 교만과 허영심 때문에 하나님 성전이 있는 고향을 버리고 이 땅에 왔으니 그 죄와 허물은 내가 져야 하는 것이다. 다른 누구에게 전가시킬 수는 없는 일이다.'

나오미는 마음을 굳게 먹고 비통한 결단을 내렸다.

'사랑하는 남편도, 그렇게 귀하게 기르며 바랐던 아들도 다 떠나갔다. 그러나 하나님만은 나와 함께 영원히 계실 분이 아닌가.'

나오미는 이 모든 슬픔을 떨치고 일어나 이제는 하나님만 바라보고 의지하며 살아야 한다고 다짐을 하고 또 했다. 그리고나서 생각해 보니 지금껏 살아오면서 하나님 앞에 잘 한 것이 아무것도 없음을 알게 되었다. 남편이 살아있는 동안엔 모든 것을 남편에게 의지하였고 사랑이라는 사랑은 온통 아들들에게만 쏟아 부었었다. 하나님께 대해서는 아무것도 한 것이 없었던 것이다.

'하나님이신 그분만이 마땅히 우리의 정성을 받으셔야 했고 그분만이 경배받아 마땅했는데 이제껏 너무 불충하지 않았나.'

나오미는 우는 일도 슬퍼하는 모습도 다 끝을 내었다. 그리고 슬픔에 빠져버린 두 며느리를 하나님 말씀으로 위로하고 스스로도 그 뜻에 합당하게 살려고 극진히 애를 썼다. 남편도 아들도 잃은 나오미에게는 이제 이 이방 땅에서 더 살 이유가 없다. 더욱이 고향 베들레헴은 지금 흉년이 다 지나가서 풍성히 잘 먹고 평화롭게 지낸다는 소식이 들려오고 있었다. 그리고 나오미에게는 아직 고향에 자기 분깃의 땅이 어느만큼 남아 있었다. 그래서 그는 두 이방 며느리를 데리고 고향 베들레헴에 돌아가기로 작정을 했다. 그는 처음에 혼자서만 떠날 생각이었으나 두 며느리들이 시어머니와 정이 깊이 들어서 헤어지는 것을 몹시 슬퍼했던 것이다.

며느리들은 그 어려운 일을 당했을 때 이 이방 시어머니 나오미가 보여준 확고하고 진실한 신앙 자세를 보았었다. 그렇게 사랑하던 남편과 아들 둘이 다 죽어 홀로 외국에 남았는 데도 나오미는 자기 민족들같이 절망에 빠져 울고불고 원망하며 폐인같이 행하지 않았다. 오히려 전보다 더 깊이 생각하면서 온유하고 조심스럽게 사는 모습에 두 며느리는 이 측은하고 가엾은 시어머니를 존경하게 된 것이다. 드디어 세 과부는 모압땅을 떠나 베들레헴, 하나님의 백성이 사는 나라로 향하였다. 햇빛을 막아 주면서 서로 위로하며 걸어가는 길, 그런데 한참을 걸어가다 나오미는 '아하!' 하고 발을 멈추었다.

'왜 내가 이 사랑하는 며느리들을 그들의 본가로 보내지 않았을까? 다시 좋은 사람을 만나 살게 하지 않고 왜 이들을 낯선 땅, 더욱이 이방인을 개로 여기는 우리 고향에 데리고 가는 걸까?'

미처 깨닫지 못하고 있던 자기의 실수를 나오미는 문득 길을 떠나고 나서야 알게 된 것이다.

"내 딸 오르바와 룻아! 내가 분수없는 일을 했구나!"

두 며느리는 나오미를 바라보았다.

"너희는 지금 한참 젊은 청춘들이 아니냐. 또 부모님도 계시고 친척들고 다 계시니 너희가 너희들 본가로 돌아가면 모두들 너희를 아껴 줄 터이고 또 좋은 남편도 만나서 새로운 가정을 가질 수도 있지 않니? 그런데 내가 왜 너희로 나같이 불행한 과부 노인을 따라 오게 했는지, 내가 크게 잘못했구나! 애들아, 너희들은 너희 고향, 너희들 민족에게 돌아가서 행복을 다시 찾으려무나."

이 말을 들은 과부 며느리들은 펄쩍 뛰었다.

"아니예요, 어머니. 그런 말씀 하시지 마세요. 우리는 꼭 어머님을 따라가서 어머님께 효도하며 끝까지 순종하고 섬기겠어요."

"아니다. 내 죄가 많은 탓으로 너희까지 모두 불행하게 되었지만 하나님이 앞길이 구만리 같은 너희에게 복을 주시기를 내가 바라고 있으니 어서 본가로 돌아가거라, 내 딸들아!"

"어머니 우리는 끝까지 어머님의 딸이예요. 우리를 가라고 하시지 마세요."

"너희는 내 말을 들어라. 내 사랑하는 딸들아."

"나는 이제 늙어서 재혼할 수도 없고 또 있다 한들 내가 너희에게 남편될 아이들을 낳아 줄 수 있겠니? 또 비록 낳는다고 하자. 그렇다고 그 아이가 자라서 남편이 될 때까지 너희가 늙지 않고 기다릴 수 있겠니?"

우리야 그런 일을 이해할 수 없지만 당시의 유대인들은 집안의 이름과 대를 잇는 것을 가장 중요하게 여겼기 때문에 가족끼리 결혼하는 것은 흔히 있는 일이었다. 나오미는 그의 진정한 사랑을 담아 두 며느리를 애써 권면하였다. 애처롭도록 사랑의 권면을 듣자 작은 며느리 오르바는 무언가 깊이 생각에 잠기는 빛이었다.

"어머니, 어머님을 떠나는 일은 너무나 슬프고 괴롭지만 말씀대로 순종하겠습니다. 저는 이제 제 본가로 돌아가겠습니다."

그는 시어머니에게 절을 올리고 울면서 본가로 돌아갔다. 그러나 맏며느리 룻은 작은 동서 오르바를 보내고 시어머니 곁으로 다가 와서 이렇게 말하는 것이었다.

"어머니, 제게 본가로 돌아가라는 말씀은 정말로 더 하시지 마세요. 저는 어머님이 뭐라고 하시더라도 떠나지 않겠어요. 어머니 계시는 곳에 저도 함께 있겠어요. 어머니가 가시면 저도 가고 어머니가 머무시는 곳에 저도 머물겠어요. 어머님의 나라가 내 나라요, 어머님의 민족이 제 민족이예요. 어머니! 어머님의 하나님이 제 하나님이시고 어머님이 눈 감으시는 곳에서 저도 눈을 감고 그 곁에 묻히겠어요. 죽음이 아니고서는 아무것도 저를 어머니에게서 떠나보내지 못할 거예요. 그러니 저보고 떠나라는 말씀은 다시 하지 말아 주세요. 만일 제가 어머님을 떠난다면 차라리 하나님이 제게 벌을 내리시기를 원하겠습니다. 어머님!"

소망도 영광도 없는 늙은 시어머니는 통곡이 터져나올까 봐 아무 말도 할 수가 없었다. 나오미는 이방 며느리의 사랑에 감격하여 멀고 먼 그 길을 먼 줄도 모르고 힘이 나서 걸었다.

나오미가 돌아왔다는 소문은 고향 마을 곳곳에 퍼졌다. 사람들이 그들을 보러 찾아 들었다. 그 옛날 미모와 행복의 상징처럼 불렸던 나오미를 본 이들은 모두 놀라고 말았다.

"아니, 저게 나오미야?"

"그 아름답고 당당하던 그 나오미? 저렇게 변할 수가 있나?"

"아! 그 훌륭한 남편도 남편이지만 그 좋은 아들들을 다 잃어 버렸다니. 처참하게 됐구나! 아! 불쌍해."

모두들 혀를 차며 나오미를 애처롭게 바라보았다. 그리고 그 옆에 나오미를 모시며 가까이 앉은 모압 여자를 보고 사람들은 또 한 번 놀랐다. 모압 여인! 개나 다름없는 이방 여자! 그런데 그들 눈에 비친 룻은 너무도 온유하고 우아하며 사랑스러워 보였다. 또 어떤 사람들은 입을 모아 룻을 칭찬하기도 하였다. 왜냐하면 나오미가 벌써 룻이 어떤 며느리인지, 길을 오는 도중에 있었던 룻의 그 감동스러운 결단의 이야기를 해 주었기 때문이었다. 소문은 날개를 달고 온 동네에 퍼져 나갔다.

"뭐라고? 모압에서 젊은 과부가 나오미를 따라 왔다고?"

"그런데 모압 여자인데도 굉장히 좋아, 너무 우아하고 아름다워, 모양보다도 그 맘이 말이야."

"그나 저나 나오미도 아주 달라졌어요. 그렇게 나밖에 없다 하던 태도는 없어지고 그야말로 온유하고 아주 겸손해졌단 말이야."

"그렇게 어렵고 슬픈 일을 만났는데 어떻게 그렇게 변했지?"

"고난을 겪으면 깨지고 넘어지고 자빠져서 자신을 망치는 사람들도 있지만 나오미는 어려움을 겪으면서 그야말로 여자 같은 여자, 하나님을 두려워하고 섬기는 여자가 된거야!"

"그럼, 그럼!"

시어머니를 따라 낯선 땅으로 옮겨 온 룻은 가만히 앉아 있지만은 않았다. 그때는 마침 보리 타작 기간이었다. 보리 단을 만들어 앞으로 앞으로 나가며 추수를 하다 보면 이삭이 떨어지는 경우가 흔히 있었다. 그래서 룻은 보리 타작하는 들판에 나가 이삭을 주웠다. 타작꾼들이 떨어뜨리는 이삭을 좇아 햇빛 아래서 열심히 몸을 움직였다. 그리고 치맛자락에 모아진 보리 이삭을 집에 가지고 가서 시어머니 앞에 쏟아 놓았다.

"애야, 너 참 너무 수고가 많았구나!"

"배고프셨지요, 어머니. 이 보리는 방금 벤 것이라 볶아 먹으면 맛이 그만일 거에요. 조금만 기다리세요."

룻은 주워온 보리 이삭을 손으로 잘 비벼 가지고 불에 볶아서 시어머니에게 갖다 드렸다. 얼마나 그들은 서로의 사랑에 마음이 녹고 가슴이 훈훈해졌을까?

나오미는 눈물없이는 그 볶은 보리를 먹을 수 없었을 것이다. 룻은 룻대로 하나님을 정성으로 신앙하는 늙은 시어머니를 봉양한다는 사실에 가슴이 울렁거리도록 기뻤을 것이다.

"얘, 내 딸 룻아!"

"네, 어머니."

"네가 오늘 보리 이삭을 주운 밭이 어디였니? 그 밭의 주인이 누구인지 혹 이름을 들어 두었니?"

"네, 사람들의 하는 말을 들었는데 보아스라는 분이 주인이라고 했어요."

"뭐, 그래? 보아스였어?"

"네, 분명히 보아스라고 했어요."

"얘야, 그것 참 하나님이 인도하셨구나."

"왜요, 어머니?"

"그 보아스란 사람은 우리 친척 가운데 가장 가까운 분이란다. 우리 가문의 대를 이어갈 사람이 그 사람이란 말이다."

"네에……"

"그러니까 내 말을 잘 들어라. 내 딸아 너는 다른 밭에 갈 생각 말고 꼭 그 보아스의 밭에만 가서 이삭을 주우란 말이다."

"네, 그렇게 하겠습니다. 어머니."

그리고 나오미는 며느리에게 어떻게 해야 보아스와 가까워질 수 있는지 잘 일러 주었다. 룻은 시어머니가 시키는 대로 순종하였다. 시어머니는 자기보다 경험이 많고 또 하나님을 섬기는 백성이었기 때문이다. 룻은 나오미에게서 하나님이 어떠하신 분인지 세세히 되풀이하여 들었고 또 그 하나님을 믿는 시어머니는 자기의 민족과는 달리 순수하며 지혜가 있고 사랑이 비상한 것을 보아 왔었다.

결국 룻은 부호 보아스와 결혼을 하였고 아들을 낳았다. 그 아들은 나오미가 품에 안고 기르면서 하나님의 말씀으로 잘 양육하였다. 동네 사람들은 룻이 낳은 아들을 마치 나오미가 낳은 것같이 말하며 아기에게 '오벳'이라는 이름을 붙여 주었다. 이 오벳이 바로 유대 최고의 왕인 다윗의 할아버지이다. 다윗 왕은 룻이 낳아 나오미가 기른 오벳의 손자인 것이다.

나오미는 얼마나 기뻤을까? 또 하나님의 백성 나오미를 끝까지 사랑하고 봉양하며 아들까지 낳아 시어머니에게 바친 룻은 그 얼마나 온 천하 만국 며느리들에게 다시 없는 표본이 되었던가! 시어머니를 그처럼 사랑하고 진실로 섬겼기에 룻은 이방여인으로서 성경에 기록되는 명예를 가질 수 있었고 온 인류의 구주이시고 하늘 나라의 황태자이시며 하늘과 땅을 심판하실 예수님의 육적 조상이 되기까지 축복을 받은 것이다.

하나님이 내 삶의 왕이 되시고 예수님의 성령님이 나를 주장하시면 사람의 지각으로는 상상할 수 없는 사랑과 평안과 감격이 지금도 이루어질 수 있다는 교훈이다.

나는 이 룻기를 읽을 때마다 유달리 감동을 받으며 또 그 감격에 언제나 눈물을 쏟는다. 그와 비슷한 사연이 내 집안에 있었기 때문이다. 내 외조모의 이야기를 써야겠다.

내 어머니의 본가, 그러니까 나의 외가댁은 소위 자랑거리가 많은 위세 좋은 집안이었다. 그러나 어머니는 결코 그런 내색을 하거나 자랑삼아 이야기하지 않았다. 그것은 그런 말을 하는 것이 어머니에게는 한껏 수치로 여겨졌기 때문이리라고 나는 생각한다. 왜냐하면 자신은 교양있고 이름있는 집에서 가정교육을 엄하게 받았지만, 결국 시집온 집은 가장 꺼려하고 말만 들어도 능멸의 감정을 갖게 했던 소위 상놈의 집안이었기 때문이다. 거기에다 아들은 생산치 못하고, 단 한 사람 사랑의 대상이었던 남편까지 첩들에게 빼앗겼다는 수치감에서, 자기의 과거가 자랑스러웠다면 그만치 비참해졌다는 결론이 나오기 때문이다. 더구나 어머니는 독실한 그리스도인으로서 무엇을 자랑한다는 것은 예수님 앞에 부끄러운 일로 여겼었다.

내가 어렸을 때의 일이다. 하루는 온 집안이 야단법석이 나서 마당 안팎을 쓸고 닦으며 모두들 바쁘게 돌아 가고 있었다. 그래서 나는 누구에게 물어보고 싶었지만 저마다 바쁘게 일을 하고 있었기에 그냥 보고만 있었다.

그 다음날이었다. 특별한 음식들이 만들어지고 여자들은 새옷으로 갈아입고 말과 행동을 삼가며 무슨 준비들을 하고 있었다. 그들이 서로 하는 말을 듣고 나서 나는 우리집에 손님이 오신다는 것을 알았다. 그래서 어머니께 누가 오시느냐고 물었다.

"너희 외조모님이 오시는 거야."

"그럼 어머니의 어머니 말이예요?"

"그래, 내 어머님이 오셔."

나는 그 당시에 학교에 갔다 오면 온종일 나가서 놀았었다. 뒷마당 쪽에 있는 놀이마당에서 가난한 집 아이들을 모아 놓고 업어 주고 장난하면서 집안의 일에 대해서는 전혀 관심이 없었다.

그런데 그날은 외조모님이 오신다고 해서 나도 옷을 갈아 입고 머리도 빗고 하며 사뭇 가슴 설레이며 있었다. 그분은 우리집에서 보낸 안장말을 타고 오셨다. 집안의 모든 사람들은 대문에 모여서서, 말을 타고 들어오시는 외조모님께 선 채로 절들을 했다. 물론 아버지도 상기된 모습으로 절을 했다.

말을 타고 오신 그 외조모님은 발에 끌리는 긴 치마저고리를 입고 계셨다. 얼굴이 희고 너무도 인자한 모습이 마치 천사처럼 느껴졌다. 우리집에 있는 여자들과는 너무도 달랐다. 나는 황홀하게 외조모님을 쳐다보며 그분의 일동일정을 지켜 보았다. 그는 내가 가까이 가지도 못하고 서 있는 것을 보시고 말씀하셨다.

"아, 네가 그 애지? 막내?"

그 말을 하고 그는 사람들 속에서 섞여 갔다.

'천사는 그분 같을까?' 나는 그렇게 생각하기도 했다. 그 인상 깊었던 감정은 내 일생 기억에서 항상 떠나지 않았다. 우리집 할머니도 자리에서 일어나 말에서 내리는 외조모님을 영접했다. 오래 전 일이지만 지금도 그때의 정경이 눈에 보이는 것 같다.

여자들은 그분을 '서울양반'이라고 불렀는데 말하자면 서울의 양반이 오셨다는 뜻이었다. 내가 이 외조모님에 대해 말할 수 있는 일들은 이때 얻은 기억들이다. 그런데 외조모님의 말은 우리가 쓰는 말과 달랐다. 평안북도의 말과 서울말을 비교할 때 그 둘은 서로 외국어 같이 들릴 정도였다.

그날 밤은 달도 만월이어서 온 천지가 찬란하였다. 공해 없던 그때의 하늘은 말할 수 없이 청명하였고 만월시에는 글자를 읽을 수 있을 만큼 밝았다. 그런데 외조모님이 마루에 나와 만월된 달을 보시더니 "여봐라." 하고 부르시는 것이었다. 그리고 "사랑에 가서 먹과 붓과 두루마리를 가져 오너라" 하고 명령하셨다. 머슴이 사랑방에 가서 먹과 붓과 종이를 가지고 왔다. 외조모는 달을 보시며 혼잣말로 감탄도 하고 무어라 말씀도 하시더니 물을 부어 먹을 가셨다. 그리고 붓을 들어 그 두루마리 종이를 슬쩍슬쩍 돌리면서 글을 쓰기 시작하셨다. 큰 글자로 멋있게 쓰여 나가는 그 글씨를 보면서 나는 황홀하게 내 외조모님을 쳐다보았다. 나는 외조모님의 아름다운 모습과 또 옷차림에도 놀랐지만 시를 읊으시며 또 붓글씨로 쓰여지는 글자들을 보고 가슴이 후끈거렸다.

"아! 멋있다."

그것이 내 속에서 튀어 나온 말이었다. 나는 외조모가 떠나시는 날까지 그 옆을 뜨지 않았다. 그의 이상한 액센트의 서울말을 들으며, 그의 행동을 지키면서 그분이 너무도 우리집에 사는 여자들과 다르고 우리 할머니와는 비길 수 없는 교양의 몸가짐을 가진 것에 한없이 이끌리면서 나는 그를 지켜 보았던 것이다. 하도 내가 그의 곁을 떠나지 않고 또 너무도 애타게 좋아하고 따르는 것을 본 외조모님은 내게 이런 말을 해주셨다.

"나는 이런 시를 쓰는 것을 애기 때부터 배웠단다."

그리고 민 중전과 대원군 난리 때문에 외조부님이 큰 위험을 당하게 되었는데 종들이 달구지에 실어다 주어서 살게 되었다는 이야기도 해 주셨다.

그 후에 외조부님께서는 지병이었던 폐병으로 돌아가셨다. 그 댁에는 외삼촌이 셋이 있었는데 셋 다 서울에서 의학을 공부했다. 그런데 그 집의 유전이었던지 큰 외삼촌이 서울의대를 일회로 졸업하고 의사로 나가기 전에 폐병을 앓게 되었다. 물론 장가는 들었지만 아기를 낳기 전에 세상을 떠나고 말았다. 둘째 외삼촌도 역시 폐병으로 돌아가셨다. 셋째 외삼촌도 일본 경도대에서 수학하다가 역시 세상을 떠났다. 그래서 외가에는 외조모와 과부가 되어 버린 며느리들만 남게 되었다.

그런데 그 며느리들이 조모를 떠나가지 않는 것이었다. 그때 외가댁은 어른과 아들들이 폐병으로 하나씩 죽어갔기 때문에 경제적으로도 넉넉지 못할 수밖에 없는 형편이었다. 그런데도 며느리들은 삯바느질로 돈을 벌어 시어머니인 내 외조모를 지성껏 봉양하고 섬기는 것이었다. 외조모가 아무리 본가로 돌아 가라고 하고 또 그들의 본가는 다 살만한 집안들이었는데도 그들은 돌아가지 않고 고생을 낙으로 여기며 화목하게 외조모를 모시고 살아갔다. 그 후 외조모가 돌아가신 후에는 그 며느리들의 소식이 막연해졌다. 일본의 핍박이 우리 모두의 생활을 막아 버렸기 때문이다.

나는 룻기를 읽을 때마다 외할머니를 생각한다. 외조모의 과부 며느리들이 어쩌면 그렇게도 나오미의 며느리 룻 같았을까? 일찍이 내 외조모는 선교사에게 들은 복음을 가지고 있었고 정숙하고 생각이 깊고 이해심이 많은 여인이었다.

지금도 신앙대로 살아가는 사람 중에는 나오미 같은 시어머니가 얼마든지 있는 것이고 또 룻과 같은 며느리도 얼마든지 볼 수 있을 것이라고 믿는다.

## 23. 없어지지 않는 식량단지

엘리야라는 유명한 능력의 선지자 때의 일이다.
그 당시 이스라엘을 다스리는 왕은 아합이었는데 아주 고약스럽고 못된 사람이었다. 사실 이 아합은 마음 약한 겁쟁이였던 것 같다. 왜냐하면 그는 남의 말을 잘 들어 줏대없이 이렇게도 저렇게도 하는 인물이었고 특히 아내의 주장에 따라 행동하며 사는 바보같은 왕이었기 때문이다. 아합의 왕후는 이세벨이라는 아주 간교하고 간악한 여자인데, 본토 이스라엘 여인이 아니고 외국에서 데려온 자였다. 이 여자는 아합 왕의 나약하고 어리석은 성격을 알아차리고 왕을 자기 손에 잡아쥐고는 마음대로 권세를 휘두르고 있었다. 왕궁이 이처럼 이방 여자 이세벨의 뜻대로 움직이자 나라는 극도의 혼란과 불행으로 치닫고 백성들은 도탄에 빠졌다.
이스라엘 민족은 하나님을 섬기며 하나님의 뜻 안에서 살아야만 살 수 있는 백성이었다. 그런데 왕을 움직이는 왕후 이세벨은 하나님을 모를 뿐더러 자기 나라의 신 바알을 섬기는 여자였다. 바알은 성질이 음란하고 방자하고 악하기 때문에 그를 섬기는 자들도 자연히 음란하고, 방자하고 악독해지기 마련이었다. 하나님의 백성들이 경건하고 조심성 있으며 인자하고 진실하게 살려는 것과는 너무도 달랐다.
우상을 따라 허랑방탕하며 음란하게 사는 이세벨은 우선 하나님을 경외하던 아합을 바알 숭배자로 만들어 놓았다. 그래서 궁궐에는 물론 이스라엘의 어느 곳에나 산당을 세우고 바알만을 섬기라는 왕명을 내리게 하여 나라를 완전히 우상 천지로 만들어버렸다. 미련한 사람, 눈앞만 보는 사람, 현실 이익만 좇는 사람, 아무래도 좋은 사람, 아첨하는 사람, 겁쟁이 등등은 모두 왕명에 따라서 바알을 섬기게 되었다. 그러나 생각이 깊고 충직한 사람들, 또 지혜가 있어 멀리 볼 줄 아는 사람들은 여호와 하나님만을 경외하는 마음과 생활태도를 변치 않고 꿋꿋이 믿음을 지키며 살았다. 이세벨은 그것이 너무 밉고 분이 나서 그런 사람들을 모두 잡아다가 목을 베기도 하고, 때려서 혹은 굶겨서 죽여버렸다.

그 얼마나 무서운 세상이었을까? 그런 사회 속에서 살아야 하는 사람들에게 그 세상은 그야말로 산 지옥이고 사자굴 같았을 것이다. 온 세상이 원수로 꽉 채워져 있어 그 권세가 굶은 사자의 울부짖으며 달려드는 것 같은 가공할 사회에 사는 이들의 심정은 지내본 사람이 아니고는 도저히 상상할 수 없는 일이다. 사실 나는 아직도 일정 때의 그 어둡고 캄캄했던 핍박이 꿈에 보일 적마다 소름이 끼치곤 한다.

이스라엘이 그처럼 황폐해져 가고 있을 때, 진실하게 하나님을 경외하고 살아계신 하나님을 당당히 선포하여 악녀 이세벨에게 대항한 사람이 있었다. 왕명이라도, 국법이라도 개의치 않았던 선지자, 그가 바로 엘리야다. 그래서 이세벨은 이 엘리야를 잡아죽이려고 온갖 수단을 다 동원하고 있었다.

그때 하나님은 엘리야에게 시돈이라는 도시로 빠져나가라고 일러주셨다. 엘리야는 하나님의 명령을 따라 시돈의 사르밧이라는 조그마한 마을로 도망쳐 갔다.

먼 길을 걸어 온 엘리야는 지치고 배가 고파 성문에 기대어 쉬고 있었다. 그렇게 얼마쯤 앉아있는데 남루한 옷차림의 한 여인이 나무 부스러기를 줍고 있는 것이 눈에 띄었다. 그는 여인에게 말을 건넸다.

"목이 마른데 물 한 그릇 떠주실 수 없겠소?"

여인이 보니 이 사람은 웬지 보통 사람 같지 않았다. 그래서 그의 청대로 물을 뜨러 가려고 일어서는데 엘리야가 다시 말하는 것이었다.

"기왕이면 떡도 한 조각만 가져다 주시오."

이 말에 과부는 어이없어 엘리야를 바라보았다.

"떡이요? 떡이 어디 있습니까? 우리 집엔 지금 가루 한 줌밖에 없어요. 그걸로 마지막 떡을 만들어서 제 아들하고 나눠먹고 죽을 작정으로 지금 땔감을 주워가려는 거예요."

"염려하지 마시오. 우선 나를 위해서 떡을 만들고 그 다음에 당신 말대로 하시오."

여인은 엘리야의 말이 너무도 가혹하고 이해할 수 없어 할 말을 잊은 채 그를 멀끔히 바라보고만 있었다.

"그렇게 걱정할 것 없소. 내가 섬기는 여호와 하나님이 이 땅에 비를 다시 내리기까지 그 가루통의 가루는 없어지지 않고 기름병의 기름도 떨어지지 않게 하실 거요. 어서 가서 내가 하라는 대로 하시오."

이 말을 들은 여인은 웬일인지 속에서부터 힘이 나와 나뭇가지를 한아름 주워안고 집으로 달려갔다. 그리고 단지 바닥에 조금 남은 가루를 다 퍼서 떡을 만들었다. 여인은 그것을 아직 성문에 앉아 있는 엘리야에게 가져다주었다. 그리고 집에 돌아와 보니 빈 단지엔 과연 그의 말대로 가루가 있는 것이 아닌가! 또 기름도 한 방울 없이 죄다 쏟아부었는데 기름병에는 기름이 있는 것이다. 여인은 너무 놀라 몸을 떨었다. 그런데 더욱 놀랄 일은 그 단지의 가루는 쓰는 대로 채워지고 기름병의 기름도 쓴 만큼 다시 생겨난다는 것이었다. 여인은 그 가루와 기름으로 선지자 엘리야를 봉양하고 아들과 함께 맛있는 떡을 매일매일 만들어 먹으면서 하나님께 감사하였다.

하나님은, 어린 아들을 데리고 살길이 없어 며칠에 한 번씩 겨우 떡을 만들어 먹던 과부, 이제는 마지막으로 떡을 해먹고 굶어죽으리라 작정한 그 여인과 하나님의 사람을 먹이신, 참으로 사랑이 많으신 분이다. 허둥지둥 원수의 손을 피해 도망온 배고픈 엘리야에게 한 줌 남은 가루로 떡을 만들어주고 굶어 죽어야 했던 빈곤한 과부에게 주님은 무심하고 무자비하신 분이 아니었다. 밑바닥 고난에 처한 종과 밑바닥의 가난에 쪼들린 과부에게 한 줌의 가루로 오래오래 먹이신 하나님은 사랑과 능력을 지니신 분이다. 이 이야기는 구약성경(열왕기상 17장)에 기록되어 있다. 하나님이 개입되는 일에는 절망이 없고, 먹을 것이 없어 죽어야 할 그런 빈곤은 없다고 가르치는 것이다.

나는 그와 비슷한 경험을 한 일이 있다.
일제 통치 때 내가 노인으로 변장을 하고 삭주와 강계와 그 연안 벽촌으로 피신해 다닐 때였다. 집을 떠나올 때는 언니가 같이 와주었고 또 보따리에 돈도 있었는데 많지 않은 돈으로 엿 사먹고, 떡 사먹고, 다른 사람을 도와주고 하는 통에 돈이 떨어진 일이 있었다. 언니는 내가 있는 곳만 알려주면 속옷과 돈을 가져다 주기로 약속하고 돌아갔지만 나는 그저 되는 대로 걸어다녔기 때문에 내가 있는 곳이 어딘지 전혀 알 수가 없었다. 동네이름을 써붙인 표도 없고 물어보아도 똑똑히 말할 수 있는 사람도 없고 그렇다고 남자들에게 물으면 이상하게 보기 때문에 그저 무작정 다니기만 했던 것이었다. 언니에게 알리면 당장에 찾아올 것이고 으레 돈도 가져다 줄 것이지만 연락할 길이 전혀 없었던 것이다. 벽촌이라 전화도 없고 또 교통 시설이라는 것은 전혀 생각할 수도 없었다. 그래서 나는 마지막 남은 돈을 세어 보면서 '이번에 한 끼 얻어 먹고 그 후에는 금식으로 들어가는 것이다' 하고 각오를 했다. 빌어먹을 수는 없었기 때문이다. 나는 얼마 남지 않은 돈을 주먹에 쥐고 기도했다.
"이게 마지막입니다, 하나님. 한 번만 더 음식을 사먹으면 아무것도 남는 것이 없습니다. 언니한테 연락할 길도 막혔어요, 주님"
 나는 배가 정말 고파 죽을 지경이 되어야 그 남은 돈을 내고 밥을 사먹으리라 스스로에게 일러 두었다. 나는 한없이 걷고 또 걸었다. 그런데 그날은 바람도 없었는데 저 앞쪽 조금 떨어진 곳에서 종이 하나가 나불나불 움직이고 있는 것이 보였다. '이런 벽촌에 웬 종이가 떨어져 있을까' 나는 의아하게 생각하면서 그 곳으로 가 보았다. 대체 무슨 종이일까 흥미를 느끼며 그것을 집어들었다. 순간 나는 너무도 놀랐다. 그 돈은 거의 새 돈이나 다름없는 10원짜리 지폐였기 때문이다.
 '아! 이런 벽촌에! 10원짜리 지폐가!' 그것은 도저히 있을 수 없는 일이었다. 왜냐하면 이런 데 사는 사람들은 일 원짜리도 모르는 사람들이 얼마든지 많았고, 돈이라면 거의 다 동전이요 종이돈을 본 사람은 거의 없을 만큼 금보다 귀한 것이었기 때문이다. 그런데 길거리에 떨어져 있는 것이 더욱이 10원짜리 지폐라니 도저히 말이 안되는 일인 것이다. '이런 곳에 사는 누가 10원짜리를 가지고 있으며, 또 설사 있다 해도 그토록 귀중한 지폐를 잃어버릴 정도로 무심했을 수 있겠는가. 이런 지폐를 한 장 가졌으면 만져 보고 쓸어 보고 잘 간수했을 텐데!'
 나는 지폐를 손에 들고 하늘을 우러러보았다. 눈에 눈물이 고이더니 뺨으로 주르르 흘러내렸다.
 "설마, 하나님이 이 돈을 하늘에서 만들어 여기 떨어뜨린 것은 아니지요?"
 그 말을 하고 나니 웃음이 났다. 그렇지만 나는 그 돈을 들고 사방을 둘러보았다. 혹 누가 떨어뜨린 것이 아닌가 해서였다. '만일 누가 떨어뜨린 것이라면 그는 얼마나 놀라고 분하고 기가 막혔을까. 그는 뒷감당을 어떻게 할 것인가?' 나는 마음을 졸이며 급하게 찾아보았다. 내게는 있으면 좋은 것이지만 그에게는 결사적으로 중요한 것이 아니었을까? 잃어버린 사람에게는 그 돈이 큰 문젯거리가 될 것이 분명했다. 그 당시의 10원은 지금 상당히 큰 돈에 해당되었다. 사방을 돌아다니며 찾아보았지만 그 근처에는 나무 하는 사람 하나 없었고 밭에서 일하는 사람도 볼 수 없었다. 더구나 그 흙 길을 지나가는 사람도 전혀 없었다. 다만 까마귀인지 까치인지 몇 마리의 새가 내 머리 위를 날아가고 있을 뿐이었다. 나는 그 돈을 어떻게 써야 할지를 몰랐다. 잔돈으로 바꾸어야 쓸 수 있는데 그런 큰 돈을 바꿀 데도 없고, 또 음식을 사 먹더라도 거슬러 줄 수 있을 만한 곳은 없었기 때문이다. 그런데 그때 주님은 내게 지혜를 주셨다.

'그래, 자꾸 가다 보면 큰길이 나올 것이다. 큰길에는 버스가 다닐 것이니 거기서 버스를 타자. 버스표를 사면 거스름 돈이 생길 테니까!'

그래서 나는 걷고 또 걸었다. 무작정 걷다 보니 큰길이 나왔다. 나는 길가에서 조금 떨어진 언덕에 올라가 버스가 오는가 살피면서 기다리고 있었다. 기다리고 기다려도 버스는 오지 않고, 마소를 끌고 가는 농부와 달구지 하나가 황소에 매여 지나갈 뿐이었다. 그래도 나는 언젠가는 버스가 지나갈 것이라고 믿었기 때문에 끝까지 기다리기로 했다. 해는 지고 사방이 어두워지기 시작했다. 나는 손에 쥔 10원짜리 지폐를 한 번 더 보고, 주머니 속에 있는 동전들을 만져 보았다.

"그래, 이 동전으로 음식을 사먹고 밤을 지내보자. 10원이 또 있지 않은가?"

나는 동리로 들어갔다. 동리라고 해야 여기저기 떨어져 있는 집을 모두 합쳐도 세 채뿐이었다. 그 중 한 집에 들어갔더니 늦은 저녁을 먹고 있었다. 저녁으로 옥수수를 뜯어먹던 식구들, 할아버지, 할머니, 아들, 며느리 그리고 어린 사내 아이가 일제히 나를 쳐다보며 의아한 표정들을 지었다.

"저녁을 사 먹으려고 들어왔어요. 그 옥수수를 제게도 좀 주세요. 돈은 여기 있으니까요."

나는 염치도 없이 그들이 모여앉아 있는 마당의 멍석 위에 털썩 주저앉았다. 그들은 모두 놀라서 말문이 막혔는지 어물어물 무슨 말을 할까말까 하는 눈치였다.
"염려들 마세요. 저는 신의주에서 왔어요. 여기서 가까운 시골에 왔다가 버스를 기다리고 있는데 버스는 안 오고 배가 고파서 들어왔습니다"
그렇게 말을 하니까 그 집 남자가 버스는 이틀에 한 번씩 오는데 그날은 안 오는 날이고 다음날 지나갈 거라 했다.
"언제, 몇시에요?"
"저녁 먹기 전이지요."
아! 버스가 오기는 오는구나. 나는 그 말이 기뻤다. 그들이 주는 옥수수가 어떻게나 맛이 있던지 염치도 없이 마구 먹어댔다. 오이 냉국도 훌훌 마셨다. 아기를 업은 그 집 며느리는 나와 그 집 식구들이 그릇을 비우기가 무섭게 옥수수를 내왔다. 참 안심이 된 것은 옥수수가 모자라지 않는 일이었다.
"오늘 내가 옥수수를 먹을 만치 따왔는데 어미가 미리 따다 놓은 걸 몰랐지 뭐냐. 그래서 이미 따온 것들이라 다 삶았더니 웬 손님이 왔구먼!"
그 집 할머니의 말이었다.
나는 그 말에 가슴이 뭉클해져서 옥수수를 씹던 것을 멈추고 감격했다. '그렇구나, 주님은 내게 이 옥수수를 먹이기 위해서 준비를 다 하고 계셨구나!'
종일 걸어다녀서 피곤한 데다 옥수수와 오이 냉국을 잔뜩 먹었더니 견딜 수 없이 졸음이 밀려왔다. 가끔씩 모기 쫓는 쑥 연기 냄새가 느껴지기도 했지만 그대로 잠이 들었다.
새벽녘, 닭 우는 소리를 듣고서야 나는 잠에서 깨었다. 내게 있는 동전을 다 털어놓았더니 모두 고마워하면서 전날 밤에 먹고 남긴 옥수수를 또 주었다. 먹고 남은 한 개를 보따리에 넣고 그 집을 나왔다. 그리고 또 들로 산으로 걸어다니면서 저녁 때가 되기를 기다렸다. 보따리 속에 옥수수 한 개 있는 것이 너무도 대견하고 힘이 되었다. 먹고 싶었지만 참았다. 그러나 다시 생각해 보니 그 더운 여름에 옥수수가 쉴 것 같았다. 그래서 꺼내 보니 아니나 다를까 옥수수의 구수한 냄새가 약간 변한 것 같았다.

"아끼면 똥 된다."

어렸을 때 우리 아버지 집에서 들은 말이었다. 나는 옥수수를 한 알씩 한 알씩 뜯어먹으면서 주님의 사랑에 취해 들어갔다. 버스가 지나가는 큰길을 다시 찾아왔다. 해는 벌써 져서 온 땅이 황혼빛으로 어두워 가고 있는데 '풀풀풀' 요란한 소리를 내면서 버스가 오고 있었다. 나는 큰길로 다가가 서서 기다렸다. 버스가 가까이 오고 있을 때 나는 손을 높이 들어 흔들어 댔다. 요란한 소음과 먼지를 일으키면서 버스는 내 앞에 멈추었다.

"어디 가는 거요?"

"이 버스 어디까지 갑니까?"

"신의주요."

"네, 신의주까지 가는 표를 주세요."

나는 신의주까지 가는 중도에서 내리기로 하고 표를 샀다. 거스름 돈을 잔뜩 받고 보니 기쁘기만 했다. 나는 그 돈으로 언니가 나를 다시 만나러 올 때까지 쓸 수 있었던 것이다.

악마는 언제나 믿는 자들 앞에 협박과 죽음의 길을 가지고 다가오지만 하나님은 그 죽음의 길을 영광의 길, 감격의 길로 바꾸어주신다. 믿는 자에게 닥쳐오는 어려운 일은 언제나 결과적으로 축복이기 때문에 야고보는 '형제들아, 너희가 시험을 당하거든 온전히 기뻐하라!' 말했던 것이다.

가루 한 줌 남은 것으로 마지막 떡을 해먹고 굶어 죽으려던 과부와 그의 아들을 어떻게 도우신 하나님이신가. 하나님은 능력 있는 엘리야의 하나님이시기도 하지만 이 과부의 아버지이신 고로 그들의 최후 상황에서 그렇게 축복하신 것이다. 아버지이신 하나님과 그 아들 예수님을 만나는 사람들은 세상사를 해결받고 축복을 받는다.

## 24. 꿈 꾸는 소년

그 소년이 자라난 집은 여간 복잡하지 않다. 아버지가 장가를 두 번이나 가서 두 아내와 두 첩이 저마다 아들을 둘씩 때로는 여섯씩 낳았기 때문에 그 집엔 사내 아이가 열둘이나 되었고 누이동생도 하나 있었다. 그래서 하루도 조용하고 평안할 날이 없었다. 엄마들은 서로 남편 사랑을 받으려고 시기하고 싸우고 말이 많았다. 또 아들들은 그들대로 서로 밀치고, 빼앗고, 차면서 티격태격 했기 때문에 언제나 집안은 시끌시끌했다.
그런데 아버지는 아들들을 집에 놓아두지 않고 모두 들판으로 내보내서 양을 치게 했다. 큰아들부터 열째 아들까지는 똘똘 뭉쳐서 들판에 나가 양을 쳤는데 장난치고 싸움도 해가며 서로 친구가 되어서 놀기에 여간 재미있는 것이 아니었다.
아버지에게는 자기가 제일 사랑하고 좋아하는 아내에게서 낳은 아들 둘이 있었다. 그는 이 아들 형제를 유달리 사랑하고 아껴서 자기 곁을 떠나지 않게 했으며 양을 치러 내보내지도 않았다. 그 중에서 열한번째 아들인 요셉은 특별히 그 엄마를 닮아서 그런지 모습이 준수하고 아름다웠으며 성품 또한 진지했다. 아버지는 이 요셉이 너무 사랑스러워 값비싼 비단옷을 지어 입히고 특별히 마음을 쓰며 기르고 있었다.
아버지의 사랑은 극진하고 너무도 따뜻한 것이었지만 요셉은 소년이라 아버지와 친구는 될 수 없었다. 요셉은 아버지의 사랑보다도 자기와 또래인 형님들과 같이 이야기하고 즐기고 비록 싸울지라도 감정이 통할 수 있고 대화가 통하는 무리 속에 섞여서 지내고 싶었다. 그러나 형님들은 아버지가 유달리 요셉만을 사랑하는 것이 마땅치 않고 분이 나서 그를 미워하고 있었다. 요셉은 형들이 자기를 따돌리고 괴롭힐 때마다 아버지 앞에 그들을 일러바치며 서럽게 울어댔다. 그러면 아버지는 형들을 꾸짖고 야단치면서 요셉을 감싸주었다. 그래서 요셉은 나날이 미움거리가 되어갔으며 더욱 따돌림을 받게 되었다. 소년 요셉은 한창 감정과 혈기가 자랄 때라 저 푸른 목장에 나가 형들과 함께 뛰어다니며 어울리고 싶었지만 아버지의 편애 때문에 섞일 수도, 놀 수도 없었다. 요셉은 외로운 소년이었다.

어느날 그는 꿈을 꾸었다. 그 꿈은 자기가 장차 큰 지도자가 되어 자기를 업신여기고 미워하는 형들이 모두 꿇어엎드려 절하게 될 것이라고 거듭거듭 위로해 주는 것이었다. 요셉은 이 이야기를 하면 혹시 자기를 알아줄까 해서 저녁에 집으로 돌아오는 형들에게 꿈 이야기를 했다. 그러자 형들은 요셉의 생각과는 정반대로 주먹을 흔들어대며 욕을 퍼붓는 것이었다. 요셉은 마음이 아프고 한없이 슬프기만 했다.

'나는 왜 함께 이야기할 친구 하나 없을까? 형님들은 나를 상대도 안해 주고 오히려 원수처럼 대하니……'

그러나 아무리 둘러보아도 그는 외톨이일 뿐이었다.

아버지 야곱이 하는 얘기는 항상 되풀이되는 것뿐이었다. 그도 그럴 것이 야곱에겐 무슨 기술이 있어서 가르칠 것도, 그렇다고 배운 것이 많아서 물려줄 학식도 없었기 때문이었다. 단지 그의 마음과 머리에 남아있는 것은 지난 날의 일들뿐이었고 그것을 되새기고 추억하는 것이 그가 하는 일이었다. 그 되풀이되는 내용인즉 이렇다.

야곱이 쌍둥이 형 에서에게서 팥죽 한 그릇에 장자 명분을 사가지고 형의 축복을 가로채자 형이 이를 알고 그를 죽이려 했다. 그래서 야곱은 부랴부랴 집을 떠나서 어머니가 가르쳐준 대로 외삼촌 라반의 집을 향해 도망을 쳐야 했다. 어머니가 싸준 보따리 하나만을 짊어지고 가 본 일도 없고, 누가 와서 일러준 일도 없는 길을 혼자서 가야 했던 것이다.

한없이 넓고 긴 메소포타미아 광야에 이르렀을 때 이미 해는 지고 캄캄한 밤이 되었다. 하늘은 아름다운 별로 가득 찼지만 벌판은 스산하고 세찬 바람으로 몹시도 추웠다. 독사나 맹수가 어디서 튀어나올지 모르는 무시무시한 황야, 거기에는 농가도 없고 인적도 없이 춥고 두려운 정적만이 어둠 속에 숨어있었다. 다리가 몹시 아파 더 걸을 수도 없었고 방향도 알 수 없었기에 야곱은 주저앉아 버렸다. 우선 잠이라도 자야만 했다. 그는 돌덩이 하나를 주워 베개를 삼고, 지고 온 보따리를 부둥켜 안았다. 몹시도 추운 밤이었다.

'아! 우리 할아버지 아브라함은 하나님의 친구였다는데 손자인 나는 왜 이렇게 비참한가. 내가 장자 명분을 얻기 위해 기회를 엿보다가 사냥에서 돌아온 형에게 팥죽을 주고 장자의 명분을 산 것이 무엇이 잘못이란 말인가? 그런데 나는 우리 집의 그 많은 재산과 종들 더욱이 부모님을 떠나 이렇게 홀로 도망치는 신세가 되다니. 장자 명분을 얻은 것에 대한 대가가 겨우 이것이란 말인가? 당연히 내 것이 되어야 할 재산이 다 형에게로 돌아가지 않았는가? 그 엄청난 일을 하고서도 나는 모든 것을 다 잃고 거지 신세가 되고 말았구나! 외삼촌 집에 가기는 가지만 거기서도 어디 안연하게 살 수 있겠는가? 결국은 외삼촌의 종노릇밖에 못하겠지. 부모님이 모아놓은 재산은 이제 나와 아무런 상관도 없게 되었구나!'

야곱은 쓰리고 지친 마음으로 잠이 들었다. 그리고 그는 한 꿈을 꾸게 되었다.

하늘문이 열리고 사닥다리가 하늘에 닿았는데 신비한 빛이 내리비춰며 그 빛 속에 천사들이 오르내리는 광경이었다. 그리고는 음성이 들려왔다.
"야곱아. 염려하지 말라. 나는 여호와니 네 조부 아브라함의 하나님이다. 내가 너와 함께 있어 네가 어디로 가든지 너를 지키며 너를 이끌어 이 땅으로 돌아오게 하리라. 내가 네게 허락한 것을 다 이루기까지 너를 떠나지 아니하리라."
 야곱은 깜짝 놀라 잠에서 깨어 하나님 앞에 꿇어 엎드렸다. 그리고 베고 자던 돌을 기둥으로 세우고 보따리에서 기름을 꺼내 아낌없이 쏟아부었다. 그는 자신이 가지고 있던 가장 귀한 것을 하나님께 드리고 그 자리를 성별하였던 것이다. 야곱은 하나님께 꿇어 앉았다.
 "하나님, 감사합니다. 우리 할아버지 아브라함의 하나님을 저는 오늘 분명히 뵈었습니다. 하나님, 정말로 하나님이 저와 함께하시고 저를 무사히 집에 돌아가게 해주신다면 제가 세운 이 석상을 하나님의 집으로 삼겠습니다. 그리고 하나님께서 제게 주신 모든 것의 10분의 1을 반드시 드리겠습니다."
 하나님은 약속하신 대로 야곱을 도와주시며 그와 함께하셨다.
 아버지 야곱은 요셉에게 특별히 어려울 때 하나님이 어떻게 도와주셨는지를 몇 번이고 이야기했다. 외삼촌 라반이 열 번이나 일한 삯을 주지 않았고, 자기를 속이는 바람에 장가를 두 번이나 갔고, 라반의 아들들이 자기를 미워하여 수군거리며 배척하였지만 하나님은 자기를 도와주셔서 큰 부자가 되게 하셨다는 것이다. 아버지 야곱은 하나님께서 자기를 지켜주시고 축복하신 이와 같은 이야기를 귀가 따갑도록 들려주었던 것이다.
 결국 하나님은 외로운 자, 슬픈 자, 이유야 어떻든 소외당한 자를 불쌍히 여기시고 도와주신다는 말이었다. 요셉의 마음에도 하나님은 외롭고 어려울 때 도와주시는 분이라는 생각이 심겨지고 있었다.
 하루는 아버지가 요셉에게 형들이 양을 치고 있는 벌판에 가 어떻게 하고 있는지 살펴보고 오라고 일렀다. 요셉은 기쁜 마음으로 형님들을 찾아나섰다.
 형들이 양을 치고 있자니 저 멀리 고운 색깔 옷을 입은 소년이 오고 있는데, 한눈에도 요셉임을 알 수 있었다. 자기들은 목동으로 허름한 옷을 입고 이 고생을 하고 있는데 저 요셉은 장신구로 꾸민 호화로운 옷을 입고 아버지의 사랑을 독차지하고 있으니 질투가 나고 울화가 터졌다.
 "야, 꿈쟁이가 오는구나."
 "대체 저 녀석은 뭐야? 우리 저 녀석을 죽여버릴까?"
 "그래, 죽여버리자. 그리고 저 녀석만 사랑하는 아버지 꼴이 어떻게 되나 보자."
 그러나 맏형 르우벤은 그 말을 듣고 있다가 피만은 흘리지 말고 구덩이에나 처넣자고 했다. 그는 나중에 기회를 봐서 요셉을 살려낼 생각이었다.
 요셉이 아무것도 모른 채 형들에게 달려왔을 때 살기등등한 형제들은 그에게 달려들어 옷을 벗겼다. 그리고는 들에 있는 빈 구덩이에 처넣어버렸다. 요셉은 구덩이 속에서 아버지를 부르며 울부짖었다. 어머니를 일찍 여읜 요셉은 아버지의 보살핌을 받으며 자랐다.
 '아버지, 아버지……. 아, 나는 이제 여기서 굶어죽는구나. 아버지는 그 형님이나 외삼촌에게 쫓기어 위태로울 때 하나님이 도와주셔서 아무도 아버지를 죽일 수 없었다고 했는데……. 하나님, 저 좀 살려주세요. 아, 내가 몇 번이나 꾸었던 그 꿈은 헛된 것이었을까?'
 요셉은 울다가도 몇 번씩 정신을 차리려고 애썼다.
 '그래 아버지도 이런 곤욕을 당할 때 하나님만을 꽉 붙들고 의지했다고 하셨다. 결국 아버지는 많은 축복을 받지 않았나? 형님들이 나를 죽이려고 하지만 나도 아버지의 하나님만 꽉 붙잡고 의지해야 하는 거야, 그래야 살 수 있다.'
 요셉은 하나님만을 의지하려는 마음을 굳게 먹으며 정신을 가다

## 24. 꿈꾸는 소년 179

듬었다.

한편 형제들은 모여앉아서 음식을 먹고 있었는데 마침 낙타를 몰고 오는 이스마엘 상인들이 눈에 띄었다. 유다가 형제들에게 말하였다.

"그래도 우리 동생인데, 그 애를 죽인다고 우리에게 무슨 득이 있겠나? 그러니 우리 저 애를 이스마엘 사람들에게 팔아버리고 우리는 손을 대지 말자."

형제들은 그의 말을 듣기로 했다. 그런데 그들이 그러고 있는 동안 미디안 상인들이 그 구덩이 앞을 지나가다가 요셉을 발견하고는 요셉을 구덩이에서 끌어올렸다. 형제들은 요셉을 은 이십 개에 상인들에게 팔아버리고 그의 옷에 염소 피를 묻혀서 아버지에게 갖다드렸다.

아랍의 이방인에게 팔린 요셉은 옷도 입지 못한 벗은 몸으로 낮에는 내리쬐는 햇볕과 밤에는 차가운 냉기를 견디며 낙타의 뒤를 따라 끌려가고 있었다.

요셉은 아버지를 생각했다. 그리고 아버지 당신을 죽이려는 형에서를 피해 메소포타미아 광야에서 돌을 베개 삼아 지냈다는 그 밤을 상상해 보았다.

'나도 아버지처럼 하나님만을 의지해야 한다. 그래야 산다.'

요셉은 스스로에게 일러주며 다짐했다. 노예의 신세가 되어 걷고 또 걷다 지친, 그러나 그 속에는 하나님을 의지하려는 확고한 결심과 결단을 가지고 걸어가는 요셉이 사람의 눈으로 볼 때야 처참하고 비루하기 짝이 없었겠지만, 온 세상의 모든 것을 보시고 아시는 하나님은 얼마나 애처롭고 기특하게 보셨을까?

'기다려 보자.'

소년 요셉은 하나님을 바라보며 소망을 잃지 않았다.

마침내 그들은 애굽에 닿았다. 요셉은 생전에 그렇게 번화하고 복잡하고 사람이 많은 곳은 본 적이 없었다. 요셉을 사온 아랍인은 그를 끌어다 단 위에 세워놓았다. 그곳은 노예 시장이었다. 지나가던 사람들이 멈춰 서서 요셉을 구경했다.

"여, 잘생겼는데, 쓸만하겠어."

"총명해 보이는구만."

"비쌀 거야."

사람들이 값을 불러 보고는 아쉬운 표정으로 지나갔다. 많은 사람들이 호감 있게 구경하는 것을 보고 상인은 아주 높게 값을 매겨 놓았던 것이다. 그래서 다들 구경만 하고 섰는데, 웬 커다란 마차에 군졸을 거느린 장군이 지나다가 그 앞에서 말을 세웠다. 그는 상인과 흥정을 하더니 금방 요셉을 사가지고 자기의 집으로 데려갔다.

요셉은 또 한 번 놀랄 수밖에 없었다. 그는 일생을 장막 속에서 살았는데 그 집에 와보니 웅장한 벽돌집 안에는 대리석이 깔려있고 굉장한 가구들로 장식되어 있는 것이었다. 분주히 일하는 사람들은 모두들 똑같은 정복을 입고 있었는데 돌아온 집주인을 정중히 맞으며 시중들고 있었다. 요셉의 눈에는 이 모든 것이 굉장하고 기이하게만 보였다.

요셉을 사온 집주인은 바로 왕의 경호대장 보디발이라는 사람이었다. 그는 하인에게 요셉을 목욕시키고 새 옷을 입히라고 일렀다. 요셉은 개울에 가서 몸을 씻는 것밖에 몰랐는데, 그 집에는 아주 좋은 목욕탕이 갖추어져 있었다. 따뜻한 물에 몸을 씻고 새 옷을 입고 보니 어찌나 기분이 좋은지 꿈을 꾸는 것 같았다.

요셉은 성품이 공손하고 용모 또한 준수했기 때문에 사람들의 귀여움을 받으며 지냈다. 또 다른 하인들과는 달리 좋은 음식과 옷을 입으며 지냈는데 그것은 아이가 없는 집주인 부부가 그를 아들처럼 사랑하고 아껴주었기 때문이다.

요셉은 문득 깨달아지는 것이 있었다.

'아, 이것이었구나! 아버지가 그렇게 절망에 빠져 외삼촌 집으로 갔을 때 하나님이 우리 엄마를 만나게 해주셨다더니, 그 엄마가 너무 좋아서 7년을 하루같이 기다렸다더니, 형들이 나를 죽이려고 했지만 하나님은 나를 건져주셔서 이렇게 좋은 집에 살게 하시는 구나. 우리 아버지의 하나님, 그분은 또 내 하나님이시구나. 어떤 일이 있더라도 나는 하나님만을 의지하고 그분이 하라시는 대로 믿고 따라야 한다.'

죽을 고비에서 건져주시고, 좋은 길로 인도하신 하나님을 생각할 때, 요셉은 마음이 뜨거워지면서 힘이 생기는 것을 느꼈다. 그러면서 요셉은 청년의 나이로 성장했다. 나이가 들수록 그의 아름다운 모습에는 사내다운 단단함이 깃들어 갔다. 요셉은 매사에 하나님을 의지했기 때문에 집안에는 질서가 잡히고 모든 일이 왕성하게 잘 되어 갔다. 그래서 주인 보디발은 요셉을 신임하였고 그에게 집안일을 모두 내맡겼다.

"요셉아! 이 집의 모든 것이 다 네 것이니 네가 하고 싶은 대로 잘 해 보아라. 나는 이 집에서 자고 먹고 기숙할 뿐이지 이 집의 관리인은 너다."

요셉은 이런 말을 들을 때마다 얼마나 주인이 고맙고 감사한지 이 모든 것을 주신 하나님을 더욱 가까이 의지하게 되었다.

그런데 얼마쯤 시간이 흐르자, 요셉의 깨끗하고 준수한 용모로 인해 보디발의 아내가 그를 탐하기 시작했다. 그녀는 눈짓을 하며 때로는 애원을 하면서 그를 유혹하고 못살게 굴었다. 그러나 요셉은 자기를 믿고 집안일을 모두 맡긴 주인의 은혜를 배신할 수는 없었다. 그리고 무엇보다 자기가 그토록 의지하고 사랑하는 하나님이 보실 때 차마 있을 수 없는 일이었기 때문에 그녀가 수작을 걸 때마다 단호하게 물리쳤다.

하루는 이 여자가 일하는 사람들을 비밀히 내보내 집을 비우게 한 후 요셉을 자기의 침실로 유혹하였다. 요셉은 여자를 꾸짖어 벗어나려 했지만 그녀는 그의 옷자락을 붙들고 놓아주지 않는 것이었다. 애굽인의 옷은 홑이불처럼 생겨서 걸치고 다니도록 되어 있었는데 잡아당기면 나체가 될 수밖에 없는 옷이었다. 요셉은 독사에게서 달아나듯 여자를 뿌리치고 발가벗은 채로 뛰쳐나갔다. 여자는 어이없고 부끄럽고 분하여 사람들을 부르며 고함을 질렀다.

"이것 좀 봐라. 저 히브리 녀석이 달려들어 나를 강간하려고 했어. 그래서 내가 소리를 지르니까 이렇게 옷을 버려두고 도망쳐 버렸어."

사람들은 주인 여자의 손에 요셉의 옷이 들려있고, 요셉은 도망하고 없는 것을 보고 여자의 말을 믿었다. 보디발은 이 사실을 알고 화가 치밀어 요셉을 감옥에 가두어버렸다.

그러나 요셉은 당당했다. 왜냐하면 아버지의 이야기대로 하나님의 도우심이 느껴지고 있었기 때문이었다. 유혹에 빠져 범죄하지 않았다는 사실에 뭔가 속에서 힘이 북받쳐 나오는 것 같았다. 감옥에 갇힌 요셉은 전쟁에서 승리한 장군과도 같이 빛이 났다.

그는 변명을 안 했다. 설명도 하지 않았다. 왜냐하면 사람들은 제 좋을 대로 남의 말을 해석하고 수군거리며 마음대로 만들어 말하기를 좋아하기 때문이다. 요셉은 하나님이 자기를 지켜주신 그 분명한 사실 앞에서 아무 설명을 해야 할 필요를 느끼지 않았던 것이다. 그는 무죄하고 깨끗한 자신이 감옥에 들어왔다는 것이 오히려 자랑스럽게 여겨졌다.

그는 문득 옛 일들이 떠올랐다.

'아버지는 나를 늘 옆에 두고 싶어하셔서 마음대로 나가 놀 수도 없었지. 그리고 습관적으로 하시는 하나님 얘기가 그때는 귀찮고 싫증도 났었는데……. 아! 참으로 아버지의 말은 진짜였구나! 아버지를 도우신 그 하나님이 나를 또 도와주셨으니 이 얼마나 든든하고 기쁜 일인가!'

요셉의 마음은 마치 열심 있는 학생이 선생님을 기다리는 것과도 같았다.

간수는 요셉의 잘생긴 모습에 놀랐지만 그 태연자약한 태도에는 더 놀랐다. 보디발의 아내가 그에게 끌릴 만도 하다고 생각했다. 요셉의 됨됨이를 안 간수는 그가 죄수로 여겨지지 않았다.

요셉은 그가 있는 곳이 감옥이든지 어디이든지 또 간수와 죄수들이 뭐라고 웅성대든지 전혀 개의치 않았다. 그의 가슴에는 뭔가 끝없이 타오르는 소망이 있었다. 그것은 형님들에게 핍박을 받고 미움받아서 고독할 때 하나님께서 보여주신 꿈들에 대한 기억이었다. 아버지는 여러 번 하나님은 약속을 하시고 그 약속을 그대로 지키시는 분이라고 말씀하시곤 했다. 또 아버지는 그가 꾼 그 꿈은 하나님이 그에게 주신 약속이라고 일렀었다.

'그렇다면 약속을 지키시는 하나님이 언젠가는 내가 꾼 그 꿈을 이루어 주실 것이 아닌가! 이 감옥은 마치 아버지가 외삼촌집에서 고역을 하던 것과 같지 않은가! 기다리고, 참고, 또 하나님만을 꼭 의지하고 변하지 말자. 의심도, 비판도, 괴로움도 없어야 한다. 모든 것을 배우는 자세로 견디자. 배우자. 고통스러운 것도 배우고, 어려운 일도 배우고, 배고프고 추운 일, 더운 일 아픈 일, 기가 막힌 일, 앞이 캄캄한 일, 다 다가오라! 나는 배울 것이다. 훈련을 받고 또 받아서 나는 하나님의 영광을 볼 것이다.'

요셉은 감방에 있는 죄수들을 볼 때마다 모두 비참하고 불쌍한 사람들이라는 생각이 들었다. '나는 하나님을 두려워했기 때문에 감옥에 들어오긴 했어도 유혹을 이기고 승리했는데, 이 사람들은 하나님이 누구신지도 모르고 알려고도 하지 않고 제 좋을 대로만 살다가, 유혹도 시험도 모르고 아주 덤벼들어 저 지경이 된 것 아닌가?' 그렇게 생각을 하다 보니 아버지 야곱이 얼마나 자신을 사랑해서 그 듣기에 거북한 똑같은 말을 하고 또 하고 해주었던 것인지 고맙기만 하고 감사하기만 하였다.

'이제는 하나님이 나를 도우시기 시작하셨으니 하나님은 나의 주인이고, 나는 하나님 손에 잡혀있는 것이다.'

정말로 하나님이 그를 도우시는 증거는 확실히 나타나기 시작했다. 죄수들을 못살게 굴며 마구 다루는 간수들도 그에게만은 다정하고 너그럽게 대해 주었던 것이다. 물론 요셉도 모든 규칙을 잘 지켜 간수들이 싫어할 말이나 행동은 하지 않았다. 그는 가장 모범적인 죄수였다. 그래서 간수장은 요셉을 신임하였고, 그에게 모든 죄수들을 맡겼다. 요셉은 거의 완전한 자유를 누릴 수 있게 되었다.

어느날 요셉은 죄수 두 사람이 큰 시름에 잠겨있는 것을 보았다.
"왜들 그러시오. 왜 영혼에 수심이 가득하지요?"
그중에 한 사람이 대답했다.
"우리들은 간밤에 이상한 꿈을 꾸었소. 그런데 무슨 꿈인지 아무도 해석해 줄 사람이 없지 뭡니까."
"말씀해 보세요. 제가 도와드릴 수 있을지 모르겠군요."
"내가 먼저 얘기하겠소. 꿈에 보니 웬 포도나무가 있는데 세 가지가 뻗어있었소. 그런데 금방 싹이 나고 꽃이 피고 포도송이가 익더군요. 그리고 내 손엔 바로의 잔이 들렸는데, 내가 포도를 따서 즙을 내어 그 잔에 담아 바로의 손에 드렸어요."
그는 바로의 술을 다루는 관원장이었다.
"아! 그것 참 좋은 꿈이군요. 3일만 있으면 당신은 당신의 본직으로 돌아가 술 따르는 일을 계속하게 될 것입니다. 왜냐하면 거기서 세 포도나무 가지는 3일을 말해 주는 것이기 때문입니다. 그러니 당신이 본직으로 돌아가거든 제발 나를 잊지 마십시오. 나는 여기 들어올 만한 죄를 짓지 않았습니다. 왕에게 이야기를 해서 나를 여기서 나가게 해주십시오."
"물론이지요. 당신의 해몽이 맞아떨어진다면 내 당신을 꼭 돕도록 하겠소."
그는 몹시 기뻐서 대답했다. 그것을 본 또 한 사람이 급하게 말을 꺼냈다. 그는 왕의 떡을 굽는 관원장이었다.
"내 꿈도 좀 해석해 주시오. 꿈에 보니 흰 떡 세 광주리가 내 머리 위에 있는데 그 윗광주리에는 바로를 위하여 만든 온갖 구운 음식이 들어있었소. 그런데 새들이 내 머리의 그 광주리 속에서 그것들을 먹고 있더군요."
요셉은 이 꿈을 꾼 사람의 얼굴을 한참이나 들여다보더니 동정어린 눈빛으로 이렇게 말했다.

"그 꿈은 정말 불길한 꿈입니다. 광주리 셋은 사흘이란 뜻인데 사흘 후에 당신은 처형을 당할 것이오." 요셉은 이 말을 하고 마음이 답답해서 돌아섰다. 과연 그 사람들은 꿈을 꾼대로 사흘이 되던 날에 한 자리에 불려나갔다. 그리고 요셉의 해석대로 술 맡은 관원장은 복직이 되었고 떡 맡은 이는 정죄되어서 나무에 매달려죽었다. 요셉은 술 관원장이 자기에게 약속한 대로 도움의 길을 열어줄까 하고 기다려 보았다. 그러나 한 달이 가고, 두 달이 가고, 1년이 지났어도 소식은 감감했다. 요셉은 그래도 그럴 수가 있나 하고 기다리다 못해서 다 잊어버리기로 했다.

그런데 2년 후 어느날 바로는 이상한 꿈을 꾸었는데 그 꿈을 해석할 사람이 온 애굽에 단 한 사람도 없었다. 왕은 화가 나서 꿈해석도 못하는 애굽의 박사들과 술객들을 다 죽여버리겠다고 벼르고 있었다. 그때서야 술 관원장은 문득 머리에 떠오르는 것이 있었다.

'아차, 내가 왜 그 일을 여태 잊어버리고 있었던가?'

그는 급히 왕에게 달려갔다.

"왕이여, 오늘에야 제 잘못이 생각납니다. 언젠가 소신이 떡 굽는 관원장과 함께 폐하의 노여움을 사서 감옥에 갇힌 일이 있었습니다. 그때 저희들은 이상한 꿈을 꾸게 되었는데 거기에 있는 히브리 사람 하나가 그 꿈을 풀어주었습니다. 소신은 복직이 될 것이고 떡 굽는 관원장은 처형당할 것이라는 말이었는데 신통하게도 그대로 맞아떨어졌습니다."

왕은 당장에 사람을 불러서 요셉을 데려오도록 명했다. 수염을 깎고, 목욕을 하고, 새 옷으로 갈아입은 요셉은 훌륭한 모습으로 바로 왕 앞에 섰다. 요셉은 이것이 계기가 되어 소년 때 하나님이 주신 꿈을 이루게 되었다. 그는 애굽의 왕 다음 가는 재상이 되었고, 온 천하 사람들을 기근에서 건져주었다. 그리고 드디어는 형들과 아버지까지 그 앞에 엎드려 경배하게 되었던 것이다.

약속을 하시고, 지키시고, 이루시는 하나님이 요셉에게 어떻게 하셨는가? 참으로 감격스럽고 흥분된 이야기가 창세기 30장에서 50장에 이르기까지 펼쳐져 있다.

민중난리(대원군 난리라고도 한다) 때의 일이다. 한 고관이 민비의 측근인 관계로 위험한 지경에 처하게 되었다. 다행히 종들의 헌신적인 도움으로 간신히 도망을 하게 되었는데 그곳은 죄수를 귀양보내는 삭주라는 곳이었다. 종들을 다 돌려보내고 그들은 조그마한 초가집 한 채를 사서 숨어 살았다.

난리가 나기 전 대원군과 민비의 갈등으로 궁중이 어지러울 때였다. 이 고관도 늘 불안하고 한없이 괴로운 날들을 보내고 있었다. 그러던중 마침 미국에서 건너온 한 젊은 감리교 선교사 부부가 그를 찾아와서 복음을 전해주었다. 한국말을 몇마디밖에 못 하는 선교사 부부는 그렇게도 이상하고 서투른 한국말로 말했다.

"하나님은 당신을 도와주십니다. 하나님만이 당신들을 도와줄 수 있어요. 아무도 당신들을 도와줄 수 없지만 하나님만은 당신들을 도와줄 수 있습니다. 그분은 당신을 만드셨고 사랑하시기 때문이예요. 하나님이 그 아들을 당신을 위해서 세상에 보내셨는데, 그 아들만 믿으면 살 수 있습니다. 그 아들이 예수님이예요. 예수님은 하나님이지요. 왜냐하면 하나님의 아들이니까 하나님이란 말이요. 예수님 믿으시오!"

이분들은 하루 걸러 한 번씩 찾아와서 똑같은 말을 마치 외우듯 반복하였다. 이 고관과 아내와 어린 딸은 하도 무섭고, 불안하고, 공포에 싸여있었기 때문에 그 선교사 부부의 말이 마음에 깊이 잠겨져 왔다. 그래서 그들이 오면 마치 천사가 오는 것같이 기쁨이 맞아들이고 대접하였다. 그리고 그 말을 신앙하여 정중히 받아들일 수밖에 없었던 것이다. 그러다가 난리가 나서 이제는 이 깊은 산골로 피신을 해온 것이다.

그들에게는 여덟 살 난 연이라는 딸이 하나 있었다. 딸 아이는 네 살 때부터 가정교육을 엄하게 받아 왔는고로 또 그때는 결혼을 일찍 하던 시절이기에, 그 어린 나이에도 밥 짓는 일이며 빨래, 바느질, 옷 짓는 일, 학문, 예의범절 등 모든 것을 배워 익히고 있었다. 나라를 위해 걱정하시던 부모님이 이렇게 누추한 곳에 살게 된 것을 생각하면 연이는 한없이 애처로운 마음이 들었다. 종도, 식모도, 아무도 도와주는 사람 없는 집안의 세간살이를 이 소녀가 다 맡아서 해야 했다. 아버지가 고관으로 있을 때 그 풍성하고 큰 살림을 배우던 연이는 이제 작고 초라한 흙집에서 그야말로 소꿉질하는 것같이 재미있게 살림을 꾸려나갔다.

그들이 하루 종일 하는 것이라고는 가지고 온 책을 읽는 것과 먹을 갈아 두루마리에 시를 쓰고 근심하면서 나라를 생각하는 일밖에 없었다. 그런데 연이는 한 가지 늘 생각하는 것이 있었는데 그것은 어려울 때 도와주신다는 하나님, 또 그분이 사람들에게 보고 믿으라고 보내주셨다는 아들에 대한 이야기였다. 결사적인 태도로 그 이야기를 전해주고 읽어준 선교사 부부를 연이는 잊을 수가 없었다. 그들이 어떤 분들인가는 서울에 있을 때 들어 알고 있었다. 그분들은 미국이라는 큰 나라에서 대학교를 졸업한 부유한 사람들이었지만 우리에게 전해준 그 말씀을 일러주기 위해 그 먼 나라에서 왔다는 것이었다. '눈이 파랗고, 얼굴이 종잇장같이 희고, 머리는 노랗고, 키는 장대 같은 사람들. 그리고 너무도 고상하고 점잖고 훌륭해 보이는 그 사람들이 어떻게 이 먼 낯선 곳까지 그 예수님이란 분 때문에 오게 되었을까.' 생각을 하면 할수록 마음에 감동이 되고 막 울고 싶은 충동까지 일어나기도 했다. '그렇게 어렵게 먼 길을 찾아와서 소중히 들려주는 그 말씀을 어떻게 받아들이지 않을 수 있을까? 나는 그것을 받아들이고 평생 동안 믿고 살 거야. 하나님! 저 높은 데 계신 하나님, 내가 앞으로 어떻게 살든지 나는 그분만을 믿을 거야'. 소녀가 이렇게 다짐하고 사는 동안에 세월은 흘렀다.

왕궁의 소식은 까마득했다. 가까웠던 고관들의 일이 어떻게 되었는지 부모님들은 하는 일 없이 자나깨나 궁중에 대한 이야기뿐이었다. 그러나 연이는 궁중 이야기에는 아무 관심도 없었고 단지 그 멀고 먼 데서 소식을 가지고 와서 전해준 선교사들만이 눈에 어른거렸다. 그분들이 전해준 말씀을 생각하면 가슴이 벅차오르고 늘 물결치듯이 감동이 일었다.

4년이 지나고 5년이 되던 해에 동네의 한 중매장이가 이 집에 이렇게 예쁜 아가씨가 있는데 시집을 보내라고 찾아왔다. 평안북도 박천이라는 곳에 큰 물상객주(당시의 무역)를 하는 대가가 있는데 그 집 맏아들이 준수하고 괜찮다는 것이었다. 그래서 그의 주선으로 연이는 그 집에 시집을 가게 되었다.

시집을 와서 보니 그 집은 너무도 자기네와는 달랐다. 연이는 일평생 버선을 벗고 출입하는 것을 본 일이 없었는데 그 집에 와서 보니 여름이면 남자나 여자 할 것 없이 다 버선을 벗고 다니는 것이었다. 발을 내놓고 살고 있는 것이 어쩐지 그녀에겐 더럽게 느껴졌다. 더욱이 여자들이 입을 벌리고 큰소리로 웃는 것을 볼 때에는 경악할 수밖에 없었다. 또 아녀자들이 큰소리로 말을 주고받고, 어떤 때는 싸움까지 하는 것을 보면서 연이는 너무도 놀랐고 망측하게 여겨졌다. 그녀는 일생을 양반의 분위기와 철저한 예절교육 속에서 자라났기 때문에 모든 것이 너무도 야만스러워 보였으며 마음에 들지 않았다. 그래서 연이는 일체 입을 열지 않았다. 좋은 일이 있으나 궂은 일이 있으나 말을 하는 법이 없었다.

그런데 그녀에게 꼭 한 사람 대화할 상대가 있었다. 그는 막내 시누이 학실이었다. 학실은 언제나 연이 방에 들어오면 새언니 얼굴을 쳐다보고 조용히 앉아있었기 때문에, 그녀는 함부로 행동하지 않는 이 학실이가 옆에 있는 것이 큰 위로가 되었다. 한번은 집에서 큰 굿을 하는 잔치가 있었는데 음식을 만들고 새옷들을 갈아입고 하느라 집안이 온통 법석대고 있었다. 굿이 끝난 후에는 저마다 음식을 먹느라고 야단들인데 연이는 일절 그런 일에 참여하지 않았다. 그래서 학실이는 언니 방에 들어와서 물었다.

"형님, 형님은 왜 그러고 있어? 이렇게 온 집안 사람들이 즐거워하고 잘 먹는데 왜 형님은 나오지도 않는 거야?"
 "나는 하나님의 딸이야. 그래서 하나님만 좋지 귀신은 싫어"
 이러면서 연이는 예수님을 소개했다. 선교사가 한 얘기, 그가 전해준 말씀, 그것을 연이는 조용 조용히 그리고 확실하게 전해주었다. 학실의 눈은 빛이 나고 확실히 달라져갔다. 예수를 믿는 또 한 소녀가 생긴 것이다. 기회만 있으면 학실이와 연이는 마주앉아서 하나님 이야기, 예수님 이야기, 선교사 이야기를 되풀이했다. 그럴 적마다 왜 그런지 그들은 더 가까워지고 사랑스러워지고 친해졌다. 밤낮 듣고 또 듣는 말인데도 왠지 좋기만 하고 마음이 기뻐지는 것이었다. 결국 이 두 여인은 하나님을 알았고, 하나님이 좋아서 죽을 때까지 하나님의 딸이 될 것을 무언간에 약속하고 있었던 것이다.
 세월은 흘러갔다. 학실이도 나이 열네 살이 되어 대농가의 맏아들과 결혼을 하게 되었다. 그 집에도 어느 한 사람 하나님을 아는 이라곤 없었다. 시아버지는 훌륭한 인격을 가진 분이었지만 조상을 굉장히 열심으로 섬겨 받드는 사람이었다. 그래서 그 집은 대대손손이 죽은 조상을 숭배하고, 제사를 지내며 충성심을 가지고 섬기고 있었다.
 그 당시 박천에도 교회가 세워져서 학실이는 시집오기 전에 교회에 나갔었는데 예배드릴 때마다 너무 기뻐서 매번 집에 돌아와서는 이야기하며 좋아했었다. 그런데 시집을 간 그 농촌에는 교회도 없었거니와 믿는 사람도 없었기 때문에 학실이는 언제나 교회가 있는 먼 종산을 바라보며 하나님께 예배드리고 싶은 마음이 일어나곤 하였다. 그럴 때에는 손에 일도 잡히지 않았다. 그녀는 친정에 갔다온다는 핑계를 대고 집에 돌아와 교회로 달려갔다. 얼마나 기쁘고 좋은지 학실이는 그저 교회에 있고만 싶었다.
 그녀는 늘 정직하고 일도 잘하고 유순하여 시부모님께 칭찬을 받았고 온 가족과 친척들에게도 사랑을 받았다. 그때 남편은 고등학교를 다니느라 나가 있었기 때문에 학실은 집에서 살림만 하며 지내고 있었다. 그래서 더욱 교회가 그리웠고 어떤 때는 너무 가고 싶어 울기도 했다. 그날도 학실이는 그렇게 울고 있었는데 그만 시어머니에게 들키고 말았다.

"애야, 너 왜 울고 있니? 보고 싶은 사람 있어서 우는 것 아니냐?"

그 말을 듣고 얼굴을 든 학실이는 애원했다.

"어머니, 저 일요일에 교회에 나가게 해주세요. 그러면 울지 않을께요."

시어머니는 시아버지와 의논하여 주일날 교회에 나갈 수 있도록 허락해 주셨다. 집에서 교회까지는 대동강을 건너 10여리를 더 걸어야 하는 먼 길이었다. 집에서 대동강까지 10여리요, 배를 타고 강을 건너서 10여리 길을 더 걸어야 했던 것이다.

어느 비오는 여름날이었다. 학실이가 교회를 가려고 막 나오는데 시어머니가 "비가 이렇게 오는데, 진탕길 가다가 넘어지면 어떻게 하려고 그러느냐. 더구나 배를 타고 가야 하는데……. 오늘은 그만 두고 날이 개이거든 가지." 하고 만류했다. 학실은 그 말에 순종하여 방에 들어가 앉았는데 슬픔에 복받쳐 울음이 터지는 것이었다. '기다리고 기다리던 주일인데, 비가 와서 못 간다니.' 그녀는 주저앉아 엉엉 울었다. 그렇게 울다가 문득 '비도 하나님이 보내시는 것인데 왜 비가 무서워 못 가?' 하는 생각이 들었다. 그녀는 다시 밖으로 나왔다. 비바람이 마구 내리쳐 비닐 우산이 찢어지는데도 학실이는 자꾸 걸어만 갔다. 사실 강에 도착해 보니 그곳에는 나룻배가 하나도 없었다. 더군다나 빗물 때문에 강물은 진탕물이 되었고, 창수가 나서 두 배나 넓어진 강이 무섭게 흐르고 있었다. 강을 건너갈 아무 도리도 없었다. 장마비는 그칠 줄 모르고 내리는데 학실이는 넓고 넓은 빈 강변에서 울고만 있었다. 그러나 그대로 돌아가고 싶은 마음은 전혀 없고 강을 건너 교회에 가고 싶은 생각만 불일듯 했다. 그녀는 어렸을 때 대동강에서 늘 놀았기 때문에 어디가 깊은 곳인지, 어디가 가장 얕은 곳인지 잘 알고 있었다.

문득 강의 얕은 데가 생각이 나서 비를 맞으며 그곳을 찾아 달려갔다. 그리고 어려서 개구리 헤엄 치던 것만 믿고 강을 건너기로 했다. 그러나 물속으로 들어가자마자 그녀는 곧 물결에 휩싸여버렸다. 아무리 개구리 헤엄을 잘 칠 줄 안다 해도 거센 물결에는 어쩔 도리가 없었던 것이다. '이제는 죽었구나. 이제 나는 천국에 들어가는구나.' 학실이는 그렇게 생각하면서도 머리가 물에 빠지지 않게 정신을 차리고 둥둥 떠내려갔다. 그때 뭔가 턱 걸리는 것이 있었다. 홍수에 떠내려가던 큰 소나무가 바위에 부딪쳐 걸려있었던 것이다. 학실이는 그 나무를 붙잡고 간신히 바위를 타고는 강 언덕으로 올라왔다. 비는 약해지고, 구름이 퍼지더니 잠깐이지만 햇빛이 비쳐오고 있었다. 학실이는 저도 모르게 그 햇빛이 나오는 구름 위를 쳐다보며 외쳤다.

"하나님, 저를 이렇게 건져주셨습니까? 그리고 저를 그렇게 내려다보십니까?"

그 말이 입에서 나오는데 어떻게나 기쁘고 좋은지 춤이라도 추고 싶었다. 늘 애창하던 찬송가가 입에서 흘러나왔다.

"갈 길을 밝히 보이시니 주 앞에 빨리 나갑시다. 우리를 찾는 구주 예수 곧 오라 하시네. 죄악 벗은 우리 영혼은 기뻐 뛰며 주를 보겠네. 하늘에 계신 주 예수를 영원히 섬기리."

찬송가를 부르며 이제는 예배 시간이 벌써 지나갔으므로 학실은 집으로 되돌아 갈 수밖에 없었다.

시집에서는 학실이가 없어진 것을 단번에 알아 비바람 치는 농촌 사방을 다 찾아보았지만 찾을 수 없었다. 온 집안은 근심에 싸여 불을 끄지 못하고, 몇몇 식구들은 울고 있었다.

학실이는 한밤중이 되어서야 집으로 돌아왔다. 온 집안 식구들은 놀라서, 죽은 사람이 들어오는 줄로만 알았다. 왜냐하면 학실이의 머리는 다 풀어헤쳐지고, 옷은 흙탕물에 흠뻑 젖어있었기 때문이다.

"어떻게 된거야?"

식구들이 한 음성 한 말로 물었다. 학실이는 모든 사연을 정직하게 털어놓았다. 시아버지는 그 말을 듣고 며느리를 사랑스럽게 바라보았다.

"아가야. 내가 우리 뒷산 언덕에 교회당을 지어주마. 목사님을 모셔다가 살게 하고 우리도 다 교회에 나가서 네가 좋아하는 하나님을 섬기자"

이렇게 해서 그 동네 뒷산에 아담한 교회가 생기게 되었고, 시아버지가 성경을 읽어 깨달아 알고 난 후에는 사람들을 가르치며 교회를 맡게 되었다. 학실이는 그 후에 아들 셋과 딸 둘을 낳았는데, 맏아들은 장로가 되었고 둘째와 셋째 아들은 훌륭한 복음전도자가 되었다. 해방 후에 월남한 그들은 서울에서 신학교의 훈련을 통해 지금은 모두 목회자가 되었다. 그들이 목회하는 교회는 많은 영혼들을 구원하는 큰 교회로 성장하여 하나님께 영광을 돌리고 있다.

선교사가 여덟 살 먹은 소녀 연이에게 전한 복음이 어린 학실이에게 전해지고, 그 복음이 다시 그의 아들들로 인해 널리 퍼지게 된 것이다.

하나님께서는 이 죄 많고 혼란한 시대에 요셉과 같은 사람, 연이와 학실이 같은 사람을 얼마나 찾고 계실까? 사실은 그 연이가 내 어머니이고 학실이는 내 고모이다. 이 두 분은 1950년 북괴군이 서울에 쳐내려왔을 때 순교하셨다. 내 어머니는 집에서 기도하다가 괴뢰군의 총에 맞아 돌아가셨고, 고모님은 그 시간에 교회에서 기도를 드리고 있었는데 등뒤에서 쏘는 괴뢰군의 총에 맞아 천국으로 가셨다. 두 분은 생전에 그렇게도 순교하기를 원하셨는데 한날에 두 분이 소원한 대로 된 것이다. 얼마나 좋았을까!

## 25. 애기 목사님과 선생님

캄캄한 성전 한 구석에 올리브기름 등잔이 깜빡이고, 유리창이 없어 바람과 햇빛도 들어오지 않는데 거기 세 살 먹은 애기 목사님이 율법책을 창에 두고 쪼그리고 앉아 엘리 제사장이 무엇이라고 명령하는지 들으려는 듯 가만히 기다리고 있다. 그림으로 치면 너무도 초라하고 이상한 그림이 될 것 같다. 애기 목사는 아무런 세상 경험도 없이 성전에서만 살았으니 마치 새장에 잡혀온 아기새 같기도 하다. 거기는 어린 아이들이 가지고 놀 장난감이나 또 마음을 기쁘게 해줄 만한 것은 없다. 단지 거기엔 떡이 놓여있는 거룩한 제단과 법궤가 있을 뿐이다. 문간에는 엘리 제사장 할아버지가 앉아있다. 그분은 거의 100세나 살았기 때문에 얼굴은 논고랑같이 깊게 주름져 있고, 늘 문간에 앉았으므로 햇빛과 바람에 그을러 있었으며 이제는 눈까지 멀어 눈에서는 눈물이 질질 흐르고 그야말로 보기 싫은 그런 형편에 있는 분이다.

애기 목사에게는 이 노인 외에 대화할 어느 누구도 없었다. 엄마가 지어준 삼베 두루마기를 입고 세 살 먹은 사무엘 애기 목사는 그렇게도 가련하고 불쌍하게 살고 있었다. 나가서 곤두박질치며 엎어지기도 하면서 뛰놀고 싶었지만, 소리도 지르고 어리광도 부리면서 다른 아이들처럼 살고 싶었지만 그렇게 할 수 없었다. 엄마가 보고 싶어도 울어서는 안되었다. 사무엘이 엄마의 얼굴을 알아

본 그 당시부터 엄마는 그를 강하고 엄격하게 훈련시켰던 것이다.
 "너는 보통 아이가 아니야, 울어서는 안돼, 사무엘, 너는 너를 내 아들로 보내주신 그 하나님의 것이야."
 그것이 무슨 뜻인지 조금도 알 수가 없었지만 매일매일 자고 일어나면 엄마가 일러주고 가르쳐주고 연습시킨 것이 그것이었기 때문에 사무엘은 이 늙고 비대한 엘리 제사장 외에는 아무도 없는 컴컴한 성전에서 꼼짝도 못하고 지내야 하는 것이었다. 이 외로운 성전에서 사무엘은 엄마가 그리웠고 소리를 지르며 울고도 싶었다. 그러나 그럴 때면 보고 싶은 엄마의 얼굴보다 더 크게 그를 움직이며 엄마의 목소리가 울려 왔다.
 "사무엘, 너는 내것이 아니란다. 너는 하나님의 것이야. 하나님만이 너를 도울 수 있지, 나는 너를 어떻게 할 수 없단다. 그분이 너를 도와주실 거야. 그분은 나보다 더 너를 사랑하신단다. 알겠지 사무엘? 하나님만이 너를 사랑하시고 도와주신단다."
 그러나 대체 하나님이 어디 계시는지 어떻게 도와주시는지 알 수 없었기에 사무엘은 울고만 싶었다. 몸부림을 치며 아이는 울고 싶었다. 그러나 다시 엄마의 말이 귓가에 쟁쟁하게 들려 왔다.
 '아니, 아니야, 하나님의 사람은 우는 것이 아니야, 못 울어, 못 우는 사람이란 말이야'
 사무엘은 보고 싶은 엄마가 원망스럽기 한이 없었지만 울 수조차 없었다. 그는 이제 울 마음이 없어지도록 슬프고 막막하기만 했다. 사방을 둘러보아도, 반짝거리는 기름등불만 어둡고 음산한 공기속에 빛날 뿐, 넓은 방 안엔 어린 사무엘을 달랠 만한 것이라곤 아무것도 없었다. 눈 멀고 살찐 엘리 할아버지만이 성전에 오는 사람들을 기다리며 문간에 앉아 있을 뿐이었다. 엄마는 항상 '하나님은 좋으신 분, 제일 좋으신 분, 아빠보다 더 좋고 좋으신 분'이라고 일러 주었었다. 좋고 좋아서 아빠보다 더 좋으신 하나님이시라니 마음은 놓여지고 평안해지고 기다려지기도 했다.
 '그 좋으신 하나님이 언제 나를 도와주실까?'

사무엘은 참으로 좋으시다는 하나님을 기다리며 울지 않기로 다짐한다. 어린 사무엘이 어찌나 애처롭고 귀엽고 기특하게 보였던지 어느날 하나님은 그를 찾아 오셨다.

"사무엘아, 사무엘아"

사무엘은 자리에서 벌떡 일어나 엘리 제사장에게 달려갔다.

"저를 부르셨습니까? 제가 왔습니다."

"아니다. 나는 너를 부르지 않았다. 제자리로 돌아가거라"

사무엘은 제자리로 돌아와서 '분명히 나를 부르는 소리가 들렸는데 왜 엘리 제사장은 부르지 않았다고 할까?' 하고는 고개를 갸웃거리며 다시 잠자리에 누웠다.

하나님은 웃으시며 얼마나 그를 사랑의 눈으로 바라보셨을까. 다시 인자한 그 음성이 들려왔다.

"사무엘아, 사무엘아"

사무엘은 다시 엘리 제사장에게 달려갔으나 이번에도 그를 부르지 않았다는 것이었다. 이런 일이 세 번 있은 후 하나님은 이 어린 사무엘에게 그가 계획하신 것을 모두 말씀하셨다. 마치 가까운 친구에게 어려운 일을 의논하듯이 하나님은 애기 목사 사무엘을 대화의 상대로 정하신 것이다.

그는 하나님의 사랑을 충만히 받아 지혜와 경륜이 뛰어난 사람으로 장성하게 되었다. 하나님의 말씀이 능력이 있고 정확하고 진실하듯이 그 말씀으로 자란 그는 과연 나라를 훌륭히 다스리고 치리할 만한 사사가 된 것이다.

보통 사람의 눈에 사무엘은 학대에 가까운 훈련을 받았고 그래서 그 어린 몸이 평범한 정서를 가질 수도 없었으니, 비참하게 제한당한 새장 안의 새처럼 보였을는지도 모른다. 그러나 하나님은 이런 애절한 형편을 아름답고 사랑스럽게 보셨기에 그가 죽는 날까지 함께 하시면서 훌륭한 인물로 키워주시고 선망과 존경의 대상이 되게 하신 것이다.

그럴 수 있을까? 사람은 훈련을 받으면 아무리 어려도 못할 것

이 없고 안되는 것이 없을까? 그렇다. 어려서부터 거짓말하고 도둑
질하는 훈련을 받은 사람이 결국 불행한 삶을 살듯이, 그 반대로
사무엘은 어머니가 세살 때 목사님이 되도록 훈련시켜 하나님께
약속한 대로 바쳤더니 하나님은 그를 그렇게 귀중하게 사용하시고
높여주셨다.

내가 겪은 일을 또 한번 쓰려 한다.
한번은 어느 아파트에 심방을 간 일이 있었다. 때는 여름이었는
데 아파트 앞의 수영장에서 많은 사람들이 수영을 하고 있었다. 나
는 그 곁을 지나가다가 깜짝 놀랐다. 정말로 작은 갓난 아기가 수
영을 하고 있었던 것이다. 그 아기는 한 살도 안되는 사내 아기였
다. 그 아기가 넓은 수영장을 뱅뱅돌고 있는 것이 재미있는 듯 많
은 아이들이 그 뒤를 따라 다니고 있었다. 그 곁에는 한 어른이 조
심스럽게 그 아기를 지켜보고 있었다. 나는 놀랍고 신기하기도 해
서 옆에 있는 사람에게 물어 보았다.
"이게 도대체 어떻게 된 거예요? 저 갓난 아이가 어떻게 저렇게
수영을 하면서 뱅뱅 돌고 있읍니까? 정말 놀라운데요."
"그건요, 저기 저 사람을 보세요. 저이가 저 애기의 수영 코치
인데요, 저 애기의 아빠가 자기 아들을 올림픽 수영 선수로 키우겠
다고 돈을 많이 주고 데려온 사람이예요. 저 애기가 8개월 되었을
때 훈련을 시작해서 이제 겨우 한 살 가까이 되어 가는데 저렇게
잘 하고 있답니다."
여덟 달 되었을 때에, 엄마 아빠 소리도 못하는 아기를 코치가
수영장 안으로 안고 들어가 가라앉는 아기를 붙들어 주고 다시 놔
줘 가면서 하루 몇 시간씩 연습을 시켰다는 것이다. 그래서 지금은
물에서 나오기만 하면 막무가내로 우는 아이가 되었다고 한다.
나는 이 말을 들으면서 멀고 먼 옛날 저 유대 땅의 애기 목사
사무엘이 떠올라 눈이 젖어 왔다. 또 한가지 내가 잊지 못할, 그야
말로 가슴에 새겨진 그런 이야기를 해야겠다.

내가 캔사스주에서 집회를 했을 때였다. 나흘간의 집회였기 때문에 매일 그 교회 성도님 가정에서 돌아가며 내게 식사 대접을 해주셨다. 그날도 어떤 성도의 집에 식사를 하려고 갔는데 나보다 먼저 오신 집사님들이 앉아서 이야기를 나누고 있었다. 그런데 무슨 이야기인지 다들 감동된 표정이었다.

"어떻게 그럴 수가 있냐 말이예요. 너무 측은하고 불쌍해요."

나는 귀가 솔깃해서 가까이 다가가 물었다.

"무슨 이야기인데요? 나도 좀 알게 해주세요. 듣고 싶어요."

"어떤 교인 가정 얘기인데요, 엄마가 병으로 거동도 못하고 신음하다 죽었대요. 그집에 연년생 오누이가 있는데 다섯 살짜리 사내 아이는 심부름을 하고 여섯 살 먹은 누나는 모든 살림살이를 도맡아 한다는 거예요. 아버지는 가구공장에서 종일 일하느라 집안을 돌볼 겨를도 없는데 이 어린 애들이 다 알아서 한다는 거예요. 너무도 기특하고 깜짝해서 눈물이 나요."

나는 식사를 하면서 기어이 그 집에 가 보기로 마음을 먹었다. 그래서 집회가 끝난 뒤에 권사님 한 분과 함께 가기로 약속을 해 두었다. 집회가 끝나면 곧 비행기를 타고 집으로 돌아오게 되어 있었지만 나는 비행기 예약을 변경하고 그 집을 심방하기로 했다.

나는 그 집에 들어서면서 웬지 가슴이 설레고 울고 싶은 충동을 느꼈다. 그 집에는 조그만 마당이 있었는데 어떻게나 깨끗하게 물청소가 되어 있었던지, 마당까지 그렇게 깨끗이 하는 그 아이를 상상해 볼 때 내 마음은 이미 감동되고 흥분이 되었던 것이다.

아무런 기별도 없이 찾아왔는데 아직 학교에 다니지 않는지, 두 아이 다 집에 있었다. 우리가 들어가자 아이들은 놀라는 기색이었다. 여자 아이는 부엌에서 일을 하고 있었고 남자 아이는 퍼즐 상자를 조립하고 있었다. 나는 방 안을 두루두루 살펴보았다. 모든 것이 있어야 할 곳에 정돈되어 있었고, 카페트도 깨끗이 청소되어 있었으며 방바닥에는 작은 부스러기 하나 없었다.

부엌에 있는 누나는 깍두기를 담그고 있었는데 부엌도 반들반들 깨끗이 치워져 더러운 것은 하나도 눈에 띄지 않았다. 고사리 같은 손에 큰 칼을 들고 무우를 쪼개 양념을 만들어 깍두기를 담근다고 땀을 뻘뻘 흘리는 것을 보면서 나는 조심하지 않았더라면 통곡이 쏟아질 뻔했다. 너무도 애처롭고 가엾고 안타까웠다. 그애는 우리를 평안치 못한 표정으로 한번 쳐다보기만 할 뿐 일만 열심히 하고 있었기 때문에 나도 구태여 그애를 방해할 마음이 없어서 흐려진 눈을 닦으며 구경만 하고 서 있었다.

나는 준비해 간 과일과 사탕, 돈봉투를 거기에 놓고 남자 아이만 앉게 해서 조용히 기도를 드리고 돌아왔다.

권사님의 말에 의하면 이 아이들의 어머니가 3년 동안 위암을 앓았는데 마지막 1년은 아무런 일도 할 수 없었다고 한다. 그래서 그 어머니는 세 살, 네 살 먹은 아이들에게 밥하는 것, 반찬 만드는 것, 단추 다는 일, 구두 닦는 것, 다림질하는 것, 청소하는 것 특히 변기 닦는 일, 냄비 닦는 일, 싱크대 닦는 일, 카페트 청소하는 일, 꽃에 물 주는 일, 인사하는 일, 교회 가는 일, 시간 지키는 일, 잘 시간 되면 꼭 자고 아침에는 정한 시간에 일어나는 것, 또 자주 목욕하고, 싸우지 않고, 핑계 대지 않고, 언제나 움직이며 일하면서 살라고 연습을 시키고 또 시켜 놓았다고 한다. 그래서 엄마가 돌아가신 후에도 누나는 부엌일과 집안 청소를 맡고, 남동생은 자전거로 시장에서 물건 사오는 것과 마당 청소를 맡아서 엄마가 돌아가시기 전보다 더 잘하고 있다는 것이었다.

이 아이들은 지금은 다 장성해서 대학을 졸업했을 것이다. 그 얼마나 훌륭한 어머니였던가. 자기가 곧 죽을 것을 알았던 그 어머니는 자기가 떠난 후에 울기나 하고, 미련하고 버릇 없는 아이가 되어서 혹 나중에 불행하게 될까 봐 그렇게 연습을 시키고 가르쳤던 것이다. 나는 어떤 젊은 엄마가 단추가 떨어졌다고 양복집에 가는 것을 본 적이 있다. 떨어진 단추 하나 달 줄 모르는 엄마가 그 자녀들에게 무엇을 가르칠 수 있을까.

내 가장 가까운 친구는 딸 하나 아들 하나를 키우고 있는데 일곱 살, 두 살로 한창 장난이 심할 나이의 아이들이다.
 어느날은 갔더니 색깔 있는 카페트는 걷어버리고 양털같이 하얀 카페트를 깔고 있었다. 나는 그것을 보고 놀라서 말했다.
 "아니 이 사람아, 장난꾸러기가 둘이나 있는데, 왜 그 색깔있는 카페트가 더러움도 안타고 좋지 않아? 이렇게 눈같이 흰 카페트를 깔아 놓으면 그 아이들을 어떻게 감당하려구 그래. 어떻게 깨끗하게 둘 수 있겠나, 단번에 더러워질 걸."
 "사모님, 흰것을 깔아야 애들이 자기들이 더럽힌 것을 보고는 안 더럽힐 것 아닙니까?"
 그러는 중에 아이들이 바깥에서 놀다 들어오는 소리가 들렸다. 아이들은 발받침대 위에다 발을 싹싹 문지르며 닦고 들어와서는 카페트 위를 걷는데 더러워질까 봐 냉큼냉큼 토끼같이 뛰면서 자기 방으로 들어가는 것이었다. 그것을 보고 나는 폭소를 터뜨렸지만 큰 감동을 받았다. 부족할 것 없는 집안이라 제 마음대로 하도록 내버려 둘 수도 있을텐데 그 엄마는 아이들의 버릇과 교육을 위해 어릴 때부터 철저히 훈련시키고 있는 것이다.
 사람은 하나님의 영을 받은 생령이라, 우리가 하나님의 마음을 가지면 하나님같이 깨끗하고 완전하며 복될 수 있다. 그러나 못되고 안되어 애가 탈 때 하나님은 우리를 찾아와 도와주시고 이루시며 기뻐하시는 분이다.
 이 세대에도 애기 목사 사무엘의 어머니같이 훈련시키고 가르치고 연습시키는 사모는 없는가! 하나님이 얼마나 기다리시며, 지켜보시고, 원하고 계실까! 사람은 누구나 다 잘 되기를 원하고 행복하기를 바란다. 행복하고 잘 되려면, 인간의 힘으로는 불가능한 일이 많은 이 세상에서 하나님 우리 아버지를 만나 그분의 도움을 받아야 한다. 그분의 말씀을 마음에 채우고 새기고 살면서 최선을 다한다면 언젠가는 우리 자신이 만족할 만한 인물이 되고야 만다는 것을 나는 말하고 싶을 뿐이다.

## 26. 주워온 아이

주전 1520년경의 일이다.
그 당시의 애굽은 매우 호화롭고 강대하며 번영한 나라였다. 지금의 미국이나 일본쯤 되는 힘있는 나라였던 것이다. 예술, 과학, 고고학 등의 높은 학문, 자랑스런 역사와 함께 높은 문명을 이룩하여, 애굽은 최강의 자리를 지키고 있었다. 더욱이 왕궁은 그들 문명의 가장 호화롭고 찬란한 것들로 가득 채워져, 왕과 왕족들, 나라의 지도자들, 특별한 부류의 사람들을 즐겁게 하기 위한 모든 것이 있었다. 그곳엔 세상의 모든 학문에 통달하고 더 알기 위해 연구하는 뛰어난 사람들도 많았다. 아이들도 있었고, 미남, 미녀, 요술쟁이, 점쟁이 등 왕궁에 필요한 모든 사람들이 있었다.
그런데 거기 유달리 잘생기고 고상하며 준수한 소년이 하나 있었으니, 그 소년은 그곳 사람들과는 얼굴 모습과 표정에서 뭔가 다른 점이 있는 것 같았다. 그 소년은 사람의 시선을 끄는 미남으로서 걸핏하면 화제에 오를 수밖에 없는 존재였다. 사람들은 총명하고 아름다우며 예의범절이 바른 그 소년에게 끌리면서도, 한편에서는 수군거리는 말들도 많았다.
"암만 잘생겼으면 뭘 해?"
"그러게 말이야, 주워온 노예 자식인 걸."
"그래도 참 준수하고 잘생기기는 했어. 우리 왕궁에 사람도 많고 아이들도 많지만 저 모세만큼 준수한 인물이 어디 또 있을까? 노예 핏줄이라도 누가 알아? 애굽의 왕좌에라도 오를지……."

"설마? 하기야 사람의 일이란 모르는 게지."

이런 수군거림이 매일매일 그 궁중에 퍼지고 있었다. 이런 까닭에 모세를 바라보는 사람들의 눈길에는 그 준수한 인물됨에 감탄하면서도 그의 근본에 대한 조롱의 빛이 섞여있었던 것이다. 그럴때마다 소년 모세에게는 이 화려하고 부족한 것 없는 왕궁도 아무런 기쁨이 되지 않았고, 더이상 좋은 곳이 될 수 없었다. 그 젊은 가슴은 소외감으로 아팠다. 또 왠지 모를 배신감마저 들어 가슴이 끓기도 했다.

그러나 소년 모세에게는 자기를 길러준 유모—사실은 친어머니이지만—가 들려준 말이 가슴 한구석에 담겨있었고 깊이 새겨져 있었다. 소년 모세의 가슴은 '나는 천지를 지으시고 주관하시는 살아계신 하나님께서 택하신 백성의 자손이다. 너희들은 세상 왕의 위엄을 자랑하고 내세우지만 사실은 아무것도 아니야!' 이렇게 위안하는 것이었다. 그러나 막상 그들의 무시하는 눈초리와 행동을 대하고 보면 아직 소년인 모세는 몸둘 곳 없이 서럽고 괴로웠다. 그때마다 어머니의 말은 그에게 힘을 주었다.

"지금은 우리 민족이 이 땅에 와서 혹독한 훈련을 받고 있지만, 우리는 가나안 땅, 젖과 꿀이 흐르는 그 땅에 들어가 나라를 세우고 하나님의 자녀로서 긍지를 가지고 살게 된다. 그날은 꼭 온다."

"그렇지만 어머니 그때는 언제일까요?"

모세의 세월은 안타까움과 분함과 또 때로는 눈물을 삼키며 지나갔다. 그는 애굽의 높은 학예를 두루 배우고 익혀 훌륭한 인재로 성장해 갔다. 그는 어느덧 장년의 때를 맞고 있었다.

하루는 모세가 거리에 나가 사람들의 사는 형편을 이것저것 돌아보고 있을 때였다. 그런데 저 앞쪽에서 크게 싸우는 소리가 들려오는 것이었다. 가서 보니 한 사람은 애굽인이고 다른 한 사람은 동족인 히브리인이었는데 애굽인이 히브리인 노예를 마구 때리며 험히 다루고 있었다. 모세는 싸움의 원인이나 사정은 생각지도 않고 동족을 업신여기는 그 애굽인이 어떻게나 고약스럽고 밉던지 단번에 쳐 넘어뜨려 놓았다. 마침 주위에는 그들 외에 다른 사람은 보이지 않았다. 분노로 가득찬 그의 주먹은 마침내 그 애굽인을 쳐 죽이고 말았던 것이다. 어려서부터 들은 수군거림과 차디찬 멸시의 눈빛들이 윙윙거리며 그의 머리를 울리고 있었다. 그는 시체를 모래 속에 묻어버렸다.

이튿날 다시 거리에 나간 모세는 또 한 번 싸움판을 보게 되었다. 가만 보니 그 싸움꾼들은 양편 모두가 히브리 동족이었다. 모세는 놀랐다. '왜 이렇게 어려운 환경에 고통스런 생활을 하면서 동족끼리 싸워야 할까? 아무리 마음 상하는 일이 있다 한들 애굽인 수하에서 겪는 그들의 망동에 비길 수 있을까?'

"여보시오, 당신 두 분은 서로 다 어려운 처지에 살고 있지 않소? 서로 도우며 살아야 되지 않겠소."

모세는 그들을 말리면서 잘못한 이에게 왜 동족을 때리느냐고 나무랐다. 그러자 그 사내가 대들었다.

"당신이 우리 우두머리라도 된단 말이오? 누가 당신더러 우리 재판관이 되어 달라고 하였소? 어제는 애굽인을 죽여 모래 속에 파묻더니 그래, 오늘은 나를 죽일 작정이오?"

소문은 번개처럼 퍼져 드디어 바로의 귀에까지 들어가고 말았다.

모세는 두 주먹을 쥐고 뛰고 또 뛰었다. 얼마나 뛰고 뛰었던지 그는 미디안 광야까지 오게 되었다. '호화로운 애굽의 왕궁에서 아픈 가슴을 삭혀가며 열심히 배우고 익혀 지도자로서의 자격을 얻게 되었는데, 이제는 미디안 광야, 이 아무것도 없는 허허벌판에 던져진 신세가 되다니?' 그곳엔 마음을 흥분케 하는 음악도 없었고 눈을 유혹하는 여자들도 없었다. 40년 간 먹고 마시던 호화로운 식탁도 없었다. 다만 벌판을 더욱 스산하게 하는 바람소리와 양무리의 풀 뜯는 소리만이 울리는, 죽은 세상과도 같은 광야였다. 애써 배운 모든 것은 허사가 되었고, 화려했던 생활도 꿈처럼 사라졌다. 이제 그는 살인자라는 오명이 붙은 잡히지 않은 도망자일 뿐이었다.

'무엇을 먹고 무엇을 하며 살아야 하나.' 40년 가까이 닦아온 학문이 그 광야만큼 쓸쓸하게 느껴졌다. '더욱이 어머니가 그렇게도 정성스럽고 간곡하게 일러주던 여호와 하나님과 그의 약속이 나와 무슨 관계가 있나. 이제 나는 양이나 염소와 다를 바 없지 않은가. 나는 어쩌다가 태어나는 모든 남자 아이는 다 잡아죽이라는 왕명이 내린 그때에 태어나서, 무엇 때문에 왕궁에서 수군거리는 소리를 들어가며 40년을 살아야 했나? 이렇게 이 광야에서 양이나 염소같이 살다가 늙어 죽어야 한다면 그 모든 과거는 무엇이란 말인가. 차라리 그 어릴 때 다른 사내아이들처럼 죽었더라면 우리 어머니 눈물도 벌써 다 말랐을 것이고, 40년 동안의 애매한 왕궁 생활도 안 했을 것인데. 그러면 그 애굽 사람을 때려 죽여야 하는 처지도 아니었을 텐데, 이렇게 살다가 늙어 죽는 게 인생이라면 나는 얼마나 처참하고 가련한가?'

모세는 멀고 먼 광야 길을 터벅터벅 걸으며 높디높은 하늘을 바라보았다. '정말로 우리 히브리인이 믿고 있는 하나님은 어디 계실까? 저 하늘 위인가. 우리 조상 아브라함에게 하나님은 친구라고 하셨다는데 그렇다면 나는 무엇일까. 주워 키운 히브리 노예의 핏줄, 그리고 살인자……' 모세는 탄식과 한숨을 마시고 뱉으며 소망없이 무작정 길을 걷고 또 걸었다.

얼마 후에 그는 한 우물가를 지나게 되었다. 그 옆엔 물을 먹이기 위해 양떼를 모아놓고 있는 여자들이 있었다. 양들에게 물을 먹이는 일을 도와준 인연으로 모세는 그녀들의 집에서 대접을 받게 되었고, 결국 그것이 좋은 기회가 되어 아내를 얻게 되었다. 모세는 데릴사위로 그 집에 기숙하게 되었다.

기다란 막대기를 들고 아내와 함께 양떼를 따라 다니는 일, 이제 그는 세상문명과는 동떨어진 목자, 양의 지도자가 된 것이다.

오늘도 내일도 변함없이 양떼를 돌보기 위해 광야를 수없이 걸어야 하는 모세는 그 전 왕궁에서 지낼 적과는 점점 다르게 변해갔다. 말할 기회, 배운 것을 활용할 기회도 없었기 때문에 그 머리의 모든 지식은 점점 희미해져 갔다. 집에서나 들에서나 학술적인 대화가 필요없었으니 그의 혀 또한 빛도 향기도 없어, 식욕을 당겨줄 아무런 값도 없는 말라버린 과일처럼 무뎌갔다. 그는 점점 양을 치기에 적합한 사람이 되어갔던 것이다. 아는 것 없고, 배운 것 없고 또 욕구가 없어도 누구나 할 수 있는 양치는 목자, 그것이 예전엔 최고의 학문에 능통했던 모세의 신세였다.

세월만은 변함없이 흐르고 흘러 40년이란 세월이 지나갔다. 그 오랜 세월이 흘러 모세의 마음에 하나님의 약속에 대한 기억도 희미해져 갈 무렵, 어느날 하나님은 모세를 부르셨다.

"모세야, 모세야."

이 신비한 음성은 무엇일까. 그는 소리나는 곳을 바라보았다. 저 쪽에서 가시나무 떨기가 타오르고 있었는데 냄새도 없이 불꽃만 환하게 빛나고 있었다. 모세가 더 가까이 가서 보려고 앞으로 나아갔을 때 다시 음성이 들려왔다.

"모세야 이리로 가까이 오지 말아라. 내가 오늘 너를 택하였다. 너는 가서 네 민족을 애굽에서 이끌어 내어 그 사슬을 풀어주고, 내가 너희에게 약속한 젖과 꿀이 흐르는 가나안 땅으로 그들을 인도하라."

모세는 두려워 떨면서도 너무나 어이가 없었다. '나는 학식도 다 잊어버리고, 말도 무뎌진 팔십 노인인데, 더구나 살인까지 한 내가 어떻게 애굽 왕 앞에서 우리 민족을 놓아 달라고 감히 말할 수 있단 말인가?' 모세는 자기의 귀를 의심했다. 한참 모든 것을 다 배우고 능력이 있다 할 그 전성기에 그는 돌연히 살인죄수가 되고 말았다. 지식과 지혜가 깊어가면서 '보라, 동족을 위해 무엇이든 하리라' 몇 번을 다짐했던가. 그러나 야망은 물거품이 되어버렸고 그는 죽음처럼 소망 없는 삶을 살아 왔다. 40년을 천한 목자로 살아와 이제는 팔십 노령의 고목 신세가 아닌가. '어떻게 나 같은 것이 애굽 왕 앞에서 내 백성을 놓아 달라고 소리를 치라는 것인가. 어찌 나 같은 것에게 백만 백성을 노예의 사슬에서 벗겨내어 가나안 복지로 이끌라 하시는가.' 그것은 너무나 상식적으로는 납득할 수 없는 부르심이었다. 가능성이란 것은 전혀 없는 그야말로 어처구니 없는 말씀이었던 것이다.

하나님은 어떤 때에 사람을 부르시고 쓰시는가. 자신있고 능력 있을 때가 아니다. 훌륭하고 존경받으며 높은 야망에 불타는 그때도 아니다. 인간의 능력은 완전히 부숴지고 하나님만이 오직 하실 수 있을 때, 하나님은 인간을 부르신다는 증거를 우리는 여기서 찾아볼 수 있다. 하나님께 쓰임받는 사람은 능력이 좌우하는 것도 아니고, 명예가 좌우하는 것도 아니고, 학식이 좌우하는 것도 아니다. 인간의 능력이 완전히 실패하고 무능만이 남아, 천해지고 극도로 낮아졌을 때 하나님은 찾아오신다. 그렇게 부르시고 세우시고 쓰시는 분이다. 모세는 하나님과 대면한 사람으로서 마치 친구끼리 대화하듯 이야기했다. 그리고 하나님은 모세를 유다 사회에서 하나님 다음으로 존경받는 최고의 민족 지도자가 되게 하셨다.

모세에 대한 이야기는 구약 출애굽기에 기록되어 있고, 그가 하나님과 대화한 기록은, 출애굽기, 민수기, 레위기, 신명기에 상세히 나와 있다.

나는 이방인의 왕궁에서 소외된 채 어린 시절을 보낸 모세의 심정을 잘 이해할 수 있었는데, 그것은 내가 한 소년을 만난 후부터의 일이었다.

언젠가 나는 미국 후로리다 교회의 초청을 받아 집회를 인도하러 간 일이 있었다. 그때 한 가정으로부터 저녁 초대를 받게 되었는데 굉장히 큰 부잣집이었다. 또 한 가지 놀란 것은 그 가정에 동양계 소년이 살고 있다는 것인데 아주 아름다운 아이였다. 그러나 왠지 활기가 없어 보였다.

식사가 끝난 후 그 부모는 내게 어려운 부탁이 있다고 했다. 그것은 그 집의 양아들 써니라는 소년의 일이었는데, 참 좋은 아이지만 자기들로서는 어떻게 해야 그 아이를 기쁘게 해줄 수 있을지 알 길이 없다고 염려하면서, 내가 한국 사람이니 그 아이와 대화를 나누면서 좋은 말로 권면해 주기를 간절히 바라고 있었다. 나는 그런 부탁이 없었더라도 그 아이와 이야기해 보고 싶었는데 참 좋은 기회라 생각하고 기꺼이 응했다. 나는 써니의 방으로 들어갔다. 방안에는 TV와 운동 기구들, 갖가지 책들, 여러 가지 게임 도구들이 갖추어져 있었다. 써니는 드러누워 천정만 바라보고 있다가 내가 들어가자 일어나 조용히 앉아 있을 뿐, 인사도 없었고 별다른 반응도 보이지 않았다. 그래서 나는 먼저 말을 건넸다.

"써니, 만나서 반갑구나. 너는 참 없는 것 없이 다 갖춰진 좋은 방에 사니 얼마나 좋으냐."

그러나 써니는 여전히 대답도 없이 앉아 있을 뿐이었다. 나는 그의 옆으로 더 다가갔다.

"써니, 내가 들어와서 기분 나빴니?"

"아니요."

"너, 내가 싫으냐?"

"아니요."

"내가 말하는 게 듣기 싫으냐?"

"아니요."

"써니, 나는 네가 좋아. 왜 그런지 알아? 너와 나는 한 핏줄이기 때문이다. 네 부모님도 다 좋은 분들이지만 난 네가 더 좋구나. 그래 넌 어때, 내가 싫으니?"

"아니요."

"너 한국말 할 줄 모르니?"

"예."

"나는 한국말을 잘 하지만 오늘은 내가 너에게 한국말 가르쳐 주려는 게 아니라, 내가 아는 말로 얘기하려고 하는 거야. 써니!

나 참 재미있는 사람이란다. 너의 부모님이 나를 귀하게 대접하셨는데 너도 내 말을 한번 들어보지 않을래? 또 네가 내 말을 들어보면 굉장히 마음이 달라질거야. 왜냐하면 나는 절대로 네 편이기 때문이야. 알겠니?"

써니는 나를 바로 쳐다보았다. 그렇게도 아름다운 얼굴에 무언가 어두운 그림자가 드리워 있는 것이 느껴졌다. 나는 그의 어깨에 한 손을 얹고 또 한 손으로는 그의 손을 붙잡았다.

"써니, 나는 정말 네가 좋아, 너는 내게 아무런 거리낌없이 대할 수 있어야 한다. 왜 그런지 알아? 나는 예수님의 종이란다. 너희 교회 목사님과 성도들이 내가 설교할 때 잘 듣고 있는 것 보았지? 너도 내 말을 잘 들어 보면 도움이 될거야. 써니, 너 마음이 아프지? 왜 아픈지 내가 조금은 상상할 수 있지만 확실하게는 알 수 없구나. 그렇지만 네가 나에게 마음에 있는 것을 털어놓고 말해주면 네 마음도 시원해지고, 나는 네 마음을 평안케 할 수 있는 길을 일러줄 테니까. 우리는 친구가 될 수 있을 거야, 자! 그럼 내게 마음을 털어놓고 기탄없이 말해 봐."

써니는 무슨 생각을 했던지 기침을 몇 번 했지만 입을 열지는 않았다. 나는 잠깐 묵상을 하고 기다렸다.

"써니는 나를 좋아하지 않는구나. 말을 하지 않으니까. 나는 가야겠네?"

내가 일어나 문을 열려고 하자 써니는 갑자기 "저, 저" 하면서 나에게 다가왔다.

"왜? 나가지 말까?" 했더니 고개를 끄덕끄덕했다. 나는 그의 손을 꼭 잡고 의자에 앉았다. 그는 내 옆에 있는 의자에 앉더니 갑자기 울기 시작했다. 그래서 나는 그가 우는 동안 가만히 기다리고 있을 수밖에 없었다. 하나님의 도우심을 기대하며 그를 지켜보며 기다렸다. 얼마 후 써니는 울음을 그쳤다.

"자, 써니, 마음이 좀 시원하지? 사람이 실컷 울고 나면 마른 꽃밭에 물을 뿌린 것같이 시원해지지. 그렇지?"

그는 고개를 끄덕였다.
"자, 이제 써니는 내 앞에서 울기도 했으니까 말도 할 수 있을 거야. 또 말을 해야만 좋을 거야. 써니가 말을 다 하고 나면 나도 네게 말을 해줄 테니까 우리는 가까운 친구가 될 수 있겠지. 그렇지 않을까?"
이렇게 말하고 나서 가만히 그의 말이 나오길 기다렸다. 그는 미국 사람과 똑같은 말씨로 말했는데 말에 조리가 있고 하고자 하는 말을 잘 표현할 줄 알았다. 그는 처음으로 나를 어떻게 불러야 할지 물어왔다.
"내 이름은 에스더야. 그러나 사람들은 김 부인이라고 보통 부르지. 나는 에스더도 되고 김 부인도 되니까 어떻게 불러도 좋아."
"저는 김 부인이라고 하겠어요."
"그래 좋아."
그는 이야기하기 시작했다.
"김 부인, 저는 이 집이 싫어요. 이 집의 사람들도 싫고 미워요. 말하기도 싫고 대하기도 싫고 다 싫어요. 이 방에 있는 것들도 다 싫어요. 저는 하루 빨리 이 집을 나가서 영원히 이 사람들을 보지 않았으면 해요. 그렇게 될 거예요."
"아, 그래! 무엇 때문에 그러지? 그 이유를 내게 말해 주면 네가 어떻게 해야 할지 말해 줄 수 있을지도 모르겠다. 써니, 말해 봐."
그의 이야기는 계속되었다.
써니에게는 '스탠'과 '톰'이라는 다른 두 형제가 있는데 한번은 엄마가 그들이 잠들 무렵에 책을 읽어주었다. 그런데 다른 두 형제에게는 오랫동안 책을 읽어주고 사랑한다고 하면서 굿나잇 키스도 해주었는데 자기에게만은 짧은 이야기를 읽어 주고 굿나잇 키스도 해주지 않은 채 나가 버리는 것이었다. 써니는 대단히 큰 충격을 받고 밤새도록 서럽게 울었다. 이튿날 아침식사 시간에 써니는 엄마에게 물었다.
"엄마, 어제 왜 스탠과 톰에게는 굿나잇 키스를 해주고 나에게는 해주지 않았어?"

어머니는 아무 대답이 없었다. 그러자 둘째 동생 톰이 "써니, 그것도 몰라? 넌 양자야. 우리 어머니가 낳은 진짜 아들이 아니란 말야."

써니는 마음이 떨려왔다. 자기 얼굴이 다른 형제들과 다른 것을 알았지만 자기가 친아들이 아니라는 생각은 해본 적이 없었다. 그때부터 그는 침울해져서 비굴감이 생기고 노는 것도 싫어졌다. 모든 것이 귀찮기만 하고 싫은 것뿐이었다. 그는 늘 울고 싶었고 또 자주 울기도 했다. 그러면 엄마나 동생들은 듣기 싫으니 울지 말라고 짜증스럽게 말하는 것이었다. 그러나 그보다 더 충격스러운 것은 한국 종자는 다르다. 왜 저 모양인가라는 말을 들었을 때였다. 그래서 써니는 집을 뛰쳐 나가서 그 집을 영원히 잊어버리고 싶다고 말했다.

"써니, 고마워. 네가 이렇게 말을 해주니 이해가 되는구나. 나도 정말 동감이야."

"정말이요?"

"그래, 내가 써니라도 그렇게 생각했을 테니까. 써니가 한 말은 나도 이해할 수 있어. 자, 이제는 내가 말할 차례지? 써니, 잘 들어 봐."

나는 계속해서 말을 이어갔다.

"어떤 사람이 너무 가난해서 길을 떠났는데 가다 보니 먹을 것은 다 떨어지고 길에서 쓰러져 죽게 되었대. 가끔씩 지나가는 사람들도 있었지만 아무도 돌아보지 않고 슬슬 피해버린 거야. 더러 어떤 이들은 가다 말고 서서 들여다 보고는 어이구 다 죽게 생겼네 하면서도 끝내는 다들 제 갈길로 가 버렸어. 그런데 어떤 사람이 이 죽게 된 나그네를 발견하고 깜짝 놀라서 등에 업고는 자기 집까지 데리고 왔어. 그리고 따끈한 죽을 만들어 먹이고, 몸을 씻겨서 옷을 갈아 입히고 편안히 자게 해주었지. 그 이튿날도 먹여주고 위로해 주며 사랑을 쏟아 보살펴 주었어. 나그네가 기운이 돌아올 때까지 계속 돌보았던 거야. 그렇다면 그 나그네가 회복되었을 때 어떤 생각이 들었을까? '이 분이 아니었다면 나는 죽었을 텐데. 정말 고맙고 감사한 일이다.' 그 나그네는 자기를 도와준 사람을 존경하고 사랑할 수밖에 없었을 거야. 써니, 써니를 낳아 준 부모는 사정이야 어떻든지 써니를 버렸어. 써니보다는 자기들의 처지와 입장과 자기들의 생애만 생각했던 거야. 써니는 마치 이 가난한 여행자와 같은 형편이었어. 그런데 로즈 부부가 아무도 돌보지 않는 너를 입양해서 이 미국에 데려다가 젖먹이고 달래가면서 지금까지 돌보아 주신 거야. 자, 생각해 봐. 이 로즈 부부가 너를 가령 한 달 도와주었거나 또는 1년을 도와주었다 하더라도 그 얼마나 아름답고 고마운 일이겠어? 낳아 준 부모도 너를 버렸는데 너와는 상관도 없고 민족도 나라도 다른 이 미국 사람들이 너를 입양해서 이만큼 크고 아름다워지도록 돌봐 주셨으니 그 은혜가 얼마나 크냐 말이야."

써니는 아무 말 없이 듣고만 있었다.

"너의 아픈 마음도 이해해. 하지만 우리는 본능적인 동물과는 다르지 않니. 우리 안에는 하나님이 주신 생명이 있어. 우리는 선악을 분별할 수 있고 또 은혜를 알고 사랑을 갚을 수 있는 존재인 거야. 너의 양부모는 너를 낳지는 않았지만 네게는 은인인 거야. 일생을 힘써 갚아도 다 갚을 수 없는 은혜를 써니는 잊고 있는 거야. 너를 낳은 부모는 너를 버렸지만 하나님은 멀리 미국의 그리스도인을 일으키셔서 너를 기르게 하시고 이렇게 아름답게 자라도록 하신 거야. 이분들이 네 마음에 들지 않는 것은 단지 친부모가 아니라는 데서 오는 감정인데 어떻게 그분들이 널 낳은 부모가 될 수 있겠니. 너를 낳았지만 버린 부모, 너를 길러 주고 살게 해준 양부모. 자, 생각해 봐. 어떤 사람들이 더 좋은 사람들인가. 써니는 잘 판단할 수 있을 거야. 톰과 스탠도 너와 같이 웃고 싸우고 놀아 주면서 함께 자랐으니 그들도 네게는 없어서는 안될 동반자였고 친구였어. 형제였단 말이지. 세상엔 제 자식을 형편 없이 잘못 기르는 부모도 많아. 자식에게 도둑질하게 하고 자기 욕심을 채우기 위해 자식을 이용하고, 또 술 먹기 위해 딸을 파는 사람들도 있어. 그리고 마약하는 부모, 술 주정뱅이 부모, 노름꾼 부모……. 너의 양부모가 너를 이렇게 잘 길러 준 것은 그들이 그래도 하나님을 아는 사람들이었기 때문이야. 이렇게 고마운 양부모도 너를 섭섭하게 하고, 실망하게 하고, 마음 아프게 할 때가 있는데, 하나님이 아닌 다음에야 어찌 사람이 완전할 수 있겠니. 너를 영원히 사랑하고 위로해 주시고 책임지시는 분은 하나님밖에 없단다. 그분은 예수님을 보내주셔서 우리에게 천국을 주신 분이니까."

나는 이 이야기 후에도 하나님은 써니가 그의 말씀대로 바르고 아름답게 꿋꿋하게 살기를 원하신다는 말도 해주었다. 써니의 얼굴은 부드러워지고, 밝아졌다. 그는 아무런 말도 안 했지만 분명히 깨달아 아는 것 같았다.

세월이 흘렀다. 3년 후 어느날 나는 뉴올리언스에서 온 장문의 편지 한 통을 받았다. 그것은 내가 잊고 지냈던 써니에게서 온 것이었다. 편지에서 써니는 내가 한 말대로 살아 보려고 노력했지만 아무래도 그 집이 싫고 분한 일이 많아서 그 이듬해 집을 나왔다는 것이다. 무전여행으로 이곳저곳을 흘러 다니다가 뉴올리언스까지 오게 됐는데, 제대로 먹지도 못하고 길거리에서 쓰러져 자는 생활을 하며 심하게 고생하다가 지금은 어떤 술집에서 청소를 하고 있다는 것이었다. 그런데 그곳 사람들이 어찌나 악하고 더럽고 거짓이 많던지, 도저히 견딜 수 없이 지내다 보니 양부모님 생각과 그 때의 모든 아름다운 생각이 떠오른다는 것이었다. 그래서 이제는 그 부모님과 집이 얼마나 그리운지, 만약 지금이라도 돌아갈 수만 있다면 힘을 다해 그들을 사랑하고 섬기고 효도하면서 살고 싶은데 어떻게 해야 좋을지 모르겠다는 내용이었다.

나는 편지를 읽은 후 곧 350불을 동봉하고, 양복 한 벌을 사 입고 몸을 깨끗이 하여 빨리 부모님께 돌아가서 힘껏 섬기며 살라고 답장을 써 보냈다.

이런 일이 있은 후에 또 세월이 흘렀다. 어느날 나는 후로리다에서 남침례교 총회가 있어 마이애미에 강사로 갔다. 총회 후 많은 사람들과 서로 끌어안고 키스하며 인사를 나누고 있는데 옆에서 백발의 고상한 미국 노파 한 분이 아름답고 훌륭하게 생긴 동양 청년과 함께 나를 기다리고 있었다. 사람들이 거의 다 돌아간 후 그 두 사람이 나에게 다가왔다. 동양 청년이 정중히 인사했다.

"김 부인, 나를 기억하시겠습니까? 저는 써니 로즈이고, 이 분은 미세스 로즈, 톰과 스탠의 어머니입니다. 그 옛날 후로리다에서 제가 울 때에 모세 이야기를 해주셨지요."

나는 그제서야 생각이 났다.

"아! 써니 로즈! 알고 말고 그런데 당신이 정말 써니야?"

"그러믄요, 제가 분명히 써니입니다."

"아, 어떻게, 그래 그 후에는 어떻게 된 거야?"

우리 셋은 함께 식당으로 가서 지난 이야기를 나누었다. 로즈 씨는 폐암으로 오래 전에 세상을 떠났고, 스탠은 월남전에서 전사를 했고, 톰은 의사가 되어 뉴욕에서 분주하게 산다고 했다.

"남편도, 아들도 다 나를 버렸는데 내 아들 써니만은 내 곁에서 나를 돕고 효도하고 있으니 세상에 이런 고마운 일이 어디 있을까요. 김 부인, 당신네 민족은 참 훌륭한 민족입니다. 하나님께서 분명히 복을 내리실 겁니다. 나는 한국 민족을 존경하고 사랑합니다. 당신을 존경하고, 내 아들 써니를 사랑합니다."

사실 나는 써니에게 무슨 말을 했는지 다 잊고 있었다. 아마 모세는 큰 궁전에 살면서도 물에서 건져내 왔다는 그 말이 싫어서 그 궁전을 싫어했다는 말을 한 것 같은데, 써니는 그 모세의 이야기를 기억하고 있었던 모양이다. 하나님은 업신여김을 받는 자, 소외당한 자, 슬프고 외로운 사람을 찾아오시는 분이다. 왜냐하면 그 분은 우리를 지으신 아버지이시기 때문이다.

## 27. 데라와 그 아들 이야기

데라라는 사람이 있었다. 그는 요즘에 문제가 많은 이라크의 옛 땅에 살던 사람으로서 돈을 몹시 좋아했고 또 돈 버는 데 재간도 있는 사람이었다.

그 나라 사람들은 신을 무척 좋아했다. 그래서 신과 더불어 사는 것을 가장 좋은 일로 여겼다. 그들 중에 지각있는 사람들은, 천지와 만물의 움직임을 보며 살아갈 때에 분명히 이 모든 것을 만드신 분이 계실 거라고 생각하고 있었다. 지금 이 문명이 최고로 발달된 세상에서도 지각이 있어 근본을 생각하는 사람이라면 누구나 그런 관념을 가지고 있는 것처럼 말이다.

이처럼 그때에도 천지를 지으시고 다스리시는 분, 즉 하나님이 계신 것을 믿는 사람들이 있었는데 데라는 그런 생각은 할 여유도 없이 돈 버는 데만 머리를 쓰고 정력을 다하는 사람이었다.

사람들은 어느 시대 사람이든지 편리한 것을 좋아하고 따르기 마련이다. 데라 시대 사람들도 무척 편리한 것을 좋아해서 신을 섬기는 일도 그렇게 쉽게 쉽게 하자는 심사들이었다. 데라는 사람들의 그런 심리를 잘 알고 있었다. 그래서 그들이 좋아할 수 있는 신, 우상을 연구하여 그럴싸하게 만들어 파는 일을 시작했다. 신을 좋아했지만 편리한 것을 더 좋아했던 그들은 너도 나도 이 데라가 만든 우상을 사가지고 갔다.

데라는 신이 났다. 나무로, 흙으로, 어떤 것은 구리로, 혹은 비싼 금, 은으로 머리를 짜내 잘 팔릴 만한 모양들을 만들어 냈다. 이 우상이 얼마나 복을 주며, 이런 때엔 이 우상이 최고라는 설명을 보태면서 데라의 우상 가게는 날로 번창해 갔다. 어떤 사람들은 그저 허전한 심기를 채울 양으로 우상을 사가기도 했지만 어떤 이들은 정말 그 깎아 만든, 혹은 부어 만든 신상이 마치 하나님인 양 귀하게 섬기며 받들기도 했다. 그런 그들을 보면 데라마저도 착각에 빠질 정도였다.

데라에게는 아들이 셋 있었다. 그들은 모두 생각이 있는 젊은이들이어서 아버지의 이런 장사가 마음에 들지 않았다. 특히 그 집 맏아들인 아브람은 아버지의 우상 장사를 무척 부끄럽게 여기고 있었다. 그는 그 옛날부터 들어온 하나님을 깊게 생각하는 청년이었던 것이다. 그러니 그 유명무실한 우상들이 역겨울 수밖에 없었다. 다만 돈을 버는 데 눈이 어두워 하나님을 생각할 수 없는 아버지가 불쌍하기도 하였다.

그러나 아브람은 또한 그 집의 장자였다. 그에게는 부모님을 봉양하고 가문을 이어가야 할 책임이 있었던 것이다. 아버지가 늙으시면 나중엔 그가 이 우상 가게를 물려받아야 하는 것이다. 지금도 그는 아버지를 도와 우상 만드는 일을 거들어야 했고 파는 일에도 시중을 들어야 했다. 그는 매일매일 만들어지는 우상을 볼 때마다, 또 돈을 받고 팔 때마다 하나님은 이런 것이 아니라고 소리치고 싶었다. 마음이 뒤틀렸다. 아버지의 일만 아니었다면 당연히 외면하고 무시해버렸을 것이다. 또 이런 일이 얼마나 거짓되며 야비스러운지 일러주고 책망을 했을 것이다. 그러나 이런 망측스런 사기짓을 하는 이가 효도하고 순종해야 할 아버지인지라 그는 거역할 수도 없는 입장이었던 것이다. 한 집안의 장자라는 명예스러운 자리가 아브람에게는 떨쳐버리고 싶은 짐일 수밖에 없었다.

그러나 사실 아브람이 배운 것이라고는 우상 만드는 재주 외에 다른 것이 없었다. 농사도 못 지어 봤고 또 생활의 수단이 될 만한 특별한 기술을 배운 적도 없었다. 결국 우상 만드는 일이 생활과 직결되어 있는 그의 밥줄이었던 것이다. 별다른 방도가 없었던 그는 우상 만드는 일을 하면서 그저 한없이 괴로워하는 수밖에 없었다. 그렇게 괴로워하면서 아브람은 나이가 들어갔다. 그러던 어느 날 이 지친 아브람에게 하나님이 찾아오셨다.

"아브람아! 너는 너의 본토 친척 아비의 집을 떠나 내가 지시할 땅으로 가거라. 내가 너로 큰 민족을 이루고 네게 복을 주어 네 이름을 창대케 하리니 너는 복의 근원이 될 것이다."

아브람이 마음 속에 두고 잊지 못했던 하나님이, 그가 갈 바를 몰라 고생하는 것을 보시고 찾아오신 것이다. 얼마나 좋았던지! 그는 방향도 모른 채 집을 나섰다. 일흔다섯이 되도록 자기를 짓눌러 온 우상 일을 버리고 아내와 조카를 데리고 떠나온 것이다.

하나님은 고민하는 자, 갈 바를 몰라 아프게 살아가는 자를 부르시고 도우시는 분이다. 지금도 그분은 고통하고 고민하는 사람을 도와주기 원하시고 또 찾아주신다.

그 후 아브람은 하나님의 길로 행했기 때문에 그가 다니던 여러 지역의 원주민 사이에서도 존경과 높임을 받았다. 마침내 그는 만국민의 아버지인 아브라함이 되었다.

하나님은 이렇게 갈 길도 모른 채 집을 떠나는 기적 같은 순종에서 믿음의 조상을 내셨다. 그분은 처음부터 사람의 눈에 불가능해 보이는 일로 구원의 일을 시작하신 것이다.

## 28. 성경에서 말씀하신 약속을 볼 수 있다

아! 그분이 누구시기에 그처럼 천하게 오셨는가 헤아려 보니 천하고 빛 없고 살길 없는 사람을 복되게 하시려고 오신 것이 분명했다. 성경에는 여러 훌륭하고 모범적인 인물들이 많이 나오는데 그들이 어떤 처지에서 그렇게 될 수 있었는지를 알게 되면 이 사실은 더욱 명백해진다. 우리는 다른 사람의 마음 상태를 알 수 없다. 사정과 경우에 따라서 사람들은 마음에 없는 말을 하기도 하고, 있는 사실을 숨기기도 하며, 하지 말아야 될 말을 하기도 하고, 해야 할 말인 데도 못 하는 수가 있기 때문이다. 단지 친분의 정도에 따라 대강 그럴 것이라고 추측할 뿐이지 당사자의 마음을 그대로 느끼고 정확하게 알아낼 수는 없는 것이다. 우리는 외모와 언행을 보고 그 사람을 안다고 생각하지만, 하나님은 우리를 지으셨기 때문에 그분만이 우리를 정확히 아시고 우리 사정을 바로 헤아리신다. 그분은 정말 우리가 믿어야 하고 의지해야 하고 도움을 받아야 하는 분이시다.

데라라는 사람이 있었다. 그에게는 아들이 셋 있었는데 그 중 맏아들인 아브람은 부모님께 순종하는 효성스런 아들이었다. 그 당시 사람들은 하나님보다 우상을 더 좋아했던 것 같다. 데라는 재간이 많았고 또 돈 버는 데 열심이어서 사람들이 좋아하는 여러 모양의 우상을 만들어 비싸게 팔기도 했다. 사러 오는 사람들의 취향과 요구에 따라 여러 가지 우상을 만들어 냈다. 우상이란 것은 보지도 듣지도 못하고 냄새도 못 맡고 오가지도 못하는 흙덩이, 나뭇조각, 쇳조각에 불과한 데도, 사람들은 그 우상을 신처럼 믿고 집에 모셔놓기도 하고 몸에 지니기도 했다.

그러나 하나님을 알고 믿으며 섬기는 사람들도 있었다. 아브람은 비록 우상장사 하는 집의 아들이었지만 온 세계를 만드시고 운행하시는 분이 분명히 살아계셔서 우리가 먹고 자고 일하며 살아갈 수 있다는 것을 믿고 있었다. 이런 믿음은 그의 마음에 나날이 깊어져 이 진리를 애써 찾고 구하게 만들었다. 점차 아브람에게는 아버지 데라에게 맞서고자 하는 반항심이 일어났다. 하나님 아닌 우상을 가지고 사람들을 현혹하여 돈을 번다는 것이 아브람에게는 견딜 수 없는 고통이었고 고민이 아닐 수 없었다. 우상을 만들어 팔고, 또 그 우상을 하나님이나 되는 듯이 만족해 하며 사가는 사람들을 보면서 그의 마음은 안타까움과 번민에 휩싸였다. 그러나 그 데라의 장자요, 가문을 계승하고 책임져야 할 처지에 있는 아브람은 아버지께 순종하는 것이 자식의 당연한 도리라는 것을 잘 알고 있던 터라 우상을 사가는 사람들의 잘못을 깨우쳐 줄 만한 용기도 낼 수 없었다. 그의 마음은 찢어질 듯이 아팠으나 다른 방도를 찾을 수 없었다.

아버지가 돌아가신 후에도 달리 습득한 기술이 없었던 아브람은 아버지처럼 우상을 팔아 살아가야 했다. 세월이 흐를수록 아브람의 고통은 더해 갔다. 어떻게 해야 할지 몰라 고심하고 있던 어느 날 하나님이 찾아오셨다.

"아브람아, 네 아버지의 집을 떠나 내가 지시할 곳으로 가라. 내가 너에게 복을 주어 네 이름을 창대케 하며 모든 사람의 복의 근원이 되게 하겠다." 하시고 그의 이름을 아브람에서 아브라함으로 고쳐 주셨다. 아브람은 이 말씀을 듣고 얼마나 좋았던지 아내와 고아가 된 조카 롯을 데리고 방향도 모른 채 집을 나섰다.

그가 고민으로 상심해 있을 때, 찾아오셔서 살길을 열어주신 하나님. 아브라함은 그 하나님께 온전히 충성하고 죽으면 죽으리라는 순종으로 섬기며 그분에 대한 믿음을 잃지 않았다. 그래서 하나님은 아브라함에게 약속하신 그대로의 크신 축복을 내려주셔서 아브라함을 세계 만민의 복의 근원으로 삼으셨던 것이다. 하나님의 음성만 듣고 우상을 팔지 못하면 굶어죽을 줄만 알았던 아브람이 순종하여 하나님을 따라나섰을 때, 결국 큰 복을 받아 세상에서 크게 창성했을 뿐만 아니라 온 세상 믿는 사람들의 조상이 되었던 것이다. 이 아브라함에 대한 이야기는 구약 창세기 12장에서 26장에 걸쳐 자세히 기록되어 있다.

내가 어렸을 때 일어난 잊지 못할 예화 하나가 있다.
내가 평양 장대현 교회에 다닐 때 최영숙이라는 주일학교 선생님이 계셨다. 그분은 어려서는 예수님을 믿었는데 부모님의 뜻으로 믿지 않는 집안으로 시집을 가야만 했다. 시집은 대가족이었는데 온 집안이 우상을 섬기고 있어서 매월 초하룻날이면 우상들에게 제사를 지냈고, 늘상 무당과 점쟁이들이 드나들었다. 최 선생님은 집안에서 그렇게 하는 것이 너무 싫고 화가 났지만 시부모가 하는 일이고 가족 전체가 그 관습에 젖어 있었기 때문에 말 한마디 하지 못하고 순종해야만 했다.
새달 초하루가 오기 전 그믐날엔 다음날이 오는 것이 몸서리쳐지도록 싫어서 아궁이 옆에 앉아 밤새도록 울기만 했다. 그녀는 기도도 할 줄 몰라서 다만 '하나님 아버지, 내 마음이 아파요, 정말 아파요, 아버지' 하면서 울 수밖에 없었다.
세월이 흘러가도 그 집의 우상숭배는 그칠 줄 몰랐고, 최 선생님은 시부모가 하라는 대로 우상을 숭배하며 사느니 죽고 싶은 심정뿐이었지만 교회에 나간다는 것은 엄두도 낼 수 없었다.
그런데 한번은 어린 막내시동생이 병이 들었다. 숨을 제대로 쉬지 못했고, 먹지도 못하고 걷지도 못한 채 누워만 있었다. 시부모님은 무당을 불러들여 큰 굿을 했고, 그래도 병이 낫지 않자 마침내는 막내시동생을 절로 데리고 갔다. 온 식구가 부처 앞에서 울며 불며 애원했지만 막내시동생은 낫지 않았고, 그렇다고 죽지도 않은 채 누워만 있는 것이었다.

부모와 식구들이 절에 가 있는 동안 마침 평양 장대현 교회에서 큰 부흥회가 있었다. 최 선생님은 교회로 달려가서 그저 앉아서 울기만 했다. 그때 강사로 오신 김익두 목사님이 울고 있는 그녀를 보며 물으셨다.

"자매님, 왜 그렇게 울기만 합니까?"

최 선생님은 울먹이는 가슴을 달래가면서 그 모든 사정을 이야기했다. 목사님은 최 선생님과 함께 그녀의 집으로 가서 모든 우상을 꺼내오라고 하셨다. 영숙은 방안에 있는 우상들을 모두 다 꺼내 마당에 쌓아놓았다. 목사님은 장작 위에 그 우상들을 올려 놓고 불을 지르라고 명령하셨다. 최 선생님은 '죽으면 죽자' 하는 결심으로 용기를 내어 장작 위에 석유를 뿌리고 불을 질렀다. 그 많은 우상들이 장작과 함께 활활 타올랐다.

그때 놀라운 일이 일어났다. 절에서 지금껏 죽은 듯이 누워만 있던 막내시동생이 "엄마 배고파, 밥 어디 있어. 밥 줘." 하면서 일어났던 것이다. 그것을 지켜본 가족들은 부처님이 고쳐주신 거라며 좋아서 집으로 돌아왔다. 그러나 집에 와보니 모든 우상이 불타 있는 것이 아닌가! 놀라 서있는 시부모님들께 최 선생님은 사건의 경위를 자세히 설명하고 권유해서 김익두 목사님이 집회를 하는 부흥회로 모셔왔고, 그 후 온 집안이 예수를 믿게 되었다. 최 선생님은 열심히 성경을 공부했으며 주일학교 선생님이 되었다. 그분은 어릴 적에 교회에서 나를 가르쳐주신 선생님이시다.

하나님은 이름도 없고 힘도 없는 신앙이 어린 신자 영숙이의 슬픈 눈물을 보시고 그녀를 자유하게 해주시기 위해 찾아오셨다. 그리고 주의 종을 보내서 그녀를 도와주시고 온 집안을 구원하셨던 것이다. 갈길 몰라 애타는 자의 눈물을 무시하지 않으시는 하나님. 어렸을 때 본 그 일을 나는 지금도 잊을 수가 없다.

## 29. 하늘과 땅에서 유명한 왕

　베들레헴에 이새라는 사람이 있었다. 그는 아들 여덟을 길러냈는데 모두 건강하고 준수하게 자라서 여러 형제들이 왕궁의 군인으로, 정치가로, 지도자로 성공하였다.
　당시의 왕은 사울이라는 사람으로 기골이 장대하며 싸움을 잘하는 왕이었다. 사울은 하나님을 섬기고 그 사랑을 받아왔지만 자기가 왕이라는 의식이 강해지면서부터는 하나님이 없어도 자기 힘으로 잘해 나갈 수 있다고 생각하게 되었다. 그는 하나님을 떠난 것도 아니고 하나님을 부인한 것도 아니고 하나님을 싫어하는 것도 아니니 내 마음, 내 뜻대로 한다고 해서 나쁠 것이 없으며, 크게 잘못하지만 않는다면 하나님은 다 잘되게 해주실 것으로 믿고 있었다.
　그러는 동안에 점점 자기 자신이 하나님이 되어버리고, 자기를 왕으로 세워주신 하나님은 까마득하게 멀어지기만 했다. 하나님의 법도나 명령은 대수롭지 않게 여기고 소홀히 넘겨버리는 미련한 왕이 되어가고 있었던 것이다. 그래서 그는 원하는 것이라면 무엇이든지 자행자지하면서 살았고, 하나님과 떨어진 불행한 생활을 하면서도 깨달을 줄 몰랐다.
　자연히 정치는 길을 잃고 백성들도 혼란스러운 세상을 살아야 했다. 또 이웃의 나라들이 원수가 되고 특히 블레셋의 군대가 사울

## 29. 하늘과 땅에서 유명한 왕

을 업신여겨 마구 쳐들어오기 시작했다.

그런데도 사울 왕은 회개하고 돌아오기는커녕 자기 힘으로 모든 것을 다 할 수 있으리라 생각했는데, 그것이 단지 어리석은 패망의 길인 것을 몰랐다. 원수는 쳐들어오고 백성은 겁에 질려 떨고 나라는 혼란으로 크게 흔들렸다. 사울은 하나님을 가까이하며 살지 않았기 때문에 하나님이 엄연하게 계신 것을 분명히 알고 있음에도 그분의 도우심에 대해서는 무시하는 형편에 빠져있었다.

하나님은 백성들의 부르짖음을 들으시고 나라를 구할 바른 지도자가 필요하다고 생각하셨다. 그래서 하나님은 하나님을 무시하고 나라를 어지럽히는 사울을 내치고, 하나님을 가까이하며 하나님의 지혜대로 살려고 노력하는 새로운 왕을 세우기로 작정하셨다.

당시의 선지자 사무엘은 나라와 백성을 위해 염려하며 하나님께 기도드리고 있었다. 기도하는 사무엘에게 하나님은 말씀하셨다.

"이 나라가 이렇게 어지럽고 백성의 부르짖는 소리가 하늘에까지 사무쳤으니 속히 마땅한 지도자를 세워야겠다. 베들레헴 사람 이새에게 아들이 일곱 있으니 그중에 하나를 택해서 기름을 부어 왕으로 세우도록 하여라."

사무엘은 하나님이 지시하시는 대로 암송아지 한 마리를 끌고 베들레헴으로 갔다. 그곳 장로들은 사무엘과 같은 큰 인물이 갑자기 찾아오자 안절부절 어찌할 바를 몰랐다. 어떤 사람들은 겁을 집어먹고 염려하기도 했다.

"언짢은 일로 오신 것은 아니겠지요?"

"아니오, 좋은 일로 왔소, 모두 하나님께 제사드리러 갑시다."

그는 이새를 불러, 한 아들을 택하여 왕으로 기름부을 테니 어서 준비하라고 일렀다. 이새는 너무 놀라서 황급히 아들들을 불러다가 목욕재계를 시키고 좋은 옷으로 갈아입게 했다. 그들은 꿈인지 생시인지 믿기지 않아 마음이 부풀대로 부풀어올랐다.

왕의 대관식이나 하는 것처럼 황홀하고 엄숙한 순간이 왔다. 사실 한 나라의 왕이 결정될 순간이기도 했던 것이다. 마침내 주름이 깊게 패인 그 얼굴과 성성한 백발로 위엄과 경륜을 갖춘 사무엘, 하나님의 사자가 들어오고 있었다. 모든 사람들은 이제 곧 일어날 큰 일을 기대하며 그 앞에 엎드려 절하였다.

사무엘이 단 위에 우뚝 섰다. 이새는 큰아들 엘리압의 이름을 불렀다. 엘리압은 자신 있게, 그 훌륭한 모습을 보란듯이 사무엘 앞으로 다가갔다.

'아! 과연 이 사람이로구나. 이 사람이 하나님께서 성별하신 왕이로구나'

사무엘이 이렇게 생각하고 있을 때 하나님이 말씀하셨다.

"사람을 외모로 보지 말라. 나는 마음을 본다."

사무엘은 손을 번쩍 들어 아니라는 신호를 했다. 이새는 놀랐다. '엘리압은 용감하고 저렇게 잘생기고 힘도 많아 장자의 자격으로 흠이 없는데……' 이새는 사무엘의 신호에 따라서 둘째 아들 아비나답을 불렀다. 아비나답이 조심스럽게 다가왔다.

'아 그렇지, 이 아들이야말로 왕이 되는구나.'

그러나 하나님은 아니라고 하셨다. 사무엘은 이새에게 아니라는 신호를 보냈다. 이새는 또 한 번 놀랐지만 셋째 아들 삼마의 이름을 크게 불렀다. 삼마도 씩씩하게 사무엘 앞으로 다가와섰다. 그렇지만 사무엘은 또다시 "아니다" 했다. 이새는 넷째, 다섯째, 여섯째, 일곱째까지 하나하나 이름을 불러 세워 보았지만 사무엘은 계속 고개를 가로 저었다. 사무엘은 궁금해지기 시작했다. 분명히 하나님께서 이새의 아들 중에 하나를 택하여 기름을 부으라고 하셨는데 이들이 다 아니라니 대체 어떻게 된 것일까? 사무엘은 생각다 못해서 이새에게 물었다.

"이것 보시오, 이새, 당신 집에 아들이 이게 다요?"

이새는 당황한 표정으로 공손하게 대답했다.

"선지자님, 아들이 또 하나 있긴 하지만 그 애는 아무 자격도 없고 만날 만한 가치도 없는 목동입니다."

사무엘은 그제서야 눈에 빛을 내면서 "빨리 가서 그 목동이란 아이를 데려오시오" 명령했다. 이새의 다른 아들들은 다 훌륭하고 많이 배워서 왕궁에 출입하고 있었지만 막내 아들 다윗은 들에서 양이나 치며 지내는 소년이었다. 집안 사람들이 볼 때 다윗은 아무 가치도 없는, 양떼나 좋아해서 사람 노릇도 제대로 못할 아이로 보였고, 또 그런 취급을 받으며 살고 있었다. 동네 사람들도 이새의 아들들은 다 훌륭하고 잘나서 출세하고 왕궁에 출입하는 인재라고 입을 모아 칭찬했지만, 다윗에 대해서는 주의하지 않았고 말할 일도 없었다. 다윗은 들에 나가 양을 치면서 하나님이 옛날 조상에게 하셨다는 일들을 묵상하고, 시를 지어 하나님을 찬미하면서 조용히 지냈던 것이다. 그런데 하나님은 이새의 아들들, 출세하여 칭찬받는 그들보다 부모에게나 형제들에게 인정받지 못하고 무시당한 채 들판에서 양을 치며 하나님께 마음을 쏟는 어린 다윗을 더 기뻐하셨다. 목동의 지저분한 옷차림으로 아무 준비도 없이 급히 붙들려온 소년 다윗은 얼굴이 붉은 채로 가쁘게 숨을 쉬며 사무엘 앞에 섰다.

"이 아이다. 내가 좋아하는 왕, 장차 이스라엘의 최고 지도자가 될 사람이다."

사무엘은 급히 몸을 움직여 기름뿔을 가져오라고 명했다. 그는 다윗의 머리에 기름을 부었다. 그리고 손을 얹어 하나님께 감사드리며 복을 빌었다. 이새와 주위에 있던 많은 사람들은 경악을 금치 못하며 어이가 없어 그렇다고 웃을 수도 없는 이 광경을 지켜보고 있었다.

"아니, 저 애가?"

"뭐, 저것이?"

그들은 다윗을 업신여기는 것인지 부러워 그러는 것인지 또는 믿지 못해서 하는 말인지 저마다 웅성거리고 있었다. 그러나 그 수군거림도 잠깐, 잔잔한 침묵이 다윗을 비춰주고 있었다.

만일 이새가 다윗을 조금이라도 인정하여 사랑과 관심을 가지고 있었더라면 비록 막내라 하더라도 사무엘 앞에 데리고 나오도록 했을 것이 아닌가? 그런데 다윗은 그때 눈빛이 샛별같은 아름다운 소년이었고 양을 보살피는 목자의 신분이 될만 했는데도 그 아버지는 그를 전혀 염두에 두지 않았던 것이다. 아들이라는 인식조차 없었기 때문에 사무엘이 "네 아들이 이것뿐이냐"고 물었을 때 비로소 다윗을 생각해 냈던 것이다. 그래서인지 다윗은 시편에서 분명히 '내 부모는 나를 버렸어도 하나님은 나를 버리지 않는다(시27: 10)'고 쓰고 있다. 그리고 그 형제들이 다윗을 얼마나 무시했는지도 성경에 기록되어 있다.

한번은 다윗이 아버지의 명으로 형들에게 줄 떡을 받아가지고 블레셋과 전쟁하는 곳에 심부름을 간 일이 있었다. 다윗은 그곳에서 크고 무거운 검을 휘두르며 갑옷과 투구로 무장한 블레셋의 대장 골리앗을 보게 되었다. 그런데 그는 이스라엘의 하나님을 모욕하면서 그 백성을 저주하는 말을 함부로 지껄이고 있었다.

"아니, 저럴 수가 있나. 어떻게 감히 그 높으신 하나님을……. 비록 철갑 옷을 입은 힘이 막대한 장사라지만 어떻게 감히 저럴 수가 있을까?"

다윗은 놀라는 한편 속에서 분통이 터져나와 말로 할 수 없는 용기가 솟구쳐 올랐다.

"내가 사자의 입을 찢어 죽인 것 같이 저 녀석을 쓰러뜨려 버리겠다!"

이 말을 듣고 있던 큰형 엘리압이 "네가 뭐 하겠다고 여기까지 내려왔느냐. 이 건방지고 못된 녀석, 양이나 잘 치고 있지 전쟁 구경은 왜 나왔느냐?" 하고 업신여기며 화를 냈다.

다윗이 형들에게 업신여김과 무시를 받은 것은, 그 형들이 다윗이 기름부음 받은 것을 번연히 알면서 그렇게 함부로 말했던 것에서도 알 수 있다.

그와 같은 다윗의 이야기는 그때만이 아니고 지금도 일어나고 있음을 우리는 본다. 나는 그 비슷한 이야기를 하려 한다.

그는 평양에 사는 사람이었는데, 그의 부모는 장대면 교회의 오랜 교인으로서 생선 도매상을 하고 있었다. 아들 셋, 딸 둘을 낳았는데, 큰아들은 숭전학교를 졸업하고 선생이 되었고, 둘째 아들은 아버지를 따라서 장사를 했는데 너무 장사를 잘해서 아버지 가게보다 더 큰 생선 도매상을 하고 있었다. 셋째로 낳은 딸 아이는 시집을 갔고, 그다음 또 아들을 낳았는데 그 아들은 커서 치과 의사가 되도록 잘 교육시켰다. 그는 그 집의 자랑거리였다.

그러나 부인이 병약하여 거동이 불편한 것이 한가지 걱정이었다. 그리고 설상가상으로 또 아기를 가지게 되었다. 그 어머니는 아기가 커갈수록 몸이 점점 약해져서 자리에 누워 버릴 수밖에 없는 형편이 되었다. 지금 같으면 낙태를 하든지 무슨 방법이 있었겠는데 그때에는 아무 도리가 없었다. 그래서 엄마와 온 식구들은 뱃속에서 자라고 있는 아이를 원망하며 미워했다. 그 어머니는 만삭도 안되어 해산을 하였고, 다들 죽을 것이라고 생각했던 아기는 행인지 불행인지 죽지 않았다. 엄마는 몸이 점점 악화되어서 온 집안 식구들은 걱정이 태산 같았다. 그래서 이 죽지 않은 막내딸을 집에서 키울 수가 없어 내보내게 되었다. 유모는 그 아기를 받아 정성껏 길렀다. 더욱이 이 유모는 조그만 시골 교회 집사님 가정의 아내였다. 그 집은 하나님을 두려워하고 예수님의 말씀대로 살아 보려고 노력하는 농부의 가정이었다. 유모에게 맡겨진 정이는 그 집에서 잘 자랐다.

그런데 유모가 정이를 데리고 본가에 가면 아무도 반가워하는 사람이 없는 것 같아 아이를 두고 오기에는 너무 마음이 아팠다. 그런 눈치를 알았던지 본가에서는 정이를 데려가라고 했다. 유모는 정이를 안고 울면서 집으로 돌아왔다. 유모는 정이를 사랑하며 자라는 대로 하나님의 말씀을 가르쳐주고 기도하고 위로하며 자기 딸보다 더 많은 관심을 쏟아 키웠다.

세월이 흘러갔다. 그리고 사람들에게도 많은 변화가 있었다. 씩씩하고 돈 많던 생선 도매상 주인도 죽고, 또 맏아들 선생님도 전염병이 돌았을 때 장질부사로 죽었다. 생선 도매상을 하던 둘째 아들은 돈이 많아서 첩과 술에 빠지고, 셋째 아들인 치과의사는 평양 명기에게 정신이 팔려 병원도 잘 되지 않았다. 딸은 시집을 갔으나 자기 일에 바쁘고, 혼자 남은 어머니에게 마음을 쓰는 사람은 아무도 없었다. 그런데 그렇게 약하고 병투성이던 어머니는 무슨 일인지 건강해져서 음식도 잘 잡수시고 몸도 비대해졌다. 또 날이 갈수록 말은 많아져서 누구 하나 그 어머니를 좋아하는 사람은 없는 것 같았다. 그래서 그분은 교회에 오기만 하면 구석에 찾아가서 습관적으로 울기만 했다. 정이는 그즈음에 유모네 집에서 중학교를 졸업하고 동네 농부의 아들에게 시집을 갔는데 본가에서는 한 사람도 오지 않고 선물도 보내지 않았다. 그러나 이 미움받고 버림받은 막내딸은 이런 소식을 알고 어머니를 자기 집으로 모셔왔다. 그리고 진정으로 섬기며 효도하였다. 그래서 교회의 목사님이 이 집 이야기를 몇 번씩 예화로 들려주시기도 했다.

사람이 외롭고 소외당해 천해졌을 때 하나님은 불쌍히 여기시고 도와주시는데 하나님이 도우실 때는, 이전에 교만하고 무시하던 사람들이 다 그 앞에 낮아져서 절하게 된다.

그런데 어쩌면 엄마가 그렇게 자기 뱃속에서 나온 딸을 무시하고 미워할 수 있었을까? 하나님은 모든 것을 다 보시는 눈으로 이렇게 억울하고 분한 사람들을 절대로 버리지는 않으신다.

## 30. 왕족 포로

다니엘의 이야기다.

다니엘은 왕족으로 태어났다. 그러나 당시는 유다의 왕들이 하나님을 멀리하고 극도의 죄악을 저질러 하나님의 큰 진노를 받은 때였다. 유다는 바벨론 제국에 멸망당하고, 많은 사람들이 포로로 끌려갔다. 그들은 특히 왕족이나 귀족 가운데 영리하고 쓸 만한 소년들을 끌어다가 왕을 섬기도록 교육시켰다. 다니엘은 그중의 한 소년이었다. 다니엘과 그의 세 친구들이 왕궁의 내시장 수하에 있었던 것을 보면 그들을 평생 왕국의 노예로 삼기 위해 내시로 만든 것이 아닌가 하는 생각이 든다. 내시라는 것은 인간으로서, 더욱이 남자로서 일생 동안 가정을 가질 수 없도록 만들어진 사람이다. 말하자면 하나님이 남성에게 주신 큰 욕망과 장래에 대한 계획과 꿈과 낙을 송두리째 빼앗아 버리고 불구자로 만드는 것이다.

그러나 다니엘은 어려서부터 하나님의 말씀을 배웠고 하나님을 경외할 줄 아는 훈련된 소년이었다. 그래서 왕궁에 포로로 잡혀와 비록 내시는 되었다 해도 실망하거나 비굴해지지 않고 꾸준히 하나님만을 바라보며 신앙을 지켰다.

그러나 다니엘이 성장하여 청년이 되고 장년이 되었을 때 그 마음은 어떠했겠는가. 우리는 능히 상상할 수 있다. 아무리 사람들에게 칭찬을 듣고 왕에게까지 사랑을 받는다 해도 그 마음에는 분함과 억울함과 외로움이 끊일 새 없었을 것이다.

청년이 되면 하나님이 주신 본능으로 인간은 짝을 찾게 마련이고 그것이 즐거움이요 기쁨이 되며 결국은 열매를 맺어 가정을 이루는 것이다. 아내를 사랑하고 자녀들을 키우면서 더 큰 소망을 가지고 노력하며 사는 것이 인간의 정해진 길인데 다니엘은 그 평범한 행복에서 제외되어야 했던 것이다. 아무리 높은 자리에서 명성을 날린다 해도 인간의 근본적인 행복을 전혀 누릴 수 없다는 것은 여간 애석하고 불행한 일이 아닐 수 없다. 그러나 아버지이신 하나님은 이 다니엘을 그냥 버려두지 않으셨다.

바벨론이 세 번이나 뒤집혀 몇 번씩 왕이 바뀌는 와중에서도 하나님은 그를 안전하게 지켜주시며 함께하셨다. 도리어 나라가 바뀔 때마다 다니엘은 더 큰 직책을 맡아 존경을 받았던 것이다. 다니엘은 곡절 많은 인생을 산 사람이었다. 포로, 노예, 불구된 다니엘이었지만 하나님이 아버지가 되셔서 도와주셨을 때 노아, 사무엘과 함께 구약의 3대 의인의 한 사람이 될 수 있었다. 다니엘이 왕족이요, 명석하고 지혜가 많은 의인이어서 하나님께 쓰임받은 것이 아니다. 그가 왕족으로서 할 수 없이 포로가 되어 끌려왔을 때는 그 얼마나 참혹하였겠는가. 더욱이 내시가 되어 남자로서의 모든 기능과 소망을 버려야 했을 때 그 심정이야 오직 하나님만이 아버지이시니까 헤아려 주실 수 있는 것이었을 게다. 하나님은 얼마나 다니엘이 측은했을까. 얼마나 도와주고 싶은 마음이 불같이 타오르셨을까.

세상에는 다니엘과 같이 절망 중에서 하나님께 발견되어 그의 도우심을 받은 사람들이 수없이 많다. 나는 그런 사람들 중의 한 사람을 잘 알고 있다.

그 아이의 이름은 귀달이였다. 왜냐하면 귀가 하나 없었기 때문이다. 날 때부터 귀 하나만 가지고 태어난 것은 아니고, 그의 계모가 그 애를 기르면서 너무 미워 가위로 귀를 잘라버렸다고 한다.

그 아이는 주일학교에서 늘 볼 수 있었다. 없어진 귀에 바람이 들어가서 그랬는지 아니면 귀 없는 것이 부끄러워서였는지 귀달이는 고개를 귀 없는 편으로 기울이고 어깨를 올려서 가리고 다녔다. 그래서 그를 모르는 사람은 그 아이가 원래 그런 불구자인 줄로만 알았다.

귀달이가 두 살이었을 때 그의 엄마는 불치의 병에 걸려 죽어가게 되었다. 그래서 그의 아버지는 무당을 찾아가 의논을 했다. 아내를 고쳐달라고, 또 아내가 살 수 있는지 가르쳐 달라고 무당 앞에 무릎을 꿇고 애원했다. 귀달이 아버지는 무당을 굳게 의지했다. 무당은 별의별 감언이설로 귀달이 아버지를 미혹하였던 것이다.

마침내 귀달이 엄마는 죽었다. 아버지는 두 살 먹은 귀달이가 너무 애처로워 밤에는 가슴에 안고 자고, 낮에는 업어 키우면서 사랑을 쏟았다. 아버지는 귀달이를 업고 시장에서 장사를 했기 때문에 많은 사람들의 눈길을 끌었다.

어느날 장터에서 귀달이 아버지에게 달려오는 한 여인이 있었다. 그 여인은 귀달이 아버지가 전에 귀달이 엄마 때문에 여러 번 찾아 갔던 무당이었다. 무당은 귀달이 아버지를 손으로 쳐가며 큰 소리로 "왜 한번도 안 찾아오느냐"며 원망을 했다. 그러면서 귀달이를 아빠의 몸에서 나꿔 채 자기 등에 업고 이 아기는 자기가 잘 기르겠다고 하는 것이었다. 무당은 귀달이네 집에 따라 들어가서 눌러앉아 있다가 결국 귀달이 계모가 된 것이다.

무당은 처음에 귀달이를 굉장히 사랑하는 것처럼 꾸미더니 날이 갈수록 귀달이를 미워하기 시작했다. 귀달이는 자라면서, 사내 아이인지라 밥도 많이 먹게 되었고, 가난한 살림에 무당은 이것이 크게 부담이 되었다. 그래서 귀달이에게 밥을 조금만 주었고 귀달이는 울기만 했다. 아빠는 그것이 애처로워 자기 밥을 귀달이에게 덜어주었다. 무당은 그 모양을 보고 시기가 나서 남편에게 맥도 없는 부지깽이라고 달려들어 밥을 빼앗아 자기가 다 먹곤 했다. 이렇게 시작된 가정의 불화는 날이 갈수록 심해지기만 했다.

아빠는 쌀을 팔러 꼭두새벽에 나가 밤이 되어야 돌아오는 형편이어서 배가 고픈 귀달이는 아빠를 기다리며 울기만 했다. 무당은 귀달이를 때리기 시작했다. 때려도 때려도 귀달이는 자꾸만 울었다. 계모는 귀달이가 울지 못하도록 입을 막고 그래도 울면 입에다 기저귀를 틀어 막고 울음을 그쳐야 빼주었다. 그래서 귀달이는 울지 않게 되었다. 아무리 배가 고파도 귀달이는 울 수가 없었다.

계모 무당은 귀달이를 가만 놔두지 않았다. 길거리에 나가 땔감 부스러기를 주워오라고 부지깽이를 들고 쫓아냈다. 길거리를 헤매 다녀도 귀달이는 땔감이 될 만한 나뭇가지를 주워오지 못했다. 또 너무 어려서 못 했을 것이다. 밥을 주지 않으므로 아침도 점심도 먹지 못하고, 울면 기저귀가 입에 들어가니 울지도 못한 채 쓰러져 있을 수밖에 없었다. 계모는 소리를 지르며 귀달이를 일으켜 세워 문밖으로 쫓아냈다. 귀달이는 갈 곳이 없었다. 아버지는 장이 서는 곳마다 찾아다니기 때문에 어디에 있는지도 몰랐다. 그는 길가에 쓰러지듯이 웅크리고 앉아 있었다.

그때 서문 밖 교회의 집사님들이 전도하러 가는 길에 귀달이를 보았다. 깜짝 놀라서 아이를 일으켜 보니 마치 숨이 꺼져가는 것 같았다. 그래서 그 아이에게 집이 어디냐고 물어, 아주 가난하고 형편없는 집에 다달았다. 무당을 만나 본 집사님들은 귀달이가 계모의 손에 죽을 것 같은 예감을 느꼈다. 그중에 한 분이 이튿날 귀달이의 집에 찾아가 아이를 업고 주일학교에 데리고 나왔다. 집사님은 먹을 것을 먹여 주며, 주일마다 오라고 하고 귀달이를 데려다 주었다.

귀달이는 어렸지만 힘을 얻었다. 정말로 참사랑을 받았던 것이다. 귀달이는 주일이 언제인지 몰라 아침부터 일어나면 교회 문 앞에 앉아 있곤 했다. 당시에는 믿는 사람들이 시간 있을 때마다 교회에 찾아와서 기도하는 경우가 많았다. 귀달이는 늘 배가 고파서 앉은 듯이 쓰러져 있었다. 기도하러 오고 가는 사람들이 귀달이를 먹여 주었다. 그러나 밤에는 자야 했기에 집으로 돌아왔다. 그러면 계모는 "어디에 갔었느냐, 무얼 먹었느냐?"며 이리 묻고 저리 묻고 해서 귀달이가 교회 집사들로부터 얻어먹는 것을 알아냈다. 계모는 다시는 교회에 가지 말라고 귀달이를 을러댔다.

그러나 자나깨나 귀달이의 마음은 교회에 가 있었다. 그래서 날만 밝으면 교회로 달려갔다. 주일날을 기다리고 기다리면서 매일 교회 문밖에서 쓰러지도록 앉아 있는 것이다.

한번은 집에 들어가니까 "너 왜 가지 말라는 교회를 가니? 내 말이 네 귀에 들어가지 않니? 내 말 듣지 못하는 귀가 있으면 무슨 소용이 있어!" 하면서 가위를 들고 달려들어 귀달이의 왼쪽 귀를 베어버리고 말았다. 쇳독이 올라서 귀는 부풀어 오르고 피와 독이 엉겨 고름은 매일매일 쏟아져 흘렀다. 피가 귓구멍으로 들어가 엉겨서 귀달이는 겉귀가 잘려 나갔을 뿐만 아니라 안으로 고막까지 상해버리고 만 것이다.

교회의 주일학교에 귀달이를 유달리 생각하는 봉호라는 아이가 있었다. 봉호는 귀달이를 늘 지켜 보면서 알사탕도 주고 엿도 준 일이 있었는데 귀달이가 오랫동안 교회에 일절 나오지 않는 것을 알아냈다. 그래서 그는 날마다 아버지에게 귀달이에 대한 걱정을 자주 말씀드렸다. 그의 아버지는 장로님이었는데 바로 귀달이네 반을 가르치는 분이었다. 장로님은 수소문해서 귀달이네 집을 찾아갔다.

귀달이는 너무나도 변해 있었다. 귀 하나는 없어지고, 얼굴은 공같이 부풀어 터질 것 같고, 그 때문에 눈은 장님같이 되어 있었다. 장로님은 계모와 싸우다시피 하면서 귀달이를 자기 집으로 데려왔다. 왜냐하면 봉호가 울며불며 애원을 했기 때문이다. 장로님은 힘을 다해 계모를 뿌리치고 귀달이를 데리고 온 것이다.

귀달이가 귀를 베여 아프고, 배가 고플 때 얼마나, 도와주신다는 하나님을 바라보고 애원했을까?

귀달이는 봉호네 집에서 먹고 자며 살았다. 봉호 아버지는 양말 공장을 하고 있었는데 귀달이에게 그 일을 가르쳤다. 어린 귀달이는 그것이 너무 재미있어서 심혈을 다하여 배우고 일했다. 결국 그는 공장에서 감독자가 되었고 훌륭한 청년으로 성장하였다.

귀달이 아버지는 몸이 쇠약해져 불쌍하게 세상을 떠나고 말았다. 비참하게 궁핍하고 노쇠한 계모를 보았을 때 귀달이는 동정심이 일어 생활비를 대주기로 약속하고 꾸준히 실행했다. 귀달이는 예수님을 믿고 하나님이 도와주신 사실을 계모에게 분명히 전하고 또 이야기했지만 계모는 조금도 마음을 움직이지 않았다. 뿐만 아니라 자기가 귀달이를 핍박한 것은 귀달이가 못된 고집쟁이였기 때문이라고 변명을 늘어놓았다. 그러나 귀달이는 마음으로 외쳤다.

'누가 뭐래도 나는 예수 믿는 사람이다. 계모는 마귀의 힘으로 나를 죽이려고 했지만, 하나님은 장로님을 시키셔서 나를 그 죽음과 같은 곳에서 건져 주셨다. 그리고 나를 이렇게 축복하시고 지켜 주셨다. 귀 하나 없으면 어때, 나에겐 하나님이 있는데. 계모나 부모님은 육신은 다 갖추었어도 모두 불쌍하게 세상을 끝마치지 않았나. 아! 나는 귀가 잘리고 죽게 된 지경이었지만 하나님이 나를 도우신 거야. 하나님, 내 아버지!'

그는 귀가 없어도 교회의 집사가 되고 후에는 장로 직분까지 받았다. 그는 주님을 위해 죽도록 충성하여 가난한 사람들을 도와주고 불우한 고아들을 위해 많은 일을 했다.

## *31.* 두려운 일을 모르는 사람들의 말로

바사는 주변 국가를 거의 다 정복하여 속국으로 삼은 강대국이었다. 그 나라에 하만이라 이름하는 사람이 살고 있었다. 왕 다음 가는 높은 자리에 있던 그는 매사에 의욕이 넘치고 목적을 위해서는 수단과 방법을 가리지 않았다. 또한 학식이 풍부하였을 뿐 아니라 어떠한 일도 능히 감당해 낼 만한 용기 있고 지혜로운 사람이었다. 관리로서 그의 능력 또한 탁월하여 별 어려움 없이 높은 지위로 부상할 수 있었다. 아름다운 아내와 많은 재물 그리고 열 명이나 되는 아들은 하만을 든든케 해주는 자랑거리이기도 했다.

하만을 대하는 사람들의 태도는 거의 비슷했다. 집에는 아내들과 종들의 아첨과 봉사가 늘 있었고, 왕궁에는 왕을 대하는 듯한 굽신거림이 있었다. 그러한 섬김을 받는 그가 자신감과 자만에 넘치지 않을 수는 없었다. 모든 것이 하만을 흡족케 할 만한 것들이었다. 그러나 그 무엇보다도 더 큰 자랑거리는 자신이 왕과 함께 국사를 논하고, 국가의 중대한 일들을 처리하는 막중한 임무를 가졌다는 데에 있었다. 하만은 그야말로 더 올라갈 수도, 더 커질 수도, 더 강해질 수도 없는 자리에 놓여져 있었다. 그는 왕 다음 가는 권세를 가졌으나 실제로 하늘 아래 가장 강력한 지도자라고 할 수 있었다.

그러나, 그가 알지 못하고 근접할 수 없는 일이 있었다. 아니,

그로서는 알 필요가 없었다는 말이 어울릴지 모른다. 그것은 그가 사는 땅을 지으시고, 그 가운데 사람을 만드셨으며, 번성케 하셨으며, 삶과 죽음을 다스리시는 하나님에 대한 앎이었다. 그는 영원히 살아계신 하나님에 대해서는 백치였던 것이다.

그의 삶은 마치 개미를 연상하게 한다. 하만의 지혜로 볼 수 있는 자기 세계란, 개미가 자기 걸음으로 걸어다닐 수 있는 범위와 같았다. 개미는 부지런히 먹을 것을 찾아 헤매며, 양식을 쌓아두고 집을 짓는다. 그러면서도 인간들의 손바닥, 발바닥 혹은 개미약에 의해 몰살되리라는 상상은 하지 못한다. 하만이 그런 사람이었다. 그는 왕개미와 같아서, 개미굴 속에 앉아 일개미들에게 일을 시키며 자기는 자족하였다. 그의 관심사는 눈앞에 보이는 것뿐이었다. 그에게는 영혼에 대한, 흙 위의 세계에 대한 관심이 없었다.

바사에는 여러 민족이 함께 살고 있었다. 그중에는 유다 민족도 있었다. 바벨론의 침략으로 나라를 잃고, 왕과 많은 사람들이 죽거나 포로가 되어 끌려왔다. 그들은 이곳에서 노예와 같은 삶을 살게 되었다.

유다 민족은 하나님의 선택받은 백성이었다. 이렇다 할 명예도 부도 힘도 없었지만 하나님께서 아브라함에게 약속을 주신 이래로 하나님의 도우심 가운데 번성할 수 있었다. 하나님은 그들에게 나라를 주셨고, 젖과 꿀이 흐르는 아름다운 땅을 주셨으며, 친구가 되기도 하시고 의로운 말씀을 가르치시어 인도하시기도 했다.

그러나 사람들은 살기 좋은 생활 속에서 점점 나태하고 교만해져 갔다. 하나님의 말씀을 거역하며, 약속을 배반하고, 정욕을 좇아 행하고, 이방인들이 섬기는 우상을 숭배하기에 이르렀다. 그들에겐 하나님이 없었다. 하나님과 멀어져서 서로를 미워하며 속이고 죽이고 이간하고 빼앗기를 일삼았다. 나만 잘되면 그만이었고, 남이야 어떻게 되든지 무관심하고 무자비하기까지 했다.

그런 까닭으로 하나님은 재앙, 불행, 공포와 멸망을 선언하셨고 유다 민족은 그 모든 것을 고스란히 경험해야 했다. 결국은 나라도 왕도 사라졌고 심지어는 하나님의 성전까지 불살라지는 모욕을 당했다. 그런 와중에 수많은 사람들이 죽어갔고, 힘을 쓸 만한 사람들은 사슬에 매여 노예로 끌려갔다. 그들은 온갖 멸시와 고역 가운데 슬픔과 후회의 날을 지내며 자신들의 죄를 회개하였다.

유다인 포로 가운데 모르드개라는 사람이 있었다. 모르드개에게는 하나님밖에 없었다. 그는 포로된 자이고, 회개로써 하나님 앞에 엎드린 자였다. 하나님의 법도에 어긋나는 우상숭배를 일삼는 이방인들을 가증히 여겨 그들이 아무리 높은 지위와 재물에 뒤덮여 있다 해도 그 앞에 엎드릴 수 없었다. 오히려 그들을 향한 안타까움이 있었다. 세계를 소망하며 사람의 죽음과 죄에 대하여 깊이 깨달은 사람이라면, 교만과 방탕한 사람을 대할 때 모르드개와 똑같은 안타까움을 느낄 것이다.

그런데, 일은 여기서부터 비롯되었다. 모르드개의 당당하고 확신에 찬 모습이 하만을 분노하게 한 것이다. 하만의 눈에 모르드개는 초라한 포로로만 보였다. 모르드개의 배후에 살아계시며 그와 늘 동행하시는 절대자 하나님을 볼 수 있는 믿음의 눈이 없었기 때문이었다. 두 사람의 싸움은 결국 하만의 엄청난 권력의 힘이 사용되는 결과를 가져왔다. 모르드개뿐 아니라 모든 유다 민족들은, 공포된 새 법령에 의해 강탈당하고, 학살될 위기에 놓였다. 바사의 잔인한 계획과 모든 폭력의 기구들 앞에서 전국에 흩어져 있는 유다 민족들은 두려움에 놓일 수밖에 없었다. 포로생활의 피폐와 곤궁함에 겹쳐진 근심과 걱정의 먹구름이었다.

하만은 하나님을 모르는 사람이었다. 그러나 그에게도 하나님의 법칙이 예외없이 적용된다. 하나님의 법은 활활 타는 불에 비유될 수 있을 것이다. 하나님을 믿고, 그 말씀을 의지하며 사는 사람에게는 평안과 축복이 되어 뜨겁게 타오르는 불일 것이다. 반면에 그 말씀을 거역하고 불순종하는 사람에게는 저주와 불행과 파멸과 수치의 불이 된다. 하만은 하나님을 대적하는 삶을 살았다. 하나님은 그를 의지하며 사는 사람들은 불행의 늪에서 건져주신다고 약속하셨다. 그분은 당신의 말씀에 순종하며 사는 사람들을 보호하셔야 했기 때문에 하만의 편이 되실 수는 없었다. 하나님 보시기에 마치 개미와 같은 하만이 하나님을 대적하고, 하나님의 자녀인 모르드개를 해치려 했다. 결과는 하만의 철저한 패배요, 멸망이었다. 가족과 명예, 권력이 모두 사라졌다. 그뿐 아니라 하만은 이제 부러움의 대상으로서가 아니라 악명의 대표자, 미련한 자의 표본으로, 무지자의 본보기로 세세에 전해지게 되었다.

나는 이런 일이 현재도 동일하게 일어난다는 생각을 한다. 내 친구, 친척들 사이에서 또 사회 구석구석에서 여러 모습으로 나타나는 것을 볼 수 있다. 나는 이와 비슷한 일을 겪은 적이 있다. 내가 과거 일본 제국주의에 대항하여 싸웠던 때의 일이다. 그 일은 꼭 온 세상에 널리 알리고 싶은 사건이다.

일본은 온갖 감언이설과 협박으로 나라를 빼앗고 우리 백성들을 착취하여 생활을 곤핍하게 하였다. 일본은 점점 부유해졌고 한국은 거지라 할 만큼 비참한 지경에 이르렀다. 그것만이 아니었다. 그들은 우리의 신앙마저 송두리째 빼앗고 그들의 우상인 귀신을 우리에게 심어주려고 국법을 이용해 하나님의 종들을 핍박했다. 일본의 만행에 대항하는, 모르드개를 연상케 하는, 담대하고 용맹스런 신앙 지도자들이 일어났다. 수많은 주의 종들이 무서운 고문과 박해 속에 쓰려져 갔다. 그 당시 나도 일본의 박해에 대항했다. 다른 많은 사람들이 죽었으나, 나는 하나님의 은혜로 살아남아 그 일을 증거할 수 있게 되었다. 또한 나는 그것을 나의 본분으로 여긴다. 나는 목숨이 끊어지는 그 순간까지 내가 경험한 일들을 증거해야 한다는 사명감을 가지고 있다. 또한 이것은 나의 매일의 삶으로 증명될 것이다.

일본인들은, 일본 교육을 받지 않았다는 이유로 우리 목사님들을 무식한 종교 지도자 취급을 했다. 그들은 목사님들과 늘 함께 하시는 전지전능하신 하나님을 알지도 보지도 못했다. 또 하나님에 대해 들어도 깨닫지 못하였다. 그래서 그들은 우상숭배를 거부하고 그것을 죄로 여기는 참 목자들을 잡아 옥에 가두고 고문을 했다. 고문은 너무나 참혹하고 잔인하여 기억하고 싶지도 않다. 유순하고 겸손한 목자들은 용기있는 사자처럼 행동했다. 끓는 물이 부어져 얼굴이 익고, 팔 다리가 꺾여지며, 등뼈가 쪼개지고, 창자가 튀어나오는 고문에도 의연함을 잃지 않았다. 그런데 이런 참담한 환경 속에서 하나님의 기적이 일어났다. 꺾여진 다리와 팔이 이튿날이면 제자리에 다시 붙었고, 끓는 물에 익은 얼굴은 빛이 날 만큼 깨끗해졌으며, 고통이 없는 기쁨에 찬 얼굴들로 변화되어 버린 것이다.

나는 거의 일년 정도 평양 경찰서에 수감된 적이 있었다. 그동안 나는 잔인한 고문을 받았다. 고문을 명령한 최고 책임자는 평양 도청의 경무과 구가 경사였다. 구가는 명령만 했을 뿐이지 자기가 직접 성도들의 뺨 한번 친 일이 없었다. 그러나, 그의 명령은 많은 그리스도인을 우상 숭배자로 만들었다.

그 당시 경찰서에는 네 명의 고문 취조자들이 있었다. 그런데 이상하게도 그들은 모두 감기에 걸렸는데 그 고열로 인해 뇌가 손상되었다. 또한 그들의 가족 중에 병신이 생기기도 했으며 아무것도 아닌 병이 불치병으로 악화되는가 하면 성격이 포악해지고 정신이 이상해져서 자기 가족을 살해하는 지경에까지 이르렀다. 그들은 모두 불행한 상태에 빠졌다. 더러 살아 남은 가족들은 일본이 패망했을 때, 성난 군중들에 의해 죽임을 당하고 말았다. 불행한 말로는 고문의 최고 책임자인 구가에게도 예외는 아니었다. 고문의 최고 책임자 구가에게는 외동딸이 있었는데 그는 딸을 특히 귀여워했다. 구가 경사는 그 딸을 금지옥엽 잘 길러 시집을 보냈다. 결혼한 얼마 후 그 남편은 전쟁에 나가게 되었다. 그러나 전쟁터에 나간 바로 그날 그는 적군의 총에 머리를 다쳤다. 설상가상으로 머리에 총알이 박혀 뺄 수가 없었다. 그는 통증이 심해 밤새도록 쿵쿵 뛰고 소리를 질러댔다. 그 때문에 그 가족들은 잘 수도 쉴 수도 없었다. 총알 맞은 이의 고통을 함께 겪어야 했다. 이 일이 있은 후 구가 경사는 고문을 중단하고 사식을 허락하였다.

그는 일본의 패망과 함께 비참한 거지 신세로 전락하였다. 오랜 세월이 지난 후 나는 그가 구걸로 생계를 이어가면서 고향인 대마도로 갔다는 소식을 들었다.

나는 고문당했던 그때의 기억을 영원히 잊지 못할 것이다.

하나님을 모르는 삶은 매우 처참하고 불행하다. 그들은 허망한 인생을 살면서도 그것을 알지 못한다. 그런 반면 하나님을 알고 그분에게 자신을 맡기고 예수 그리스도의 이름으로 자기를 온전히 희생하며 예수님의 이름만 높이기 원하는 사람은 행복하다. 아무도 그들을 해할 수 없다.

그때에도, 지금도, 앞으로도, 하나님의 역사는 영원히 우리 가운데 계속될 것이다.

## 32. 내게 좋은 대로 택한 결과

아마샤는 유다의 왕이다.

유다는 우상숭배를 하는 이방민족에 둘러싸여 있었다. 그 나라들은 기회만 있으면 유다를 공격했다. 이런 상황 속에서 왕위에 오른 아마샤는 전쟁 준비에 심혈을 기울였다. 아마샤 왕이 치리하던 그 당시 유다는, 특히 에돔과 사이가 좋지 않았다. 전쟁 준비를 끝내자 하나님의 사람이 왕에게 나아와 그 전쟁은 올바른 것이 아니지만 하나님만을 의지하고 담대히 싸우면, 그분의 도우심으로 승리를 얻을 것이니, 그 승리로 하나님께 영광을 돌리라고 말했다. 아마샤 왕은 그 말에 큰 위안을 받았다. 그는 하나님을 의지하고 또 그분의 도우심을 확신한 가운데 담대히 전쟁터로 나갔다. 결국 그는 에돔과의 전쟁에서 승리를 거두었다.

아마샤 왕은 전쟁터에서 돌아오는 길에 세일 자손들이 우상을 섬기는 모습을 보게 되었다. 그 우상은 사람의 손으로 만들어진 것이었으나, 그들은 그것을 하나님으로 알고 섬기며 살고 있었다. 아마샤 왕의 눈에 우상을 섬기는 그들의 모습이 좋아 보였고 또 그렇게 하는 데 아무런 어려움이 없는 듯했다. 왕은 여호와 하나님을 섬기기 위해서는 너무도 많은 것을 버리고 또 지켜야 한다고 그 동안 생각해 왔었다. 우선 자신의 마음을 정결케 해야 하며, 불쌍한 사람을 도와주어야 했다. 또 자신의 유익보다는 남을 먼저 생각해야지, 결코 상대방에게 손해나 마음의 상처를 입혀서도 안되었다. 특히 간음이나 도둑질, 살인 등 나쁜 짓은 일체 하지 말아야 했다. 크게 죄를 지었으면, 그 죄 용서를 위해 하나님께 제사를 지내야 했다. 그리고 하나님이 지정해 주신 많은 절기들이 있었는데 그 절기도 잘 지켜야 했다. 무엇보다도 가장 중요한 것은 하나님을 생활의 중심에 모시고 그분을 경외하는 삶을 살아야 했다.

세일 자손의 우상 섬기는 모습을 본 아마샤 왕은 순간 여호와 하나님을 섬기는 것이 짐으로 여겨졌다. 우상을 섬길 경우, 여호와 하나님을 섬기기 위해 요구되었던 모든 것을 무시해도 된다 싶었기 때문이었다. 마음의 어떠함에 상관없이 우상 앞에서 절하고 향연만 베풀면 되었다. 왕의 눈에는 그것이 너무도 쉽고 편리하게 보였다. 그래서 왕은 세일 자손의 우상들을 가져다가 자기의 신으로 세우고 그 앞에 경배하고 분향하였다. 자기 민족이 어떤 민족이며, 어떻게 국가를 세웠는가 하는 것은 생각할 겨를도 없었다. 또한 꼭 하나님만을 섬겨야 된다는 생각도 없었다. 아무것이나 섬기면 된다는 식이었다. 왕은 이렇게 판단하고 우상을 신으로 섬기는 자기 자신이 지혜롭다고 생각했다. 이제 그에게는 하나님의 법도나 절기, 명령, 순종이 아무 상관도 없게 되었다. 그는 오로지 먹고 마시고 편히 살 수 있게 하는 신을 섬기는 데 혈안이 되었다. 그는 우상을 많이 만들었을 뿐 아니라 백성들에게도 하나님에게서 떠나 자신이 가져온 우상을 숭배하도록 지시했다.

이 모습을 본 하나님의 선지자가 왕의 잘못을 책망하였다. 그는 유다 민족이 다른 민족과 다르다는 것과 하나님의 선택 그리고 국가를 세운 역사를 말하며, 유다인이 하나님의 백성이라는 사실을 인식시키려고 했다. 그러나 완악해진 왕은 선지자의 말을 듣지 않았다. 그는 자신이 지혜로운 선택을 했다고 자처했기 때문이었다. 그 후 그는 더욱 교만해져 갔다. 결국 그는 이웃 이스라엘과의 전쟁에서 패하여 많은 금, 은과 기명, 재물을 탈취당했으며 자신은 포로의 신세가 되어 사마리아로 잡혀갔다. 그 후 그는 자기 백성의 손에 죽임을 당하는 최후를 맞이했다. 아마샤 왕의 이야기는 역대하 25장에 기록되어 있다.
　나는 아마샤 왕의 이야기를 읽을 때마다 가슴이 답답하고 뭉클해진다. 아주 오래 전에 있었던 일이 나의 마음을 아프게 하기 때문이다.

　나에게는 숙부가 둘 있었다. 막내 숙부는 아주 온화한 성품을 가지신 분이셨다. 우리 친척들은 모두 몸집이 크고 비대했으나 그분은 전혀 그렇지가 않았다. 부지런하고 깔끔하며 행동이 민첩했던 그분은 양조회사를 경영했다. 술맛이 좋았을 뿐더러 술병이 너무 예뻐서 일본인들에게 특히 인기가 있었다. 그분은 돈을 벌기도 잘 벌었지만 쓰기도 무척 잘 썼다. 그래서 그런지 그분은 친척 중에 가장 인기가 있었다. 그러나 남들이 보기에 아무 근심이 없을 것 같은 그 집에도 걱정거리는 있었다. 그것은 아들이 없다는 것이었다. 부잣집에서 자란 숙모는 딸 하나를 낳은 후 아이를 낳지 못했다. 그러자 숙부는 아들을 얻기 위해 첩을 두었다. 그 당시는 돈만 있으면 첩을 두는 게 관례처럼 되어 있었다. 그러나 어쩐 일인지 아이를 낳아주는 사람은 하나도 없었다.
　숙모가 난 아이는 외동딸로 귀여움을 한 몸에 받고 자랐다. 나의 사촌인 그 애는 나보다 한 달 늦게 태어났다. 그러니까 그 애는 나의 사촌동생이 되는 셈이었다. 그 애도 나처럼 이름이 둘이었다. 집에서는 '가매'라고 불렀고, 학교에서는 돌림자로 지은 '정인'이라는 이름을 사용했다. 정인이는 무척 예뻤다. 크고 맑은 두 눈과 오똑한 코 그리고 곱고 하얀 피부는 마치 그림 속에 나오는 소녀 같다는 느낌을 주었다. 그 애의 그 예쁜 얼굴은 부모를 닮은 듯했다. 숙부와 숙모는 외동딸인 정인이를 위해서라면 그 무엇도 아끼지 않았다. 부모뿐 아니라 친척들도 모두 그 애를 받들고 귀여워해 주었다.
　아들을 얻기 위한 숙부의 외도는 항상 숙모의 마음을 어둡게 하였다. 숙부는 숙모보다 첩들을 더 사랑하고 귀중히 여겼다. 숙모는 숙부의 그런 태도가 야속하고 노여워 매사에 짜증을 냈다. 우리 아버지도 첩이 셋이나 있었는데 어머니는 한 번도 숙모와 같은 태도를 취하신 적이 없었다. 어느날 숙모는 어머니에게 물었다.

"형님은 아주버님이 첩을 셋이나 얻었는데 속상하지 않으세요? 어쩜 한 번도 불평하지 않고 짜증도 내지 않으세요? 항상 똑같은 모습이신 게 이상해요. 어떻게 그렇게 살 수 있으세요?"

"동서! 동서가 마음 아파한다고 첩들이 모두 집을 나가나? 또 짜증을 낸다고 서방님의 마음이 동서에게로 돌아오는가? 사실 우리는 아들을 낳지 못한 죄인이 아닌가. 집안에서는 아들을 원하지 않는가? 그러니 아들을 낳을 수 있는 젊은 여자들이 남편의 사랑을 받는 것은 당연하지 않는가? 그들은 단지 아들을 낳아주기 위해 이 집에 들어온 것이 아닌가? 우리가 못 한 일을 해준다면 도리어 고맙고 미안한 일이 아니겠나?"

"그러면 형님은 아주버님이 첩들만 사랑해도 마음이 아프지 않으세요?"

"나도 사람인데 왜 아프지 않겠나. 그러나 그 아픔은 내 탓이지 첩들 탓은 아니지 않는가?"

말씀을 마친 어머니는 가여운 눈길로 숙모를 바라보았다. 숙모는 한숨을 내쉰 후 다시 말을 했다.

"형님은 아주버님이 밉지 않으세요?"

"내가 미워하면 그 사람이 나를 좋아할까?"

"저는 형님을 이해하지 못하겠어요."

"나는 언젠가 우리가 다 죽는다는 걸 알고 있네. 또 나는 사람의 생사와 길흉화복을 주관하시는 하나님을 믿는다네. 그렇기 때문에 나는 사는 동안 나를 구원하신 하나님만 바라보며 모든 일을 주시만 하려고 하네. 동서도 하나님을 믿으면 나처럼 될 것일세."

어머니의 말씀을 들은 숙모는 여러 번 하나님을 믿으려고 시도했다. 그러나 작정만 하고 교회에 나간 적은 없었다.

## 32. 내게 좋은 대로 택한 결과

우리 집에는 연례적으로 굿을 하는 관행이 있었다. 그 해에, 할머니는 용하다고 소문난 무당을 불러 특별히 큰 굿을 했다. 그 무당은 기적을 많이 일으켜서 이름이 널리 알려져 있었다. 동네 사람들이 모두 우리집으로 모여들었다. 숙모도 굿 구경을 하러 왔다. 모인 사람들이 모두 무당을 칭찬하고 존경심까지 표현하자 숙모는 그 무당이 위대해 보였다. 그래서 숙모는 외동딸인 정인이를 훌륭한 무당으로 만들어야겠다는 생각을 하게 되었다. 그렇게 되면 숙부뿐 아니라 첩들도 자기를 우러러보리라 생각되었기 때문이었다.

그때부터 숙모는 무당을 자주 집으로 불렀으며, 그 무당이 하라는 것은 무엇이든지 다 했다. 숙모의 관심사는 오로지 정인이를 무당 만드는 것이었다. 그러나 숙부가 무당이나 점쟁이를 아주 싫어하는 분이었기 때문에 숙모는 자기의 생각을 감히 발설하지 못하고 비밀리에 그 일을 추진했다.

그 당시 나는 어머니를 좇아 교회에 열심히 다녔다. 성경말씀도 열심히 읽고 찬송도 배웠다. 나는 정인이를 교회에 데리고 가려고 무척 애를 썼다. 그러나 숙모는 나나 어머니와는 정반대의 길을 가고 있었기 때문에 정인이와 만나는 것을 싫어했으며 심지어는 내가 집으로 찾아가도 문을 열어주지 않았다. 나는 기회 있을 때마다 정인이에게 교회에 다닐 것을 권유했지만 정인이는 자기 엄마 때문에 내 말을 듣지 않았다.

어느 추운 겨울날 정인이는 강에서 썰매를 타다 감기에 걸렸다. 그 감기는 급성폐렴이 되고 말았다. 숙모는 약으로 병을 고치기보다는 무당을 통해 그 병을 고치려 했다. 결국 숙모는 무당의 말을 듣다가 정인이를 죽이고 말았다.

숙모는 하나님의 자녀가 될 수도 있었으나 화려해 보이는 무당에게 미혹되어 귀중하고 예쁜 딸 정인이를 죽였다. 숙모는 그 후 심한 충격으로 인해 정신 이상자가 되었다. 숙모는 골방에 틀어박혀 밤이나 낮이나 계속해서 통곡만 하다가 폐병에 걸려 죽고 말았다. 결국 그분은 자기가 낸 분노 가운데 자기를 매장한 것이다.

오랜 후 우리 친척들은 모두 예수님을 믿었다. 숙부도 예수님을 믿고 그 재산을 거의 다 교회에 봉헌하였다. 좋은 전답 중 일부는 나에게 상속해 주셨다.
　성경 기사와 비슷한 사건이 오늘날 우리 주위에서도 수없이 일어난다. 나는 숙모와 정인이의 죽음이 떠오를 때마다 이런 생각을 해 본다. 이런 일은 나에게만 일어난 일이 아닐 것이다. 온 세계, 온 민족에게도 똑같은 일이 일어났으리라.

## 33. 민족을 구원한 고아 왕후

한 집안의 가장이 가장 구실을 제대로 못 하면 가정이 불행해진다. 나라도 그렇다. 나라의 왕이 왕 구실을 못하면 그 나라는 망하고 백성은 도탄에 빠지게 된다.
유다 왕국에는 훌륭하고 좋은 왕들도 많았지만 악하고 못된 왕들도 매우 많았다. 그 왕들이 계속 우상을 좋아하고 불의와 탐심을 좇으며 하나님을 멀리하자 나라와 왕궁의 영광은 땅에 떨어지고 멀고 가까운 나라들의 침공을 받았다. 특히 왕국 말기의 왕들이 하나같이 하나님을 무시하고 이방의 우상을 따르게 되어 나라가 극도로 부패해지고 강국 바벨론이 쳐들어오게 되었다. 그들은 왕궁은 물론 하나님의 성전에서까지 귀중한 물건들을 빼내 바벨론으로 실어갔고, 쓸 만한 젊은이들과 지식인들을 왕과 함께 포로로 잡아갔다. 그때 모르드개도 친족들과 함께 바벨론으로 끌려갔다. 모르드개는 하나님께 신실했으며 매우 경건한 사람이었다. 그는 자기 나라가 망한 원인을 너무도 잘 알고 있었고, 하나님을 저버린 유다 왕들의 소행이 어떠했던가도 생생히 기억하고 있었다. 그래서 그는 항상 하나님을 의지하는 생활에 경건과 열정을 다하려고 노력하였다. 물론 부모를 잃고 자기 집에 와있는 어린 사촌 여동생 에스더도 하나님의 교훈으로 가르쳤다. 에스더는 자라면서 하나님을 경외하는 마음을 가지게 되었고 또 여자로서의 미덕도 갖추게 되었다. 그녀의 아름다움은 보는 사람들의 눈길을 멈추게 했다.

에스더가 성숙한 여인이 되었을 때, 바사는 아하수에로 왕이 다스리고 있었다. 어느 해에, 왕은 칠일 동안 큰 잔치를 열었다. 그런데 잔치중에 왕후 와스디가 왕의 명령을 거역하는 사건이 일어났다. 그 일로 왕후 와스디는 폐위되고 말았다. 왕비가 왕에 의해 폐위되었다는 소문은 곧 온 나라에 퍼졌다. 그 소문에 백성들은 술렁거리기 시작했다. 더구나 새 왕비를 간택한다는 말은 백성들을 들뜨게 했다.

바사의 127도에 사는 사람들은 저마다 꿈에 부풀기 시작했다. 드디어 거대한 바사 제국에서 가장 아름다운 여자를 궁으로 모아들이는 일이 시작되었다. 바사의 처녀들은 저마다 예뻐지기 위해 피부를 가꾸고 예쁜 옷을 지어 입었다.

모르드개는 여동생 에스더를 궁중으로 보내기를 원했다. 에스더는 아름다울 뿐 아니라 품위도 있어서 일국의 왕후가 되기에 부족함이 없어 보였기 때문이다. 에스더가 궁중으로 들어가기 전에 모르드개는 그녀에게 절대로 유다인이라는 것을 발설하지 말라고 주의를 주었다.

처녀들을 맡아 주관하는 헤개는 많은 처녀들 가운데서도 아름답고 착한 에스더를 특별히 대우하였다. 그는 에스더에게 몸치장에 쓰이는 물품과 일곱 궁녀를 주어 아름다운 처소에서 기거하게 하였다.

에스더가 부모를 잃었을 때, 사촌 오빠의 손에서 부족함 없이 살 수 있도록 은혜를 내려주신 하나님은 궁중 생활 속에서도 그녀를 도와주셨다. 마침내 일년이 지나 처녀들이 한 명씩 왕 앞에 나가게 되었다. 무수히 많은 처녀들이 왕께 나아갔으나, 총애를 받지 못했다.

몇 년 후 드디어 에스더의 차례가 왔다. 왕은 그녀의 품위와 아름다움에 마음이 끌렸다. 왕의 은총을 받은 에스더는 드디어 왕후로 간택되었다.

그런데 공평한 것이 이 세상이라, 어떤 사람에게든지 계속 좋은 일만 일어나지는 않는다. 그리고 세상에는 어려움을 겪지 않는 사람은 없다. 그것이 비록 화려한 왕궁일지라도 고통과 환난은 찾아오기 마련이다.

에스더에게도 늘 좋은 일만 있지는 못했다. 양아버지 모르드개가 하만에게 불복한 것이 큰 사건으로 번졌다. 하만은 모르드개만 죽이는 것이 억울해서 그가 유다인인 것을 알고는 나라 안의 모든 유다인을 죽이려 한 것이다. 하만은 왕의 승인을 받아 그 시행 날짜만을 기다리고 있었다.

그러나 에스더는 우왕좌왕하거나 울고불고하며 소란을 피우지 않았다. 그녀는 이렇게 어려울 때는 하나님께 도움을 청해야 한다는 것을 알고 있었다. 에스더는 시녀들과 함께 삼일 동안 금식하며 하나님께 기도를 드렸다. 그 기도에는 바사에 있는 모든 동족들의 목숨이 걸려 있었다.

하나님은 에스더의 기도에 응답하셨다. 하만이 모르드개를 비롯한 유다인을 죽이기 위해 파놓은 함정에 도리어 그를 빠뜨리신 것이다. 하만은 모르드개를 죽이기 위해 만들었던 50자 되는 나무에 매달려 죽임을 당했다. 하만의 집안은 몰락하고 죽임을 당할 뻔한 유다인들은 오히려 어느 민족보다도 높임을 받게 되었다.

아름다운 에스더! 그녀는 비록 포로의 신세였지만 전지전능하신 하나님을 의지하였기에 왕후의 영광을 누릴 수 있었고 또 동족을 죽음에서 건져내는 큰 일을 해낼 수 있었다.

내가 쓴 책 「죽으면 죽으리라」는 에스더에서 따온 제목이다. 나는 에스더의 길과는 다른 길을 가면서 체험한 일들을 그 책에 썼다. 그 책은 10개 국어로 번역이 되어 전 세계에 퍼졌다. 그 책이 그토록 유명해진 이유는 책에서 다룬 일들이 결국 역사적으로 되풀이되는 사건이기 때문일 것으로 생각된다. 에스더 시대에 역사하신 하나님은 지금도 또 내일도 역사하실 것이다.

## 34. 영광을 바꾼 자

　솔로몬은 하나님을 온전히 의지하고 그분의 말씀대로 충실히 살려고 노력했던 다윗 왕의 아들이다. 다윗 왕은 많은 아들들 중에서 특별히 솔로몬을 사랑하였다. 다윗이 가장 사랑하는 아내가 낳았을 뿐만 아니라 지혜로웠기 때문이다. 솔로몬의 어머니는 밧세바라는 이방 여인이다. 밧세바는 원래 다윗의 부하 우리아의 아내였다. 그러나 그 미모에 반한 다윗의 계략으로 인해 우리아는 죽고 밧세바는 다윗의 아내가 되었다. 이 일로 인하여 다윗은 하나님의 징계를 받았다. 하나님의 징계의 채찍은 아들 압살롬의 모반이었다. 그는 압살롬에게 쫓겨 굴 속에 숨어 지내는 신세가 되고 말았다. 그러나 그는 진정으로 회개를 하였고 하나님은 이 회개를 받으시고 다시 환궁할 수 있도록 허락하셨다. 솔로몬은 신앙의 용사인 아버지의 사랑 속에서, 아버지가 하나님을 높이고 순종하며 사는 것을 보면서 자랐다. 다윗 왕은 훌륭하게 나라를 키워, 주변 국가에 여호와가 하나님이신 것을 여지없이 증명하였고 그 자신 하나님의 사랑 속에 끝까지 충성하여 승리에 찬 삶을 이루었던 것이다. 솔로몬은 이런 아버지의 모습을 보면서 자신도 아버지처럼 극진히 하나님을 섬기고 싶은 생각에 마음이 부풀어오르기도 했다.
　다윗은 아들이 많았다. 그 아들들은 저마다 아버지의 대를 이어 그 영광의 자리를 차지해 보려고 온갖 노력들을 다 했다. 그러나 다윗은 지혜가 많고 총명하여 하나님이 기뻐하시는 솔로몬을 왕으로 세웠다. 다윗의 뒤를 이어 왕이 된 솔로몬은 하나님께 감사의 제사를 드렸다. 엄연히 왕이 되어야 할 큰형님이 있었고, 평판이 좋은 여러 형님들도 있었는데, 자기는 그야말로 큰소리 치고 나설 수도 없는 처지에서 하나님이 왕으로 택해 주셨기 때문이었다. 그는 광대한 이 나라를 잘 다스리기 위해서는 하나님의 도우심이 필요하다고 생각했다. 솔로몬은 일천 희생으로 하나님께 번제를 드렸다. 하나님은 간절하고 정성어린 그의 마음을 받으시고 그 밤에 솔로몬에게 나타나셨다. 하나님은 솔로몬에게, 원하는 것을 다 주시마고 말씀하셨다. 솔로몬은 하나님께 셀 수 없이 많은 백성을 잘 다스리도록 지혜를 주십사 간구했다. 지혜만을 구한 솔로몬의 말은 하나님을 기쁘게 했다. 하나님은 그에게 지혜뿐 아니라 부귀와 영화까지 주신다고 약속하였다. 하나님의 약속대로 솔로몬은 이 세상 사람들이 누리지 못할 정도의 부귀와 영화를 누렸을 뿐 아니라, 하나님의 사랑까지 받았다.

이스라엘 주변의 이방인들은 하나님을 모를 뿐더러 우상을 섬기고, 자기 자녀를 제물로 삼는 무지하고 잔인한 사람들이었다. 하나님은 이런 가증한 행동을 일삼는 이방인과 그의 백성을 구별하셨다. 하나님은 백성들에게 이방인과 결혼하지 말라고 명령하셨다. 왜냐하면 그들의 가증한 행습을 따를까 걱정이 되었기 때문이었다. 솔로몬은 이방인과 결혼하지 말라는 하나님의 명령을 알고 있었다. 그러나 그는 명령을 지키지 않았다.

솔로몬은 일생 동안 하나님을 의뢰하고 순종하며 그분을 영화롭게 하였던 아버지 다윗을 통해 하나님께 대한 자신의 태도를 확립했다. 그러나 다윗이 죽고 왕위에 오른 그는 세월이 흐르면서 자신의 지혜를 과시하게 되었다. 그의 눈은 이제 더 이상 하나님을 바라보지 않았다. 솔로몬은 호색한이었다. 그는 자기의 정욕을 채우기 위해 나라의 아름다운 처녀들뿐 아니라 이방 여인들까지 아내로 삼았다.

그의 후비는 삼백 명이고 빈장이 칠백 명이나 되었다. 한 집에 여자가 셋만 있어도 집안이 들썩거린다고 했는데 천 명이나 되는 여자가 왕만을 바라보며 그를 독점하려 했을 것이니 궁 안에 모략과 질시가 어느 정도 난무했을지는 보지 않아도 눈에 선하다.

그런 와중에서도 이방 여인들은 더욱 사특한 짓을 했다. 그들은 솔로몬의 마음을 끌기 위해 온갖 수단을 다 동원하였으며 기회만 있으면 자기들의 신에 대해 설명했다. 또한 그들은 자기들의 우상을 숭배하자고 졸라댔다.

사람은 반드시 늙는다. 아무리 지혜가 있고 천하를 호령하는 권세를 가졌다 해도 세월이 지나면 몸이 늙어 쇠약해지고 자신감이 없어지게 마련이다. 솔로몬이라 할지라도 예외일 수는 없었다. 나이가 들어가면서 기력은 쇠해지고 정신은 흐려지며 점점 나약해져 갔다. 자신의 지혜를 믿었던 그는 아버지처럼 하나님을 의뢰하는 습관이 없었다. 하나님의 말씀을 듣는 귀는 점점 작아지고 아내들의 말을 듣는 귀는 점점 커져갔다. 젊고 아름다운 여자들의 교묘한 말만이 그럴 듯하게 여겨졌다. 그래서 그는 우상을 섬기자는 이방 아내의 유혹에 넘어가고 말았다.

나라도 이제는 예전 같지가 않았다. 하나님을 사랑하고 높이던 왕이 우상을 섬기게 되니까 그것을 본받은 백성들도 마음이 하나님에게서 떠나고 생활이 방탕해져 갔다. 음란한 우상숭배로 하나님의 말씀을 무시하게 되었을 뿐 아니라 점점 해태하고 무성의한 생활태도가 몸에 배게 되었다. 되는 대로 사는 나라가 되어버린 것이다.

그들의 모습에 진노하신 하나님은 선지자를 보내 경고하셨다. 그러나 여자들에게 매혹되어 방탕한 생활을 하던 솔로몬은 선지자의 말에 귀를 기울이지 않았다. 이제 솔로몬에게 하나님은 너무도 멀고 낯선 분이 되어버려서 말씀을 듣기는 듣되 깨달을 만한 믿음이 그 속에 남아 있지 않았다. 그저 될 대로 되라는 식이었다. 그는 현실에 만족해 하며 교묘한 말로 꼬이는 여자들에게 취해 갔다.

어느날부터인가 궁전의 여기저기에 우상의 신당이 생겨나기 시작했다. 한 사람이 하니까 너도나도 자기의 신당을 건축하였던 것이다. 하나님의 성전을 지어 바쳤던 솔로몬은 이제 성전에 그림자도 비치지 않았다. 그는 아내들이 이끄는 대로 이방 신당에 들어가 우상에 절하며 그들과 동류가 되어갔다. 관리들은 하나님의 성전에까지 우상을 만들어 세우고 음란에 빠져들었다. 백성들도 이방 신전에서 우상을 섬기는 것을 당연한 것으로 여기게 되었다. 사람들은 정의를 떠나 불의와 살인의 노예가 되고, 가난과 질병과 재난에 시달렸다. 하나님을 찾는 이들이 적어지자 하나님의 종들조차 불신의 늪에 떨어지고 말았다. 이런 아우성 속에서 솔로몬은 노인이 되어 갔고 그의 권력도 놀랍던 지혜도 풀과 같이 스러져 갔다. 앞에 보이는 것은 죽음뿐이었다. 그는 그렇게 죽어버렸다.

솔로몬의 생애를 통해 무엇을 배울 수 있을까? 솔로몬은 사랑과 지혜, 부귀를 누리며 산 사람의 본보기인데, 결국 그에게 영원히 남아 있는 것은 후회와 수치와 자멸뿐이었다. 그가 만일 지혜가 적고 아버지 다윗과 같이 어려운 일이 많았다 해도 하나님과 의논하면서 살았다면 다윗 시대처럼 더 위대한 국가를 이루었을 것이다. 그러면 그의 노년은 하나님이 주시는 영광으로 빛났을 것이고, 이름은 아버지처럼 명성을 떨쳤을 것이다.

솔로몬이라는 이름은 우리에게 어떤 인상을 주는가? 자기 지혜에 빠져 하나님을 무시한 사람, 여자에게 미혹되어 일생을 망친 사람, 하나님을 알면서도 하나님을 무시하고 살아서 실패한 사람, 이런 인상밖에 남지 않는다. 하나님께서는 '솔로몬이 나를 버렸으므로 나도 솔로몬을 버리노라' 하셨다.

지혜가 부족하고 가진 것이 없고 이름이 없어도 하나님이 내 삶의 목표가 되고 그분께 순종하며 사는 사람은 복되다. 비록 세상은 그를 쓸모없다 할지 모르지만, 주의 날에 그는 큰 승리와 감격에 안길 것이다. 그 승리는 결코 없어지지 아니하고 영원히 계속될 하나님의 선물이다.

솔로몬에 대한 이야기는 구약성경 열왕기상에 기록되어 있다.

솔로몬을 생각할 때마다 나는 깊은 슬픔에 잠긴다. 왜냐하면 내 언니의 삶이 나를 짓누르기 때문이다. 나는 큰언니와 나이 차이가 많았다. 큰언니는 내가 아주 어릴 때 시집을 가셨다. 형부는 공부도 많이 했고 또 재산도 넉넉한 집의 맏아들이었는데 모든 일에 너그럽고 겸손한 사람이었다. 또한 형부는 믿음의 집안에서 자라서 하나님도 잘 믿었다. 형부는 나를 무척 귀여워해 주셨다. 물론 나도 형부를 좋아해서 형부가 온다는 말을 듣는 날이면 형부가 내 눈 앞에 나타날 때까지 잠도 제대로 못 자고 밥도 먹지 못한 채 밤낮 북쪽 하늘만 쳐다보고 있을 정도였다. 그분은 우리 집에 오면 웃어른에게 인사를 드린 후 나를 추켜주고 업어주었다. 그리고 언제나 내가 제일 좋아하던 로시안 캔디를 안겨주곤 했다. 나는 예쁜 그림이 그려져 있는 빨갛고 노랗고 까만 사탕알을 빨아 먹으면서 행복에 젖었다. 나는 한 알의 사탕도 다른 사람에게 주고 싶지 않았다. 내가 좋아하는 형부가 그 사탕 안에 있는 것같이 생각되었기 때문이다. 형부의 아버지는 노령으로 돌아가셨고 장로님이신 삼촌은 만주에 초대 자비량 선교사로 가셨다. 가족이 모두 예수님을 믿었기 때문에 형부도 열심히 교회에 출석하였고 교회 재정도 많이 도왔다. 내가 형부를 좋아했던 이유 중의 하나는 바로 형부가 예수님을 믿었기 때문이다. 그렇게 좋으신 예수님을 믿는 형부는 나의 눈에 천사처럼 보였다.

그런데 그 집의 큰며느리였던 언니는 오래도록 아기를 낳지 못하고 있었다. 모든 사람이 간절한 마음으로 아기를 기다리고 있던 중에 언니는 딸 아이를 출산하게 되었다. 아이는 온 가족의 사랑을 독차지하며 자랐다. 그런데 한창 예쁘고 귀엽게 굴던 나이에 갑자기 홍역을 앓다가 그만 죽고 말았다. 아이가 죽자 그 집 식구들은 달라지기 시작했다. 교회에 가는 것도 시큰둥해 하고 하나님께 대한 열성도 약해졌다. 언니만은 지성으로 하나님께 매달려 살려려

몸부림을 쳤지만 그나마도 잘 되지 않았다.

그 집에는 언니를 도와 일하는 과부가 있었다. 그런데 어느날부터인가 형부는 이 과부에게 관심을 쏟기 시작했다. 그리고 결국은 아들까지 낳게 되었다. 이 과부는 계속해서 아들 둘을 더 낳았다. 과부는 자만해지고 모든 식구의 사랑과 관심도 그 세 아들에게 쏟아졌다. 물론 그 집에는 하나님을 공경하는 신앙은 다 없어지고 주일에도 교회에 나가지 않게 되었다. 그 댁의 삼촌이 이 사실을 아시고 크게 노하셔서 집안 식구들을 나무라셨다. 그리고 형부에게 말씀하셨다.

"정신 차려서 주일 지키고, 하나님 전에 나가서 하나님을 섬기면서 살아야 이 아이들도 잘되고 너도 후회가 없을 거다."

삼촌은 혼자 떨어져 외로운 언니를 애달프게 여기시며 위로해 주셨다.

"애야, 세상은 지나가는 거란다. 또 누구나 다 죽는 거 아니냐. 네가 믿는 그 하나님만 꼭 붙잡고, 마음 아파하지 말아라. 네가 갖지 못하던 아들을 곽산댁이 낳았으니 그저 살아 가는 동안에 사랑하고 기르면서 네 중심만 하나님께 향해 있으면 되는 거다. 그러면 너는 승리하는 거야. 지금 형편으로선 힘들겠지만 하나님은 네 편이시니까 용기 잃지 말아라. 너도 결국에는 늙어 죽을 것인데 아들을 못 낳으면 어떻고 또 열을 낳으면 어떠냐. 하나님을 소유하는 것이 우리에게는 제일이야."

삼촌이 아버지처럼 자상하게 일러주시며 위로해 주셨기에 언니는 그분의 말씀을 잘 순종하였다. 그리고 그 첩을 미워하지 않았고 그가 낳은 아들들을 길렀다. 그러나 아들을 낳은 과부에게만 온 마음과 정성을 다하는 형부를 볼 때 자기는 그 집에 있어 봤자 유익이 되지 않을 뿐 아니라 사람인지라 남편의 변심에 견딜 수 없이 마음이 상하고 아팠다. 그래서 결국 언니는 집을 나오고 말았다.

언니는 친정에 돌아와 어머니를 섬기면서 믿음이 깊어지고 행복과 기쁨을 찾게 되었다. 그러는 가운데 나는 감옥에 갇히게 되었다. 언니는 죽음을 각오하고 지하교회에서 봉사했다. 언니는 어려운 시대에 자기를 써주신 하나님께 너무도 고맙고 감격해 하면서 희생적으로 일하였다. 언니는 자신이 많은 사람들의 도움이 되는 것에 만족해 하고 또 그것이 자신의 행복이라고 증거하였다.

해방 후에 나는 초청을 받아 미국으로 건너갔다. 미국에 간 지 3년째 되는 해에 6.25전쟁이 일어났다. 전쟁이 일어난 그날 어머니와 언니와 고모는 예배를 드리고 있었다. 그리고 예배를 드리던 그곳에 북괴군이 들이닥쳐 총을 쏘았다. 언니는 그 자리에서 죽지 않고 얼마 후에 죽었지만 어머니와 고모는 그 자리에서 순교하셨다.

오랜 세월이 지난 후 나는 형부의 소식을 들을 수 있었다. 형부는 공산군에게 잡혀 노끈으로 묶인 채 삼일 동안 끌려다니다가 총살을 당했다고 한다. 그의 죄명은 빈민의 착취자였다. 나머지 가족들이 모두 어떻게 되었는지는 아무도 모른다고 했다.

형부는 믿는 가정에서 태어났고 그의 삼촌은 선교사로 하나님의 종이었다. 그러나 삼촌의 권면을 무시한 채 자기의 눈에 더 좋아 보이는 길을 선택하였다. 그렇지만 결국 얻은 것으로 알았던 것은 다 물거품처럼 사라지고 비참한 죽음을 맞이해야만 했다.

나는 삼일 동안 노끈에 묶여 끌려다녔다는 형부를 생각할 때마다 마음이 아프다. 어린 시절 그토록 자상하고 인자하여 나를 들뜨게 하였던 형부가 처참한 일을 겪어야 하다니······. 그 비참한 수치와 아픔 속에서 그가 생각한 것은 무엇일까? 하나님이었을까? 세 아들이었을까? 언니였을까? 아니면 세 아이를 낳아 준 과부였을까?

세 아이를 낳은 후에 형부는 돈을 굉장히 사랑했다고 한다. 공장의 일꾼들을 심하게 착취하였고, 동네의 가난한 사람들이 도와 달라고 애걸하면 모욕을 주어 쫓아보냈다는 것이다. 또 세금을 적게 내기 위해 수단을 부리는 일을 예사롭게 여기는 사람이 되었다고 언니는 가슴을 앓았다. 사람이 그렇게 변할 수 있을까! 하나님의 사랑을 받을 때 솔로몬은 온 천하를 받았다. 그렇지만 그가 하나님을 버렸을 때 그는 어리석은 패망의 본보기가 되었다. 나는 형부가 하나님을 모시고 주일을 지키고 교회에 충성하는 모습을 좋아했다. 그러나 자기의 정욕과 이익을 따라 하나님을 저버린 후에 그는 참혹하고도 수치스럽게 생애를 마쳐야 했다. 내가 겪은 일과 비슷한 일이 예전에 일어났듯이 미래에도 일어날 것이다. 성경에 기록된 많은 사건들은 여전히 오늘날에도 진행되고 있으며 또 앞으로도 그럴 것이다.

하나님을 모르는 삶은 비참하다. 더욱이 하나님을 알았다가 버린 사람의 생애는 지옥, 바로 그것이다. 만일 형부가 예수님을 마음에 모시고 그 말씀이 가슴에 박혀 있었다면, 비록 그가 일시 타락했었다 해도 결국 하나님께로 돌아왔을 것이다. 그러면 예수님이 어떻게 해서든지 그를 도와주셨을 것이고 비록 살해되었다 해도 그 영혼은 구원을 얻었을 것이다.

우리가 할 수 있는 가장 중요한 선택은 예수님을 하나님이 보내신 구원자로 영접하는 일이다. 그리고 그 말씀을 내 마음에 간직하고 내 생활이 예수님 중심으로 변화해야 한다. 이 책을 쓰는 목적은 여기에 있다.

## 35. 기생 라합 이야기

여리고 성에 라합이라는 한 기생이 살고 있었다. 그는 기생인 고로, 그에게 출입하는 사람들은 세상물정에 밝은 남자들이었는데 언제부터인가 라합은 히브리 사람들에 대한 소문을 자주 듣게 되었다. 사람들에 의하면 그들은 하나님의 특별한 택함을 받은 사람들이란 것이었다.

그 백성들은 저 큰 애굽을 항복시키고, 그 나라의 군대장관과 강력한 병력을 홍해에 수장시키고 자기들은 그 바다를 육지같이 걸어서 지나갔다는 것이다. 그네들은 논도 밭도 아무것도 없는 광야에서 이슬처럼 내리는 만나로 떡을 해 먹고, 바윗돌을 쳐 펑펑 쏟아지는 시원한 물을 마시고 살았다 한다. 뿐만 아니라 그들의 하나님은 맹수나 독사의 해에서도 그들을 보호해주고, 옷이나 신도 해어지거나 더러워지지 않게 도와주신다는 것이다. 더군다나 아모리 왕 시혼의 목을 쳐 죽인 그들이 앞으로는 이 가나안 땅에 들어와서 사람들을 죽이고 이 땅을 정복할 것이라는 두려운 소문이 나돌고 있었다. 그래서 이곳 사람들은 그 히브리 사람들에 대한 이야기에 넋을 잃고 있었다.

라합은 비록 천한 기생이라 사람들의 멸시를 받는 처지였지만, 그 높으신 하나님이 두렵기도 하고 자기도 그 하나님을 알고 싶은 마음이 들었다. 또 그렇게 택함을 받은 히브리 백성들이 한없이 부럽기만 했다.

'그들은 어떤 사람들이기에 그렇게 놀랍고 높으신 하나님의 백성으로 태어났을까? 하나님의 도움을 받고 그런 큰 기적을 맛보면서 살 수 있으니 얼마나 좋을까? 나 같은 인생은 하나님도 모르는 나라에서 더구나 얼굴도 못 들고 밤낮 부끄럽고 수치스럽게만 살고 있으니…….'

라합은 히브리 사람들의 이야기를 들을수록 그 높은 권능의 하나님이 신기하기도 하고 한편 두려워지기도 했다.

'그분의 사랑을 받고 가르침을 따라, 베푸시는 기적 속에서 사는 사람이 꿈에서라도 한번 되어 보았으면 얼마나 좋을까! 나같이 천한 계집이 감히 그런 걸 상상하다니, 나 같은 것이야 이렇게 추하게 살다가 인생을 끝마쳐야 되는 몸이지. 먹고 살기 위해 벌레같이, 짐승같이 살고 있으니까.'

라합은 이런 생각에 젖을 때마다 가슴이 터질 듯 답답했지만 도리없이 그저 절망 속에서 살아야 하는 기생이었다.

그런데 하루는 놀라운 일이 일어났다. 히브리 정탐꾼 두 사람이 그의 집에 찾아온 것이다. 이들이 히브리 사람이라는 것을 알았을 때 라합은 놀라운 기쁨으로 마음이 떨려왔다. 자기가 그토록 선망하던 바로 그 백성이었기 때문이다. 라합은 그들을 정성껏 대접한 후에 말했다.

"내가 당신들을 이렇게 도와주었으니 당신들이 이 성을 치러올 때 나를 잊지 않겠다고 맹세해 주십시오. 그렇게 하겠다는 확실한 표를 주십시오."

"우리가 왔었다는 것만 누설하지 않는다면 우리가 이 땅을 치러올 때 꼭 도와주마. 맹세하겠다."

라합은 그들의 말을 믿었다. 왜냐하면 그들은 보통 사람들과는 다른 참되고 전능하신 하나님께 속한 사람들이고 그들의 약속이었기 때문이었다. 라합은 두 사람을 데리고 지붕 위에 올라가 늘어놓은 삼대 속에 숨겨주었다.

잠시 후에 군병들이 그 집에 들이닥쳤다.
"히브리 정탐꾼들이 네 집에 들었다는데 어서 내놓아라!"
라합은 태연하게 말했다.
"어떤 사람들이 오긴 왔었는데 그런 사람들인지 몰랐습니다. 어둑어둑해져서 성문 밖으로 나갔으니 빨리 달려가면 그들을 잡을 수 있을 거예요. 빨리 가 보세요."
그들은 라합의 말을 듣자마자 성문을 향해 쫓아나갔다.
라합은 뒷 창문으로 밧줄을 내리우고 히브리 사람들을 내려오게 했다. 그리고 잡히지 않도록 산으로 달아나 사흘 동안 숨어있으라고 일러주었다.
"우리가 이 성을 치러 올 때 창에다 이 붉은 줄을 매어라. 그리고 부모와 형제, 친척들을 네 집에 모여있게 해라. 그러나 누구든지 네 집을 나섰다가 죽으면 그것은 그의 탓이다."
그들은 사흘 후 무사히 여호수아에게 돌아갔다.
이렇게 해서 라합은 하나님의 백성을 도와주게 된 것이다. 그것은 생명을 건 모험이었다.
그 여리고 성에는 수많은 사람들이 살고 있었고, 훌륭하고 존경받는 사람들도 많이 있었다. 그러나 라합은 사람들에게 멸시받는 자기 자신을 부끄러워하여 얼굴을 들 수 없었던 기생이었다. 그런 그가 오로지 여호와 하나님에 대한 말을 듣고 마음이 크게 감동되어서 하나님의 백성을 목숨 걸고 도와주었던 것이다. 그래서 온 성 안이 다 잿더미가 되었을 때 단지 기생 라합과 그의 가족만은 무사할 수 있었다. 그리고 라합은 마침내 다윗 왕의 한 조상이 되었을 뿐만 아니라 예수님의 조상이 되기도 했다.
우리는 여기서 하나님이 인간의 아버지이신 것을 또 한 번 명백하게 배운다. 사람들은 높고 귀중한 사람, 쓸모 있는 사람만 보지만, 하나님은 비천하고 살길 없이 나락에 빠진 사람, 애쓰고 애써도 알아주는 이 없이 소외되고 자기 자신을 포기해 버린 그런 사람들을 찾으시고 구원하신다. 왜냐하면 하나님은 한 사람 한 사람을 세상에 보내시고 다 아시고 보시는 분이시요, 불행한 지경에 있는 인간을 불쌍히 여기시고 일으켜주기를 원하시는 아버지이신 까닭이다. 이 이야기는 구약(여호수아 2장과 6장)에 기록되어 있다.

나는 일제 때 보성 여학교에서 일본어와 음악을 가르쳤는데 당시 정부에서는 매달 초하루에 대목산에 올라가 일본 신사를 향해 절하라는 명령을 내렸다. 그때 나는 학생들에게 하나님의 자녀는 귀신에게 절하는 것이 아니라고, 하나님의 자녀가 귀신에게 절하면 귀신은 굉장히 좋아하지만 하나님은 너무나 슬퍼하신다고 강경하게 말했다. 그래서 많은 학생들이 초하루가 되면 결석을 하거나 아니면 출석을 했어도 숨어있어 대목산에 올라가는 것을 피했다. 이 일 때문에 학교는 큰 봉변을 당하게 되었는데, 학교를 폐교시키겠다는 통지서가 날아온 것이다. 나 때문에 수백 명의 학생이 공부할 수 없다는 것은 있을 수 없는 일이므로 나는 자청해서 대목산에 올라갔다. 그리고 똑바로 서서 굽히지 아니하고 "나는 그리스도밖에 다른 어느것에도 경배하지 않는다"고 시위하였다. 나는 이 일 때문에 경관들을 피해서 도망을 다녀야 했다.

그때 보성학교를 졸업한 한 자매가 나를 그 집 안방에 숨겨주었다. 그리고 그 집의 온 식구들이 나를 보호하기 위해서 여간 신경을 써주는 게 아니었다. 그 집 사람들은 예수님을 믿는 사람들이 아니었고 단지 하나님이 어떤 분이신가를 상식적으로 아는 분들이었다. 그들이 나를 숨겨주고 마음을 써준 것은 딸의 은사란 점도 있었지만, 내가 하나님 편에 서서 일본 800만 귀신과 싸우는 선생님이라는 의식 때문이었다.

그런데 그 집은 나무젓가락을 만드는 공장을 하고 있었는데 어떻게 된 셈인지 그 즈음 한 군대에서 젓가락을 만들어 바치라는 명령이 떨어졌다. 그래서 밤이나 낮이나 쉴 새 없이 공장이 돌아가고 있었다. 그것이 한 군대의 군납인만큼 굉장한 벌이가 되어 번창하게 되었다. 일이 그렇게 되자 예수도 안 믿고 하나님도 모르는 집

주인이 내게 와서 절을 하며

"선생님, 선생님은 정말 하나님이 함께하시나 봅니다. 군대에서 젓가락을 군납하라고 하길래 믿을 수가 없어서 도청에 찾아가 물어보고 또 물어보고, 그러면서도 믿지를 못했었는데, 정말로 우리 공장은 이제 큰 공장이 되어 일꾼은 열 배나 늘었습니다. 우리는 꿈도 못 꿀 일이었는데 이건 기적입니다. 하나님이 선생님을 잘 대접하라고 이렇게 하신 것 같습니다."

나는 지금 그의 말을 기억하면서 하나님이 나 같은 것에게도 위로와 힘, 싸울 용기를 주신 것을 잊지 못한다. 하나님께 속한 사람들이 어려울 때 도와주는 사람은 비록 그들이 예수님을 영접하거나 하나님 앞에 충성할 만한 믿음이 없다 하더라도 하나님께서 그들을 이렇게 물질로 도와주시는 것을 보면, 하나님은 과연 사람들의 아버지시요, 사람들이 어떻게 하는지 다 보시고 아시는 살아계신 아버지시라는 것을 알 수 있는 것이다. 하나님은 그런 분인 것이다. 비가 오면 젖어서 늘어지고 바람이 불면 찢어지고 땅에 떨어지면 밟혀서 말라지는 종잇장 같은 우리가 하나님 없이 어떻게 살아갈 수 있을까?

반석 같은 하나님을 찾아서 예수님 이름으로 굳게 모시고 정녕 그분을 의지하면 바람이 불고 폭풍이 불고 땅에 떨어지더라도 건져주시고 도와주시니, 우리에게 무슨 걱정이 있을 것인가? 하나님은 아버지이시니······.

## 36. 들은 소문과 기적

유다 북쪽에 수리아라는 큰 나라가 있었다. 이 나라는 대단한 병력을 가진 나라였고, 따라서 군대를 총지휘하는 장군은 강력한 권세를 가진 자로서 왕의 총애를 받고 있었다. 그 군대장관은 나아만이라는 사람이었다.

나아만은 나라의 중진인 만큼, 더구나 군대를 지휘하는 최고 책임자인 만큼 다른 나라의 국력이나 병력에 많은 관심을 가지고 연구하여 통달한 사람이었다.

그런데 나아만이 힘과 지도력과 뛰어난 병법으로 큰 명예를 가진 장군이긴 했지만 그에게는 말로 할 수 없는 깊은 고민이 있었다. 없어질 수도, 잊어버릴 수도 없는 그 고민은 끝없는 수렁으로 그를 빠뜨렸다. 그 암초같은 질병! 그는 문둥병자였던 것이다. 당장은 갑옷을 입고 투구를 써서 온몸과 얼굴을 감출 수 있었지만 그의 문둥병은 시간이 갈수록 심해지고 있었다. 언젠가는 얼굴이 흰 두부같이 될 것이고 눈은 곪아 찌그러지고 코는 뭉개지고 손가락, 발가락은 떨어져나가게 될 것이다. 그렇게 전신이 썩어들어가 악취가 나서 사람들 앞에 설 수 없게 될 날이 올 것이다. 나아만은 그의 장래를 내다보며 치를 떨었다. 그 얼마나 두려운 상상인가! 그러나 한편으로는 얼마나 분명한 현실인가. 그가 살아있다는 것은 견딜 수 없는 고통 이외에 아무것도 아니었다.

나아만은 세계 정세를 잘 아는 사람이었고 특별한 민족이라는 이스라엘에 대해서도 많은 것을 알고 있었다. 그는 이스라엘이란 나라가 시작도 끝도 없이 홀연히 생긴 것을 잘 알고 있었다. 그리고 그 백성이 어디에서 어떻게 그 땅에 도달했으며 어떻게 영광스러운 국가를 세우게 되었는지도 잘 알고 있었다.

저 애굽 땅에서 400여년 동안 노예생활을 했던 이스라엘은 애굽 왕이 사내 아이들을 다 강에 던져죽이라고 명했을 정도로 번창했다. 그때 죽지 않고 살아 왕궁에서 자랐던 자가 모세인데 그는 살인자로, 도망하여 비천한 목자로 지냈다. 그는 나이 많은 노인이 되었을 때 자기 민족을 구해내었다. 쑥밭이 된 애굽과 그들이 광야에서 지낸 40년 동안의 일은 사람의 상상이나 말로 표현할 수 없는 기적들뿐이었다. 그 뜨거운 햇볕에 데어 죽지 않도록 낮에는 구름이 온 하늘에 퍼져 있어 시원한 대낮이 40년 동안 계속되었고, 또 밤에는 불기둥이 횃불같이 환하게 비춰주므로 광야의 맹수들이 덤벼들지 못하였다. 바위에서는 시원한 생수가 터져나와 그들의 목을 적셔주었다. 또 하나님은 '만나'라는 음식을 하늘에서 내려주셨다. 백성들이 아침에 잠이 깨어 밖에 나올 때마다 만나가 마치 이슬처럼 땅에 내려져 있었던 것이었다.

또 옷 가게나 상점도 없는 허허벌판 광야에서 40년을 사는 동안 입고 온 옷과 신고 온 신이 닳거나 해어지지도 않았다. 시냇가가 없어 빨래를 아니 했어도 더러워지지 않았다. 그보다 더 놀라운 것은 애기들이 신고 온 신, 입고 온 옷들이 40년이 지났는데도 그 신이 발에 꼭 맞고 그 옷이 꼭 맞았다는 것이다. 말하자면 신발이나 옷이 아이들이 자라는 대로 자라갔다는 증거이다.

그러나 이들은 40년 동안 이러한 기적을 겪으면서도 그저 그런가 보다 하고 그것을 금방 잊어버리고 말았다. 그리고 애굽에서 먹던 노린내 나는 고기가 없다고 불평하며 혹독한 노예생활로부터 구원해주신 하나님을 까마득히 잊어버리고 도리어 원망과 불평만 하다 자기 자신들을 멸망시키고 말았다.

그러나 광야에서 자라 하나님의 권능을 어릴 때부터 보아온 청년들과 장정들은 힘을 얻어서 하나님이 인도하신 가나안 땅, 젖과 꿀이 흐르는 그곳으로 들어가게 되었다. 이스라엘이 일곱 민족을 멸하고 쳐들어가는 과정을 생각하면 나아만은 흥분이 될 정도였다. 여리고 성의 함락, 그것은 사람의 창과 검의 힘으로 치고 죽여서 승리한 것이 아니었다. 여호와 하나님이 하라 하신 대로 걸어가고, 나팔 불고, 소리질렀는데 그렇게도 견고하던 여리고 성이 와르르 무너진 것이었다. 또 전쟁에 대한 많은 기록들이 떠올랐다. 항아리와 횃불과 나팔을 가진 기드온이란 청년이 단 300명만으로 미디안의 수만 군대를 정복한 것은 군사적 승리 그 이상임을 보여주고 있었다. 하나님의 역사로 인해 미디안 군인들이 저희들끼리 서로 죽여서 기드온에게 승리를 안겨주었던 것이다. 그래서 결국 여호와가 하나님이신 것을 온 세계 만민의 귀에 우렁차게 증거한 것이었다.

나아만은 그러한 하나님이 깊이 사모되었다. 그렇지만 자기는 이방인이니 그 하나님을 도저히 깊이 알 수도 믿을 수도 가까이 할 수도 없다고 생각했다. 다 들어 알고 있던 사실이지만 나아만은 그 하나님과 도저히 관계를 맺을 수 없는 형편이었기에 아쉽기만 했다. 그런데 마침 계집종 하나를 사온 것이, 알고 보니 히브리 여자 아이였다. 나아만은 그 여종 아이를 볼 때마다 기이하시고 전능하신 하나님을 생각하게 되고 그 하신 일들이 떠올랐다. '그런데 그 애는 어쩌다가 아람인인 내 수종을 드는 종이 되었을까?' 그것은 유다인들이 40년간이나 그렇게도 훈련을 시키면서 일러주고 가르치신 하나님을 거역하고 자기들의 손으로 멸망시킨 족속들의 관습을 따라 우상을 섬기며 하나님을 대적했기 때문이었다. 나아만은 그들의 그러한 실정을 이미 소문으로 듣고 있었다. 나아만은 그 계집종이 하나님 백성의 종자라 하는 그 한 가지 때문에 함부로 대하거나 무시하지 않았다.

그런데 한번은 나아만이 자기의 병세 때문에 낙망과 슬픔에 빠진 것을 보고 계집종이 진언을 하였다.

"장군님, 장군님은 왜 그렇게 어두운 얼굴을 하고 계십니까? 장군님, 전능하신 하나님께 맡겨보세요."

"너희 하나님이 얼마나 전능하신지 나는 역사를 통해 잘 알고 있고, 또 그분을 사모하고 있지만 나는 이방인 아람 사람이 아니냐. 하나님이 아무리 전능하시다 해도 나에게는 전혀 관계가 없는 일이야. 내가 만일 유다인이라면 모르지만 말이다."

"장군님, 사마리아에 있는 엘리사 선지자에게 가 보세요. 그분이 하나님께 기도해서 장군님의 병을 고쳐주실 것입니다."

나아만은 이 말에 큰 충동을 받았다. 비록 그 말이 종의 말이고 어린 것의 진언이었다지만 하나님의 전능하심을 명백히 알고 있던 나아만이었기에 그 말은 나아만의 심령을 흔들어 깨웠던 것이다. 마침내 아람 사람 나아만은 엘리사를 찾아갔고 그 무서운 문둥병이 완치되었다. 그가 여호와 하나님을 섬기고 순종하는 하나님의 자녀가 된 기록이 구약(열왕기하 5장)에 자세히 기록되어 있다.

대국의 장군 나아만은 왕의 총애를 입은 자로서 존경을 받는 사람이었지만 그 속은 이루 말할 수 없는 불안과 절망에 시달리던 사람이었다. 그렇지만 그는 하나님에 대한 소식을 듣고 이방 사람으로서 하나님을 사모하고 있던 자였다. 그래서 계집종의 한마디 말에 벌떡 일어나서 하나님의 종에게 달려가 그 말로만 듣던 기적을 자기 몸에 실제로 받아 누린 것이다.

이 말씀은, 많은 사람들이 예수님에 대한 이야기를 듣지만 어떻게 해야 하나님의 자녀가 되는지 모르고 방황하며 고민하고 있다는 것이며, 믿는 사람은 누구나 이 계집종의 역할을 하여야 한다는 사명감을 우리에게 가르치고 있는 것이다.

내가 평양 형무소에 갇혀 있을 때 나아만의 이야기와 비슷한 사건이 하나 있었다. '죽으면 죽으리라'는 책에 이 사건이 기록되어 있지만 다시 한 번 세세히 설명할 수밖에 없다.

어느날 내 감방에 18세 된 아름다운 여자가 들어왔다. 그는 일본인들이 다니는 해주 여학교를 우수한 성적으로 졸업한 젊은이였다. 그는 키가 크고 늘씬하며 얼굴은 뛰어나게 아름답고 그 피부는 어린애같이 윤기 있고 촉촉한 미인이었다. 그 삼엄한 유치장에 아름다운 여인이 들어왔다는 것이 내게는 마치 하나님의 선물같이 반갑고 기쁘게 여겨졌다.

그는 해주에서도 손꼽히는 부잣집의 외딸인데 아버지와 삼촌은 세상을 일찍 떠났다. 그래서 과부가 된 어머니와 숙모가 시어머님을 모시고 이 아이를 금이야 옥이야 하면서 길렀다. 아이는 나면서부터 아주 예쁘고 머리도 굉장히 좋아 일본인 자녀들만 다니는 여학교에서 교육을 받을 수 있었다.

그녀는 여학교를 졸업하고 대학을 가고자 했지만 그 집에 자손이 너무 귀하고 가족도 몇 없어 어머니와 숙모는 일찌감치 결혼을 서두르고 있었다. 사방에서 청혼을 해 오는데 훌륭한 가정의 아들들이 여럿 있었다. 그중에는 이 처녀의 마음에 꼭 드는 남편감이 하나 있었다. 그 남자는 자주 처녀를 찾아오게 되었다.

그런데 그의 할머니가 노망이 들어서 이 남자가 오면 붙들고 자기 손녀의 이름을 부르면서 그애가 난 아이들은 어디서 자라며 어떻게 되었느냐 묻고, 또는 자기 손녀에게 남자가 여럿 있었다고 말하기도 했다. 여하튼 노망든 할머니이니까 괴상한 말을 많이 했던 모양이다. 할머니의 망령은 점점 심해져 나중에는 청년의 머리를 몸둥이로 때리기도 하고 침을 뱉으며 갖은 악담을 해대었다. 그러니 남자는 집을 찾아오지 않게 되었고 결국 다른 데로 장가를 들고 말았다.

식구들은 너무 속이 상해 할머니가 살아있는 한 결코 결혼할 수 없을 것이라고 모여 앉으면 늘 염려하고 근심을 했다. 그러다가 할머니를 없애야겠다는 결정을 내리고 어떻게 없앨까를 밤을 세우며 이야기했다. 이 처녀는 엄마와 숙모가 그렇게 염려하고 있는 것이 할머니 문제 때문이라고 생각하고 자기가 해 보리라 결심을 했다.

낮에는 할머니가 깨어있으니 아무 도리가 없고, 밤이 되면 코를 벼락같이 골면서 주무시는 것을 보았기 때문에 밤중에 할머니를 죽이기로 작정했다. 그래서 코를 고는 할머니의 목에 치마끈을 걸어서 꼭 잡아매었더니 그만 숨지고 말았다. 장례식도 다 지내고 해서 무사히 끝난 것으로 생각했지만 소문은 일하는 사람들을 통해 이상하게 퍼져 나갔다. 그래서 세 사람은 경찰서에 끌려가 몇달 동안 심문을 받았는데, 엄마와 숙모는 서로 자기가 시어머니를 죽였다고 주장했다. 이 처녀는 마음이 괴롭고 아파 견딜 수가 없어서 결국 자기가 저지른 일을 모두 자백하였다. 그래서 엄마와 숙모는 살인 공모자로, 그녀는 살인자로 잡혀들어온 것이었다.

그런데 나는 이 아름다운 처녀가 반가웠고 또 그 신선함에 낙을 누리기도 했지만 이 처녀를 예수님께로 꼭 인도해야 겠다는 마음을 스스로 부인하며 지냈다. 왜냐하면 내가 받은 가르침이 예정설이므로 예정함을 받은 사람은 주님이 구원해 주시지만 그렇지 않은 사람은 아무리 잘 믿고 애써 부르짖어도 구원이 없다는 의식이 강하게 자리잡고 있었기 때문이었다. 비록 매일 세 번씩 성경을 외우면서, 믿기만 하면 구원을 얻는다는 그 말씀을 줄줄 입으로 내면서도 내 마음은 굳어있었던 것이다. '내가 예수를 믿고 이 고생을 해도 죽어서 지옥에 갈지 누가 알아?' 죽어 봐야 안다는데 택정함을 입지 않았다면 나부터라도 쓸데없는 고생하는 것 아니냐고 생각되어질 때가 많았기 때문이었다.

그렇지만 나는 감방 죄수들을 앉혀 놓고 매일 하나님 말씀을 가르치는 것이 습관이 되어있었다. 이 처녀도 배운 아이였기 때문에 마음에 수심은 많았어도 하나님은 권능 있고 전능하시며 기적을 행하신다는 것에 대해서는 마음이 예민하게 쏠리는 것 같았다.

감옥에서는 1년에 딱 한 번, 12월 마지막 날에 목욕을 시켰다. 간수가 문을 열고 "옷을 벗고 나오라"고 하면 옷을 일제히 벗고 목욕실로 급히 뛰어간다. 그래서 그 미적지근한 물에 들어가면 2분도 채 못되어서 "나오라, 뛰어가" 하는 소리가 들린다. 그러면 발가벗고 다시 뛰어가 옷을 주워입고 벌벌 떠는데 목욕인지 고문인지 분간할 수 없을 정도였다. 감옥에는 창기들이나 화류계에 관계된 여자들이 많이 있어서 성병을 가진 사람이 여럿 있었다. 그 중에도 임질이나 매독이 가장 많은 것 같았다. 그래서 성병환자들이 목욕한 물에 들어간 여러 사람이 성병에 걸려서 고생을 하기도 했다. 그런데 이상하게도 우리 감방에만은 매독도 임질도 옴도 장티푸스도 걸리는 사람이 없었다.

그런데 이 처녀가 사형에서 종신형으로 감형받고 기결수가 되어서 나갔는데 소식을 들으니 매독에 걸려 고생을 한다는 것이었다. 그런데 또 놀라운 것은 내가 예수 믿으라고 권한 일도 없고 또 그가 예수를 믿겠다고 말한 일도 없는데 성경말씀을 잘 들어 하나님이 어떠하신 분이고 어떠한 기적을 베푸시는 분인지를 상세히 알고 있었던 것이다. 얼마 후에 또 소식을 들었더니 그의 매독이 완치되었다는 것이다. 뿐만 아니라 일본이 항복을 하고 감옥문이 활짝 열려 그는 서른이 되기 전 아직도 아름다운 처녀의 몸으로 엄마와 숙모와 함께 해주에 있는 자기의 좋은 집으로 돌아가게 되었다는 것이다. 나는 이 처녀에 대한 기억을 더듬을 때마다 나아만을 연결시켜서 생각하게 된다. 살인자, 매독환자인 그의 마음은 얼마나 비참하고 답답했을 것인가. 그런데 그녀는 하나님에 대한 소식을 나를 통해 들었던 것이다. 내가 분명히 알 수는 없지만 그는 그 어려운 가운데서 하나님께 부르짖었을지도 모르겠다. 왜냐하면 그는 분명히 하나님에 대한 지식이 있었고, 또 그것이 감옥 안의 절망적이고 예민한 상황에서 들은 말씀이었기 때문에, 그 사랑과 구원의 하나님을 의지할 마음이 없었을 리가 없다고 믿어지기 때문이다.

해방이 되어 집으로 돌아간 그는 지금 적어도 70이 넘었을 텐데 대체 무엇을 하고 있는지, 살았는지 죽었는지, 믿는지 안 믿는지 궁금하기만 하다. 지나간 감옥생활이 머리에 떠오를 때마다 그리고 가지각색의 사건이 일어난 것을 생각할 때마다 이 처녀는 웬지 나아만에 비교되어 생각되곤 한다.

우리 믿는 자들은 비록 믿음이 약하고 재간이 없어 구원의 진리를 완전히, 순수하게 이해하지 못한다 해도 하나님이 어떤 분이신가는 누구에게나 말해 주고 전할 수 있는 그러한 습관이 되어 있어야 한다. 그러면 이 진리가 모든 사람의 머리에 새겨지고 또 기회가 오면 성령님께서 역사하셔서 예수님이 구주시요, 우리를 도와주시고 천국에서 살게 해주시는 하나님이시란 것을 증거할 것이다.

답답하고, 상심되고, 억울하고, 슬픈 일은 세상을 사는 누구에게나 다 닥쳐오게 마련이다. 어려운 일을 자기 힘으로나 지혜, 지식으로 도저히 해결할 수 없고 헤어나갈 길이 없어서 사람들은 자포자기하고 타락하기도 한다. 그러할 때 나아만같이 주님의 종을 찾아가서 예수님을 구주로 영접하면 너무나 놀라운 해결책을 그리스도 예수 안에서 발견하게 될 것이다.

## 37. 놀라운 소문을 통해 얻은 신앙

여리고 성은 높고 완벽했다. 그 누구라도 헐거나 무너뜨릴 수 없을 만큼 튼튼하게 세워진 그 성곽은 여리고 주민들에게 큰 자부심과 안정감을 주었다. 성곽이 있는 이상 그들의 안전은 거의 완전하게 보장된 셈이었다. 성벽이 얼마나 두터웠던지, 그 위에 집을 짓고 사는 사람들도 있었다.

그 성곽 위에 사는 이들 중에 라합이라는 여자가 있었다. 그런데 그 즈음 라합의 집에 찾아오는 손님들은 모두가 참 이상스럽고 희한한 얘기들을 하곤 하였다. 처음에 들었을 때는 '설마, 그럴 수가 있을라구!' 하고 넘겨버리기도 했지만 오는 손님들마다 같은 이야기를 하다 보니 점점 '정말인가 보다' 하는 생각이 들게 되었다. 그러나 아무래도 그건 너무 이상스런 일들이 아닌가?

"아니 글쎄 그 넓고 넓은 홍해바다가 갈라져 좌우로 벽을 이루고 그 가운데 마른 땅이 드러났다는 거야. 그래서 그들 수백만이 노래를 부르며 걸어서 홍해를 건넜다는 거지." 하는가 하면 또 다른 사람은 이런 말도 했다.

"애굽 왕과 백성들이 이스라엘 대중을 따라가려고 그 마른 땅으로 들어갔는데 아, 글쎄 벽처럼 서있던 그 물들이 다시 무너져 버렸대요. 도망나온 유다인들은 다 건너가 살았는데 그들을 지배하던 권세자들은 모두 다 빠져 죽고 말았다니……."

"애굽 왕 바로가 그 이스라엘 백성을 너무 학대했다지 뭐요. 그런데 그 이민와서 살던 이스라엘 민족은 여호와 하나님을 믿는 사람들이라던데. 그 여호와 하나님은 그를 믿는 자들을 꼭 돌봐주고 복을 주신다는군."

"정말 그런가 봐, 그래서 애굽 왕 바로가 뭣도 모르고 그 사람들을 함부로 학대하다가 나라가 망했다던데."

"재앙이 열 번이나 내려서 물은 피가 되고 개구리가 온 땅과 집 안까지, 아니, 왕궁에까지 덮쳤다지 뭐요. 그뿐이겠소? 파리떼도 그랬고 또 메뚜기가 천지를 덮어버려 풀이니 곡식이니를 모두 갉아먹었다는 거요. 한번은 사람 머리만한 우박이 마구 쏟아져서 가축이 다 죽고 논밭에 심어 놓은 것들이 다 망가졌대요. 또 염병이 돌아 많은 사람들이 병을 앓다가 죽기도 하고 또 대낮에 칠흑 같은 어두움이 온 애굽 땅을 덮어 사람들이 오도가도 못 하고 벌벌 떨기만 했다더군요."

"그것도 그렇지만 집집마다 맏아들이 모두 죽었다는구려. 사람뿐 아니라 소나 나귀나 양이라도 처음 난 것은 모두 다 죽어버렸다니. 왕궁의 황태자까지 죽었다지 뭐요. 에그, 그 통곡 소리가 온 애굽 천지를 울렸을 테니 정말 무서운 일이었을 거야."

"그런데 유다인들이 사는 곳에는 아무 일도 없었다니 정말 그 일은 그들이 믿는 하나님이 하신 게 틀림없어요."

"유다인들이 그런 하나님을 믿는 사람들이란 걸 바로 왕은 전혀 몰랐던 모양이지?"

"그랬겠지. 알았더라면 그 사람들을 그렇게 학대하고 고역을 시켜서 죽을 지경으로 만들었겠어?"

"그러게 말이야. 그런 하나님이시니 그렇게 악독스런 푸대접 속에 노예 노릇을 하는 이스라엘 사람들이 왜 가만히 있었겠소? 나라도 부르짖고 애원했을 거야."

"그래서 하나님이 그들 대신 싸워주신 거라던대요."

"그 여호와 하나님은 세상의 모든 것을 만드신 분이고 또 지금도 그 만드신 것을 다스리시는 분이래요."

오가는 사람들마다 이런 이야기를 안 하는 사람이 없을 정도였다. 그들에 대한 새로운 이야기는 갈수록 늘어만 갔다. 요즈음에는 그 이스라엘 사람들이 아모리의 왕 시혼과 바산 왕 옥을 치고 그 나라를 전멸시켰다는 얘기가 돌고 있었다.

"그럴 수가? 그렇게 자신있게 살며 유명했던 나라가?"

"그런데 이스라엘 사람들에겐 군인이 한 사람도 없었고 또 전사한 사람도 전혀 없었다면서?"

"그러니까 결국은 그 사람들이 싸운 게 아니고, 그들이 믿고 의지하는 그 여호와 하나님이 싸워주셨다는 말이지."

"그런데 여보게들, 그 이스라엘이 지금 이곳을 향해 오고 있다는데!"

"뭐, 정말이야? 아이구 그렇담 큰일이네."

"아, 이 사람아, 그렇게 겁먹지 말게 우리에겐 튼튼한 성곽이 있질 않은가? 그 성곽이 우리를 완벽하게 지켜줄 거야."

"그럼. 우리의 성곽은 그 어느 나라의 것도 따라올 수 없으니까. 그 여호와 하나님도 이 거대한 성벽을 허물어버릴 수는 없을거야."

"어마어마한 왕국 애굽을 쑥밭으로 만든 그 하나님이 이 따위 성곽같은 걸 못 없애버리실라구? 그렇게 되면 우린 다 죽는 건데!"

어디서나 이런 이야기들은 쉴새없이 들려오고 있었다. 모두 간담이 서늘해지는 두려운 이야기들뿐이었다.

라합도 이런 이야기를 들을 때마다, 더구나 그들이 이쪽으로 오고 있다니 사뭇 긴장이 되었다. 또 한편으로는 자기를 의지하는 백성을 위해 싸워주시고 능력을 베푸시며, 그 사랑을 표시하시는 여호와 하나님이 너무도 굉장하게 생각되는 것이었다. 왜냐하면 자기들이 섬기는 신들은 다 사람의 손으로 만들어 낸 것들이고, 또 아무리 섬겨 봐도 섬기는 자들을 위해 해준 것이 없었기 때문이었다.

'사람 손으로 만든 신상이 뭘 할 수 있을까?' 이제 와서 라합은 그것들이 다 쓸데없는 짓이었다고 생각이 되었다. '아무리 섬기고 별의별 것을 다 해도 신이라는 것들이 해준 것이 뭔가 말이다.' 움직이지도 못하고, 말도 못 하고, 알아 듣지도 못하고 생각도 없는 우상들, 사람 손에 만들어져 사고 팔리는 우상들의 꼴이 너무도 한심하게만 생각되었다.

그러나 그 여호와 하나님이란 분은 감히 신상으로 만들 수 없는 분이라고 했다. 그리고 그 하신 일들을 볼 때 그분은 정말 살아계신 하나님이라고 느껴졌다.

'나도 그 여호와 하나님을 섬기고 의지할 수 있으면 얼마나 좋을까! 내가 그 하나님을 믿을 수 있는 길은 없을까?'

라합은 그 하나님에 대해 사모하는 마음으로 속이 타오르기도 했다. 다른 사람들은 여호와 하나님에 대한 이야기를 듣기는 들어도 자기와는 무관하게 생각했지만 라합만은 그 하나님을 자기의 하나님으로 섬기고 싶어했던 것이다. 사람의 깊은 속까지 다 아시는 하나님, 그분은 라합의 이 애틋하고 간절한 마음을 무시하지 않으셨다.

그 즈음 이스라엘은 각지에 정탐꾼을 두고 있었다. 이 여리고 성에도 밀정 두 사람이 몰래 숨어들었다. 그리고 누구나 들어갈 수 있는 기생집을 찾아 몸을 숨기기로 했다. 그렇게 들어간 곳이 라합의 집이었다. 라합은 그들을 본 순간 그들이 여리고 성 사람이 아닌 것을 직감했다. 또 그 하는 행동을 보니 그들은 아주 별다른 사람들인 것 같았다. 마침내 라합은 이들이 이스라엘의 밀정들인 것을 알게 되었다. '그렇게 사모하던 그 하나님의 백성', 라합은 마음에 결단을 내렸다. 그리고 그들을 지붕 위로 데려가, 벌여 놓은 삼대 속에 숨겨주었다. 라합은 마음이 떨렸다. 그러면서도 여호와 하나님의 백성을 도와준다는 사실이 굉장한 특권처럼 여겨지면서 마음이 뜨거워졌다.

예상했던 대로 여리고 병사들이 라합의 집에 들이닥쳤다.

"여기 이스라엘 정탐꾼들이 왔지! 다 알고 왔다!"
라합은 침착하고 태연하게 대답했다.
"네, 어떤 좀 이상한 사람들이 정말 왔었어요. 그런데 성문이 닫히기 전에 떠나야 한다고 바로 조금 전에 나갔는데요. 나간 지 얼마 안 되었으니까 빨리 쫓아가면 잡을 수 있을 거예요. 빨리 가 보세요."
그들은 라합의 말을 믿고 급하게 성문 쪽으로 달려갔다. 그들이 떠난 후 라합은 지붕 위로 올라갔다.
"그들이 갔어요. 이제 당신들의 신이신 여호와 하나님이 기어이 우리 성을 당신들에게 주시겠죠? 나는 그렇게 믿고 있어요. 이 여리고 성이 아무리 완벽하다 해도 당신의 하나님은 뭐든 다 하실 수 있으니까요. 내가 우리 병사들을 속여가며 당신들을 도와주었으니 당신들이 이 성을 치러 오실 때 나와 우리집 식구들을 구해주세요, 네?"
"알겠소. 약속할 테니 우리가 여기 왔다 간 것을 꼭 비밀로 지켜주시오. 누설하면 약속은 무효요!"
라합은 한밤중에 줄을 매어 그들을 내려보냈다.
"이 붉은 줄을 없애지 말고 그대로 두시오. 그러면 우리가 이 줄을 보고 절대로 이 집을 해치지 않을 테니까. 그러나 집 밖으로 나왔다 변을 당했다면 그건 우리 책임이 아니오. 알겠소?"
라합은 꼭 그렇게 하겠다고 다짐하였고, 그들은 성을 빠져나갔다.
이스라엘의 밀정이 다녀갔다는 것을 알고, 여리고 사람들은 성문 수비를 더욱 단단히 하였다. 그 튼튼한 문을 여지없이 잠가놓고 사람들의 출입을 금지시키고 있었다. 그러나 튼튼한 자신들의 성곽을 믿으면서도 자꾸 불안해지는 마음은 어쩔 수가 없었다.
그러던 어느날 성 밖에서 웬 나팔 소리가 들려왔다. 그 소리는 그 다음날에도 들려왔다. 그렇게 엿새 동안 그저 매일 한 번씩 나팔 소리가 날 뿐이었다.

그리고 칠일째 되는 날이었다. 그날도 그맘때쯤 나팔 소리가 나나보다 했는데 뒤이어 우레와 같은 고함 소리가 지축을 울리는 것이었다. 여리고 성의 사람들은 이제야 정말 무슨 일이 일어나는가 싶었다. 바로 그 순간 그들을 감싸고 있던 성벽이 와르르 무너져 내려 앉았다. 이스라엘 사람들은 무너진 성을 넘어 들어가 그 안의 모든 사람들을 칼로 쳐 없애버렸다. 그러나 붉은 줄이 걸려 있는 라합의 집만은 명령대로 손을 대지 않았다. 여리고 성이 완전히 망하고 그 안에 있던 사람들이 모두 죽임을 당했지만 목숨을 걸고 하나님의 백성을 도와준 기생 라합과 그의 가족들은 구원을 받을 수 있었던 것이다.

후에 라합은 이스라엘 남자와 결혼을 해서 아들을 낳았다. 그 자손이 예수님의 계보에 들어서 결국 이방 기생 라합은 예수님의 족보에도 등장하게 된 것이다. 하나님에 대한 소문을 듣고 사모하던 미천한 여인이 하나님의 도우심을 받은 이야기이다.

이 세상에는 비참하게 살아가는 사람들이 많다. 그러나 하나님은 만드신 인간이 불행하면 할수록 더욱 불쌍히 보시고 참으로 도우시기를 원하시는 분이다. 왜냐하면 여호와 하나님은 인류의 참 아버지이시기 때문이다.

라합도 사람들이 보기에 천한 기생이요, 수치스럽게 사는 사람이었다. 그러나 그를 만드신 하나님은 당신을 사모하는 그 마음을 애처로이 보시고 그를 예수님의 족보에 오르기까지 높여주셨다. 하나님의 백성을 도와준 그를 하나님이 도와주신 것이다. 반면 하나님을 믿는 진실한 신자를 구박하고 핍박하는 일은 참으로 위험하다. 그 뒤에는 하나님이 계시기 때문이다. 그러나 신자 중에 잘못을 자주 저지르거나 성격적으로 거듭나지 못해서 핍박받는 경우를 나는 자주 보아왔다. 이런 분들은 자기도 불행하지만 예수님께 큰 두통거리가 되지 않을까 염려스럽기도 하다. 순수하고 정직하고 신실한 신앙을 가진 사람만이 하나님을 기쁘시게 하고 그를 일하시게 한다. 그것은 라합의 시대나 지금이나 동일하며 영원히 그러할 것이다. 라합처럼 하나님의 백성을 돕는 자들이 받는 축복에 대해 한 이야기가 생각난다.

감옥에 있을 때의 이야기다. 감옥에 있는 동안 나는 누구에게 특별히 예수를 믿으라고 강권하는 일은 하지 않았다. 전에도 누우이 설명한 것같이 내 마음엔 예정론이 굳게 자리를 잡고 있었기 때문이다.

하루는 아주 점잖은 40대 부인 한 사람이 우리 방에 들어왔다. 알고 보니 그 사람은 소학교와 고보를 나온 분이었는데 남편이 화폐를 위조했기 때문에 공범자로 잡혀 들어온 것이었다.

부인은 성격이 온유했고 말을 할 때에도 조심스럽고 신중한 태도를 보였다. 그는 말이 많지는 않았지만 눈동자로는 뭐든지 보고 살피는 그런 부인이었다. 그런데 이들 부부는 등사판으로 출판업을 하고 있었는데 종업원이나 조수도 없이 단 둘이 일을 했기 때문에 늘 바빴다고 한다. 남편은 글을 잘 써서 책도 내고 시도 쓰는 사람이었는데, 신식 출판기계를 새로 들여 사업을 크게 키우고 싶어했다. 그러나 등사판으로 일을 하는 이들은 너무도 가난했다. 아무리 밤을 새워 가며 일을 해 벌어도, 겨우 먹고, 출판제작비에 충당하면 그뿐이었다. 그래서 생각다 못해 그들 부부는 10원짜리 지폐를 만들기로 했다. 열심히 도안을 해서 찍어 내고 고치고 온갖 정성을 다했다. 하지만 위조된 10원짜리가 진짜 지폐와 같을 수는 없었다. 그런데 그 지폐를 위조하느라 시간을 너무 많이 소비했기 때문에 그들에겐 정말 먹을 것도 입을 것도 아무것도 남은 것이 없었다. 그래서 너무 배가 고파 그 10원짜리 위조지폐를 가지고 쌀과 먹을 것을 샀는데 그게 그만 발각이 되고 만 것이었다.

그런데 이 부인은 내가 성경을 외울 때면 늘 주의를 기울여 열심히 듣곤 하였다. 그리고 가끔씩 질문도 했다. 그래서 나는 하는 수 없이 물어보는 대로 진지하게 설명을 해주었다. 부인은 내 설명을 들을수록 뭔가 달라지는 것 같았다. 나는 그에게서 하나님과 그 말쏨을 진정으로 믿고 싶어하는 마음을 읽을 수 있었다. 한번은 우리 방에 있는 사기전과 4범에게 걸려 내가 큰 곤욕을 당한 적이 있었다. 그 사기범은 나를 못살게 구박하고 공갈을 하면서 내 입장을 송두리째 뒤집어 놓는가 하면 갖은 모욕적인 행동을 해대고 있었다. 그때 부인이 갑자기 용사같이 일어나 그 사기범을 책망하는 것이었다. 그리고 사기범이 나를 해치지 못하도록 간수들에게 그의 모든 악행을 설명하였다. 그는 그야말로 자기 처지를 아주 잊어버리고 나만을 옹호해 주는 것이었다. 나는 그때 그 부인의 태도와 말과 표정을 지금도 잊을 수가 없다. 사실 나는 그때 너무도 크게 상처를 받아서 어떻게 기도해야 좋을지도 모를 지경이었다.

'주님 꼼꼼히, 낱낱이 이 문제를 보아주세요. 다 아시지 않습니까?'

나는 그저 이렇게만 생각하며 기도할 말도 나오지 않았던 것이다. 부인의 말을 들은 사기범이 소리질렀다.

"네가 대체 뭐야? 뭣 때문에 57번(나)을 옹호하고 나서는 거야? 네가 이제 어떻게 고통을 당할지 그것도 생각 안 해 봤어?"

그러면서 부인을 발로 차고 머리칼을 뽑아 대며 한참 소동을 부리는 것이었다. 그러나 부인은 조용히 말하였다.

"이 선생님은 하나님이 같이하시는 분이야. 이년, 너는 하나님이 무섭지도 않느냐. 이 선생님이 여기 너 같은 것이 사는 곳에서 너 같은 것에게 수모를 받는 것은 하나님만 섬기고 하나님이 미워하시는 일, 그것을 안 하려고 이렇게 되신 거야."

나는 깜짝 놀랐다. 나는 그러한 말을 아무에게도 한 일이 없었기 때문이다. 아마도 그가 나의 생활을 보고 스스로 그렇게 느꼈던 모양이었다.

그러는 동안 그 부인은 징역 3년을 받고 기결수로 공장에 나갔다. 간수들의 말에 의하면 부인은 공장에서도 다른 죄수들에게 나에 대한 이야기를 하더라는 것이었다. 그 바람에 그는 악한 간수들에게 미움을 받고 곤욕도 많이 겪었다 그리고 나서 일본이 망하고 죄수들도 해방이 되었다.

　미국에 있다가 20년 후에 한국에 돌아왔을 때 나는 이분에 대한 소식이 무척 궁금했다. 그래서 나는 찾아오는 많은 사람들에게 계속 수소문을 해 보았다. 내가 들은 소식에 의하면 그분은 남편과 함께 나와서 역시 출판업을 하려고 했지만 남편이 감옥에서 먹은 음식 때문에 위장에 병을 얻어 세상을 떠났다고 한다. 그리고 그 부인은 교회에서 열심으로 봉사하다가 훌륭한 권사님이 되어 시골 벽촌으로 전도하러 다닌다는 것이었다.

　하나님은 인간을 정확히 보시고 아신다. 또 우리의 행사와 생각을 인도해 주시고 사랑을 베풀어 주시는 분이다.

　그리고 하나님의 백성을 도와주고 아끼는 사람을 하나님께서는 허투루 보시거나 제쳐두시지 않고 반드시 상급을 주시는 그런 분임을 나는 체험하였다.

## 38. 문둥이 군대장관

아람은 언제나 이스라엘을 집어 먹으려고 무시로 전쟁을 걸어온 나라로 이스라엘이 하나님을 멀리하고 이방의 귀신을 섬기며 죄를 거듭 지을 때에는 영락없이 집적거리곤 했다. 그때마다 그들은 많은 재물을 약탈해 갔고 인질을 끌어다가 노예로 삼았다.

이처럼 아람의 군대는 막강했는데 그 군대를 이끄는 장군은 '나아만'이라는 유명한 실력자였다. 나아만은 전쟁에 나갔다 하면 승리를 안겨주었기 때문에 왕과 온 백성의 존경을 받고 있었다.

그러나 그가 흉한 병을 앓고 있다는 것을 아는 사람은 그리 많지 않았다. 그 자신도 처음엔 대수롭지 않게 여겼었다. 그런데 날이 갈수록 그 이상한 붉은 점들이 늘어만 가는 것이었다. 그것이 문둥병이라는 것을 알았을 때 세상은 그에게 '끝'이라는 말을 하고 있었다. 아직 병이 오래지 않아 사람들은 눈치채지 못하고 있었지만 그는 상상할 수 없는 절망으로 하루하루를 견뎌야 했다.

'아 언젠가는 이 살이 썩고 뼈는 녹아지고 온몸이 문드러지겠구나!'

그런데 이 장관의 집에는 포로로 잡혀온 이스라엘 여종 하나가 장관 아내의 시중을 들고 있었다. 그 아이는 포로요, 노예였지만, 그래서 생각하면 끝없이 분해지기도 했지만, 비록 원수이긴 해도 그렇게 높은 자리에 있는 주인이 그 무서운 병에 걸려 고통스러워하는 것을 차마 볼 수가 없었다. 자기 여주인의 마음 고생도 여간한 것이 아니었다. 그러다가 소녀는 이런 생각이 들었다.

'우리 나라에는 하나님께 기도하면 여러 가지 기적을 행하실 수 있는 선지자들이 있지 않은가! 우리 주인도 선지자를 찾아가기만 하면 고칠 수 있을 거야.'

소녀는 이스라엘에 있을 때 선지자 엘리야와 엘리사의 굉장한 기적을 들은 바 있었다. 그래서 소녀는 주인의 아내인 자기의 여주인에게 아뢰었다.

"주인님! 우리 나라에는 하나님의 사람들이 있는데요, 그분들은 하나님의 종들이기 때문에 많은 기적을 베푸신답니다. 주인님도 하나님의 선지자를 만나신다면 그 문둥병이 깨끗해질 수 있을 거예요."

"그래? 하긴 나도 여러 번 소문을 듣긴 했다만, 그게 사실이었느냐? 그래, 그렇게 큰 기적을 일으킨다는 선지자라면 우리 주인의 문둥병도 고칠 수 있을지 몰라."

그래서 부인은 저녁 때 근심에 싸여 귀가한 남편에게 그 이야기를 했다.

"여보, 내 여종이 그러는데요, 자기 나라 이스라엘에는 하나님의 사람이라는 특별한 사람들이 있대요. 그들은 굉장한 기적을 행하는 사람들인데 특히 엘리사라는 선지자는 큰 권능을 받은 분이라 문둥병도 고칠 수 있대요"

"뭐? 그게 정말이야?"

장관은 금방이라도 문둥병이 나을 것처럼 흥분이 되었다.

"그러면 어떻게 하지?"

"이스라엘로 가셔야지요. 그리고 그 하나님의 사람을 찾아가서 병을 고쳐달라고 해야지요."

"그래, 산을 넘고 강을 건너고 하늘을 날아가는 길이더라도 찾아가야지."

그렇게 높은 자리에서 대군대를 호령하는 군대장관이었지만 병을 고칠 수 있다는 교만을 부리지 않았다. 더욱이 한 계집애, 어리고 천한 종의 말이었는데 말이다. 하긴 그가 이 여종의 말을 금방 믿은 데에는 하나님의 사람에 대한 명성을 벌써 여러 번 들어 왔기 때문이었다. 특히 모세의 이야기, 다윗 왕의 이야기는 온 천하에 모르는 민족이 없을 만큼 널리 알려져 있었다.

그 다음날, 나아만 장관은 왕 앞에 나아갔다.

"전하! 드릴 말씀이 있습니다."

"아, 나아만 장관! 무슨 일인가? 오늘 아침엔 얼굴에 빛이 나니 무슨 좋은 일이라도 있나?"

"전하, 저를 이스라엘로 보내 주십시오. 제 집에 이스라엘에서 잡아온 계집종이 하나 있는데 그 애 말이 자기 나라에 있는 선지자에게 가면 제 병이 나을 것이라고 합니다. 전하, 꼭 가고 싶습니다. 저를 보내주소서."

"오, 그래. 그것 참 잘된 일이구려, 하기야 우리도 몇 번이고 그 나라 선지자들의 놀라운 일들을 들어 왔으니까, 제 나라 일인 만큼 잘 기억하고 있겠지. 그래, 언제 떠나겠소?"

"오늘이라도 당장 떠나고 싶습니다. 전하."

"그러면 내가 이스라엘 왕에게 친서를 써줄 테니 가지고 가시오, 잘 돌봐 줄 것이오."

나아만은 왕의 친서를 가지고, 금, 은 비단 등을 나귀 여러 마리에 나눠 싣고 이스라엘을 향해 떠났다.

강국 아람의 군대장관이 부하들을 거느리고 왔다는 소식에 이스라엘 왕궁은 초긴장 상태가 되었다. 그리고 아람 왕의 친서를 받아 본 왕은 아주 사색이 되었다. 그는 소리를 지르며 입은 옷을 조각 조각 찢는 것이었다. 왕은 정신이 나간 사람 같았다. 왜냐하면 그 편지에는 군대장관 나아만의 문둥병을 치료해 주라는 내용이 쓰여 있었기 때문이다.

"아니, 내가 사람을 죽이고 살리는 신이란 말인가? 그가 사람을 보내어 나에게 문둥병을 고쳐달라고 하니, 이건 싸움을 걸려는 트

집이 분명하다!"

온 왕궁은 이 일을 심각하고 엄청난 공갈 협박으로 알고 온통 근심과 소란에 빠져 들어갔다. 왕궁에서 나온 말은 온 나라 안에 퍼져 하나님의 사람들에게까지 들어가게 되었다. 엘리사는 곧 왕궁에 사람을 보내 걱정하지 말고 그 군대장관을 자기에게 보내라고 전했다. 왕은 그제서야 정신을 가다듬고 엘리사의 말대로 나아만을 그에게 보냈다. 나아만은 처음에 이스라엘의 왕과 왕궁이 그렇게 떠들석한 데 다소 의아해 했지만 선지자 엘리사에게 가라는 말을 듣고 다시 희망이 솟아 올랐다.

'그러면 그렇지 왕이 어떻게 내 병을 고친담. 하나님의 사람이라야 할 수 있는 일이겠지.'

그는 나귀 위에 앉아 데리고 온 부하들을 거느리고 엘리사를 만나러 갔다.

'하나님의 사람이란 대체 어떻게 생겼을까? 어떤 방법으로 내 병을 고칠 것인가? 두 손을 내 머리에 얹고 큰 소리로 그 하나님, 전능하신 분께 기도를 하겠지, 그 다음엔 또 무얼 어떻게 해야 내 몸에 있는 이 병이 싹 없어질 건가. 그가 비록 하나님의 선지자라 해도 나는 대국 아람 나라의 이른바 군대장관이 아닌가. 내가 온다는 기별을 받았을 터이니 그는 적어도 밖에 나와 서서 나를 영접할 테지, 그리고 내게 경배의 절을 할 거야. 그럴 때 나는 뭐라고 해야 할까?'

나아만은 이때까지 경험하지 못한 하나님의 사람과의 일을 상상하고 또 병이 낫는다는 희망으로 이런저런 생각을 하면서 길을 달렸다. 한참 그렇게 길을 가는데 저 앞에서 웬 사람 하나가 달려오는 것이 보였다. 그는 나아만 장관 앞에 멈춰서더니 이렇게 말하는 것이었다.

"나아만 장관님! 이 길로 곧장 가시면 요단강이 있습니다. 그 강에 일곱 번 들어갔다 **나오시랍니다**. 그렇게 하면 장관님의 병이 나을 것이라고 엘리사 선지자께서 전하라고 하셨습니다."

나아만은 그 말을 듣고 노발대발 호령하듯 소리를 질렀다.

"뭐가 어쨌다구? 그것이 이 아람 대국의 군대장관에게 하는 말이냐? 건방진 것! 어디다 대고 그런 행동이야? 요단강! 그 시시한 강 속에 들어가 목욕이나 하라고? 왜? 우리 나라엔 그보다 훨씬 크고 깨끗한 강이 얼마나 많은데! 다메섹에 있는 아마나와 바르발강들은 요단강에 비길 수도 없는 강들이야. 강물에 목욕이나 하려면 그 크고 좋은 우리 강에서 했지 뭐하러 여기까지 와! 응?"

나아만 장관은 저도 모르게 교만이 치솟아 올랐다. 그런데 그와 동행한 부하들은 나아만의 행동이 잘못된 것임을 느꼈다. 그들은 하나님에 관한 소문을 들어왔던 터라, 엘리사가 그렇게 가라고 했을 땐 무언가 뜻이 있는 것이 분명해 보였기 때문이다.

"돌아서라, 가자!"

실망한 나아만의 호령 소리가 들려왔다.

"장관님! 만약 하나님의 선지자가 어떤 어려운 일을 하라고 시켰더라면 장관님께서는 분명히 그 일을 하셨을 것입니다. 그런데 어려운 일도 아니고 단지 요단강에 가서 일곱 번 목욕을 하라는 것이니 얼마나 쉬운 일입니까? 병을 고치기 위해서 이렇게 멀리까지 오셨는데, 또 하라는 일도 그처럼 쉬운 일인데 못할 것도 없지 않습니까? 선지자를 믿고 왔으니 선지자께서 하라시는 대로 하시는 것이 옳소이다."

"그래, 네 말이 옳다. 요단강으로 가자."

요단강으로 달려간 나아만은 옷을 입은 채 강물에 몸을 담궜다. 기분이 이상했다. 그는 두번째로 다시 강물에 들어갔다. 세 번, 네 번, 막 일곱 번까지 마치고 그는 강물에서 올라왔다.

그런데 이게 어찌된 일인가? 문둥병으로 헌 자리에 새 살이 돋아 있는 것이 아닌가. 그의 몸은 마치 어린 아이의 살결같이 깨끗해져 있었다. 그의 눈앞에서 온 천지가 빛나고 있었다. 하늘을 바라보았다. 정말로 하나님이 계신 것이 절실히 느껴졌다.

"여호와 하나님! 나도 하나님을 경배하고 섬기겠습니다."

살아 계신 하나님, 여호와 하나님께 대한 소문을 듣고 아는 일은 큰 사건이다. 그리고 그 하나님의 도움을 받고 깨달은 사람의 기쁨은 말로 다 표현하기 어렵다. 나아만의 하나님께 대한 지식은 들려오는 소문 이상의 것이 아니었지만 그것은 귀한 것이었다. 그랬기에 어린 계집종의 말이었어도 그는 힘을 얻어 믿음의 길을 달려올 수 있었던 것이다. 그래서 우리는 기회가 있든지 없든지, 또 힘이 들고 괴롭더라도 누구에게나 복음을 전하는 습관을 들여야 하는 것이다. 일단 들려주기만 하면 언젠가는 그 복음의 씨앗이 싹이 틀 때가 있기 때문이다. 이 나아만의 이야기는 구약 (열왕기하 5장)에 기록되어 있다.

내가 어렸을 때의 일을 나는 결코 잊지 못한다. 나는 학교에 가기 전부터 우리 동네 언덕에 있는 작은 교회의 종소리만 나면 교회로 달려가는 것이 습관이 되어 있었다. 종소리만 나면 무엇을 하고 있든지, 제쳐놓고 언니 등에 업혀서 교회로 가는 것이었다.

그날은 아버지와 한자리에서 저녁을 먹고 있었다. 막 먹기 시작했는데 교회 종소리가 울려왔다. 나는 먹던 숟가락을 놓고 자리에서 급히 일어났다.

"왜, 먹던 거 다 안 먹고 어디 가냐?"
"교회에서 종소리가 나니까 교회 가야지요."
"교회 가는 것이 밥보다 더 중하냐?"
"네, 제일 중해요. 가야 해요."
"좀 더 먹고 가려무나. 아무리 중해도."
"교회 가는 것이 제일 중하다니까요. 먹는 것보다두요."
"애, 교회는 가난한 사람들이 먹을 것도 입을 것도 없으니까 하나님 보고 '주시오, 주시오' 하러 가는 거지, 너야 갈 필요가 어디 있니, 먹을 거 많고 옷 많고 큰 집에서 살면서 사고픈 것 다 살 수 있는데, 그런데도 가야 해? 뭣 때문에?"
"아버지, 아버지도 예수 믿으시고 교회에 가세요, 저와 같이."

"난 글쎄, 교회에 갈 필요가 없지 않니? 난 부자고 없는 것 없이 아무 걱정이라곤 없는데?"

"그런데 아버지는 예수님 모르시니 저는 슬퍼요. 그리고 아버지가 불쌍해요."

"하하하, 내가 불쌍해?"

"네, 정말이예요."

"뭣 때문에?"

"나는 예수님 믿어서 자꾸자꾸 올라가는데 아버지는 하나님을 모르니까 자꾸자꾸 내려가고 죽으면 밑바닥 지옥에 가니까요."

이 말을 하는데 나는 눈물이 쏟아져 나왔다. 아버지는 나를 너무도 귀중하게 대해 주셨고 내게는 그렇게 좋으신 분이었기 때문에 나는 정말 마음이 아파서 한 말이었다. 그 말에 아버지는 웃음을 거두시고 한참 생각하시더니 말씀하셨다.

"나는 예수도 교회도 다 모르고 또 알고 싶지도 않지만 밑으로 밑으로 내려간다니 그건 웃을 일이 아닌데!"

그러면서 아버지는 울고 있는 나를 한손으로 꼬옥 안고 또 한손으로는 머리를 쓰다듬어주면서 말씀하셨다.

"너는 자꾸자꾸 올라가고 나는 자꾸자꾸 내려간다구?"

나는 아버지의 이러한 말씀을 그 후에도 잊지 않고 있었다. 어린 딸의 말을 당신은 왜 그렇게 충격을 받으며 들으셨던가? 당신은 오랜 후, 그 불치의 당뇨병으로 사경에 이르렀을 때에야 통곡을 하고 회개하며 예수님 믿는다고 고백을 하였다. 그때 아버지 당신은 내가 어렸을때 한 말이 기억나지 않았을까? 나는 그렇게 생각하고 또 믿고 있다. 어리다고 무시할 수 없는 일이었다. 어린 것들의 전도가 효과를 낸 예화를 나는 여러 번 들었다. 어리다고 무시하지 않고 그 순진한 말을 듣는 사람은 축복의 사람이 아닐 수 없다.

## 39. 불가능할 때의 가능성

아브라함의 부인 사라, 그녀는 성경에서 대표적인 인물이고 현재 이 세계에서도 두드러진 이야깃거리가 될 수 있을 만큼 아름다운 미인이었다.

처음에 하나님은 아담과 하와를 지으셨고 그 후에는 그들이 낳은 형제 자매들이 결혼을 해서 인종이 퍼지게 하셨다. 이를테면 한 민족이 결혼을 하고 자손을 낳아 번성하는 동안에 족속이 틀려지고 민족이 달라졌다는 얘기다.

사라가 살던 그 당시에도 자기 족속과 가속을 지키기 위해 다른 가속이 아닌 자기 족속, 친족 내에서 결혼을 해야만 했다. 서로 지켜보며 같이 자란 가까운 사람들끼리의 결혼이었기 때문에 그들에게는 이혼이라든가 별거생활 같은 불행이 없었던 것 같다. 사라도 이런 습관 속에서 배다른 오빠와 결혼을 하게 되었다. 말하자면 이복 오빠가 남편이 된 셈이기 때문에, 그들은 오빠에 대한 존경 어린 친애감을 가진 아내로서, 여동생에 대한 애처로움과 애정을 가진 남편으로서, 사랑하는 부부가 된 것이다. 그래서 그들의 가정생활에는 이해가 많았고 또 사랑도 자연스러웠다. 이들 부부는 그야말로 가장 행복하고 부족한 것 없는 모범적인 부부였던 것이다.

아내 사라는 뛰어난 미인이었다. 뿐만 아니라 그녀는 마음속 깊이 하나님을 경외하는 경건성이 확고한 여성이었던 고로 그 남편을 상전으로 받들며 순종하였다. 오빠요 남편인 아브라함을 '주'라 부른 것을 보면 사라가 어떤 여인이었는지 알 수 있을 것이다. 그래서 사라는 보는 사람마다 고개가 숙여지고 또 그의 아름다움을 황홀하게 올려다볼 수밖에 없는 그런 여성이었다.

그런데 사라는 남편을 따라 방향도 모르고 나아가는 나그네 생활을 해야만 했다. 장막을 나귀에 싣고, 가는 곳마다 짐을 풀었다가 다시 꾸려 하나님이 지시하시는 곳을 향해 떠나는 생활이었다. 사라는 남편이 이끄는 대로 그와 합심하고 서로 위로와 도움을 주면서 끝도 없을 것 같은 여행을 계속해 나갔다. 하나님께만 순종하는 이 부부는 비록 외국 땅을 두루 다니는 신세였지만 어려운 일이나 실망되는 일을 잘 헤쳐나갈 수 있었다.

아브라함이 처음 집을 떠날 때 나이 이미 75세였고 사라는 65세였는데, 어느덧 아브라함이 80세, 사라는 70을 바라보고 있었다. 힘있고 용기있는 청년은 물론 이미 장년시절도 훨씬 넘어버린 노인 부부였던 것이다.

그때까지 사라는 잉태한 일도 생산한 일도 없었다. 당시에는 여자가 자식을 낳지 못하면 불구자와 같이 부끄럽게 여겨지고, 아내로서의 자격을 상실한 가치없는 인간으로 취급을 당했다. 그래서 여자가 결혼을 하면 먼저 자식을 낳아서 그 집의 대를 이을 수 있게 하여야만 했는데 사라에게는 그것이 결함이 되어 있었다. 그렇지만 사라는 덕성을 갖춘 아주 아름다운 여자였기 때문에 주위의 멸시가 그리 심한 편은 아니었다.

아름다운 여자는 일반적으로 자신이 있다. 이 자신이 교만이 되는 수가 많아서 아름다운 여자들이 불행해지는 경우가 흔히 있기는 하다. 그러나 사라는 경건한 신앙인이었던 만큼 교만하지는 않았지만 사람들의 칭찬을 들을 때마다 무시할 수 없는 자신감이 깊어지고 있었다. 남편의 변함없는 사랑과 이해, 또 자신있는 미모 때문에 사라는 자신의 가장 중요한 결점인 불임에 대해서는 과히 염려를 하지 않고 있었다. 그렇지만 세월은 그때나 지금이나 자꾸 흘러가고 있는 탓에 싫든 좋든 늙고야 마는 것이다.
 그들은 목축을 하면서 물과 풀을 따라 이동하며 살았는데 가나안 땅에 비가 오지 않아 블레셋 땅으로 옮겨왔다. 아브라함이 80세, 사라가 70세였는 데도 그곳 사람들은 사라의 아름다움에 놀라 온 동네에 그녀에 대한 소문이 퍼져있었다. 아브라함은 블레셋 땅에 도착하기 전에 사라에게 미리 말해 둔 바가 있었다.
 "여보, 당신은 너무 아름다워요. 만일 그곳 사람들이 당신이 탐이 나서 나를 죽여버리고 당신을 빼앗아 갈지도 모르니까 절대로 나를 남편이라고 하지 말아요. 내 여동생이라고 합시다. 사실 당신은 내 여동생이 아니오? 그렇게 합시다."
 그렇게 해서 그들은 오누이 행세를 하고 있었다. 굉장히 예쁘고 아름다운 여인이 왔다는 소문이 퍼져서 왕궁에까지 들어가게 되었다. 왕은 이 말을 듣고 당장에 사라를 왕궁으로 데려갔다. 물론 아내로 삼기 위한 것이었다. 아브라함은 마음을 졸이며 걱정을 하고 있을 수밖에 없어서 하나님만 의지하고 하나님이 기어코 사라를 지켜주시리라 믿고 기다렸다.
 그런데 사라를 데려간 왕궁에서는 큰 소동이 일어났다. 왕궁에 있는 남자들이 모두 생식불능병이 들어버린 것이다. 물론 이 일로 인해 사라는 무사할 수 있었고 또 왕의 허물의 값으로 금은보화와 재물을 잔뜩 받아가지고 풀려나왔다. 70세의 할머니가 이처럼 인기가 대단했으니 그녀는 스스로가 자랑스럽고 자신만만했을 것이다. 그렇지만 아브라함은 상속할 아들도 없이 나이만 자꾸 들어 80이 넘은 노인이 되고 보니 보통 걱정이 되는 것이 아니었다. 아브라함은 하나님이 약속하신 대로 그때 이미 큰 부자가 되어 있었다. 소도 많았고, 양도 많았으며, 염소도 나귀도 약대도 종도 많았다. 그의 재산은 수습할 수 없을 정도로 차고 넘쳤던 것이다.
 '그러나 나도 이제 나이 많아 죽을 터인데 그러면 이 애써 모은 재산과 보물들은 누구의 것이 될 것인가? 나를 섬겨온 종 엘리에셀의 차지가 될 것 아닌가.'

늙은 아브라함의 마음은 쓸쓸하고 허전하기만 했다.
그러던 어느날 하나님께서 아브라함을 찾아오셨다.
"아브라함아, 염려하지 마라. 내가 네게 아들을 줄 것이다. 그리고 네 자손은 하늘의 별과 같이, 바닷가의 모래와 같이 번성할 것이다."
약속하시면 꼭 지키시는 하나님인 것을 체험했기 때문에 아브라함은 하나님의 말씀을 믿었다.
그러나 세월이 가고 또 가도, 더욱이 사라가 80이 넘어 이미 경수가 끊어지고 아브라함은 90세가 넘었는 데도 하나님의 약속은 깜깜 무소식이었다. 아브라함은 노골적으로 자손이 없는 것을 탄식하지 않을 수 없었다. 그렇지만 사라가 아무리 고민하고 또 고민을 해도 이제 자기에게는 아기를 낳을 수 있는 가능성이라곤 전혀 없는 것이었다. 그래서 그녀는 억울하고 분한 일이지만 애굽인 여종 하갈을 남편에게 주어야겠다고 생각했다. 그 얼마나 분하고 가슴아픈 일이었겠나! 어릴 때부터 같이 자라난 오빠요 남편인 아브라함을 단지 아이를 못 낳은 탓으로 이방 여종에게 내줘야 하다니, 그리고 그들에게서 태어난 아이에게 이 모든 재산과 권리를 다 빼앗겨야 하다니. 남편도, 재물도, 권리도 모두 다 내어줄 수밖에 없는 늙은이로 이 모든 것을 겪어내야 하는 것이다. 이런 생각을 하고 있자니 사라는 지난날 칭송을 받던 자기의 아름다움이 오히려 원망스러웠다.
'비록 못났을지라도 아들이 있어서 이 모든 것을 물려주었더라면 이 노년이 얼마나 자랑스럽고 보람이 있었으랴! 그러면 남편 아브라함도 얼마나 만족했을까!'
자랑이 많고 자신만만했던 사라는 그야말로 바람빠진 풍선처럼 맥이 풀려 앞이 캄캄하기만 했다.
'나는 결국 실패자가 아닌가. 비록 과거에 아름다웠다 한들 그것이 내게 무엇을 주었는가. 실망과 고통과 번민, 남은 것이라곤 이것뿐 아닌가. 아! 나야말로 가장 불행한 여자였다.'

사라는 자책감과 절망에 빠져들어 갔다. 그러나 세월은 자꾸 가는데 언제까지 비관만 하고 있을 수는 없는 노릇이었다. 마침내 사라는 남편과 의논을 하고 애굽인 여종을 소실로 들여보냈다. 젊은 여자 하갈은 단번에 임신을 했고 보란듯이 아들을 낳았다. 그러자 아브라함은 그 아들을 귀히 여기게 되었고, 여종은 점점 기세가 높아지고 교만해져서 사라를 무시하게 되었다. 제가 마치 주인이나 된 듯이 무례해진 것이다. 사라는 여지없이 꺾여진 나무신세였다. 얼마나 괘씸하고 화가 나서 견딜 수 없던지 한번은 그 종에게 달려들어 삿대질을 해가며 화풀이를 했다. 그러나 자기편을 들어줄 것으로 믿었던 아브라함은 의외로 수심이 가득 차서 아무 말도 하지 않는 것이었다.

이제 사라에게는 아무런 믿을 것이 없었다. 아름다운 미모도 다 변하고 그렇게 이해해 주고 사랑이 많던 남편도 그 마음이 계집종과 아들 이스마엘에게 가 있는 것이 아닌가. 하루하루 나이는 들어가 온 육신은 마르고 그 모습은 마치 가을을 지나 겨울을 맞이한 앙상한 나무와 같았다. 벌써 90을 바라보는 나이가 아닌가. 요 몇 년 동안 남편의 마음을 완전히 이스마엘에게 빼앗기고 또 모든 가사일도 하갈에게 넘겨줄 수밖에 없었던 사라에게는 하루하루가 가슴 아프고 견딜 수 없는 고통일 수밖에 없었다. 그렇지만 이제는 어떻게 할 도리가 없지 않은가. 엄연하게 이스마엘은 이 집의 상속자요, 그의 아버지는 아브라함이요, 그의 어머니는 하갈이 아닌가. 젊고 힘있는 하갈이 이제는 이 집의 주인이 아닌가. 그때서야 사라는 하나님밖에 바라다 볼 데라곤 없어진 것이다.

그런데 어느날 사라는 아브라함이 하나님과 대화하는 것을 엿듣게 되었다.

"아브라함아, 염려하지 말아라. 내가 네게 아들을 줄 것이다. 네 아내 사라가 잉태해서 네게 아들을 낳아줄 것이다."

"예? 사라가 아들을 낳는다고요? 그는 이미 여자의 자격을 상실한 지 오래입니다. 이스마엘이나 잘 자라게 해 주세요."

사라는 장막 뒤에서 코웃음을 쳤다.
'내가 아들을 낳아? 하나님도 웃기시는 걸까?'
그렇게 생각을 하는데 하나님의 음성이 들려왔다.
"사라야 왜 웃느냐?"
사라는 깜짝 놀랐고 한편 너무 두렵고 겁이나서 "하나님, 저 웃지 않았어요." 하고 조그만 소리로 대답하였다.
사실 웃을 수밖에 없지 않은가. 사라는 90이 다 되어가고 남편 아브라함은 100세가 다 되어 늙은 나무 같은데 아들을 낳는다니 말이다.
그런데 사건은 일어났다. 사라가 임신을 한 것이다. 정말로 정말로 믿지 못할 일이 일어난 것이다. 90세 할머니가 옥동자를 낳은 것이다. 100세에 아들을 낳았으니 아브라함은 얼마나 기쁘고 놀랐겠는가. 신기하고도 신기하며 놀랍고도 놀라운 일이 아닌가. 사라가 너무 자신이 많고 자랑이 강했을 그때에 그는 생산을 못 했었다. 그러나 다 늙어빠지고 인간으로서는 모든 길이 다 막히고 가망이 없어졌을 때, 이제는 다 틀렸다고 손을 들고 낮아졌을 때 하나님은 그에게 아들을 낳을 수 있게 하신 것이다.
천지와 그 가운데 있는 만물을 아무것도 없는 무에서 지어내신 하나님이 하고자 하시면 무엇을 못 하실 것인가. 지금도 하나님은 계속하시고 계신다. 다만 인간이 자기 머리로 알 수 없는 것은 인정하려 하지 않기 때문에 하나님이 하시는 일을 보지 못하고 알지 못하고 알려고도 하지 않는 것이다. 믿는 자가 가장 필요로 할 때 주님은 무엇이나 하신다.
사라는 127세까지 살았으며, 어려운 모든 일은 해결이 되고 그 남편과 함께 기쁘게 아들을 키웠다. 이 말씀은 구약(창세기 12장에서 23장까지)에 기록되어 있다.

내가 미국인 친구의 교회에서 집회를 할 때 생긴 일이다. 존슨이라는 그 교회 집사의 집에 저녁초대를 받아 갔다온 뒤로 그 집과 매우 가까워졌던 일이 있다. 그것은 노인인 그 집의 부인이 대학에 다닌다는 이야기를 인상깊게 들은 탓이었다.

존슨 부인은 고등학교 2학년에 올라가면서 한반에 있는 바브와 연애를 하게 되었다. 그래서 결혼하기를 원했는데 양가에서 모두 어리다고 심한 반대를 했다. 결국 결혼도 못 하고 있었는데 그만 임신을 한 것이다. 겨우 열네 살인데 임신이 되어서 앞이 캄캄했다. 그래서 둘은 학교를 중퇴하고 큰 도시로 나와 밤에 신문배달을 하면서 극빈한 생활을 시작했다. 그런데 출산을 하고 아기가 얼마 크지도 않았는데 또 임신을 하게 된 것이다. 바브는 이 아이들을 먹이고 집안 살림을 하려고 그야말로 죽을 힘을 다해 무슨 일이나 다 하는 노라가 너무 불쌍해서 차마 볼 수가 없었다. 바브는 아내 노라가 불쌍했다. 저녁이면 둘이 붙잡고 어린애들같이 울곤 하였다.

그런데 이 어린 부부는 임신중절을 죄로 여겼기 때문에 임신과 출산은 계속되었고 그 고생은 말할 수가 없었다. 이들은 믿는 사람들이었기 때문에 하나님을 의지하고 살았지만 시간도, 입고 나갈 옷도 없어서 교회에는 못 나갔다. 그래서 교회에 나가는 것이 그렇게도 그립고 부럽고 소원이었다. 그런데 하나님이 돌보아 주셔서 신문지를 모아 가구 만드는 일을 시작했는데 일이 잘되어 살아가는 데 어렵지 않게 되었다.

2년에 하나씩 아이를 낳다 보니 열한 아이가 생겨났다. 아들이 일곱이고 딸이 넷이었다. 이들 부부는 자기네가 공부 못 한 것이 평생의 한이 되어 이 열한 아이들은 모조리 대학에 보냈다. 그 아이들이 대학에 다니는 동안 부모는 죽어라고 일만 했다. 어느덧 막내애까지 대학을 나왔을 때는 큰 아이들이 결혼을 했는데 며느리들이 모두 대학을 나온 여자들이었다. 대학, 대학, 그들의 대화나 이야깃거리에는 모두 대학에 연결되지 않은 것이 없었다.

바브와 노라는 점점 기운이 없어지고 노년기에 도달해 가는 자기들의 처지에 한숨을 쉬곤 했다. 남편 바브는 계속 일이 바빠 한

가하게 앉아서 생각할 시간이 별로 없었지만 노라는 혼자 쓸쓸히 남아 있게 되었고, 그때마다 자신에 대한 비굴감이 드는 것을 어찌 할 수 없었다. '아들들도 다 대학, 딸들도 사위도 며느리도 모두 대학, 대학 하는데 나만 못 배워서 뒤떨어져 있는 것이 아닌가. 더욱이 며느리들과 사위들이 우릴 업신여길 땐 어떻게 할 건가! 고등학교도 못 나왔다는 말이 나오기라도 하면 우린 어떻게 할 건가!' 이렇게 고민하면서 시간은 가고 세월은 흘러 60세가 넘게 되었다.

어느 부활절날 온 가족이 함께 모였는데 온통 대학 시절의 이야기로 꽃을 피우며 떠들고 있었다. 그 소리를 듣고 있자니 노라의 마음은 송곳으로 찌르는 것같이 아팠다. 그리고 심한 비굴감에 잠도 이루지 못하게 되었다. 그래서 그는 결심을 하고 야학 고등학교 등록을 한 뒤 삼년 후에 고등학교 졸업장을 딸 수 있었다. 그러나 그것으로는 도저히 만족이 되지 않아서 2년 후에 자기 집에서 멀지 않은 조그마한 대학에 등록을 했고 열심히 공부했다.

이런 일이 있은 지 여러 해가 지났다. 어느날 나는 신문에서 놀라운 소식을 발견했다. 노라의 사진이 큰 제목과 함께 실렸는데 77세의 노인이 대학 졸업장을 받았다는 기사였다. 노라 부인이 고교를 중퇴하여 대학을 못 나온 한이, 사라가 생산을 못 했을 때의 고통만큼 큰 것이 아니었는지 모르지만, 여하튼 77세에 대학을 졸업했다는 것은 마치 노인이 생산을 한 것이나 다름 없는 일이 아닐까 싶다. 미국의 대학공부가 얼마나 힘들고 어려운 것인지 내가 경험을 했기 때문이다.

그래서, 나는 하나님이 도와주시고 하나님이 하시면 안될 것이 무엇인가 하는 진리를 사라에게서 또 노라 존슨에게서 배운다.

나는 오래 전에 있었던 예화를 하나 더 쓰려고 한다.

내가 어떤 미국교회의 초청을 받아 3일 동안 집회를 인도했을 때의 일이다. 그 교회 목사님은 '진'이라는 사람이었다. 나이가 많아서 머리가 회고, 붉고 둥근 얼굴이었는데 한쪽 눈에 안대를 해서 잊어버릴 수가 없는 목사님이었다. 그 목사님의 간절한 청으로 그 집에 3일 동안 같이 유하면서 집회를 인도하게 되었다.

둘쨋날, 집회가 끝난 후에 집에 돌아온 우리는 식탁에 둘러앉아 이야기를 나누었다. 목사 부부는 케이크와 커피를 마시고, 나는 깎아주는 사과를 먹고 있었다.

"에스더, 당신은 내 남편 진이 저렇게 눈에다 안대를 하고 있는데 왜 그런지 알고 싶지 않아요?"

사실은 나도 그런 의문이 있었지만 미국인들은 남의 개인적인 일에 대해 꼬치꼬치 물어보는 것을 큰 실례로 여기기 때문에 함부로 묻지 않고 있었던 것이다.

"나도 짐작은 하고 있었어요. 그러나 설명을 해 주신다면 더욱 고맙겠습니다."

우리는 다같이 웃었다.

"내가 말하는 것보다 당신이 에스더가 잘 알아듣게 설명을 해 보세요."

그 말을 듣고 진은 사랑스럽게 한 눈으로 나를 쳐다보면서 길고 긴 사연을 이야기해 주었다.

그는 사업하는 부친 밑에서 자라면서 대학을 나오자마자 아버지의 사업에 뛰어들어 열심히 일했다. 그래서 회사가 한참 잘 되어갔는데 갑자기 아버지가 심장마비로 세상을 떠나게 되었다. 그런데 아버지가 떠난 후에 알고 보니 그 사업의 실상이 복잡하게 얽혀 있어서 은행에 큰 빚을 지고 있었고 그 책임이 전부 아버지에게 지워져 있었던 것이었다. 결국 회사를 다 빼앗기고 모든 권리도 저쪽으로 넘어가고 남은 것이라곤 자기 일생을 두고 갚아도 못 갚을 빚뿐이었다. 어머니는 병이 나서 눕게 되고 외아들 진은 빚을 갚느라 직업을 두 개나 가지고 밤낮없이 일해야 했다.

진은 대학 시절에 친구의 전도를 받아 예수님을 만났는데 회사일이 너무 바빠서 언제나 출장을 가야 했기 때문에 교회 출석은 거의 못 했었다. 더욱이 성경 공부나, 믿는 사람들이 모여 훈련을 받거나 하는 일에는 전혀 참석해 본 적이 없었다.

그런데 한번은 밤에 같이 일하는 동료가 어깨를 치면서 "진, 당신은 이렇게 밤낮 일만 하다가 죽어 지옥에 가려는 거요? 정신차리고 천국에 가는 길을 준비하세요. 예수님이 도와주실 거요." 하는 것이었다. 처음에 그 말을 들었을 때는 그 녀석이 건방지고 무례해 보여서 따라가 고함을 치며 따귀를 때려주고 싶었다. 그런데 집에 와서 곰곰이 생각해 보니 대학시절 친구를 따라 교회에 가서 설교말씀을 듣고 예수님을 영접했을 때의 그 기쁨이 떠오르는 것이었다. 그리고 예수를 전하기 위해서 성경을 보던 일이며 또 훌륭한 전도자가 되기를 얼마나 다짐했었던가 하는 생각이 떠올랐다. 그래서 그는 자기에게 무례하게 말해 준 친구를 만나서 고맙다는 인사를 하기로 했다.

이튿날 밤에 진은 일터에서 그 사람을 찾아보았다. 그런데 아무리 찾아도 그는 보이질 않았다. 그 이튿날도 그를 찾을 수 없었다. 그래서 그는 밤에 일터에 나가기만 하면 그를 찾아보는 것이 습관이 돼 버렸다. 아무리 둘러보아도 찾을 수가 없어서 그다음에는 사람들에게 물어보기 시작했다. 키가 얼마나 크고 얼굴이 어떻게 생긴 예수를 전하는 사람을 본 일이 있느냐고. 그런데도 아는 사람이 없었다. 왜 그런지 그 사람을 찾고 싶은 마음은 사라질 기미가 없이 점점 심각해져만 갔다. 얼마 후에 드디어 그는 알아내고야 말았다. 그분은 밤일을 하면서 공부하던 신학생인데 신학교를 졸업하고 곧바로 아프가니스탄에 선교사로 갔다는 것이다. 진은 그 말을 듣고 웬지 자기도 신학교에 가고 싶었고 그 사람의 뒤를 따라 아프가니스탄에 가서 복음을 전하는 사람이 되고 싶었다. 그 마음은 자나깨나 없어지지 않았다. 그러나 빚을 갚느라 밤낮으로 일을 해야만 했기 때문에 그는 그 불덩이 같은 열망을 그냥 가두어 둘 수밖에 없었다. 그 즈음에 그는 아내 해피를 만났는데 그녀는 진의 사정을 잘 이해해 주는 따뜻한 그리스도인이었다. 해피는 낮에 진 대신 일을 해주었고 진은 밤에 일을 맡아 하였다. 그러나 결혼을 하고 시간이 흘렀어도 선교사에 대한 그의 소망은 지워버릴 수가 없었다.
 그러던 어느 주일날이었다. 티벳에 선교사로 나갔던 사람이 선교 활동에 대한 보고를 하고 있었다. 그는 자기가 겪은 그 어려운 처지를 토로하며 그런데도 예수님은 벽돌 같은 사람들의 마음에 역사하셔서 그 마음이 깨어지고 예수님을 영접하더라는 말을 전하고 있었다. 진은 그 말을 잊을 수가 없었다.
 '그렇지, 침례 요한은 돌들로도 하나님의 자녀를 만들 수 있다고 했는데 벽돌 같은 사람도 하나님의 자녀로 만들 수 있겠지.'
 그는 집으로 돌아오면서 주먹으로 허공을 치며 외쳤다.
 "그래, 벽돌을 깨고 예수의 사람으로 만들자! 돌멩이를 부수고 하나님의 자녀로 만들자!"
 그리고 집에 돌아와 자기는 신학교에 가서 예수님을 더 알아 선교사가 되어야 하겠는데 어떻게 하면 좋겠냐고 해피에게 고민을 털어놓았다. 두 사람은 엎드려 울면서 하나님께 기도하였다. 빚 때문에 신학교에 갈 수가 없으니 어떻게 하느냐고, 신학교에 가지 않으면 어떻게 벽돌 같은 마음을 부수고, 돌 같은 마음을 깨어서 하나님의 자녀로 만들 수 있느냐고 울부짖으며 기도를 드렸다.
 그러면서 세월은 흘러 갔다. 그러는 동안 일도 고되고 또 나이가 들어서 그런지 점점 복음에 대한 열정과 선교사가 되겠다는 정열이 식어갈 때였다. 어느날 밤일을 마치고 지쳐서 집으로 돌아오는데 갑자기 트럭 한 대가 진의 차를 받아버린 것이다. 그의 차는 20미터나 멀리 내동댕이 쳐져 구덩이에 처박히고 말았다. 그는 혼수상태로 죽은 것 같았는데 정신이 들어 보니 병원이었다. 그 사고로 온몸이 망가졌는데 수개월 후에 병원을 나올 때는 눈알은 빠지고 고막은 찢어지고 얼굴 반쪽은 마비되어 버렸다.
 그런데 그 일로 보험회사에서 막대한 치료비와 생활비가 나오게 되었다. 그 돈으로 회사의 빚을 어지간히 갚을 수 있었고, 또 일생의 생활비가 보장되어 있었기 때문에 진은 당장에 신학교에 입학을 했다. 그러나 3년 동안 공부하고 1년은 선교사 실습을 하면서 선교사가 되려고 했지만 눈과 얼굴 반쪽의 상처로 인하여 합격할 수 없었다. 그래서 그는 교회 없는 지방을 수소문해서 그곳에 가 전도하고 교회를 세웠다. 그리고 목사님을 초청해 교회를 맡기고 자기는 또 다시 새로 개척하는 일을 계속 자비량으로 했다는 것이다.

사람들은 젊어야 일을 하고, 힘이 있어야 일을 하고, 재주가 있어야 일을 하고, 잘나야 일을 하고, 돈이 있고 명예가 있고 쓸만하여야 일할 수 있다고 생각한다. 그러나 성경을 보면, 특히 사라 같은 여인은, 모든 능력과 희망을 잃어버렸을 때였지만 하나님이 찾아오셨을 때 그 늙은 90세의 몸으로 아이를 낳았던 것이다. 이 목사님도 젊고 힘이 있어 모든 것을 할 수 있던 때는 지나가 버렸지만 불구자가 된 노년에 와서 하나님께 쓰임받았을 때 불모지에 교회를 세우고 많은 영혼을 지옥에서 이끌어내는 일을 할 수 있었던 것이다.

하나님은 인간을 세상에 내보내신 장본인이시라는 증거가 성경에서, 세상에서 영원히 계속될 것이다.

하나님 아버지, 우리 아버지, 모든 만물의 아버지. 그 아버지는 어제나 오늘이나 영원까지 변함 없으신 아버지이시다.

## 40. 변심, 거역자의 표본

　여로보암은 이스라엘의 초대 왕이었다. 그는 한때 열렬한 신앙을 가지고 하나님을 섬겼기 때문에 하나님은 유다 민족 중 열 한 족속을 떼어 그에게 맡겨주셨다. 왜냐하면 당시의 솔로몬 왕이 하도 여자를 좋아해서 처첩을 일천 명이나 두었는데 더욱이 이방 여자들을 데려다 놓고 그들을 기쁘게 하기 위해 가증스런 우상을 섬기고 있었기 때문이었다. 그래서 분노하신 하나님은 쓸만한 여로보암을 보시고 솔로몬이 다스리던 열두 지파 중에서 열한 지파를 그에게 맡겨 주신 것이었다.
　여로보암이 열렬히 주님을 사랑하고 순종하였을 때 그는 과연 모든 사람들이 따를 만한 훌륭한 사람이었다. 그런데 하나님께 신용을 얻어서 거의 모든 백성들이 그를 따르게 되고 더구나 망명생활을 하며 고달프게 지내왔던 그가 왕좌에 앉고 보니 하나님께 대한 신앙심은 희미해지고 자기의 세력과 지위가 보다 궁극적인 것이 되어 갔다. 그렇게 그는 신앙의 능력을 닳아버린 빗자루같이 허술하게 내버리고 자기 지혜로 권세와 지위를 사수하려는 사람이 된 것이다. 하나님의 법도는 그냥 지나쳐 버렸고 자기가 나름대로 규례와 법도를 만들어 선포하였다. 그는 하나님 대신에 황금 송아지를 만들어 섬기도록 명령하였으며, 하나님이 정하신 절기나 율례를 자기에게 이익이 되도록 마음대로 바꿔놓았다. 그는 쉬운 길로 간편하게 기분을 따라 나라를 다스렸던 것이다. 그렇게 자기의 지혜와 수단을 다하면 나라가 견고히 될 줄 알았지만 오히려 나라는 끊임없이 전쟁에 시달렸고, 좋은 일이나 기쁜 일 한 번 없이 그 자신은 나날이 국민의 조롱거리가 되어 갔다. 그의 후손이나 왕들도 모두 이 초대 왕의 본을 따라 살았기 때문에 대대로 왕권은 피 흘리는 쿠데타로 계승되었고 수치와 악명만이 이어져 내려갔다. 그들의 이 오욕의 역사는 지금까지 기록으로 남아 있는데 구약 (열왕기상 12장부터 13장)에 자세히 써어 있다.

나는 오래 전에 미국 오하이오 주에 있는 웨슬레안 대학에 강사로 초청을 받아 간 일이 있었다. 그 대학에서 나를 특별히 환영해 준 까닭은, 김활란 씨와 박마리아 씨가 그 학교를 졸업하였고 나도 같은 한국인 여성 지도자로 소개받았기 때문이라는 것이었다.

대학으로서는 너무 조그마한 시골 대학이지만 감리교 신앙 위에 확실한 일꾼들을 양성해 내보내는 대학임에는 틀림없는 학교라고 생각한다.

거기서 나이가 제일 많은 백발의 노인이 특히 박마리아를 잘 안다고 했는데 그는 박마리아를 신앙이 뚜렷하고 열심있는 사람으로 알고 있었다. 왜냐하면 그 당시 박마리아는 간증도 잘 했고, 또 앞으로도 그 길을 힘차게 갈 것이라고 다짐했다는 것이었다. 그렇지만 그녀가 이승만 대통령의 측근으로 권세가 올라갔을 때 그를 잘 아는 분의 말에 의하면 마리아에게서 신앙이라는 것은 완전히 없어지고 오직 사욕에 빠져, 곁에 있는 사람들을 격분케 했다고 한다. 그 자신이 귀중하게 길러 온 아들의 손에 온 가족과 함께 총살을 당하던 순간까지의 일을 다 말할 수는 없지만 김활란 씨의 살아가신 생애와 비교해 볼 때 천지의 차이가 있는 것을 인식할 따름이다. 그가 하나님을 증거하고 그의 힘을 입어서 시골의 작은 학교이지만 대학까지 나왔고, 지위있는 남편과 좋은 자녀들까지 두었으니 젊었을 때 가졌던 신앙을 버리지 않고 증거한 대로 살아갔더라면 우리 조그마한 나라에 그 얼마나 많은 좋은 일을 남겼을 것인가! 아쉽기 짝이 없다.

변심! 거역! 타락! 인생이라는 것은 무엇일까? 하나님께 의지하며 사는 생령체인 것이다. 하나님에게서 떨어지면 흙에서 뽑힌 꽃과 같고 물에서 잡혀 올려진 물고기와 같다. 나무와 꽃은 흙 속에 심어져야 하고 물고기는 물 속에 있어야 살듯이 사람은 하나님과 그 말씀 속에 붙어 있어야 사람 노릇을 하고 형통하게 사는 법이다. 여로보암도 박마리아도 처음엔 그랬다. 그러나 김활란 씨는 끝까지 하나님께 의지해 살았기 때문에 그의 삶은 향기를 내뿜는 아름다운 인생이었다고 누구나 인정하는 것이다.

하나님, 그리고 그의 말씀에 깊이 잠겨서 그 속에 사는 사람들! 대대로 이어지는 세계의 역사는 그런 사람들이 행복한 사람이라고 지적해 주고 계속 일러주며 설명해 준다. 더욱이 성경이 그렇다. 성경은 시초부터 끝까지 하나님 곁에서 떠나지 말라고 한다. 붙어 있어야 살고 떠나면 말라 죽는다고!

나는 이 진리를 붙잡고 살아오는 동안에 그것을 낱낱이 체득하였기에 결국은 이렇게 책으로 쓰게된 것이다. 하나님은 자기에게 자신만만하고 자기 수단과 지혜로 사는 사람들에게는 관심을 갖지 않으신다. 그러나 현실에 구속되어 진리에 굶주리고, 고민 속에 살면서도, 진리를 사모하는 사람들은 주님을 만나 변한다.

바로 아브라함이 그랬다. 그는 사모하는 마음 하나만으로 어디가 어딘지도 모르고 길을 떠나 가나안 땅까지 왔던 것이다. 그 당시에 누구나 할 수 있는 양치는 일을 하면서 하나님을 사모하고 섬기는 일이 그는 얼마나 기뻤을까! 그 망측스럽고 속이는 우상 장사의 고통에서 벗어나서……, 그는 오직 자기를 불러내신 하나님만을 높이며 그분만을 섬기는 생활을 했다. 또 자기 지혜나 꾀를 쓰지도 않았다. 그런데도 그의 양들은 튼튼하게 자랐고 소와 나귀, 또 종의 수도 크게 늘어나 나그네 땅에서 대재벌이 된 것이다.

하나님께 붙어 있는 사람, 그는 하나님이 책임져 주신다.

## *41.* 편지를 읽으시는 하나님

히스기야는 유다 나라의 왕이었다. 그에 대한 기록을 읽으면 흥분이 되기 쉽고 누구나 잊을 수 없는 인상을 받게 된다.

그는 아주 못된 왕인 아하스 왕의 아들로 태어났다. 아하스 왕은 우상을 좋아해서 사방에 신당을 세우고 아들을 불 사이로 지나가게 하는 그런 악독한 일을 한 왕이었다. 그래서 하나님의 법도는 땅에 떨어지고 나라는 혼란 상태에 빠졌다.

히스기야가 왕위에 오르자 그는 우선 온 나라에 가득한 우상들, 솔로몬 왕 때부터 있어온 온갖 우상들을 찍어버리고 나라 안을 청결히 하였다. 그는 하나님께 대한 열성을 가진 명석한 사람이었던 것이다. 그는 부친 아하스 왕이 하나님을 배반하고 우상을 극진히 섬겼지만 결국은 얼마나 불행했으며 나라도 얼마나 혼란에 빠졌는지를 너무도 잘 알고 있었다. 그래서 그는 국가적 총동원으로, 나라를 망치고 하나님의 도우심을 가로막아 버린 우상을 모조리 깨부수고 없애 버린 것이다. 이처럼 히스기야 왕은 용감하고 실천적인 신앙의 모습을 우리 읽는 자들에게 보여주고 있다.

또 병이 들었을 때에 그는 하나님을 향하여 고쳐달라고 외치며 기도한 일도 있다. 한 나라의 왕이 병이 들었는데 유명한 의사들이나 좋다는 약을 쓰지 않고 벽을 향하여 하나님께 기도한 일은 다른 왕들에게서는 찾아 볼 수 없는 일이었다. 하나님께서 응답하셔서

## 41. 편지를 읽으시는 하나님

그는 그 후에도 십오 년을 더 살 수 있었다.

그런데 한번은 북쪽에서 강국 앗시리아가 군대를 거느리고 조그마한 유다 나라에 쳐들어 왔다. 많은 군대가 도성 예루살렘을 둘러싸고 항복을 강요하고 있었다. 그들 앗시리아 군대는 오랫동안 성을 포위하고 갖은 불량한 말을 계속 퍼부으며 위협을 했지만 히스기야는 성중에 양식이 다 떨어져가는 데도 당황하거나 낙심하지 않고 하나님의 도우심만을 기다렸다. 그는 백성과 대신들을 무마하고 권면하며 견고히 신앙 위에 서서 요동하지 않았다.

이때에 적국 앗시리아 왕이 유다 왕에게 편지를 보내왔다. 그것은 하나님을 모독하는 말과 유다 왕 히스기야를 멸시하고 능욕하는 내용이었다. 히스기야는 편지를 읽고 나서 그것을 가지고 하나님의 성전에 올라갔다. 그는 하나님 앞에 그 편지를 펼쳐놓았다.

"하나님, 이 편지를 읽어보세요. 우리의 적이 거룩하시고 높으신 하나님을 감히 이같이 모독하고 당신의 백성을 이처럼 능욕하고 있습니다. 읽어보세요. 그리고 하나님의 뜻대로 하소서!"

그는 간절한 마음으로 편지를 하나님 앞에 펴놓고 판단해 주시길 기다렸다. 하나님은 곧 응답하셨다. 하늘에서 천군이 내려와 그날 밤 앗시리아 진영에서 군인 십팔만 오천 명을 친 것이다. 다음날 아침 성문에 나가 보니 적군은 모두 송장이 되어 있었다. 그리고 하나님을 모독하고 히스기야를 능욕한 앗시리아 왕 산헤립은 자기의 신당에서 그가 섬기는 신에게 예배하러 들어갔다가 자기 아들의 칼에 맞아 죽임을 당했다.

하나님은 우리가 급할 때마다 도우시고 편지를 읽으시고 응답해 주신다는 기록이다. 이 모든 역사는 구약 열왕기하 18장에서 20장까지와 역대하 29장부터 32장에 걸쳐 상세히 기록되어 있다.

나는 어렸을 때부터 어머니와 언니에게 또 교회에서 이 이야기에 대한 사실을 감동 깊게 배웠다. 그래서 나는 어려운 일이 아니더라도 하나님께 편지 쓰는 일을 습관같이 해 왔다. 그렇게 습관같이 되고 보니 하나님께 편지 쓰는 일이 매일매일 이어졌고 편지를 쓰고 나면 마음이 안정이 되고 기쁨이 와서 편안한 날을 지낼 수 있었다. 특별히 나는 일본에 갈 때마다 가장 좋고 비싼 고급 일기책을 사가지고 가서 일기처럼 매일매일 하나님께 편지를 썼다. [십년 일기책]은 한 뼘이나 되게 두껍고 표지가 가죽으로 된 최고급품이었다. 깨끗하고 정성어린 편지를 매일 기록하였다. 그후에도 계속 쓰는 중이지만, 그때는 마침 일본인의 기독교 핍박이 일어나던 때라 내가 쓰는 편지는 심각하고 애타게 도움을 구하는 부르짖음이 되었다. 그러던 어느날 이 크고 여러 권 되는 일기책을 모두 경관이 와서 가져가 버렸다. 물론 일본어로 쓴 것이어서 그들이 다 읽을 수 있었는데, 그 일기책을 읽어보는 데만 수일이 걸렸다고 나중에 조사경관이 말해 주었다.

그런데 그 후에 잡혀 들어가 감방에서 지낼 때의 일이다. 신사참배 문제가 더욱 심하게 강화되어지고 더욱이 중국과 전쟁을 시작하고 나서는 한층 더 발악적으로 신사참배를 강요하고 있었다. 그래서 죄수로 감금되어 있는 우리에게까지 동방요배라는 이름으로 일본 우상에게, 또 일본 천황을 살아 있는 신으로 섬겨 경배하도록 하고 있었다. 그때 나는 굽히지 않은 탓으로 쇠고랑을 찼는데 그 쇠고랑이 어떻게나 내게 무서운 고문이었던지 10일이 지났을 때는 더 살 수 없을 만큼 몸이 약해져 있었다. 그래서 담당판사가 와서 보고 풀어 주었을 때, 나는 기절을 하고 말았다.

그러한 무서운 경험이 있은 후의 일이다. 나를 도와 주러 왔다는 일본인 여간수 히사시 상이 어느날 내게 신문을 가져다 주었다. 이 부인은 신문뿐 아니라, 비밀스럽게 나를 먹여 주었고 희생적으로 돌보아 주며 큰 위로가 되어 주었다.

그런데 그 신문을 보고 나서 나는 그야말로 머리에서 '윙' 소리가 났다. 신문 첫장에는 큰 글씨로 "어전회의"라는 제목이 붙어 있었다. 당시의 한국은 13도였는데 13도의 도지사들이 모두 동경에 와서 일본 도지사(현 지사)들과 또 천황폐하를 모시고 회의를 했다는 기사였다. 즉 매달 초하루 아침에 싸이렌이 울리면 모든 황국 신민들은 똑같이 동방요배를 하는데 각 학교나 조직체나 개인이나 누구를 막론하고 그 있는 곳에서 동쪽을 향해 깊은 경배를 하라는 것이었다. 만일 거역하면 그것은 죽여 버려도 된다는 엄하고 강한 공포를 주는 기사였다.

나는 그 신문을 마룻바닥에 쭉 펼쳐 놓고 하나님께 기도했다.
"하나님 아버지! 이 신문을 읽어 보아 주소서. 과거 히스기야 왕에게 있었던 일이 여기 이렇게 일어나고 있습니다. 똑똑히 또 급히 읽어 주시고 판단해 주세요."

나는 간장이 바짝바짝 말라 들어가는 맘으로 하나님께 이 신문을 읽어 달라고 호소했다. 얼마 전에 쇠고랑을 찼던 그 무서운 기억이 내 머리에 너무도 깊이 박혀 있었고 이제 또다시 쇠고랑을 차는가 싶었기 때문이었다. 그 당시 내게는 불붙는 신앙이 확실히 있긴 했었지만 경험한 일 없고 또 기적을 믿지 못하는 부분도 있었을 때라 일이 닥쳐올 때는 형편없이 흔들리며 공포에 떨곤 했었다.

하나님은 내가 펼친 신문을 읽으시고 곧 응답해 주셨다.

달 초가 되는 날까지의 공포와 불안은 말로 다 할 수 없었다. 그런데 그날 초하루가 오고 시간이 지났는데도 싸이렌 소리가 종시 나지 않는 것이었다. 히사시 상이 보고를 가져왔는데 평안남북도와 황해도 도지사들이 다시 평양으로 돌아가다가 미국 전투기에 폭격을 당해서 그들이 탄 비행기가 일본해에 추락했다는 것이었다. 그래서 동방요배는 도지사들의 죽음으로 변경이 된 것이었다.

신앙의 열의는 있으나 기적을 믿지 못 했던 내게 하나님은 일년에 한 번씩 이런 큰 일이 일어나게 하셨고 그때마다 놀랄만한 기적을 꼭 일으키셔서 나를 교훈하시고, 가르치시고, 도와주셨다.

하나님은 편지를 읽으시는 분이시다. 어려운 일, 기막힌 일, 슬픈 일, 원수진 일, 안타까운 일, 기쁜 일, 그런 일이 있을 때마다 기도하고, 자신이 없을 땐 편지를 써 보시라. 주님은 기쁘게 읽으신다. 나는 그 비결을 오늘까지 누리며 살아가고 있다.

## 42. 아들을 주세요

한나라는 눈물 많은 부인이 있었다. 그는 남편의 사랑을 받기는 하지만 보통으로 마음이 상한 여인이 아니었다. 왜냐하면 그 남편이 비록 사랑한다 하여도 남편에게는 또 다른 아내가 있었고, 그 여자가 한나를 시기하며 멸시하고 못살게 핍박을 하였기 때문이다.

그 당시에는 여자가 일단 결혼을 하면 우선 가문을 이어갈 아들을 낳아야만 여자로서의 책임을 다한 것으로 인정되었다. 그런데 한나는 잉태를 못 하는 여자인데 브닌나는 아들 딸을 쑥쑥 낳았기 때문에 그에게 핍박을 받아도 할 말이 없었던 것이다. 아무리 남편이 브닌나보다 자기를 더 사랑해 주고 위로해 주어도 브닌나의 시기와 멸시를 면할 길이 없어 울고만 살아가는 한나였다. 브닌나의 시기와 핍박도 견디기 힘든 것이었지만 여자로서, 더욱이 아내로서 잉태를 못 한다는 사실이 한나에게는 더욱 견딜 수 없는 수치요, 모욕이었다.

유다인들의 관습에 따라서 한나의 가족들도 일년에 한 번씩 성전이 있는 실로에 올라가 하나님께 제물을 드리며 경배하는 행사를 매년 치렀다. 그러나 한나는 잉태 못 한다고 비웃고 능욕하며 멸시하는 브닌나가 싫어서 가족과 같이 실로에 올라가는 것을 늘 피하려고 애썼다.

## 42. 아들을 주세요

그는 울고 한숨짓고 괴로워하다 못해 한번은 단단히 마음을 먹었다.

'하나님께 호소하고 매달려 이 아프고 수치스런 고통에서 건져 달라고 하자! 하나님께 매달려 울부짖으면 아들을 주실 것이다.'

그는 굳게 결심을 하고 실로에 올라갔다. 그리고 하나님께 제물을 드리고 경배한 후에 마음에 작정한 대로 울부짖으며 자기의 심정을 아뢰었다.

그는 미친듯이 통곡하며 기도를 드렸다.

"하나님 아버지! 저는 마음이 상하고 아파서 견딜 수가 없습니다. 저는 생산을 못 하는 이런 수치스러운 여자입니다. 잉태를 못하니 멸시와 핍박 속에 울고만 살아왔습니다. 아버지 하나님, 제 눈물을 씻어주시고 기쁨을 주셔서 하나님께 감사하면서 살게 해주소서. 아들을 주시면 내 것 삼지 않겠습니다. 하나님께 드려서 하나님을 극진히 섬기는 종으로 만들겠습니다. 저를 도와주소서. 아버지."

한나는 그 안타깝고 서럽고 아픈 마음을 죄다 주님 앞에 쏟아놓으며 간절하고 애절하고 불타오르는 기도를 드리며 통곡했다. 이것을 본 제사장 엘리도 한나가 술을 마시고 주정을 하는 것으로 알았을 만큼 한나는 결사적으로 하나님께 부르짖으며 도움을 구하였다.

하나님은 그의 부르짖음을 들으시고 소원을 들어주셨다. 한나는 그 다음 해에 아들 사무엘을 낳았던 것이다. 한나의 기쁨은 그 동안에 쏟았던 눈물과 고통보다 더 큰 부피로 그를 감싸주었다. 그는 넘치는 감사를 시로 표현하여 하나님을 찬양하였다. 그래서 그 시를 읽는 지금의 우리에게까지 힘을 얻게 한다.

한나는 약속을 기쁘게 지켰다.

"너는 내 아들이지만 하나님께 드렸으니 이제는 하나님의 것이다."

젖을 빨려 키우면서, 이런 인식이 사무엘의 어린 가슴에 분명히 박혀지도록 한나는 매일매일 가르쳤다. 그리고 젖을 떼었을 때, 만 두 살된 사무엘을 실로의 엘리 제사장에게 바쳤다. 겨우 걸을 수 있는 어린 사무엘이 베옷을 입고 엄마 손에 끌려서 낯설고 엄마도 없는 곳, 한 번도 보지 못한 할아버지에게 바쳐진 것이다.

그 어린 것이 얼마나 울고 싶었을까. 그런데 그는 울지도 못했다. 엄마가 얼마나 훈련을 잘 시켰는지 사무엘은 그 어린 나이에 엄마를 떠나 낯선 엘리 할아버지 곁에서 살며 자라갔던 것이다.

하나님이 보시고 얼마나 감동을 받으셨을까. 그렇게 기다리고 원하고 간구해서 얻은 첫아들을 엄하게 훈련시켜 약속한 대로 주님께 드렸으니 말이다. 하나님은 사무엘을 애처로이 보시고 특별히 사랑하시며 가까이 돌보아 주셨다. 그리고 한나에게는 아들 셋과 딸 둘을 더 주셨다. 하나님이 주신 첫아들을 하나님께 드리고 3남 2녀를 바쁘고 즐겁고 자랑스럽게 기른 한나는 행복하고 훌륭한 신앙 여성으로 기억되어지고 있다. 이 이야기는 구약 (사무엘상 1장부터 2장 11절까지)에 기록되어 있다.

어느날 나는 TV에서 참으로 가슴 아픈 뉴스를 들었다. 안달슨이라는 부인이 아들을 잃어버리고 TV 화면을 통해 호소하는 장면이었다. 그 부인은 줄줄 흘러내리는 눈물을 닦지도 않고 마냥 울먹이면서 호소했다.

"에디야. 에디야. 너 어디 있니. 돌아와. 내가 잘못했으니 돌아만 와. 돌아오면 다 네게 좋게만 될거야. 에디야 내가 너만 사랑하는 것 알지. 어서, 어서 빨리 돌아와라."

그 부인은 자기 아들의 모습과 입은 옷과 키, 몸무게를 말하면서 그 아들을 찾아주는 사람에게는 일생 종이 되어서 시종을 들어주겠다고 호소했다. 왜냐하면 그에게는 사례금으로 줄만한 돈이 없다는 것이다. 그래서 자기 몸으로라도 은혜를 갚겠다며 울먹이고 있었던 것인데 그 부인의 진실한 마음을 느끼게 했다.

그의 울먹이는 고백에 의하면 그 부인은 결혼생활을 오랫동안 했지만 아기가 없었다고 한다. 젊었을 때는 먹고 사는 데 쫓기다 보니 아기가 없는 것이 도리어 다행이라고 생각하며 무심코 살아갔다.

그런데 나이가 들수록 그렇게 아기를 원했지만 생기지 않아 이제는 너무 늙어서 단념했다고 한다. 그런데 남편이 자동차 사고로 죽고 나서 그는 너무 상심이 되어 슬프고 외롭게 지냈는데 어떻게 된 셈인지 자꾸 배가 불러오는 것이었다. 그래서 병이 생긴 줄 알고 병원에 갔더니 임신이라는 것이었다. 그 후 그는 아들을 출산하였고 그 아들을 기르면서 큰 위로와 기쁨을 받았다고 한다.

그런데 아들을 너무 사랑만 했지 엄하게 가르치지는 못한 모양이다. 그래서 자기 비위에 들지 않으면 늘 집을 나간다는 것이다. 이제 겨우 열세 살 먹었는데 집을 나갔으니 그렇게 울면서 호소를 하는 것이었다.

그 부인의 말을 듣고 있으니 내 가슴도 아파지고 그 아이가 어디 가서 못된 깡패나 된 것같이만 느껴졌다. 아이가 교회를 다니면서 다른 아이들과 어울리고 하나님을 두려워할 줄 아는 지식이 생기면 부모는 아이를 가르치기가 좀더 쉬워지고 또 바르게 인도할 수 있을 것이다. 한나가 세 살짜리 어린 것을, 또 그렇게 소중한 사무엘을 성전에 데리고 가 하나님께 바친 자세는 너무도 훌륭한 것이었다. 그래서 많은 신자들이 딸을 낳으면 한나라고 이름을 짓는다. 한나같이 독실한 신앙이 있고 훌륭한 부인이 되기를 원해서이다.

아무리 귀하게 얻은 아들이라도 하나님을 모르게 길러 놓으면 그애가 무엇이 될지 위험하고 후회막심한 일이 되기가 쉽다. 하나님은 우리에게 주시기를 원하시고 기뻐하시는 분이기 때문에 우리는 그에게 좋은 아들을 달라고 구할 수 있다. 그러나 하나님이 주셨을 때에 욕심을 버리고 아들을 주신 하나님 앞에 책임을 다해야 하는 것이다.

인간으로서 고상한 인격이 있고 책임감이 충실한 일꾼으로 성장하도록, 달라고 간구한 만큼의 열성과 간절한 기도로 키워야 할 것이다. 그렇게 함으로써 자기가 우선 복되고 아이도 잘되며 아들을 주신 하나님이 기뻐하실 것임을 명심해야 할 것이다.

## 43. 죽으면 죽으리라

　유다 왕궁에 일어난 그 비참한 장면을 전에도 설명한 바 있는 것과 같이 왕은 원수에게 결박당한 채 그 자식들이 학살당하는 것을 지켜보아야 했다. 원수들은 불을 지르고 보물을 탈취하고 으르렁거리는 사자처럼 날뛰면서 왕궁을 도살장으로 만들어 버렸다.
　눈이 뽑혀 소경이 된 왕과 왕비, 그 밖의 왕족들은 바벨론으로 끌려갔다. 그들 중에 어린 여자 아이 하나가 섞여 있었는데 그의 부모도 다 죽임을 당하고 지금은 사촌 오빠 모르드개와 함께 멀고 먼 원수 나라로 끌려가고 있는 것이다. 귀하게 태어난 그 어린 것이 부모도 없이 포로 신세가 된 것이다.
　사촌 오빠는 그 아이를 딸같이 돌아보고 사랑하며 길러주었기 때문에 아이는 그를 부모처럼 의지하고 따르면서 낯선 원수의 나라에서 자라게 되었다. 아이의 이름은 에스더라고 했다.
　모르드개는 자라나는 에스더에게 왜 자신들이 그런 형편에 놓여 있는가 하는 점을 기회만 있으면 자세하게 들려주곤 하였다. 유다 백성은 하나님의 특별한 택함을 받았다는 것과 또 그 하나님이 어떠하신 분인지도 이야기해 주었다. 유다 백성이 애굽에 나그네로 내려가서 한 국가가 될 만큼 번성했던 것과 또 그들이 애굽에서 어떤 고생과 치욕의 생활을 했었는지 그리고 하나님이 모세를 사용하여 애굽을 치시고 그들을 건져내신 이야기도 들려주었다. 특별히 광야생활 40년 동안 하나님이 실제로 보여주시고 깨닫도록 훈련시키신 일들을 늘 에스더에게 말해 주곤 했다. 광야생활에서 그들에게 겪게 하신 훈련은 다른 것이 아니었다. 단지 전능하신 하나님을 의지하고 하나님이 명령하신 대로 하면 복이 되고 거역하면 불행해진다는 그것이었다.

그런데 에스더는 왕족이어서 그랬는지 그 어느 처녀보다도 탐스럽고 우아한 여자로 성장했다. 외국에서의 포로생활, 그 억울하고 불안하고 가난한 생활에서도 모르드개의 사랑과 하나님의 말씀으로 성장한 에스더는 용모만이 아니라 마음도 아름답게 성장하였다. 그녀는 하나님께 순종할 때 그분이 어떻게 도와주시는가를 배웠고 그것으로 자신의 힘과 거울을 삼고 있었다.

그 즈음 바벨론 왕궁에서는 큰 사건이 일어났다. 가장 화려한 여자, 여자로서 최고의 자리에 있던 왕후 와스디가 왕의 명령에 불순종하여 왕궁에서 쫓겨나는 대 사건이었다. 그래서 새 왕후를 찾느라 나라 안은 온통 큰 소동으로 북적거렸다. 자기의 모양이나 처지가 어떠하였든지 처녀들은 물론, 처녀를 가진 집집마다 한 번쯤 왕후가 되어 보는 꿈으로 부풀어 있었다. 왕궁에서 나온 관원들이 집집마다 찾아다니며 처녀들을 만나 보고, 이야기해 보고, 세워 보고, 앉혀 보고, 웃겨 보고 갖은 일을 다 해 보고 그 중에서 예쁘고 쓸만해 보이는 처녀들을 모아 도성 수산에 있는 왕궁으로 데려갔다. 그리고 열두 달 동안 화장품을 대주며 얼굴을 아름답게 다듬도록 하였다. 그들 중에는 에스더도 끼어 있었다.

열두 달이 지나 처녀들이 정결케 단장되었을 때 그녀들은 아름다운 옷을 입고 하나씩하나씩 왕 앞에 나아가게 되었다. 그러는 중에 에스더의 차례가 왔다.

왕은 에스더의 아리땁고 고상한 자태가 마음에 들어 오래도록 그녀를 바라보고 있었다. 에스더는 다른 아름다운 처녀들을 물리치고 영화로운 왕후로 뽑히게 되었다.

물론 에스더가 왕족의 귀한 가문에서 태어난 아름다운 여자였기에 유다의 왕후가 될 수 있었는지도 모른다. 그러나 그녀는 전쟁의 피비린내 나는 공포 속에서 부모를 잃은 채 원수의 나라에 끌려와 포로생활을 하는 신세가 아니었던가. 그리고 하나님이 높여 주셨을 때 그녀는 포로의 처지에서 그 큰 강대국 바벨론 왕국의 안 주인이 되었던 것이다.

에스더는 잘 알고 있었다. 하나님이 낮추시면 왕도 그 악한 행실대로 벌을 받아 망하게 되고, 또 하나님이 높이시면 비참한 노예라도 천하 대국의 주인이 되는 것이라고, 그리고 막상 자신이 그렇게 되었을 때 정말로 하나님을 하나님으로 섬기는 일이 얼마나 인생이 해야만 될 일이라는 것도 깨달았을 것이다.

이 에스더에 대한 자세한 이야기, 특히 에스더가 유다 민족이 위기에 처했을 때 죽으면 죽으리라는 결단으로 하나님 앞에 금식하고 부르짖은 후 왕국의 엄연한 법을 어기고 동족을 구원한 놀라운 이야기는 구약(에스더)에 기록되어 있다. 이 책은 어려서부터 하나님에 대한 확고한 믿음 가운데 자란다면, 세상에서 어떠한 형편에 처하든지 그 환경이나 입장을 초월한 그야말로 보통 인간들은 상상도 할 수 없는 일이 일어난다는 것을 분명하게 보여주고 있는 것이다. 그것은 하나님은 살아계시고, 하나님은 능력이시고, 하나님은 승리하시고, 하나님은 다스리시고, 하나님은 사람을 좋아하시고 도와 주기를 원하시는 분이라는 뜻이다.

어릴 때부터 하나님에 대한 지식이 마음속에 가득 채워지고 그 말씀 안에서 세상을 살아가면 분하고 억울하고 앞이 캄캄한 일을 당했을 때, 그때 신앙은 빛을 발하고 능력을 나타내게 되는 것이다. 그래서 하나님은 우리 인생에게 이 신앙을 가지라고 말씀하시고 또 하시고, 누누이 인간 역사를 통하여 가르치시는 것이다.

내 이야기를 또 하자니 웬지 짐스럽게 느껴지기도 한다. 그러나 나는 언제 세상을 떠날 지 모르는 나이가 되도록 살기에 이야기 하지 않을 수 없다. 나는 아침에 일어나면 이렇게 기도한다.

"하나님 아버지, 오늘도 또 살게 하십니까? 오늘 하루 보람 있게 살도록 인도해 주세요. 혹시 오늘 밤에 나를 부르신다면 그 얼마나 기쁘고 좋을까요."

또 저녁이 되면 기도를 마친 후 자리에 눕기 전에

"아버지, 오늘 밤입니까? 내가 여섯 살 때부터 그렇게도 가고 싶고 원하던 그 나라, 하늘나라, 아버지 계시는 그곳에 불러주시지 않으시겠습니까?"

요즈음은 매일 이렇게 살고 있으니, 비록 듣는 사람은 내 자랑으로 생각할는지 모르지만, 내가 세상을 다 살았다고 생각하는 이 마당에서 하나님이 하시는 일을 증거하여야 한다는 강한 결단을 무시할 수가 없어 나의 경험한 바를 쓸 수밖에 없다.

「죽으면 죽으리라」에서 자세히 쓴 것처럼 나의 태생은 아주 비참한 것이었다.

우리 어머님은 맏며느리였는데 딸을 이미 셋이나 두고 있었다. 더욱이 그 집은 얼마 되지 않는 것이지만 나름대로 부족함 없는 대가(大家)로 자처하며 다른 사람들을 업신여기고, 그러한 수치스러운 생각을 가지고도 자랑스럽게 사는 사람들이었다. 그러니 대를 이을 자식이 없는 것은 그 집의 신경을 무한히도 흔들어 놓는 일이 될 수밖에 없었다. 집안의 권세를 쥐고있는 조모는 노골적으로 자식 없는 것을 탄식하고 내 부친에게 대를 이을 아들을 생산할 첩들을 들이라고 호령을 하게 되었다. 그때 나의 부친은 내 어머님의 인격과 가문에 깊은 존경과 사랑을 가지고 있었기 때문에 한 번만 더 기다려 보자고 애원하듯 부탁했었다. 그런데 임신을 하고 아직 해산달이 까마득하게 멀었는데, 번개와 천둥이 세상을 뒤엎는 것 같이 치고 소나기가 폭포수같이 쏟아지는 밤, 나는 때도 아니었는데 나왔다고 한다. 어머니는 이번에도 또 딸이 나오면 그 수치를 면할 길이 없고 죄책감과 무거운 책임을 벗을 길이 없었기 때문에, 임신하던 그날부터 염려와 불안에 싸여 먹지도 못하고 잠도 제대로 못 잤던 것이다. 그래서 물론 달을 채우지 못한 탓도 있었겠지만 그때 나온 나는 사람의 애기가 아니고 마치 원숭이새끼 같았다고 한다. 지금 같았으면 인큐베이터에 넣어서 얼마든지 살릴 수 있지만 그 당시에는 몇 날을 살지 못하고 으레 죽어버렸다.

사람들이 갑자기 튀어나온 갓난 아기를 보고 저마다 수군거리며 "어이구, 저게 뭐야" 하고 얼굴을 돌렸다고 한다. 그렇지만 나의 모친의 말에 따르면 당신께서 그야말로 제일 두려워했던 계집애가 나왔을 때 기절하지 않은 것이 기적이었다고 한다. 온 집안 식구들은 수군거리고 세력이 당당한 할머니는 와서 보지도 않고 "또 계집애란 말이야? 게다가 나올 날도 모르고 나온 계집애가 며칠이나 살겠어? 내버려 둬." 하고 이제야 비로소 젊은 첩들을 데려와 아들을 수없이 낳게 되었다며 쾌재를 불렀다고 한다. 그리고 나의 모친은 앞이 캄캄하고 세상이 뒤집힌 것만 같았다고 했다.

그런데 그 어려운 가운데서도 어머니는 문득 스쳐가는 기억을 놓치지 않았다. 그것은 그가 어린 시절, 대원군 사건으로 많은 고관들이 잡혀가거나 사형을 당할 즈음 고관인 그의 아버지도 근심과 공포로 숨어지낼 때 미국 선교사가 서툰 한국말로 전해준 이야기였다.

"하나님의 아들 예수를 믿으시오."

"예수님은 하나님이시고 기도하면 들어주시고, 한번 믿은 사람은 버리지 아니하시고, 믿는 사람이 어려운 일을 당하면 그 어려운 일을 오히려 더 좋은 일로 만들어 주십니다."

이런 이야기들이 머리에 번개같이 떠오르는 것이었다. 더구나 믿는 사람이 어려운 일을 당하면 그 일이 더 좋은 일이 되도록 변경시켜 도와주신다는 그 말이 마음을 사로잡았다.

'이보다 더 어려운 일이 세상에 또 있을 수 있을까.'

모친은 그 말을 하나님께 여쭙기로 결심했다. 그리고 그 핏덩이 같은 아기를 가슴에 안고 기도를 올렸다.

"하나님, 이 집에는 대를 이을 아들이 필요해요. 나는 이 집 장자의 아내이니 아들을 낳아야만 되지 않습니까? 그런데 딸을 네씩이나 낳았으니 나는 이 집에서 무용지물이요, 살아있을 자격이 없게 되었습니다. 그러나 그 미국 선교사들은, 하나님께 기도하면 믿는 사람이 비록 나쁜 일을 만났어도 그 일이 도리어 좋은 일이 되게 하신다고 했는데, 하나님! 이런 나쁜 일도 좋은 일이 될 수 있습니까? 만일에 된다 하신다면 이 원숭이새끼같이 못난 딸을 이 집에서 원하고 원하는 열 아들보다 더 훌륭한 여자가 되게 하여 주옵소서."

내 모친은 이 기도를 밤이나 낮이나 습관같이 외우면서 어려운 시집살이를 해나갔다.

그런데 모든 사람들이 며칠 안에 죽어버린다고 말하고 믿었던 것과는 달리 젖도 빨지 못하는 힘없고 맥없는 아이였지만 웬일인지 똘망똘망 잘도 살아 있기만 했다.

지금도 똑똑히 기억나는 것이지만 나는 아주 어릴 때부터 노래를 잘 불렀다. 내가 여섯 살 나던 해에 먼 시골 사는 고모님댁에 생일 잔치가 있었다. 그때는 걸음을 잘 걷지 못해 언니에게 업혀 갔다. 언니는 등에 업힌 나에게 단단히 일러 두었다.

"이제 고모 집에 가면 너더러 몇 살이냐고 물을 터인데 너는 절대 여섯 살이라고 하면 안돼. 네 살이라고 해. 그래야 내가 업어주지 그렇지 않으면 국물도 없어."

여섯 살 먹은 것이 내게는 큰 자랑인데, 왜 언니는 구태여 네 살 먹었다고 거짓말하라는 것일까? 마음은 불만스러웠지만 다시 업어주지 않으면 안되겠다 싶어 따르기로 했다.

동네의 많은 사람들이 모여있는 잔치였는데 고모는 나에게 노래를 부르라고 하면서 굉장한 말로 나를 칭찬했다. 나는 자랑스런 마음으로 사람들 앞에 서서 노래를 불렀다. 늘 부르던, 제일 잘 부르던 노래를 자신 있게 불렀다.

"바다로 가든지 산에 오르든지, 내 영혼이 늘 기쁨은 주님이 함께하심이라……."

교회에서 배운 노래였다. 나는 그 뜻은 전혀 알 수 없었지만 들는 사람들은 가사와 곡조를 알아 듣고 기뻐하는 것 같았다.
 노래를 부르고 자리에 돌아오자마자 앞에 있던 아줌마가 내 머리를 쓰다듬으며
 "아이고 꼭 꾀꼬리 소리 같구나. 너 몇 살 먹었니?"
 나는 얼른 언니의 얼굴을 쳐다보았다. 언니는 눈짓을 하면서 여섯 살이 아니고 네 살이라고 하라는 신호를 보냈다. 하는 수 없이 나는 조그맣고 가느다란 목소리로 대답했다.
 "네 살이에요."
 "네 살 먹은 것이 이렇게 조그마해?"
 아줌마는 믿지 못하겠다는 눈으로 나를 쳐다보았다. 만일 여섯 살이라고 했다면 그 아줌마는 기절했을까? 엄연히 여섯 살인 내가 두 살을 속였는데도 너무 작아 믿지 못하겠다니, 나는 너무도 실망이 되고 모욕감에 기가 막혀 그 자리에서 당장 죽어 없어지고 싶었다. 그때의 충격이 얼마나 강했던지 그 후부터는 조금만 기분 나쁜 일이 있어도 죽고 싶고, 가난한 사람을 보아도 불쌍해서 죽고 싶고, 싸움하는 사람을 보아도 무서워서 죽고 싶고, 화나고 성난 사람을 보아도 죽고 싶고, 불구자를 보아도 죽고 싶고, 겨울이 오는 것이 너무 무서워 가을이 되면 죽고 싶어 죽을 지경이었다. 나는 감정이 여간 예민한 것이 아니어서 눈으로 보는 일마다 머리에 꽉 차오고, 보고 들은 것들이 계속 남아 변민이 되고 고통이 되어 언제나 죽어 없어지고만 싶었다. 더욱이 그 당시 우리 할머니는 죽은 우상의 노예가 되어 꼼짝도 못하는 형편이었다. 집에 찾아오는 사람들 중 교회 다니는 좋은 신자들은 한 사람도 없고 무당, 점쟁이, 관상쟁이, 손금쟁이, 중, 돈 빌리러오는 사람, 구걸하러 오는 사람, 아첨하러 오는 사람 등등하여 온갖 모리배요, 시정잡배같은 사람들만 우글거리며 오고가고 있었다. 나는 그런 사람들이 너무나 싫었고 그러한 사람들이 사는 세상이 진저리가 나서 죽고만 싶었다. 또한 내가 사는 집에는 너무도 수군거리고 싸우는 여자들이 많았다. 해마다 아들을 낳는 첩들의 시기와 다툼, 또 그 애들을 젖먹

이는 유모들, 그 여인들의 서로 헐뜯는 숨은 전쟁과 그 표정은 정말 죽고 싶은 내 마음을 돋구어 주었다.

그 중에도 제일 무서운 것은 동장군이었다. 무서운 겨울이었다. 나는 몸이 너무 쇠약해서 추위를 심하게 탔다. 그래서 양털옷을 입어야 했는데 그 옷이 내게는 너무도 무겁고 불편해서, 그 옷을 입기 전에, 즉 동장군이 닥쳐오기 전에 나는 속이 없어지기를 바라고 바랐다.

이후의 모든 세세한 이야기는 「죽으면 죽으리라」는 책에 쓴 바 있지만 나는 우리집이 이렇게 수치스럽고 더럽고 싸움이 많고 평안이 없는 것을 죽은 우상을 섬기고 하나님을 모르는 탓이라고 생각했다. 그 어린 것이 이런 판단을 하고 집안에 있는 귀신들을 다 잡아죽이려고 갖은 행동을 다 하였는데 나는 이 일도 「죽으면 죽으리라」에서 썼다.

그런데 어머니와 언니는 기회 있을 때마다 또 어떤 때는 시간을 내서 똑같은 말을 일러 주었다.

"네가 세상에 온 것은 하나님이 보내셨기 때문이야. 너는 살아 있을 수 없는 미숙아였어. 너는 다른 사람하고 다르다는 거야. 살지 못할 것이 살았다는 건데 그것은 어머니가 너를 두고 이 집에서 원하는 열 아들보다 더 훌륭한 하나님의 딸이 되라고 기도했기 때문이야. 너는 열 아들보다 나아야 죽는 거지 그 전에는 죽을 수 없어, 알았어?"

언니는 어떤 때는 주일학교 선생님같이 또 어떤 때는 무서운 순사같이 나에게 똑똑히 일러주며 똑같은 말을 하고 또 했다.

그래서 나는 어릴 때부터 내가 살아있는 것은 나를 위해서가 아니라 하나님 때문에 살아있는 것이라고 생각했고, 그러한 인식이 마음속 깊이 강하게 잠재해 있었던 것이다. 그 때문에 나는 하늘을 쳐다보는 습관을 가지게 되었고, 지붕 위에 올라가는 것을 좋아했으며 그네를 좋아했다. 그네를 뛰면서 높이 창공에 오르는 것이 그렇게도 좋았던 것이다.

그렇지만 내 육체는 약하고 신경은 병자같이 예민하고 눈치는 지나치게 빨라서 내가 세상을 겪어가는 일은 범사가 어려운 것뿐이었다. 우리 집안에 사는 사람들은 너무도 추하고 더럽고 악해 보였다. 견딜 수 없이 망측스러운 암투와 원망과 자기밖에 모르는 생활방식 속에 살아야 했던 나는 언제나 죽고 싶은 생각밖에 할 수 없었다.

내가 평양 여학교 입학시험을 치고 학교에 다니게 되니 어머니도 자연히 나를 따라 그 집에서 나오게 되었다. 어머니와 나는 마당에 풋고추를 심고 아카시아꽃 향내를 맡으며 조그마한 초가집에서 단 둘이 살게 되었다. 어머니는 성경학교에 다니시고 나는 학교에서 열심히 공부했다. 주일이면 아름다운 옷을 입고, 십일조를 손에 들고, 성경 찬송책을 들고 교회로 가 하나님을 경배하며 사는 일은 마치 천국과도 같았다. 내가 여학교 4년을 다니는 동안 어머님은 성경학교와 고등성경학교(신학교)를 우수한 성적으로 마치셨다. 어머니의 기도하는 모습을 나는 늘 보며 자랐다. 어머니는 나같이 약한 인생은 보통 사람처럼 살기보다는 주님을 위해서 바치면 인간된 보람을 다 할 것이라고 항상 가르쳐 주셨다. 그래서 내 마음속에는 움직이지 못할 뚜렷한 생각이 자리를 잡아갔다. 그것은, 내가 살아있는 동안 주님이 내게 무엇을 원하시든지 이루어드려야 한다는 마음이었다.

일본이 결국은 그 교만이 하늘에까지 닿아 우리 민족을 송두리째 없애 버리려고 음모를 꾸미고 있었다. 우리 것이라면 그들은 말과 이름까지도 일본식으로 바꾸게 했고 또 우리들의 신앙마저 빼앗으려고 날뛰고 있었다.

"이때다. 내가 죽을 때가 이때다. 그래, 일할 때가 지금이다."

일본서 공부할 때, 문학에 대한 나의 관심은 음악에 대한 관심 못지 않았다. 그래서 일본어도 고대어까지 전공하면서, 누구도 내가 한국인이라는 것을 알 수 없을 만큼 일본어에 능하게 되었다. 한국에 돌아와서 일본어와 음악을 가르쳤는데 나는 이 일본어를 사용해서 그들의 만행을 경고하고 죽어야겠다는 결심을 굳혔다.

그래서 죽음을 각오하였다기보다 그야말로 죽은 줄로 여기고 일본 중앙정부에 가서 경고를 한 것이다. 그렇게 막강한 세력을 가지고, 온 동양 땅을 집어먹고 남양 각국에 군림하여 잔인과 포악으로 식민지인을 압박하는 일본에, 그것도 그 나라 수도 한복판까지 들어가 분연히 외쳤다.

"일본은 회개하라. 하늘에서 유황불이 쏟아져 나라는 불타고 민족은 죽어버리고 세상에 수치를 드러낸다."

정부 최고 의원들, 대장들, 전쟁 책임자들을 찾아다니며 똑같은 말을 전했다. 결국은 의사당에까지 들어가 그곳에서 잡혔다. 나는 그것으로 세상이 끝난 줄 알았다. 그때부터, 안이숙이는 완전히 죽은 몸이려니 생각했다. 그리고 하나님의 은혜로 비록 내가 죽지 않고 경찰서와 감옥에 갇혀 살았지만 나는 거기서 여러 기적을 보고 또 보았고 체험하고 또 체험했다. 그 누가 천하의 일본이 그렇게 망하리라고 믿었겠는가? 물론 많은 애국자들이 언젠가는 일본이 망할 것이라고 믿었고 또 말도 그렇게 해왔다. 그러나 너무도 갑자기 일본 땅 전체에 폭탄이 소나기같이 쏟아지고, 나가사키, 히로시마에는 원자탄 유황불이 쏟아져내린 것이다. 일본 전국은 불덩이같이 타고 그렇게도 교활하게 뽐내던 일본은 여지없이 연합국에 항복함으로써 그 수치를 드러낸 것이다.

에스더가 죽음을 각오하고 동족을 구원했듯이, 나 또한 우리 동포의 신앙을 뽑아 버리려는 국가에 대항해 싸웠던 그 사실을 가장 크고 높은 축복으로 생각하며 지금도 감사한다. 주님은 그때나 지금이나 또 장래에도 똑같은 역사를 되풀이하고 또 되풀이하신다. 그때에 일어난 일이 지금도 일어나고 또 일어나고, 장래에도 계속 일어날 것은 마치 지구가 똑같이 그 궤도를 따라서 돌아가는 것과 같은 것이다. 어느 시대에나 하나님을 붙잡은 후 놓지 않는 사람은 오직 하나님만이 살아계시고 모든 인간을 돌아보시고 아시고 지키시고 다스리신다는 것을 증거한다. 「죽으면 죽으리라」에는 좀더 상세하게 처음과 나중이 기록되어있다.

요즈음 나는 과거에 있었던 일들을 자주 생각하게 된다. 아무리 생각을 해 보아도 그때의 일은 너무도 명확하게 주님이 하신 일이라고! 모두 주님께서 친히 계획하시고 이루신 일인 것이 날이 갈수록 분명해진다. 그 당시에도 그랬지만 내가 싸우는 싸움은 경찰이나 재판소나 무슨 법에 대항한 것이 아니었다. 이 싸움, 이 사건들은 순전히 하나님과 귀신의 대결! 즉 믿는 자와 우상 숭배자의 싸움, 더 나아가서는 하나님의 자녀와 우상의 자손들의 대결이었다. 말하자면 우상의 왕국 대일본제국인과 예수인의 대결이었다. 그 전통을 자랑하는 팔백만 신도군과 일본의 경찰력과 헌병력의 창과 칼과 잔인과 포악성에 대항해서 몇 안되는 예수인이 궐기해 일어나 싸움을 시작한 것이다. 나는 감방에서 주먹을 불끈 쥐고 마룻바닥을 두드려 대면서 소리쳤다.

"일본 팔백만 귀신들아 나오라. 너 귀신, 일본인 조상이라는 아마데디스 오미까미와 황궁 신궁에 늘어서 있는 일본 국왕 귀신들아, 다 나오라! 싸우자! 너희들은 이미 패한 것을 모르느냐!"

나는 지금도 그때를 생각하면 가슴이 마구 뛴다. 그때 내게 그런 결연한 용기가 있었기에 조사관이나 판사나 검사들의 우쭐거리는 모양이 가엾고 우습고 오히려 익살스러워서, 마치 달려드는 미친 개를 보듯 했던 것이 아닐까? 아! 주님! 살아계시도다!

## 44. 결단성 없는 왕의 말로

　시드기야 왕은 유다가 아주 망국이 되었을 때의 왕이다. 그는 불안하고 공포에 싸인 생활을 하다가 가장 잔인하고 비참하게 삶을 마친 왕이었다.
　사실 이 시드기야는 훌륭한 요시아 왕의 아들이었는데 아버지같이 용맹있는 신앙을 소유하지 못했다. 그는 중심이 없이 이랬다 저랬다 하는 우유부단한 사람이었기 때문에 자기 자신과 나라를 극도로 불행하게 만든 왕이다.
　또 당시는 이름있는 선지자 예레미야가 있던 때라 얼마든지 도움을 받을 수 있는 처지였다. 그러나 그의 결단성 없는 태도는 타고난 행복을 모두 참혹한 운명으로 바꿔버렸다.
　그가 치리하던 당시의 유다인들은 옳고 바른 길을 모두 내던지고 이기주의에 빠져있었다. 유다인들의 특수한 민족성을 떠나 극도의 죄악으로 치달으며 불의와 포학과 우상숭배의 혼돈 속에 살고 있던 때였다. 그래서 하나님은 그 민족을 이방 나라 바벨론에 넘겨 주어 죄가 얼마나 무서운 것인가를 가르쳐 주기로 하셨다.
　시드기야 왕은 어려운 일이 닥치면 그 아버지가 어떻게 하나님을 의지하고 도움을 받아 형통하게 되었던가를 기억하기도 했다. 그래서 그는 선지자 예레미야를 불러서 지도를 받기도 했다. 그러나 그가 일러 주고 가르치는 대로 실천하지 않았다. 가르침을 받기는 하지만 실행할 마음이 없었고 우왕좌왕했기 때문에 나라는 갈수록 더 어려워지고 원수의 행패는 날로 강퍅해지기만 했다.

그가 왕이 된 지 2년 후에 바벨론이 쳐들어 왔다. 물론 그에게는 이 강력한 바벨론을 쳐부술 힘이 전혀 없었고 또 그 불행은 유다민족의 절정에 달한 죄 때문에 누구이 예언된 하나님의 심판이었으므로 도저히 다른 도리가 있을 수 없었던 것이다.

그런데 바벨론 왕이 쳐들어 왔을 때 시드기야 왕과 맺은 약속이 있었다. 시드기야는 패자로서 승자인 바벨론 왕이 하라는 대로 해야 했지만 그는 그 일에도 우왕좌왕 정함이 없었고 진실성 없이 기분대로 약속을 어기고 말았다.

즉 이 시드기야가 바벨론 왕에게 반기를 든 것이다. 그래서 바벨론 왕은 다시 유다에 쳐들어 왔고 또 한 번 큰 도륙이 일어나게 되었다. 바벨론 왕과의 약속을 지키지 않고 모든 일을 어지럽게 해 놓은 시드기야는 바벨론 왕이 두려워 도망을 가려고 왕궁을 빠져 나왔다. 그는 성벽에 구멍을 뚫고 신하들과 함께 달아나려 했던 것이다. 그러나 그는 결국 원수에게 붙잡히고 말았다. 왕이 잡힌 것을 본 신하들은 모두 도망을 치며 흩어졌다.

시드기야는 바벨론 왕 앞에 끌려갔다. 바벨론 왕은 시드기야의 아들들을 끌어 내다가 시드기야가 보는 그 자리에서 모두 쳐죽이고 시드기야의 두 눈을 빼 소경을 만들어 버렸다. 시드기야는 결박당한 채 그렇게 비참하게 바벨론으로 끌려 갔고 그곳에서 죽임을 당했다.

한 나라의 왕, 높음과 명령과 영광의 자리에 군림했어야 할 왕인데 그렇게도 처참한 신세로 끝을 맺어야 했다니 너무도 소름끼치는 역사의 이야기가 아닐 수 없다.

인간은 동물인 동시에 생령이 아닌가? 또한 우리 머릿속에는 세포가 오백억 개나 있어 세어 볼 수 없을 정도라고 한다. 하나님은 우리가 뭐든 할 수 있도록 우리를 능력자로 만들어 주신 것이다. 하나님의 영을 부어 주신 증거가 확실하다. 그래서 사람들은 무엇이든 하면 할 수 있게 되어있다. 안 되는 것은 안 했기 때문이다. 약속도 지킬 수 있는데 안 지킨 것이다. 무엇이나 무슨 일이나 되는 것은 했기 때문이요, 안 되는 것은 안 했기 때문이다.

시드기야 왕은 그의 아버지에게서 하면 되는 생활을 보고 배웠을 것이다. 그러나 그는 배운 대로 하지 않았고, 유명하고 능력있는 선지자의 인도를 받으면서도 그렇게 하지 않았다. 시드기야는 해야 할 일을 알면서도 안 했고, 하지 말아야 될 일을 무심히 해 버린 사람의 표본처럼 생각된다. 이 이야기는 구약 성경 (열왕기하 24장 18절부터 25장 7절까지)에 기록되어 있다.

언젠가 내가 한인 교회에서 집회를 인도했을 때의 일이다. 오래 전 나는 집회의 강사로 대접을 받는 일이 예사였는데 그날도 어떤 큰 집에 초대를 받아 갔다. 집도 크고 좋았지만 집안의 가구들도 모두 고급으로 보기에 아름다웠다.

남편은 한국에서 공무원이었다는데 어떻게 해서 그렇게 돈을 많이 모았는지 여하간 미국에 오자마자 큰 집을 사고 호화판인 것이 내 눈에는 이상하기만 했다. 부인은 돈자랑이 많은 사람이었다. 말마다 자랑 아닌 것이 없을 만큼 모두가 자랑거리인 것 같았다. 대학을 나왔다고 하지만 교양적으로 다소 의심스러운 면도 있었다.

나와 함께 대접을 받고 있던 분들이 교회 이야기를 시작했다. 그 당시의 한인 교회라는 것은 거의 다 미국 교회를 빌려서 예배를 드리는 형편이었다. 교회당을 사거나 건축을 할 수 있을 만큼 넉넉지가 못했기 때문이다.

"언제 우리는 우리 자치 교회당을 사서 우리 맘대로 모이고 맘껏 예배를 드릴지!"

"그러게 말이예요. 미국인들은 우리한테서 나는 김치 냄새가 교회에 밴다고 얼굴을 찌푸리고 말이 많으니 말이예요."

"그뿐이예요? 우리 아이들이 분수없이 떠들고 교회를 온통 망가뜨린다는군요."

"글쎄, 그 사람들은 우리와 악수를 할 때도 마늘 냄새에 기절을 할 지경이라는 거예요."

주고 받는 말들은 어느 교회에서나 들어오던 이야기였다. 이런 이야기를 듣던 주인이 말했다.

"그건 교회당을 빌려 쓰니까 그런 수모를 받는 거 아니예요. 사든지, 건축을 해서든지 내 교회당이 있으면 그런 일이 있겠어요?"

"그러게 말입니다. 사야지요."

"어떻게 산단 말이예요? 누가 돈이 있어서?"

"돈? 돈이 그렇게 문제입니까? 살만한 교회당을 찾아보세요. 만일 있으면 알려주세요. 제가 우선 삼천 불을 헌금할 테니까요."

주인이 이렇게 말하자 사람들은 모두 감탄을 하고 감동 속에 "아!" 하고 소리를 지르기도 했다.

그런 일이 있은 후 시간이 흘러서 10년 넘은 세월이 지나갔다.

후에 안 일이지만 그들 부부는 그곳에 살지 않고 어디론가 떠나 버렸다고 했다. 물론 그가 장담한 헌금 삼천 불은커녕 땡전 한푼도 내지 않았고 그의 집에는 다른 교포가 살고 있었다. 그의 탄탄하던 사업은 자취도 없어졌고 아이들은 영어 부족인지 학교에서 중퇴를 해 어떻게 되었는지도 모르게 되었다. 남편은 병이 들고 부부는 이혼해서 헤어지고 그 부인은 바느질 공장을 여기 저기 찾아 다니며 일을 한다는 것이었다.

그 당시에 한국에서 오는 사람들은 돈을 가지고 오는 사람이 전혀 없었다. 물론 없어서도 못 가져왔지만 한국에서 달라를 외국에 내보내는 일이 강력히 금지되었던 때문이다. 그런데 그분들은 어떻게 해서 그렇게 많은 돈을 가지고 온 건지 또 어떻게 그렇게 집도 사고 사업도 할 수 있었는지 그야말로 그들이 자랑도 할만 했고, 뻐길 수도 있는 일이었지만 그들이 교회에 출석을 했었으니 좀 더 교양 있고 진실을 아는 사람들이어야 하지 않았을까? 그들은 자랑하기 위해 살아 있었고 의리라든가 약속이라는 것은 지나가는 농담같이 생각하는 분들이 아니었나 싶다.

왕이 왕답지 못하면 나라가 망하고, 부부가 진실치 못하면 가정은 깨어지는 것이다. 더욱이 하나님의 택하심을 받은 유다인이 하나님과의 약속을 소홀히 여겨 거역하거나, 교회에 출석하면서 주님이 가르치시고 원하시는 것을 허술히 생각하고 생활한다는 것은 수치스러운 일이 아닐 수 없다. 이런 일은 어느 시대나 있다. 왕이든 보통 사람이든 겉모양에만 신경쓰고 마음속 깊이 진실이 없는 사람은 이 세상에서 패배한 가장 소외된 사람이며, 결국 수치만이 그의 몫임을 알아야 한다. 그리고 일단 하나님을 알려고 그에게 가까이 온 사람은 진리가 그 속에 심겨져야 하고, 또 그대로 살아가면 그 진리가 그에게 축복을 가져 오고야 만다는 것을 경험하게 될 것이다.

## 45. 애국자 신앙가의 이야기

유다 왕궁의 일이다.

유다 사람들은 하나님께서 특별히 택하신 백성으로, 세계 만국 사람들에게, 하나님이 어떠하신 분인가를 증거하는 책임을 맡은 민족이었다. 더욱이 나라의 왕으로 간택된 사람들은 하나님께 받은 책임이 유달리 크고 막중하였다. 그들은 하나님께 거역해서는 안되었으며, 하나님의 영광을 찬란하게 드러내어야 했다. 그런데 몇몇 소수의 왕들을 빼고는 모두 다 패역하게 행하였고 하나님을 거역했다. 하나님의 영광을 위하여 왕의 자리에 앉게 된 그들이 하나님을 거슬렀던 것이다.

하나님께서는 그 백성들에게, 우상을 섬기지 말라고 엄하게 이르고 또 이르셨다. 왜냐하면 우상은 복을 줄 수 없고 아무것도 할 수 없는 죽은 것이기 때문이었다. 또한 그 생명없는 우상을 통해 악마가 강하게 역사하여 우상숭배자들이 말할 수 없이 불행해지기 때문이었다.

하나님께서는 그의 백성들이 행복하고 안정된 생활을 하기를 간절히 바라고 또한 그것을 기쁨으로 삼으시는 분이다. 인간들은 불행에 처하면, 그 불행의 원인이 어디에 있는가 곰곰 따져보지 않고, 하나님만 원망하며 비관한다.

그런데 유다 왕들은 마찬가지로 불행에 처하게 되었다. 그들은 하나님께서 맡기신 임무와 책임을 무시하고 자기들 멋대로 방자하게 살았다. 그 결과 왕궁은 말할 수 없이 나약하고 어지럽게 되었으며 백성들은 도탄에 빠졌다. 더우이 이방 세력들이 사방팔방에서 쳐들어왔다. 특히 바벨론 대국이 수많은 군사들을 몰고와서 예루살렘 성읍에 불을 지르고, 약탈하고, 사람들을 무참히 살해했다. 그들은 또한 왕궁을 불사르고 왕과 그 일족을 사로잡아 결박하고 눈알을 빼버린 다음, 그 멀고 먼 나라로 끌고갔다. 그렇게 해서 포로로 끌려온 사람 가운데 하나가 곧 모르드개였다. 모르드개는 가족들과 함께 무서운 얼굴로 자기 동족을 감시하는 바벨론 군사들에게 이끌려 낯선 곳으로 가게 된 것이다. 울부짖는 사람들을 바라보며 모르드개는 자꾸만 멀어지는 자기 나라와 백성이 왜 이런 처지에 빠져야 하는지 깊이 생각했다. 모르드개는 왜 자기들이 그와 같은 비참한 상태에 빠지게 되었는가 너무도 잘 알고 있었다. 하나님께 영광돌리라고 특별히 택하여, 나라도 세워주시고, 명예도 주시고, 부귀도 주시고, 온갖 좋은 것들을 주셨으며, 친히 삶의 길을 가르쳐주시고 그분의 뜻을 일러주셨건만, 자신의 동포들은 무슨 큰 특권이나 얻은 양 선민의식에 젖어 하나님을 잊어버리고 제멋대로 교만하게 살았던 것이다.

 모르드개는 전능하신 하나님, 질대적인 하나님을 너무도 잘 알고 있는 사람이었다. 그는 하나님을 향한 불타는 가슴을 안고, 동포들의 범죄에 대해 뼈저린 회오를 느끼며, 이제부터라도 하나님의 마음을 시원하게 해드려야겠다고 다짐하면서, 물설고 산설고 낯설은 이방 땅으로 끌려온 것이었다.

 모르드개는 삼촌의 불쌍한 어린 딸을 자기 딸처럼 애지중지 키웠다. 모르드개는 자나깨나 이렇게 중얼거렸다.

 "우리 왕과 왕족들과 백성들이 왜 그렇게도 하나님을 몰랐던고! 왜 우리들은 그렇게도 하나님을 거역하면서 살아왔던고! 왜 우리는 그렇게도 미련하고 지각없이 좋은 말씀을 대적하고, 무시하며 살았던고! 아, 온 세상 사람들이 우리를 조롱하고 천대하는구나!

하나님께서 그 옛날 우리 조상들에게 보여주신 그 엄청난 구원의 이적, 홍해가 갈라지고, 그 어렵던 광야의 삶을 견뎌내게 하신 역사, 그리고 그 복된 약속의 땅에 들어가게 하사 번성하게 하신 것……. 그리고 그 모든 이야기는 세상 만국 백성들의 입에 오르내리며 이야깃거리가 되고, 장엄한 역사로 기록되었건만 정작 그 후손들이라는 우리 유다 백성들과 왕실은 어찌 그리 무지몽매하여 하나님을 잊었던가? 어찌 그리 어리석게 하나님을 대적했던가? 한낱 미물이요 짐승에 불과한 개도 그 주인에게 순종할 줄 아는데, 왜 만물의 영장이요 최고의 피조물이라는 인간이, 더욱이 왕과 지도자들이 그렇게도 우직하고 못돼먹었던가? 그 아름답고 찬란한 왕궁을 어찌하여 피의 도살장으로 만들었는가? 남녀노소 할 것 없이 쓰러져 밟히고, 병들고, 굶주리고, 죽임을 당하고, 끌려가는 신세가 되었는가? 수많은 선지자, 하나님의 사자들이, 이사야가, 예레미야가, 아모스가, 에스겔이 이렇게 된다고 얼마나 목청 높이 외쳤던가? 얼마나 많은 눈물을 흘리며, 목숨의 위협을 느끼며 자신의 모든 것을 바쳐가며 얼마나 간절히 외쳤던가? 그리고 그 선지자들의 말 그대로 지금 되어있지 않은가?"

모르드개의 가슴은 마치 비상을 마신듯 찢어지며 불타고 있었다. 그런데 이렇듯 비탄에 잠긴 모르드개의 눈에 띄는 것이 있었다. 이방 땅 바벨론 도처에서 우상숭배가 성행했던 것이다.

'내 나라도 우상 때문에 망했는데 이 이방 나라도 우상을 섬기는구나!'

바벨론 백성들이 비록 자랑스럽고 당당해보였으나 모르드개는 우상숭배의 말로가 어떤지 잘 알고 있었다. 모르드개는 비록 포로 신세이긴 했으나, 바벨론의 뒤를 이은 바사의 왕궁에서 일보는 자로 고용되었다.

왕궁에 드나드는 고관들 가운데 특히 하만이라는 권세 높은 자가 있었다. 그는 바사 나라에서 왕 다음으로 큰 지위와 권세를 가지고 있었다. 그렇게도 위세당당한 하만인지라 그가 대궐문으로 지나갈 때면 모든 사람들이 그 앞에 엎드려 숨죽이며 경배해야 했다. 그러나 모르드개의 눈에는 그것이 도무지 우스워 보였다. 하나님을 모르는 자들은 저렇듯 권력의 무상함을 모르고 기고만장하게 행한다 싶은 것이었다. 따라서 모르드개가 그 앞에 절하지 않은 것은 너무도 당연한 일이었다. 모두들 절하는데 모르드개만이 유독 절하지 않는 것을 본 왕궁 문지기들이 하루는 물었다.

"당신은 어떻게 된 거요. 하만 총리가 지나갈 때마다 우리들은 모두 엎드려 존경심을 표하는데, 당신은 무례하기 짝이 없소".

"나는 그런 사람 좋아하지 않아요. 좋아하지 않는데 어떻게 절할 수 있겠소. 나는 하나님의 택한 백성이오."

이 말을 들은 문지기들은 '네가 외국에서 잡혀온 포로의 신분으로서 건방지고 괘씸하구나. 보자, 네가 어떻게 되나.' 하며 그 사실을 하만에게 고발했다. 하만이 이 고발을 듣고는 출입시에 주의해 보았더니 과연 모르드개만은 자기를 못본 척 무시를 하는 것이었다. 이를 본 하만은 분노가 끓어올랐다.

'이 더러운 이방인, 두고 보자. 네가 어떻게 될지 알게 해주마.' 하며 이 유다인 포로 모르드개를 죽일 방법만 생각하게 되었다. 모든 정치나 가정일이나 명예, 오락도 까맣게 잊고 오로지 모르드개를 죽일 생각만 하던 그에게 비상한 계략이 떠올랐다.

'옳지, 모르드개만 죽일 것이 아니라 모르드개의 동족 모두를 몰살시켜야겠다.'

"왕이여, 우리 왕국이 왕의 놀라운 치리로 인해서 세계의 나라 절반을 치리하게 되었습니다. 얼마나 좋은 일입니까? 그렇지만 한 가지 중요한 것이 있습니다. 그것은 우리 왕국에 사는 모든 백성들이 왕과 왕께서 치리하는 이 나라에 만족하며 감사하게 살고 있지만 단지 한 민족만이 왕을 미워하며 왕국을 좀먹고 해치려 합니다."

왕은 그 말을 듣자 노발대발하였다.

"대체 그런 인간들이 어느 민족이냐? 그런 민족은 당장 내 앞에서 없애버려야 한다."

하만은 땅에 엎드려 왕에게 고하였다.

"대왕이여! 그런 악한 민족은 유다 민족인데 우리가 그 나라를 쳤을 때에 잡아온 포로들입니다. 그 민족을 살려두면 이 크고 영광스러운 나라가 점차 질서를 잃어 혼란해지고, 결국 국가와 국민이 서로 대항하고 싸워, 나라는 찢어지고 망가질 것입니다."

"그러면 어떻게 하면 좋을까?"

"날과 달을 정해서 우리 본토 민족들이 그 민족을 약탈하고 도살해서 지면에서 쓸어버리는 길밖에 없습니다."

"옳아! 그것이 제일 적당한 방법인 것 같군. 하만! 자네가 그 일을 맡아 주겠나?"

"대왕이여! 황공하옵나이다. 제가 그 일을 맡아 당당히 조리있게 처리하겠습니다. 또 그 비용의 절반을 제가 부담하겠습니다."

왕은 자신의 반지까지 빼어주며 하만에게 '당당히 수행하라'고 했다. 결국 이러한 왕의 명령이 바벨론 전국 27개 도에 모두 다 하달되어 왕의 조서를 전하는 전령들이 고을마다, 도시마다 뛰어다녔다. 이 전령을 받은 도시나 민족들은 모두 놀라고 유다인들은 공포에 떨었다.

모르드개는 이 조서를 궁궐에서 읽었다. 그는 매우 놀라고 흥분했다. 그러나 모르드개의 마음 깊숙이 새겨져 있는 인상은 하나님의 말씀을 따라 홍해를 육지같이 건너고 요단강을 마른 땅같이 건너오던 하나님의 사람들, 곧 조상들의 모습이었다. '하나님이 함께 하시면 홍해가 무엇이며, 여리고 성이 무엇이며, 바산과 아말렉의 거역이 무엇이냐? 정신을 바짝 차리고, 분명히 기억해야 할 것은 하나님의 말씀을 듣고 순종하고 그분만을 사랑하고 섬기는 것이다. 60만 아니 수백만 군중을 인도한 사람은 모세 한 사람이었다. 우리 민족이 몇백만 군중이라 하더라도 모세같이 하나님 말씀을 듣고 그 말씀대로 순종하고 지켜야 하는 것이다.'

그는 이렇게 다짐을 하면서도 원통하고 분함을 느꼈다. 하나님의 택함받은 민족, 복되고 영광된 민족이었는데, 하나님을 무시하고 그 말씀을 거역한 죄로 이 무지한 우상 나라에 잡혀와 이러한 곤경을 당하니 원통하고 분하여 통곡이 터져나오는 것이었다. 그는 자기 민족을 택하시고 세워주셨던 하나님을 생각할 때마다 터져나오는 통곡을 멈출 수 없었다.

그러던 중 왕후요, 그의 양녀 에스더가 그에게 시종을 보내왔다. 그는 에스더에게 유다 민족이 처한 운명을 알리고 유다 민족과 운명을 함께하기를 명했다. 이에 변함없이 모르드개의 명을 좇던 에스더는 '죽으면 죽으리라'는 각오로 삼 일 동안 금식기도를 한 뒤 왕 앞에 나아가 자신의 숨겨왔던 신분을 밝히고, 왕의 명이 철회되기를 청하였다. 그 후 하나님의 놀라운 섭리의 손길이 임하여 왕이 결심을 바꾸어 유다 민족을 방면하였을 뿐 아니라 이와 같은 흉계를 꾸민 하만을, 모르드개를 매달려 했던 그 나무에 매어 달게 하였다. 더욱이 모르드개를 하만의 자리에 임용하셔서 이방 나라의 최고의 재상으로서 하나님의 기쁘심과 영화로우심을 나타내게 하셨다. 이처럼 '죽으면 죽으리라'는 결사 각오의 신앙을 가지고 행동하였던 모르드개와 에스더의 기록은 구약 에스더서에 상세히 기록되어 있다.

나는 여기에 우리 나라의 가장 훌륭한 애국자 중에 한 사람을 소개하려고 한다. 이분에 대해서는 「죽으면 죽으리라」에도 기록이 되어 있지만 거기에서 설명을 할 수 없었던 부분을 이제 여기에 쓰려고 한다.

그분은 우리 기독교의 초창기에 가장 두드러지게 일을 한 분으로 유명하신 윤원삼 장로이시다.

그분은 한참 감정이 풍부하던 소년기와 청년기를 일본의 강압적인 한일합방과 그 전반의 혼란기로 보냈다. 그분은 항상 일본의 식민지가 된 조국의 현실에 가슴 아파했으나 불타오르는 애국심을 간직한 채 울분을 달랠 수밖에 없었다.

한편, 그 당시에 아펜젤러와 같은 선교사들이 찾아와 전도를 했다. 윤씨는 그 선교사들의 서투른 말소리를 들으면서 생각이 깊어졌다. '저렇게 머리가 노랗고 눈이 파랗고 코가 크고 얼굴이 희고 키가 장대한 사람들이 왜 우리 나라에 와서 서투른 말이나마 진지하게 예수님이 하나님이고 우리를 구원하신다는 말을 전하는가?' 하는 의문에 빠졌다.

그리하여 그들의 설명이 만족스럽거나 이해할 만한 것은 못 되었으나 그들의 태도와 모든 형편을 생각해 볼 때 '아! 그들의 하는 말대로 여기에 진리가 있는 것 같다.'고 생각하게 되었다. 결국 윤씨는 그들의 가르침에 따라 예수님이 하나님이신 것을 믿고 그들을 따를 결심을 하였다.

그 즈음에 한국 기독교 역사에 찬란하게 기록된 평양 기독교 대부흥회가 열렸다.

성령의 역사가 뚜렷이 각 사람의 마음속에 일어나게 된 것이다. 예수님이 하나님이시고, 우리를 구원해 주시는 구원자란 것이 사람들의 입에서 고백되고, 우상을 숭배하던 집집마다 우상과 신당을 부수고 불태우고, 각처에서 남녀노소 할 것 없이 회개하며 교회당으로 몰려들었다. 그래서 평양 곳곳마다 교회당이 세워지고 감리교, 장로교가 왕성하게 전파되어 주일이 되면 상가와 주택가마다 문을 닫고 교회로 달려가는 걸음이 줄을 이어 도시는 온통 쥐죽은듯 조용해졌다.

예배당마다 그런 영적 부흥이 있은 다음에는 민족감정이 부풀고, 믿는 사람들의 마음이 담대해지고, 애국심도 불타오르는 변화가 일었다.

그래서 3.1만세사건이 일어났을 때에는 길선주 목사님이 앞장서고 그 교회의 장로들과 지도자들, 청년들, 부녀자들 모두 거리로 뛰어나가 '대한 독립 만세!'를 힘차게 외쳤던 것이다.

윤씨는 그 당시 겨우 24세였지만 벌써 교회에서 장로의 직분을 받아 충성을 다하고 있었다. 그는 한국에서 받을 만한 교육을 다

받은 지혜있고 총명한 청년이었다. 또 사업에도 성공을 해서 부모에게 받은 유산을 배나 늘려놓았던 것이다.

그러던 그가 지금이야말로 우리 나라가 일본으로부터 독립할 수 있는 기회라 믿고 만세사건에 앞장선 것이다. 그는 하나님께서 도우셔서 우리나라를 독립시켜 주실 것이라 믿고 열과 성을 다해 만세 사건에 앞장을 섰다.

그러나 그때는 하나님의 때가 아니었다. 그는 길 목사와 유명한 김동문 장로, 조만식 장로, 김창식 목사를 비롯한 여러 애국자들과 함께 경찰서로 끌려갔다.

그곳에서 상상을 초월한 잔인한 고문을 받았다. 몽둥이와 장작으로, 짜개지고 바스러지도록 머리, 얼굴, 팔, 다리 할 것 없이 때려 기절을 시키고 다시 깨어나면 또 달려들어 때렸다. 다리가 부러져도, 목이 부러져도, 심지어 눈알이 튀어나올 때까지 때려 몇 번이나 기절시켜도 깨어나고 일어났다. 날이 갈수록 고문은 점점 더 잔혹해져 갔다. 몸을 거꾸로 매달아 뜨꺼운 물을 코에다 붓는 고문, 돼지가죽을 물에 흠뻑 불렸다가 몸에 감아 가죽이 마르면서 온 몸을 죄게 하는 고문, 채찍으로 때리며 못을 박은 못판에 뒹굴게 하는 고문 등이 가해졌다. 이러한 고문은 온몸이 송장처럼 되어 더 이상 고문을 할 수 없을 때까지 계속되었다.

그는 너무 자주 기절했기 때문에 얼마 동안 고문을 당했는지 알지 못했다. 그러다가 한번은 몽롱한 정신으로 헤매이고 있는데 한 간수가 말했다.

"네놈은 얼마나 지독한지 젊은 새끼가 16번이나 기절을 했는데도 '대한 독립'이란 말밖에는 한 말이 없다"

그 말을 듣고서야 자신이 얼마나 심하게 고문받았는지 알았다.

투옥된 지 2년 후 그의 몸이 더 지탱될 수 없었던지, 아니면 형기가 만료되었던지 그는 함께 투옥되었던 다른 분들보다 1년이나 빨리 풀려났다. 그런데 놀라운 일은 그렇게 심하게 고문을 당하여 망가질 대로 망가진 몸이 1년 만에 깨끗이 나아 예전의 건강한 모습을 되찾은 것이다.

'아! 이것이 하나님의 권능이구나. 다 망가져 거동도 못 하고 불구자로 일평생을 살 줄 알았는데, 그것이 너무 원통하고 두려웠는데, 하나님께서 나의 고문받음을 기억하시고 내 뼈와 살과 핏줄과 신경을 고쳐주셨구나! 이것은 주님이 역사하신 것이요, 살아계시다는 증거다.'

그래서 그의 신앙은 더욱 확고해졌다.

그리하여 1년 안에 그는 예전과 같은 신앙생활을 하게 되었다.

그는 그 마을의 유지였기에 그 집에는 사람들의 왕래가 빈번하였다. 뿐만 아니라 교회에서 가장 교육을 많이 받은 사람이었고 신앙도 확고했기 때문에 교회의 중추적인 자리를 맡아 교회 모든 사람들을 매일같이 자기집으로 초대하여 음식을 풍성히 대접하는 봉사를 계속하였다.

또 그의 자녀들도 모두 훌륭히 성장하여 성공하였기 때문에 항상 만족하며 주님께 감사드리는 생활을 하였다.

그러나 그런 행복 가운데에서도 그는 '일본은 망하리라.'는 생각을 버리지 않았다.

그는 언제나 성경을 읽으면서, '일본은 망한다. 일본이 하나님의 자녀들, 성직자들, 하나님의 택함받은 지도자들을 그렇게 학대했는데 어찌 망하지 않으리. 더군다나 그 나라와 민족은 우상의 나라인데, 비록 우리는 미약하다 해도 우리가 섬기는 하나님은 전능하시고 절대자이시니까, 우리가 일본에게 받는 수치를 절대 잊지 않으시고 그들을 멸망케 하실 것이다. 그때는 반드시 온다. 그때야 어서 오라!'고 부르짖고 그때만을 기다렸다.

그 후 그의 자녀 중 두 아들이 끌리어 갔지만 윤 장로는 두 아들이 결코 일본을 위해 죽지 않으리라 확신하고 있었다. 그는 하나님께 기도하며 확신에 차 있었다.

'하나님 제가 희생되지 않았습니까? 제 아들들이 일본 때문에 희생되지 않게 하실 것을 믿습니다.'

그러한 기도의 응답으로 '이 나라에 소화 20년(일본 연도)은 없다'는 음성을 그는 들었다.

그 뒤 일주일 후 일본이 항복을 하고 온 세계에는 드디어 평화가 찾아왔다.

그러자 그 동안 교만하고 뻔뻔하였던 일본인들, 특히 경관들, 정부 고관들, 일본 상인들이 윤 장로의 집을 찾아와 청소를 하고, 궂은 일을 다 하고는 죄수같이 절을 꾸벅하며 돌아가는 것이었다.

그 모습을 본 윤 장로는 너무도 감격하여 외쳤다.

"하나님! 알았습니다. 보았습니다! 보았어요!"

얼마 후 두 아들은 무사히 돌아오고 평양시에는 평화의 교회 종소리가 울려퍼졌다.

그때에서야 나는 출옥할 수 있었는데, 가장 먼저 찾아오신 분 중에 윤 장로님과 사모님이 계셨다. 그 두 분은 선지자의 은사가 있는 분들이었기 때문에 내게 더할 수 없는 사랑과 위로를 쏟아 부어주셨다.

나는 윤 장로님의 말을 들으며 '모르드개가 이분같이 생기지 않았을까?'라는 생각을 했다. 왜냐하면 모르드개와 같은 사건이 그때만 있었던 것이 아니라, 그 후에도 얼마든지 있었을 것이고 내 시대에도 재현되고 있다는 것을 느꼈다.

아, 모르드개
아, 윤 장로님
애국자 신앙가들
나라를 사랑하고 민족을 위해
하나님께 매달린 이런 분들이 있는데,
바사는 무엇이냐
일본아,
네가 무엇이냐
하나님은 지금도

그때와 똑같이 살아계시고, 일하시고
성령님은 내일도 변함없이
하나님의 자녀들을 계속하여 돌보시고
창대케 하실 것이니
악마야!
네 때가 다 되었구나!
영원히 물러갈지어다
할렐루야!

## 46. 노예의 아들 여호수아

여호수아는 애굽의 노예 가정에서 태어났다. 그는 어린아이 적부터 총명하게 자라나 이제는 자기 일생의 문제뿐 아니라, 가문과 민족의 현실과 미래에 대한 희망을 저울질하며 깊이 생각하는 지혜로운 청년이 되었다. 그는 어른들의 말을 소홀히 여기는 일을 범하지 않았다. 그가 지금껏 귀가 아프도록 들어 온 말은 우리는 천지를 만드시고 치리하시는 하나님께서 택한 독특한 축복을 받은 백성이라는 것이었다. 그러므로 땅 위의 어떤 민족보다도 우월하고 특별한 민족이라는 것이었다.

'그러나 현실은 어떠한가. 애굽이라는 강대한 나라가 우리 위에 군림하고 있고 또 그들은 얼마나 자랑거리도 많으며 호화롭게 잘 살고 있는가. 그들이 섬기는 우상이야말로 금은으로 장식되어 백성들의 찬양과 예배를 받고 있고 또 그 우상을 섬기는 백성들은 얼마나 당당한가 말이다. 그런데 우리는 그들의 노예가 되어서 죄인 된 그들의 발을 씻기고 섬기며 절대 복종해야 하니, 내 자유는 그들 앞에서 전혀 서지도 못한 채 눈물과 고통의 떡을 먹으며 살고 있지 않은가.'

여호수아가 현실을 볼 때에는 실망이고 절망일 수밖에 없었다. 그렇지만 그의 마음속에는 하나님께 대한 신뢰가 심겨져 있었기에 '나는 하나님이 택하신 하나님의 백성'이라는 긍지를 버릴 수는 없었다. 그래서 언젠가는 이 천지를 주장하시는 하나님이 조상들에게 약속하신 것을 이룰 때가 올 것이라는 소망을 가지고 있었다. 더욱이 '우리 백성 중에 누군가가 하나님의 사자로서 길러지고 있는 것은 아닐까' 하는 소망이 마음속에 번쩍였다. 누군가에게 들은 말에 의하면 유다인의 한 자손이 왕궁에서 자라고 있다는 것이었다. 그는 총명하고 인격이 뛰어나서 왕실의 칭찬과 존경을 받고 있다는 것인데 사람들은 곧 그가 애굽의 왕좌에 올라 우리 히브리 민족을 구원하고 잘 살게 해주리라는 기대를 걸고 있었다. 그런데 웬일인지 그는 살인을 하고 죄수의 몸으로 영원히 사라졌다는 것이었다. 또 한 번 실망해야 했지만, 여호수아는 그 어떤 지도자가 별처럼 나타나기를 진심으로 바라고 기대하며 소망을 버리지 않았다.

그러던 어느날 놀라운 소문이 온 장안에 퍼지고 있었다. 여호수아는 불붙는 마음을 진정시키며 그 소문의 진상을 알아보려고 애썼다. 왜냐하면 40년 전에 왕궁에서 자란 위대한 청년 모세가 살인을 하고 온데간데 없어졌다 하더니, 바로 그가 왕궁에 나타났다는 소문이 돌고 있었기 때문이었다. 이 소식은 수십만 히브리인들을 술렁거리게 했다. 더욱이 모세라는 그분이 바로 왕 앞에 마주서서 "히브리 내 민족을 해방시키라"고 외치리라고는 상상도 할 수 없는 일이었다. 모세는 왕에게 "내 말을 듣지 않으면 여호와 하나님이 이 애굽을 쑥밭으로 만드실 것"이라고 선포했다는 것이었다.

여호수아는 가슴이 뛰었다. 이런 일이 정말 현실일 수 있을까. 그의 마음속에 떠오르던 환상이 현실로 나타나자 그는 믿음이 있었으나 놀랄 수밖에 없었다. 여호수아는 모세를 만나고 싶었다. 만나서 그의 하는 일을 직접 보고 또 할 수만 있다면 그를 섬기며 따르고 싶었던 것이다. 그의 강한 집념은 마침내 뜻을 이루게 되었다. 호랑이가 호랑이를 알아보듯이 큰 인물이 큰 인물을 알아 본 것이다.

능력받은 모세의 손이 열 가지 재앙을 쏟아붓자 강대하고 교만한 애굽도 결국은 쑥밭이 되고 말았다. 맏아들을 잃은 통곡 소리가 궁창에까지 사무쳤고, 결국 그들은 수백만 (히브리 장정만 60만) 노예들에게 금은보화와 필요한 모든 것을 안겨 주면서 어서 나가라고 쫓아내듯 내보냈던 것이다. 히브리인들은 드디어 자유의 몸이 되었다.

하나님의 말씀과 약속이 선포된 대로 확실하게 이루어지는 것을 보며 여호수아는 얼마나 기쁘고 두려웠으랴. 모세로 하여금 그토록 확고한 신앙으로써 하나님의 뜻을 선포하게 하시고 그 일을 이루신 하나님을 생각할 때 어찌 마음이 떨리지 않고 두렵지 않았으랴. 그는 두 주먹을 불끈 쥐며 마음속으로 소리쳤다.

'이 분이다. 이 하나님이다. 우리 조상 아브라함이 그 외아들을 바칠만 했던 하나님. 우리를 이끌어 온 요셉 총리도 이 하나님을 굳게 신망하고 따랐기 때문에 이 광대한 나라의 총리가 되어 나라를 마음대로 다스리고 온 천하 사람들을 기근에서 건져주어 추앙받는 인물이 된 것 아닌가? 요셉의 하나님, 모세의 하나님, 그분은 나의 하나님도 되어야 한다. 아브라함같이, 요셉같이, 모세같이 나도 하나님만을 앙망하고 그분만을 따르리라. 내 힘껏, 그 힘에 불을 붙여서 하나님의 뜻을 이루고 말 것이다.'

여호수아는 하나님을 사랑하고 순종하기로 굳게 결심했다. 그래서 그는 모세의 관심을 받게 되었고 그 곁에서 수종들게 되었다.

그렇게 기쁘고 격앙된 흥분 속에서 자유를 찾게 된 히브리인들. 애굽 땅에서 하나님의 기적을 본 그들은 함성을 지르며 환희에 넘쳐 모세의 뒤를 따라갔다. 마치 하늘에라도 오른 기분이었다. 그런데 한참을 가다 보니 어느덧 앞에는 길도 없어지고 넓디넓어 끝도 안 보이는 홍해가 가로놓여 있는 것이었다. 더욱이 요란한 병거 소리에 돌아다보니 애굽의 군대가 떼를 지어 따라오고 있지 않은가! 환희와 기쁨의 소리는 순식간에 공포와 원망의 탄식으로 변하고 그들은 우왕좌왕하기 시작했다. 그러나 여호수아는 모세를 믿었고 모세의 하나님을 잊지 않았다.

'아니 이들은 벌써 그 무시무시하고 상상할 수도 없었던 하나님의 기적을 잊었단 말인가? 이 많은 사람들이야 뭐라고 하든 또 어떠한 광증을 보이든 나는 하나님의 지팡이를 들고 있는 저 모세, 그를 인도하시는 하나님을 따를 것이다. 나는 모세와 한마음으로 하나님 그분만을 생각하며 사랑하고 그분의 명령을 따를 것이다. 이 수백만이 다 거부해도 나는 순종해야 한다. 모세 선생님, 선생님의 하나님만이 내 하나님이시요, 내가 가야 할 길입니다!'

여호수아의 결심은 현실주의에 젖어 살고있는 사람들의 자세와는 너무나 달랐다.

드디어 모세는 하나님의 명령을 받고 홍해를 향해 지팡이를 들어 올렸다. 여호수아는 눈을 크게 뜨고 지팡이가 가리키는 바다를 지켜보고 있었다.

'아! 저 물!'

물은 자꾸자꾸 쌓여 가면서 하늘로 벽을 이루고, 아래로 내려가던 물도 **쫙쫙** 빠져나가는 것이 아닌가! 그리고 강한 동풍이 생기면서 진탕으로 범벅이 된 땅을 말리고 있었다. 바람이 어떻게 강한지 그 질퍽하던 바다 밑은 길바닥 같이 바싹바싹 말랐다. 모세가 우렁찬 목소리로 건너가라고 소리치자, 수백만의 사람들이 마른 바닷길을 건너가기 시작했다. 여호수아는 이 형용 못 할 사실이 자기의 가슴속에 깊이 각인되어지는 것을 느꼈다.

이튿날 아침 바다에는 군병들과 말의 시체들이 떠 있었고, 언제 그랬냐는 듯 홍해는 고요히 흐르고 있었다.

'아! 하나님을 대적하는 자는 천하를 호령하는 왕이라도 저 모양이 되거늘 하물며 지위도, 힘도 없는 보통 인간들이랴……'

여호수아는 하나님의 훈련을 받는 40년간의 광야생활에서도 하나님을 떠나지 않았고 모세를 따랐다.

한번은 하나님께서 시내산으로 모세를 부르셨다. 그들의 행복을 위해 하나님의 법도와 길을 일러주시기 위함이었다. 여호수아도 장막을 떠나 모세를 뒤따랐는데 모세는 혼자서만 깊숙이 들어가

버렸다. 하나님께서 모세 혼자만 올라오도록 명하셨기 때문이었다. 여호수아는 시내산 중턱에서 모세가 하나님을 만나고 있을 일을 상상하면서 그 영광스런 광경을 머리에 그리며 모세를 기다렸다. 팔십이 훨씬 넘어 양털같이 흰 머리에 붉게 열기 띤 얼굴, 과연 영광에 비쳐진 모세의 얼굴은 어떤 모습을 하고 있을까?

그런데 하루가 지나고 이틀이 지나고 열흘이 지나도 모세는 내려오지 않았다. 먹을 것도 없이 들어간 모세는 하나님을 영광 중에 대면하고 있었으니, 그러한 육적인 고충은 잊고 있는지도 모르겠다. 그렇지만 여호수아 또한 모세의 뒤를 따라 곧장 왔으므로 물이나 음식을 준비하지 못했고 또 모세가 그 깊은 산속에서 주야 40일을 있을 것이라고는 생각지도 못했던 것이다. 그러나 여호수아에게 모세를 따르고 수종드는 일은 가장 귀한 것이었기 때문에 자기를 위해 먹고 마시는 일에는 손을 쓸 수가 없었다. 더욱이 광야에 있는 바위 산이라 낮에는 뜨겁고 밤에는 기온이 사정없이 내려가 추위에 몸을 떨어야 했지만 그는 모세를 기다릴 수밖에 없었다. 여호수아는 참된 진리를 알았고 또 그것이 마음속에 새겨져 있었기에, 때로는 맹수의 날카로운 울음 소리에 머리가 치솟기도 하고, 이불을 덮고 편하게 자고 싶기도 했고 또 어머니가 만나로 만들어 주시는 식사도 그립기 짝이 없었지만, 그는 견디고 견디어야 했다.

'전능하신 하나님의 종 모세도 먹지 못하고 마시지 못하고 있으니 나도 함께 견뎌보자.'

여호수아는 자신을 타이르며 결심을 굳혔다. 오로지 하나님의 종 모세가 하나님께로부터 어떤 말씀을 받아올지 그것만을 기다리며 40주야를 견디고 있었다.

사람들은 여호수아가 산에 들어가서 무엇을 하는지, 어떻게 되었는지 알 수도 없었고 알려고도 하지 않았다. 그러나 모든 것을 보시고 아시는 하나님은 그때 여호수아에게 도장을 꽉 찍어 놓으셨다.

'그렇지! 내가 한 사람을 찾았다. 모세가 죽은 후에는 저 여호수아가 이 백성의 지도자가 된다. 저가 이처럼 참고 기다리며 진리를 위해 자기 자신을 부인하고 복종하려 했으니 내가 저를 기억하리라.'

사람들은 자기가 심지 않은 것을 추수하기 원하고 자기는 애쓰지도 아니하면서 애쓴 사람의 공로를 차지하고 싶어한다. 그렇지만 하나님은 이렇게 정상을 푯대로 삼아 진리 때문에 참고 희생하며 기다리는 인재를 찾으신다.

여호수아가 외롭고 힘에 겹고 불안하였지만 하나님과 그의 말씀을 위해 40일을 모세와 같은 형편에서 스스로를 쳐 복종시켰을 때 하나님은 그를 인정하시고 택하신 것이다. 여호수아에 대한 놀라운 기적과 형통과 그의 승리의 지도력은 구약의 말씀(여호수아)에 세세히 기록되어 있다.

나는 어떤 목사님 한 분을 여기에 소개하려고 한다. 이분이 목사가 되기 전의 일이다.

그는 준수한 청년이었는데 그 믿음은 건달 믿음이었다. 그렇지만 많이 배운 사람이었던 고로 자신의 충심없는 신앙생활이 불안하였고 부끄러움까지 느끼게 되었다.

그가 30이 넘었을 때, 살아온 날들을 돌이켜보고 또 현재의 실상을 겨누어보니, '나도 이제는 가치있는 생활을 해서 죽을 때에는 후회가 없어야 되지 않겠냐' 하는 생각이 자꾸 들었다. 그래서 유명한 목사님이 하시는 설교를 따라다니며 들었지만 별로 신통한 결과는 나오지 않았다.

한번은 그분이 나를 찾아왔다. 그리고 자기의 심정을 다 털어놓고는 나의 권면을 기다렸다. 나는 그에게 말했다.

"당신은 잘못 찾아오셨어요. 나는 당신같이 많이 알지도 못하고 당신에 비해 무식하기 짝이 없는데 내가 무슨 권면의 말을 할 수 있을까요. 그것은 훌륭한 신앙가나 목사님에게 하실 질문이지요. 내게는 아무런 좋은 권고가 될 만한 것이 없습니다. 그럼 안녕히 가세요."

그가 실망한 얼굴로 일어나 문 밖으로 나가는데 그때 마침 내 방 옆에 있던 한 자매님(권사님)이 나오면서 한마디 던졌다.

"선생님 사람에게 무엇을 물어보시는 거예요? 신앙의 일이라면 하나님께 물어보셔야 할 것 아니겠어요?"

"하나님께 의논을 드리라구요? 어떻게 하나님과 의논을 할 수 있지요?"

그는 달라붙듯이 그 자매님에게 질문을 했다. 자매님은 자신만만한 듯이 대답했다.

"성경을 모르세요? 성경을 안 보시나요? 성경에 보면 여호수아란 사람은 모세를 따라 산중 깊이 들어가서 먹지도 마시지도 않고 하나님의 사람을 기다렸는데 그 후에 여호수아가 어떻게 되었는지 아시나요?"

"뭐라구요? 여호수아가 산에 가서 어떻게 되었다구요?"

"여호수아는 모세를 따라다니며 하나님의 말씀을 기다리고 참고 또 기다렸단 말이예요. 그래서 하나님은 모세에게 한 것처럼 여호수아하고도 대면해서 말씀하시며 지시하시고 쓰셨다는 말입니다."

그는 고개를 갸웃거리며 물었다.

"그런 일도 있었나요."

"그럼요…… 이 안 선생님은 여자라도 산에 가서 여호수아같이 하나님의 말씀을 기다렸단 말입니다. 당신은 남자 아니예요. 산에 가서 금식하고 기다리며 하나님과 의논해 보세요."

그는 이 말에 나를 쳐다보았다.

"정말 안 선생님이 그런 약한 여자의 몸으로 산에 가셔서 기도를 하셨다구요? 정말이예요?"

내가 대답할 필요도 없이 자매님은 대꾸했다.

"물론이지요. 이 선생님은 산에갈 뿐만 아니라 하나님을 더 알기 위해서 끼니를 드실 때보다 안 드실 때가 더 많아요. 또 산이라도 깊은 산에 들어가서 하나님과 의논하시는 분이예요."

나는 그 자매님의 설명에 놀라서 한 마디 일렀다.

"자매님, 남의 말을 그렇게 함부로 하는 것 아니예요. 나는 내가 믿음이 얼마나 있는지 그것을 알 수 없어서, 그것을 알기 위해서 기도한 것뿐이오. 그렇게 대단하게 말씀하시면 내 입장이 참 곤란해요."

그 사람은 나를 한참 쳐다보더니 공손히 인사하고 나가버렸다.

몇달이 지난 후에 그 청년은 다시 나를 찾아왔다.

"선생님, 우리 어머니가 전에는 저더러 건달 신앙자라고 그러셨는데 요즈음에는 건달 소리를 빼고 신앙 초보자라고 그러십니다. 선생님, 좋은 일이 생겼습니다. 제 얼굴이 변하지 않았습니까?"

나는 그의 얼굴이 어떻게 변했는지 말로 표현 할 만한 지식이 없었기 때문에 "글쎄요. 그렇습니까?" 하고 도리어 물었다. 그는 조금 실망한 표정이었지만 그러나 씩씩하게 말했다.

"선생님, 저는 이제야 찾아냈습니다. 이제는 참으로 신앙이 무엇인지 알았습니다. 그때 저는 선생님 친구분의 말을 듣고 고약한 생각도 들었지만 그때부터 먼 산이 자꾸만 보이기 시작하더니 그리워지고 다정해지고 가보고 싶은 마음이 점점 간절해지지 않겠습니까? 저는 성경, 특히 모세 오경과 사복음서를 열심히 읽고 있었는데, 하루는 결심을 하고 산에 올라갔습니다. 3일 동안 지냈는데, 얼마나 춥고 무섭고 불안한지 한 시간에도 몇번씩 뛰쳐 내려가고 싶었습니다. 바람이 불어도 귀신이 나오는 것 같고, 돌맹이가 굴러도 독사가 나오는 것 같고, 나뭇잎이 흔들려도 맹수가 기어나오는 것 같았어요. 3일 동안 생각나는 것은 밥뿐이고 기도도 나오지 않았어요. 그래도 저는 '여호수아가 모세를 따라 40일을 참았다는데 나도 명색이 남자로서 3일을 참지 못한다면 나는 자신을 경멸할 수밖에 없다'고 생각하고는 죽자 하고 참았습니다. 3일 동안 아무 일도 없어 이제는 내려 가려고 마지막으로 하나님께 기도를 드렸습니다. '하나님 삼일 동안 산에서 지냈지만 이제는 돌아갑니다. 안녕히 계세요' 하고 일어서는데 갑자기 "기적이다." 하는 음성이 들렸습니다. 저는 놀라고 또 무섭기도 해서 사방을 두루 살펴보았지만 아무도 없었습니다. 그때서야 저는 가슴이 떨리고 소름이 끼치고 두려워서 저도 모르게 "아멘. 아멘" 소리를 지르며 산에서 내려왔습니다. '무엇이 기적일까? 아무리 생각해도 기적이 없었는데……' 집에 올 때까지 저는 무엇이 기적인지 알 수가 없었습니다.

저는 흥분이 돼서 어머니에게 말씀을 드렸더니 어머니는 제 말을 듣자마자 희색이 만연하며 말씀하셨습니다.

'그것 참 기적 아니냐? 너 같은 것이 산속에 들어가서 비록 기도는 못 했어도 하나님을 찾는다고 사흘이나 참고 견디었다는 것 말이다. 하나님도 참 재미있는 분이시지. 너 같은 것이 하나님 찾는다고 사흘이나 산속에서 있었으니 기적이라고 하지 않으시겠느냐?'

선생님, 저는 모든 것을 버리고 신학교에 들어가렵니다."

그 후에 그분은 신학을 공부하고 선교사가 되어 동남아시아로 떠났다.

하나님은 여하튼 우리가 희생하고, 참고, 견디며, 바라는 모습을 꼭 기억하시고 지켜보시어 도장을 찍어주시는 분이다. 그런데 사실은 문제가 있었다. 이 문제는 보통 우리 믿는 사람들이 중요시하지 않는 경우가 많지만 내게는 심각한 문제였다.

내가 출옥을 한 후에 많은 사람들이 특히 젊은이들이 나로부터 무엇을 얻고 해결책을 구하고자 찾아왔었다. 조금 전의 그 청년도 그 중의 한 사람이었다.

내가 이 사람의 질문에 자신있는 대답을 할 수 없었던 것은 그 당시의 내 신앙이 아직도 '죽어봐야 안다'는 것에 매여 구원에 대한 확신이 없었기 때문이었다. 그래서 나는 신앙에 대한 질문을 접할 때면 늘 자신이 서지 않았다.

만일 당시의 나에게 구원의 확신이 분명했더라면, 그 진리를 구하고 사모하여 찾아온 청년에게 구원에 대한 설명을 확실히 해주고 그 마음에 평안과 기쁨을 얻게 했을 것이다. 생각해보면 동남아시아로 떠난 그 선교사님이 과연 자신있게 복음을 전할 수 있을지 나로서는 염려하지 않을 수 없었다.

많은 사람들이 더 잘되고 성공하기 위해 미국에 오는데 나는 그 성공한 사람 중에서도 가장 성공한 사람이라고 자부한다. 왜냐하면 미국에 와서 그 '죽어봐야 알지' 하는 의심의 신앙이 예수님을 믿었는 고로 구원을 얻었다는 확고한 신앙으로 바뀌는 축복을 받았기 때문이다. 이 확고한 고백이 내 생활에 충만해 있어 나를 무한한 기쁨과 평온과 흥분된 감사 속에 살게 하고 있다. 이렇게 분명하고 확실한 진리를 그때는 왜 깨닫지 못하고 그 모든 기회를 죽이고 나를 어두움 속에 빠져가게 했던가! 지금도 그 생각을 하면 마음이 안타까워 온다.

그 후로 세월이 가고 또 갔다. 하루는 한 신사가 나를 찾아왔다. 어디서 본 듯도 하고 낯이 익은 것 같기도 한데 도저히 누구인지 기억이 나질 않았다.

그는 내 기억을 되살리려는 듯 이야기했다.

"사모님, 저를 모르시겠어요?"

그가 인사를 하니 그 음성도 귀에 익은 듯한데 이름을 들어도 생각나지 않았다. 그분은 내가 출옥한 후에 나를 찾아와서 진지한 대화를 나누었다고 했다.

말씀을 자세히 듣고 보니 동남아시아로 간 바로 그 선교사였다. 그분은 방글라데시아에서 선교사로 일하다가 안식년이 되어 미국에 왔는데 신학원에서 1개월 동안 공부한 후에 한국으로 간다고 했다. 나는 너무나 반가워서 그때 일을 모두 털어놓고 말했다. 그러자 그는 말했다.

"사모님, 예수를 믿으면서 구원을 받았는지 안 받았는지 확신이 없다면 그것이 될 말입니까? 예수님은 구원을 위해 오셨는데 누구든지 예수를 믿으면 구원받는다는 것은 확실한 것 아니겠습니까?"

그 말을 듣고 나는 날아갈 듯한 자유와 기쁨을 느꼈다. 나는 그에게 선교비를 전해주었고 그는 다시 떠나갔다.
 그 후에 나는 그가 지병으로 세상을 떠났다는 소식을 들었다. 그가 구원의 문제를 이야기하며 안타깝게 말해주던 그의 가족들은 어디서 어떻게 살고 있는지……, 마음이 아파 온다.

맺는말

지금까지 구약의 여러 인물을 소개해 온 것을 독자들은 이미 알아차렸으리라 믿는다.

아브라함이 곤경과 고민에 빠져 있을 때 하나님은 그를 불러내셨는데, 아브라함이 그 불러주신 하나님께 어떻게 충성해서 복을 받았는지 성경을 읽어 보고 더 확증을 얻기 바란다.

요셉이 어릴 때 형제들에게 소외당하고 늙은 아버지 곁에서 믿음의 경험을 되풀이해서 들으며 지낼 때 외로운 그에게 하나님이 꿈을 주시고 인도하신 일.

또 형제들은 요란스런 성공을 하고 부모도 무시하고 생각해 주지 않을 때 다윗에게 하나님은 그 어떠한 사랑으로 믿음을 주시고 훈련시키시고 높이셨는가.

애국자 모르드개의 소원!

나아만, 이방인이면서 하나님의 기적을 믿고 문둥병에서 고침받은 일.

일국의 왕이면서 지각없고 어리석고 우매하여 그 영광의 하나님을 버리고 편리하고 쉬운 대로 이방인의 우상을 섬겼던 여로보암. 그래서 나라와 민족을 도탄의 도가니에 쓸어 넣었던 사실.

여자들 중에서는, 예쁘고 아름다운 사라가 생산불능의 쓰라림을 겪을 때 하나님이 돌보셔서 90세에 아들을 낳은 기적.

또 아기를 낳지 못해 멸시와 천대를 받을 때 부르짖어 응답 받고 그 귀한 아기를 하나님께 드린 한나의 아름다운 이야기.

기생 라합과 이방 여인 룻이 하나님 나라 백성이 되는 것에 목숨을 걸고 나섰기에 나중에 예수님의 족보에까지 오른 일.

자기 민족을 불행에서 구하기 위해 금식하며 생명을 걸고 헌신해서 하나님의 도우심을 받은 에스더의 이야기.

이 모든 구약의 이야기는 하나님은 고민하는 자, 불행한 자, 외로운 자, 억울한 자, 부르짖으며 도움을 구하는 자, 하나님을 높이며 찬양하는 자, 그런 사람들의 하나님이시라는 것을 확실하게 보여 준다. 그 이유는 단순하고 명백하다. 하나님은 사람을 지으신 분이시고 사람들의 아버지이신 까닭이다. 그것은 우리들 사람이 하나님께 도움을 받아야 사람답게 살 수 있다는 말이기도 하다. 아무리 어렵고 할 수 없는 지경에 닥치더라도 하나님 앞에 엎드리면 다 해결이 되고 불행이란 있을 수 없다는 것을 의미하는 것이다.

## 낫고싶어요

1991년 12월 15일 제1판 1쇄 발행
2021년 8월 20일 제1판 23쇄 발행

지은이 | 안 이 숙
펴낸이 | 이 요 섭
펴낸데 | 요단출판사
제　작 | 이 인 애
영　업 | 김승훈, 정준용, 이대성

07238 서울특별시 영등포구 국회대로 76길 10
기 획 | (02) 2643-9155
영 업 | (02) 2643-7290-1
　　　Fax. (02) 2643-1877
등 록 | 1973. 8. 23. 제13-10호
ⓒ 1991 안이숙

정가 15,000원
ISBN 978-89-350-0045-0

이 책의 저작권은 저자가 소유하고 있습니다.
저자와 출판사의 사전 승인없이 책의 내용이나 표지 등을 복제, 인용할수 없습니다.

# 내일 일은 난 몰라요

작사・안이숙

**요단** 사역정신

"그러므로 너희는 가서 모든 민족을 제자로 삼아 아버지와 아들과 성령의 이름으로 침(세)례를 베풀고 내가 너희에게 분부한 모든 것을 가르쳐 지키게 하라 볼지어다 내가 세상 끝날까지 너희와 항상 함께 있으리라 하시니라"

1. For God and Church
   하나님의 영광과 그의 몸 된 교회의 영적 성장과 성숙을 위한 도서를 엄선하여 출판한다.

2. Prayer-focused Ministry
   기획·편집·제작·보급의 전 과정을 기도 가운데 진행한다.

3. Path to Church Growth
   건강한 교회를 세우는 축복의 통로로 섬긴다.

4. Good Stewardship and Professionalism
   선한 청지기와 프로정신으로 문서 사역에 임한다.

5. Creating a Culture of Christianity by Developing Contents
   각종 문화 컨텐츠를 개발함으로 기독교 문화 창달에 기여한다.